Cultura Mainstream

**Cómo nacen los
fenómenos de masas**

Frédéric Martel es sociólogo y periodista, así como autor de *Le rose et le noir. Les homosexuels en France depuis 1968* (Le Seuil, 1996) y *Theater. Sur le déclin du théâtre en Amérique* (La Découverte, 2006). Uno de sus últimos libros, *De la culture en Amérique* (Gallimard, 2006), un aclamado y monumental ensayo sobre el sistema cultural estadounidense, ha sido traducido y debatido en numerosos países. Ha impartido clases en el Institut d'Études Politiques (Sciences Po) y en la École des Hautes Études Commerciales (HEC) de París y actualmente presenta el programa *Masse Critique* en France Culture.

Cultura Mainstream

Cómo nacen los fenómenos de masas

Frédéric Martel

Traducción de Núria Petit

punto de lectura

Título original: *Mainstream*
© 2010, Éditions Flammarion
© Traducción: Núria Petit Fontserè
© De esta edición:
2012, Santillana Ediciones Generales, S.L.
Torrelaguna, 60. 28043 Madrid (España)
Teléfono 91 744 90 60
www.puntodelectura.com

ISBN: 978-84-663-2593-6
Depósito legal: M-12.201-2012
Impreso en España – Printed in Spain

© Diseño de cubierta: Hey

Ouvrage publié avec le concours du Ministère français chargé de la culture Centre
national du Livre.
Obra publicada gracias a la colaboración del Ministerio francés encargado de la cultura
Centro nacional del Libro.

Primera edición: mayo 2012

Impreso por **blackprint** A CPI COMPANY

Índice

NOTA DEL EDITOR

Este libro se basa en fuentes muy concretas, pero en él no figuran ni las notas a pie de página, ni la bibliografía, ni la lista detallada de las 1.250 personas de 30 países a las que se ha entrevistado para realizar esta investigación. Todo ello, junto con el índice de los nombres y las empresas citadas, los numerosos datos estadísticos y los cuadros confeccionados con los grupos mediáticos de todo el mundo, puede encontrarse en la página de Internet que es la prolongación natural de este libro, deliberadamente bimedia, en papel y en la web (véase página 455 y fredericmartel.com).

Además, las palabras y expresiones en inglés americano, pero también en árabe, en japonés y en otras lenguas que se utilizan con frecuencia en esta obra están recogidas y explicadas en un glosario al final del libro, en la página 445.

PRÓLOGO

No cabe imaginar un lugar menos *mainstream* que el Harvard Faculty Club. Ese restaurante, reservado a los profesores, se encuentra en el campus de la prestigiosa Universidad de Harvard, en Massachusetts, Estados Unidos. Precisamente en el lugar donde Henry James tenía su casa, haciendo honor a ese espíritu protestante, blanco y masculino, hecho de puritanismo y de alimentación frugal (en el Harvard Faculty Club se come bastante mal), los universitarios más prestigiosos de Harvard celebran actualmente sus tertulias. En el comedor, sentado a una mesa cubierta con un mantel blanco, me espera Samuel Huntington.

Durante los años que pasé en Estados Unidos trabajando en este libro, me reuní varias veces con Huntington, conocido en todo el mundo por su obra *El choque de civilizaciones,* cuya tesis es que hoy las civilizaciones se enfrentan unas a otras en nombre de unos valores para afirmar una identidad y una cultura, y no ya sólo para defender sus intereses. Es un libro *opinionated,* como se dice en inglés, muy comprometido, que habla de Occidente y «el resto del mundo», un Occidente único frente a los demás países no occidentales, que son plurales. Huntington hace hincapié en el fracaso de la democratización de los países musulmanes a causa del islam. La obra ha sido comentada, y a menudo criticada, en el mundo entero.

Durante la comida en Harvard, interrogo a Huntington sobre su gran teoría, sobre la cultura de masas, sobre el nuevo orden internacional desde el 11 de septiembre y sobre cómo va el mundo. Me contesta con unos cuantos tópicos y con voz titubeante. Por lo visto no tiene nada que decir sobre la cultura globalizada. Luego me pregunta —como todo el mundo en Estados Unidos— dónde estaba el 11 de septiembre. Le digo que aquella mañana me encontraba en el aeropuerto de Boston, precisamente a la hora en que los diez terroristas tomaban los vuelos American Airlines 11 y United Airlines 175 que unos minutos más tarde se estrellarían contra las dos torres del World Trade Center. El anciano —Huntington tiene 80 años— se queda pensativo. El 11 de septiembre fue una pesadilla para Estados Unidos y la hora de la consagración para Huntington, cuyas tesis sobre el choque de civilizaciones de pronto parecieron proféticas. Cuando terminamos de almorzar, tengo la impresión de que se está echando una siesta (murió unos meses después de nuestras conversaciones). En silencio, me pongo a mirar los cuadros de grandes pintores que adornan las paredes del Harvard Faculty Club. Y me pregunto si este hombre tan elitista, símbolo de la alta cultura, ha podido entender realmente los desafíos de la guerra de las culturas. ¿Habrá visto siquiera *Mujeres desesperadas,* la serie que todo el mundo ve en este momento en Estados Unidos y dos de cuyas heroínas se llaman Kayla y Nora Huntington? No me atrevo a preguntárselo: sé que Samuel Huntington, con su rigidez puritana, no es muy partidario del *entertainment* (el entretenimiento). Que es justamente el tema de este libro.

Unas semanas más tarde, estoy en el despacho de Joseph Nye, a la sazón presidente de la Kennedy School, la prestigiosa escuela de ciencias políticas y diplomacia, también en el campus de Harvard. Lleno de energía a sus 70 años, ese antiguo viceministro de Defensa de Bill Clinton también está comprometido con la guerra cultural a escala mundial. Pero mientras que las ideas de Huntington han preparado la era Bush, las de Nye anuncian la diplomacia de Obama. Nye ha puesto de relieve las «interdependencias complejas» de las relaciones entre las naciones en la era de la globalización y ha inventado el concepto de *soft power.* Es la idea de que, para influir en los asuntos internacionales y mejorar su imagen, Estados Unidos debe utilizar su cultura y no su fuerza militar, económica e industrial (el *hard power).* «El *soft power* es la atracción, y no la coerción —me explica Joe Nye en su despacho—. Y la cultura norteamericana está en el corazón mismo de ese poder de influencia tanto si es *high* como si es *low,* tanto en el arte como en el *entertainment,* tanto si se produce en Harvard como si se produce en Hollywood». Nye, al menos, me habla de la cultura de masas globalizada y parece bien informado sobre el juego y las dinámicas de los grupos mediáticos internacionales. Y prosigue: «pero el *soft power* también es la influencia a través de los valores, como la libertad, la democracia, el individualismo, el pluralismo de la prensa, la movilidad social, la economía de mercado y el modelo de integración de las minorías en Estados Unidos. Y si el *power* puede ser *soft* también es gracias a las normas jurídicas, al sistema del *copyright*, a las palabras que creamos y a las ideas que difundimos por todo el mundo. Y no hay que olvidar que actualmente nuestra influencia se ve reforzada por Internet, Google, YouTube, MySpace y Facebook». Nye, que es un inventor de conceptos que calan en la opinión pública, ha definido la nueva diplomacia de Barack Obama, de quien es amigo, como la del *smart power*, que debe combinar la persuasión y la fuerza, lo *soft* y lo *hard*.

Por muy opuestas que sean, ¿son pertinentes en definitiva esas famosas teorías de Huntington y Nye en materia de geopolítica de la cultura y de la información? ¿Las civilizaciones han entrado inexorablemente en una guerra mundial por los contenidos o dialogan tal vez más de lo que la gente cree? ¿Por qué domina el mundo el modelo estadounidense del *entertainment* de masas? ¿Este modelo, que es estadounidense por esencia, se puede reproducir en otros países? ¿Cuáles son los contramodelos emergentes? ¿Cómo se construye la circulación de los contenidos por todo el mundo? La diversidad cultural, que se ha convertido en la ideología de la globalización, ¿es real o se descubrirá que es una trampa que los occidentales se han tendido a sí mismos? Estas cuestiones relativas a la geopolítica de la cultura y de los medios son las que aborda este libro.

En la playa de Juhu en Mumbai —el nuevo nombre de Bombay en India—, Amit Khanna, director general de Reliance Entertainment, uno de los grupos indios de producción de películas y programas de televisión más poderosos, que acaba de comprar una parte del estudio estadounidense DreamWorks de Steven Spielberg, me explica la estrategia de los indios: «Aquí hay 1.200 millones de habitantes. Tenemos dinero. Tenemos experiencia. Junto con el sudeste asiático representamos una cuarta parte de la población mundial; con China, una tercera parte. Queremos desempeñar un papel determinante, políticamente, económicamente, pero también culturalmente. Creemos en el mercado global, tenemos unos valores, los valores indios, y queremos promocionarlos. Vamos a enfrentarnos a Hollywood en su propio terreno. No simplemente para ganar dinero, sino para afirmar nuestros valores. Y estoy convencido de que seremos capaces de lograrlo. En adelante habrá que contar con nosotros».

Unos meses más tarde, estoy en Egipto, después en Líbano y luego en el Golfo, con los dirigentes del grupo Rotana. Fundado por el multimillonario saudí Al Waleed, Rotana se propone crear una cultura árabe: tiene la sede en Riad, los estudios de televisión en Dubai, la rama musical en Beirut y la división cinematográfica en El Cairo. La estrategia cultural multimedia y panárabe del grupo también consiste en defender unos valores y una visión del mundo. Se basa en miles de millones de dólares procedentes de Arabia Saudí y en una audiencia potencial de unos 350 millones de árabes (tal vez 1.500 millones si incluimos a todos los musulmanes, especialmente del sur y del sudeste de Asia). «Daremos esta batalla», me confirman los directivos del grupo Rotana.

Durante otro viaje, en el piso 19 de una torre de Hong Kong, entrevisto a Peter Lam, un dirigente comunista que está al frente del grupo eSun, un gigante del cine y de la música en la China continental y en Hong Kong. «Tenemos 1.300 millones de chinos; tenemos el dinero; tenemos la economía más dinámica del mundo; tenemos experiencia. Vamos a conquistar los mercados internacionales y a competir con Hollywood. Seremos el Disney de China».

Durante los cinco años que ha durado esta investigación, en el cuartel general de TV Globo en Río de Janeiro, en la sede de la multinacional Sony en Tokio, en Televisa en México y en Telesur en Caracas, en la sede de Al Yazira en Qatar, con los dirigentes del primer grupo de telecomunicaciones indonesio en Yakarta y en las sedes de China Media Film y de Shanghai Media Group en China, he oído discursos muy parecidos. En la actualidad, cada día se inaugura de promedio una nueva pantalla de multicine en China, en India y en México. Y más de la mitad de los abonados a la televisión de pago se hallan ahora ya en Asia. A medida que aparecen nuevos gigantes en la economía mundial —China, India, Brasil, pero también Indonesia, Egipto, México y Rusia—, su producción de entretenimiento y de información aumenta. Está emergiendo la cultura de los países emergentes.

Frente al *entertainment* estadounidense y a la cultura europea, esos nuevos flujos mundiales de contenidos empiezan a tener su peso. Se está dibujando una nueva cartografía de los intercambios culturales. Las estadísticas del Banco Mundial y del FMI todavía no los miden, las de la UNESCO los silencian (o reproducen las cifras de la propaganda china o rusa); en cuanto a la OMC, los mezcla con otras categorías de productos y servicios. Aún no hay nadie que haya explicado esta revolución importantísima que se está produciendo, ni nadie que haya investigado sobre el terreno para «cubrir» la nueva batalla mundial de los contenidos.

¿Serán estos nuevos rivales de Occidente enemigos culturales? ¿Son pertinentes las predicciones acerca del «choque de civilizaciones»? En Asia, en América Latina, en Oriente Medio y en África, el crecimiento progresivo de potentes industrias de la producción audiovisual y de la información plantea nuevos interrogantes que desbordan los esquemas antiguos. Aquí hablaré de «industrias creativas» o de «industrias de contenidos», unas expresiones que incluyen los medios y lo digital, y que considero preferibles a la expresión demasiado connotada ya, y que hoy resulta imperfecta y obsoleta, de «industrias culturales». Porque ya no se trata simplemente de productos culturales, se trata también de servicios. No sólo de cultura, sino también de contenidos y de formatos. No sólo de industrias, sino también de gobiernos que buscan *soft power* y de microempresas que buscan innovaciones en los medios de comunicación y en la creación desmaterializada.

Gracias al contacto con esos grupos de comunicación planetarios, a menudo dirigidos por nuevas generaciones de gestores y de artistas desconcertantemente jóvenes, uno descubre los problemas complejos de interdependencia con Estados Unidos, la atracción y la repulsión que el modelo estadounidense suscita, las tensiones entre una afirmación identitaria regional y una búsqueda de éxito planetario, las dificultades para defender unos valores en un mundo en el que los contenidos se están globalizando. También aparecen muchas desigualdades entre países dominantes y países dominados: algunos emergen como productores de contenidos, otros se ven sumergidos por los flujos culturales mundiales. ¿Por qué a Egipto y al Líbano les va bien y a Marruecos no? ¿Por qué Miami y no Buenos Aires, México y no Caracas? ¿Por qué Hong Kong y Taiwán y todavía no Beijing? ¿Por qué Brasil y no Portugal? ¿Por qué cada vez más los cincuenta estados norteamericanos y cada vez menos la Europa de los veintisiete?

Para ir más allá de las respuestas simplistas imaginadas en el Harvard Faculty Club, había que investigar sobre el terreno. Por eso durante cinco años me he paseado por todo el mundo, recorriendo las capitales del *entertainment* y entrevistando a más de 1.250 actores de esas industrias creativas en 30 países. El resultado es a la vez inédito, fascinante y preocupante. Es una investigación sobre la guerra mundial por los contenidos. Y esa guerra ya ha comenzado.

Cultura mainstream es un libro sobre la geopolítica de la cultura y de los medios de comunicación en todo el mundo. Esta obra sobre la globalización del *entertainment* se interesa por lo que hacen los pueblos cuando no trabajan: lo que se denomina su ocio y sus diversiones. A menudo se habla de «industrias del *entertainment*». Al concentrarme en las industrias que producen contenidos, servicios y productos culturales, hago hincapié en la cantidad, y no sólo en la calidad. Aquí hablo de los *blockbusters,* de los *hits* y de los *best sellers.* Mi tema no es el «arte» —aunque Hollywood y Broadway también produzcan arte—, sino lo que yo denomino la «cultura de mercado». Porque las cuestiones que plantean esas industrias creativas en términos de contenidos, de *marketing* o de influencia son interesantes, aunque no lo sean las obras que producen. Permiten comprender el nuevo capitalismo cultural contemporáneo, la batalla mundial por los contenidos, el juego de los actores para ganar *soft power,* el auge de los medios del sur y la lenta revolución que estamos viviendo con Internet. En este libro intento captar lo que el escritor Francis Scott Fitzgerald llamaba, a propósito de Hollywood, «the whole equation», el conjunto del problema: la aritmética del arte y del dinero, el diálogo de los contenidos y de las redes, la cuestión del modelo económico y de la creación de masas. Me intereso por el *business* del *show-business.* Trato de comprender cómo se habla, a la vez, a todo el mundo y en todos los países del mundo.

Las industrias creativas ya no son hoy un tema exclusivamente estadounidense: son un tema global. Esta investigación me ha conducido por consiguiente a Hollywood, pero también a Bollywood, a MTV y a TV Globo, a los barrios residenciales estadounidenses para descubrir los muchísimos multicines que hay, y al África subsahariana donde hay poquísimos cines, a Buenos Aires en busca de la música «latina» y a Tel Aviv para comprender la americanización de Israel. Me he interesado por el plan de conquista de Rupert Murdoch en China y por el plan de batalla de los multimillonarios indios y saudíes contra Hollywood. He intentado comprender cómo se difunden el J-Pop y el K-Pop, el pop japonés y el coreano, en Asia, y por qué las series televisivas se llaman «dramas» en Corea, «telenovelas» en América Latina y «culebrones del ramadán» en El Cairo. He acompañado a los *lobbystas* de las agencias culturales y de los estudios estadounidenses y he asistido a sus comparecencias en el Congreso; he estado con Robert Redford ante el Senado estadounidense. Pero todavía he pasado más tiempo en los grandes guetos negros de Estados Unidos. He seguido la producción de *El rey león* en Broadway con el jefe de Disney y el rodaje de una película de Bollywood en Mumbai, interrumpido por los chimpancés. He investigado en los territorios ocupados de Cisjordania y Gaza para comprender la importancia de los medios y de los cantantes árabes, me he reunido con el servicio de prensa de Hezbolá para poder visitar Al Manar, su cadena de televisión en el sur de Beirut. Y al entrevistarme con los jefes de Al Yazira en Doha, en Beirut, en El Cairo, en Bruselas, en Londres, en Yakarta y hasta en Caracas, he querido saber si el fundador de la cadena, el emir de Qatar, tenía razón al decir: «Creemos en el matrimonio de las civilizaciones, no en el conflicto de las civilizaciones».

Mi tema, pues, es muy amplio porque abarca, en los cinco continentes, a la vez la industria del cine y de la música, el entretenimiento televisado, los medios de comunicación y la edición, el teatro comercial, los parques de atracciones e incluso los videojuegos y los mangas. Para comprender las mutaciones fundamentales que están atravesando estos sectores, este libro también tiene, como telón de fondo, la cuestión digital. En esta obra, no visitaremos ni Google, ni Yahoo, ni YouTube (que pertenece al primero), ni MySpace (que pertenece a Murdoch). Es una opción. Lo que me interesa no es Internet en sí, sino cómo Internet revoluciona, indirectamente, el sector de las industrias creativas. En todas partes, en Arabia Saudí como en India, en Brasil o en Hong Kong, me he entrevistado con los que están levantando las industrias creativas digitales del mañana. Son emprendedores optimistas y con frecuencia jóvenes, que ven en Internet una oportunidad, un mercado, una suerte, cuando en Europa y en Estados Unidos, mis interlocutores, a menudo mayores, lo ven como una amenaza. Es una ruptura generacional, y tal vez un cambio de civilización.

Ante lo amplio del tema, he decidido concentrarme en la investigación sobre el terreno, en las personas que he entrevistado y en los lugares a los que he ido. De ahí la opción, a la que no estoy acostumbrado, de escribir en primera persona para demostrar que la investigación en marcha también es el tema del libro. Hablo de lo que he visto. Confío prioritariamente en fuentes de primera mano, no en informaciones de segunda mano, sacadas de libros o de la prensa. Asumo por tanto los defectos, innumerables, que esta opción implica, al hacer hincapié en las cuestiones originales y recurrentes en todas las industrias pero sin pretender ser exhaustivo. Por ejemplo, desarrollo casos de estudio sobre los grupos Disney y Rotana, describo la Motown, Televisa o Al Yazira, así como las redes de Rupert Murdoch o de David Geffen, porque son representativos del *entertainment* y de la cultura *mainstream,* pero sólo menciono de pasada Time Warner, Viacom, Vivendi o la BBC, pese a que son esenciales y a que también los he estudiado. Es una opción difícil y que se debe en gran parte al formato y a la metodología de la investigación de este libro. Por otra parte, creo que es mejor que el análisis de las industrias creativas no se limite a su economía. Tengo una gran admiración por la sociología estadounidense, por el valor que atribuye a la observación rigurosa del terreno y a las entrevistas. Finalmente, he querido escribir esta obra sobre el *entertainment* de forma «entretenida», como un eco del tema mismo al que está dedicado el libro.

Investigación, por lo tanto, pero también reflexión. Si bien este libro es sobre todo un relato, sus análisis están agrupados en la conclusión, y sus fuentes y los innumerables datos estadísticos que he manejado figuran en la página web que es su prolongación. A menudo, los profesionales de las industrias creativas que he visto sobre el terreno me han comunicado sus *intuiciones,* y muchos de ellos, como he adivinado, también tienen su *agenda.* Pero he encontrado pocas personas que, en una época de globalización en la que se está imponiendo lo digital, tuvieran una *visión.* Este libro intenta presentar, en su conclusión, esa visión geopolítica global.

Pero debo decir que durante mi investigación me he topado con un problema importante: el acceso a la información. Ya me imaginaba que las fuentes serían escasas en China por la censura del Estado; comprendí enseguida que era difícil obtener citas con antelación en Mumbai, en Río o en Riad; pero no me imaginaba que sería tan difícil investigar en Estados Unidos, en las *majors* del disco y en los estudios hollywoodienses. En todas partes, he tenido que insistir para obtener entrevistas y mis «antecedentes» periodísticos han sido cuidadosamente escudriñados por las personas encargadas de las *public relations*, los famosos PR *people*. Muchas veces, la información estaba guardada internamente bajo siete llaves por el departamento de «comunicación», y externamente por una agencia especializada, a la cual me remitían. Me llevó un tiempo comprender que esa PR *people*, que yo ingenuamente creía que estaba para facilitar la comunicación, de hecho estaba para impedirla, no para difundir la información sino para retenerla. Y me recibieron mejor en Al Yazira y en Telesur —la televisión de Chávez en Venezuela— que en Fox o en ABC.

Frente a esa *omertá*, ¿quién habla entonces? Todo el mundo, claro: los dirigentes de las *majors* hablan de sus competidores, los independientes hablan de las *majors*, unos en *off* y otros para un diálogo en *background information only*, sin posibilidad de citarlos (todas las entrevistas utilizadas en este libro son de primera mano y se han evitado las palabras en *off*, salvo en algún caso justificado, y entonces se ha especificado en el texto). Los sindicalistas hablan, los creativos hablan, los agentes y los banqueros hablan (cuando se trata de sociedades que cotizan en bolsa, también he tenido acceso a las cifras reales). Todo el mundo habla para satisfacer su ego, para hacerse publicidad, sobre todo cuando uno sabe encontrar los canales de acceso que permiten saltarse a los PR *people*. En el fondo, si China censura la información por razones políticas, las *majors* estadounidenses la censuran por razones comerciales, ya que una película o un disco son un producto estratégico del capitalismo cultural. El resultado es prácticamente el mismo: una cultura del secreto y a menudo de la mentira. Y ese paralelismo con la China seudocomunista no dice mucho en favor de Estados Unidos.

Queda una cuestión central: ¿qué lugar ocupa el modelo estadounidense en mi investigación, y cuál es el papel particular de Estados Unidos en los sectores del *entertainment* y de los medios en todo el mundo? Su poderío es evidente y su máquina cultural en el flujo de los contenidos mundiales es por ahora invencible. Es lo que podríamos llamar, parafraseando una fórmula del Che Guevara, la «América con una A mayúscula». Por consiguiente, debía empezar mi investigación por Estados Unidos y tratar de comprender cómo funciona el *entertainment* en Hollywood y Nueva York, pero también en Washington a través de sus *lobbys*, en Nashville y en Miami para la industria del disco, en Detroit, donde se ha generalizado la música pop, en las periferias de las ciudades donde se han inventado los multicines y en los campus de las universidades donde se hace la investigación y el desarrollo de Hollywood. Antes de describir la globalización de la cultura y la nueva guerra de los contenidos en los cinco continentes —la segunda parte de este libro—, hay que empezar por entender la increíble máquina americana de fabricar imágenes y sueños, la máquina del *entertainment* y la cultura que se convierte en *mainstream*.

Fue en Estados Unidos, en un avión que me llevaba de Los Ángeles a Washington, donde se me ocurrió la idea de titular este libro como *Cultura mainstream*. La palabra *mainstream*, difícil de traducir, significa literalmente «dominante» o «gran público», y se emplea generalmente para un medio, un programa de televisión o un producto cultural destinado a una gran audiencia. El *mainstream* es lo contrario de la contracultura, de la subcultura de los nichos de mercado; para muchos, es lo contrario del arte. Por extensión, la palabra también se aplica a una idea, un movimiento o un partido político (la corriente dominante), que pretende seducir a todo el mundo. A partir de este estudio sobre las industrias creativas y los medios en todo el mundo, *Cultura mainstream* permite pues analizar la política y los negocios que, a su vez, también quieren «dirigirse a todo el mundo». La expresión «cultura *mainstream*» puede tener una connotación positiva y no elitista, en el sentido de «cultura para todos», o más negativa, en el sentido de «cultura barata», comercial, o cultura formateada y uniforme. También es la ambigüedad de la palabra lo que me ha gustado, con sus diferentes sentidos; es una palabra que he oído en boca de cientos de interlocutores en todo el mundo, que tratan todos de producir una cultura *mainstream*, «como los americanos».

Y fue entonces, al llegar a Washington, en el momento de empezar esta larga investigación sobre la circulación de los contenidos globalizados, cuando conocí a uno de los más famosos promotores de la cultura *mainstream*: Jack Valenti.

PRIMERA PARTE

EL *ENTERTAINMENT* ESTADOUNIDENSE

1. JACK VALENTI
O EL *LOBBY* DE HOLLYWOOD

«Mire aquí. A la derecha de Johnson y de Mrs. Kennedy, esta cara triste y preocupada, aquí abajo a la izquierda, soy yo». Jack Valenti señala con el dedo un rostro, el de un joven moreno, de aspecto tímido, en una gran foto en blanco y negro colocada en un atril. Es él.

Han pasado cuarenta años. Valenti se pasa nerviosamente la mano por su legendaria cabellera blanca y ahuecada. Está moreno y radiante. Tengo ante mí a un gigante de Hollywood con botas de *cowboy*. Mide 1,70. Estoy en su despacho, en el cuartel general de la MPAA en Washington. La célebre Motion Picture Association of America es el *lobby* y el brazo político de los estudios hollywoodienses. Tiene su sede en el número 888 de la calle 16, a menos de doscientos metros de la Casa Blanca. Jack Valenti ha presidido la MPAA durante 38 años, de 1966 a 2004.

La foto que me muestra es histórica. A bordo del Air Force One, Lyndon Johnson tiene la mano levantada, Jackie Kennedy está lívida. En ese preciso momento, el 22 de noviembre de 1963, Johnson presta juramento y se convierte en presidente de Estados Unidos. En el fondo de la carlinga, aunque en la imagen no se ve, reposa bajo la bandera de las barras y las estrellas el cuerpo de John F. Kennedy, asesinado dos horas antes en Dallas. Valenti formaba parte del séquito oficial; oyó los disparos y luego fue evacuado por el FBI. Como en una película de Hollywood, ese día para Valenti la pequeña historia y la grande avanzan simultáneamente. Todo se acelera. Al cabo de unas horas, dentro de ese avión, se convierte en consejero especial del nuevo presidente de Estados Unidos.

Delante de mí, aquella mañana en Washington, Valenti se toma todo su tiempo. Quien fuera uno de los hombres más poderosos de Hollywood, el portaestandarte del cine estadounidense en el mundo durante cuarenta años, recuerda su trayectoria. Ahora está jubilado y le gusta hablar de sí mismo. Nacido en 1921 en Texas, Valenti es descendiente de una familia siciliana de clase media que le enseñó a amar a Estados Unidos y a decir, como al principio de la película *El padrino* de Coppola: «I believe in America». Es la edad de oro de Hollywood y Valenti, que está loco por las películas, trabaja como acomodador en un cine de Houston durante las vacaciones. Es valiente y combate como piloto en un bombardero B-25 durante la guerra, antes de entrar en el MBA de Harvard, gracias a una ley que facilita el acceso a la universidad de antiguos militares. Valenti vuelve luego a Texas para dedicarse a los negocios, concretamente al petróleo, y luego a la prensa. Y allí conoce a Johnson.

Jack Valenti permanece tres años en la Casa Blanca, como consejero especial del presidente, asesor para la política, la comunicación y la diplomacia. Siempre leal. Así aprende en qué consiste el trabajo de hacer *lobby* al más alto nivel: ¿cómo hacer que el Congreso apruebe las leyes que defiende el presidente? ¿Cómo negociar con los jefes de Estado extranjeros? Valenti coordina para Johnson el trabajo parlamentario de la Casa Blanca, formando coaliciones y concediendo favores. Y la cosa funciona. Algunas de las leyes más audaces de la historia de Estados Unidos en materia social, educativa y cultural, así como la ley decisiva sobre la inmigración que hizo a Estados Unidos más diverso, sin olvidar las leyes más famosas sobre los derechos de los negros, se votaron durante el mandato de Johnson (y no de Kennedy). Valenti se convierte en el «amo del Senado», pero también es muy criticado por quienes no ven en él más que a un «lacayo» de Johnson. El *Wall Street Journal* se burla de su servilismo.

La fidelidad tiene sus límites. Se va alejando del despacho oval a medida que la guerra de Vietnam ensombrece el prestigio de la administración Johnson y, en 1966, este *gentleman* patriota acepta ser candidato a la presidencia del poderoso *lobby* de los estudios de Hollywood. Por primera vez, es propulsado al corazón de la industria del cine, él que lo que conocía sobre todo eran los bastidores de la política.

Jack Valenti se disculpa y contesta a una llamada telefónica que parece urgente. Lo llaman de Hollywood. Siempre ha dirigido la mostraban favorables a la industria del cine. Ahí reside el secreto del poder que tiene el *lobby* de la MPAA en Estados Unidos.

A escala internacional, este brazo político de los estudios también se apoya en el Congreso para favorecer la exportación de las películas de Hollywood y, con la ayuda del Departamento de Estado y de las embajadas estadounidenses, presiona a los gobiernos para que liberalicen los mercados, supriman las cuotas de pantalla y los aranceles, y suavicen la censura. Con ello y con una docena de despachos y un centenar de abogados en todo el mundo, la MPAA fomenta en el extranjero determinadas prácticas anticompetencia y concentraciones verticales que en territorio estadounidense están prohibidas por el Tribunal Supremo. En el extranjero, muchas veces se denuncian como «doble vara de medir».

La estrategia internacional de Jack Valenti es con frecuencia discreta. Se apoya en una visión de conjunto de las necesidades de Hollywood. En Italia, por ejemplo, la MPA ha instado a los estudios a invertir en los multicines locales, a crear su propia rama de distribución local y a multiplicar las coproducciones con los italianos. «Es una estrategia de 360 grados —me explica el responsable de la asociación de productores italianos, Sandro Silvestri, entrevistado en Roma—. La MPA y Jack Valenti han sido muy listos al incitar a los estudios a entrar a la vez en la producción, la distribución y la exhibición de películas en Italia. Así, cobran un porcentaje de todo lo que ingresa la industria del cine». Esta táctica global funciona en Europa y en América Latina, pero todavía tropieza con las cuotas de pantalla en China y en los países árabes. Por eso Valenti preconiza en todo el mundo la supresión de la censura y su sustitución por un código ético dictado por la propia industria del cine. Como en Estados Unidos.

«Son los profesionales los que deben fijar las reglas, no los gobiernos —me confirma en su despacho de Washington Jack Valenti—. Y si actualmente no hay censura para el cine en Estados Unidos, es gracias a mí». Es cierto que, en cuanto lo nombraron en 1966, Jack Valenti estableció en nombre de la MPAA un nuevo código, el *rating system,* para clasificar las películas por categorías en función de su grado de violencia, de desnudos y de sexo (el hecho de fumar en una película fue añadido como criterio en 1997). Fue un golpe maestro. Con este código, Valenti dio un nuevo sentido a las letras G, R y X: una película es «G» si es apta para todos los públicos; «PG», para advertir a los padres de que tengan cuidado;

«PG-13», si no es recomendable para un niño de menos de 13 años; «R», si se trata de una película prohibida a los menores de 17 años no acompañados; y por último «NC-17», si es una película terminantemente prohibida a los menores de 17 años y que por lo tanto no puede proyectarse en las salas comerciales (esta última categoría sustituyó en 1990 a la «X»). «Este código ha tenido una influencia considerable en todo el mundo. También es muy americano —me repite Valenti— porque yo quise que fuese Hollywood quien se autorregulase; fue la misma industria la que lo aprobó, y no el gobierno o el Congreso. No es una censura política, sino una opción voluntaria de los estudios». En realidad, el código de clasificación de las películas, que supuestamente se adoptó para proteger a las familias, ha servido sobre todo para preservar los intereses económicos de los estudios, en un momento en que estaban amenazados por el Congreso. Oyendo hablar a Valenti, me acuerdo de la frase de Peter Parker, en *Spiderman:* «With great power comes great responsability». Y no me equivoco. Valenti añade: «En Estados Unidos, la libertad lleva aparejada la responsabilidad».

Como buen conocedor de la historia de los estudios RKO, Orion, United Artists o incluso de la Metro-Goldwyn-Mayer, Valenti sabe que los estudios son mortales. Protegerlos fue su máxima preocupación. Y, como es lógico, la MPAA fue mucho más allá de su estricta misión de *lobby*.

Jack Valenti no ve qué es lo que quiero decir. Le pregunto por el calendario, por la fecha de estreno de las películas, que ahora ya es planetario. ¿Hay un acuerdo entre los estudios para evitar hacerse la competencia? No, Valenti no entiende mi pregunta.

En Estados Unidos, los dos periodos cruciales para lanzar una película *mainstream* son bastante estables: el primero es el verano, entre el Memorial Day (último lunes de mayo) y el Labor Day (el Día del Trabajo, el primer lunes de septiembre). El segundo es el que corresponde a las fiestas de fin de año, entre el Día de Acción de Gracias (el cuarto jueves de noviembre) y Navidad. A ello hay que añadir, en menor medida, las vacaciones escolares, que varían muchas veces de un estado a otro y de una escuela a otra. En esos periodos se estrenan la mayor parte de los *blockbusters,* como *Harry Potter, Shrek, Piratas del Caribe* o *Avatar.* Es menos frecuente que se estrenen en primavera, que es la época más floja de la taquilla estadounidense, cuando los productores no pueden esperar obtener un Oscar en su país y cuando la mayor parte del cine no estadounidense tiende a aumentar en el resto del mundo.

Pero hoy en día las fechas de estreno de las películas ya no son sólo nacionales, y aquí es donde las cosas se complican. Jack Valenti me explica este rompecabezas internacional. Primero está lo que, delante de mí, denomina el *domestic box office* (la taquilla nacional), que incluye curiosamente, además de Estados Unidos, las entradas de cine vendidas en Canadá, el vecino de América del Norte, que Hollywood considera a efectos económicos como un anexo de su territorio. Pero allí justamente las fechas de estreno son distintas, sobre todo porque la fiesta de Acción de Gracias se adelanta al segundo lunes de octubre y las vacaciones se organizan de otra forma. En México, un país católico, decisivo por su proximidad geográfica, las cosas se complican aún más, porque no celebran Acción de Gracias.

En Europa, que es un mercado crucial para los estadounidenses, el calendario todavía es más complejo habida cuenta de las sensibilidades nacionales, las vacaciones escolares, los días de fiesta, y hasta los partidos del Mundial de fútbol y el clima. En Asia, las fechas ideales para estrenar una película también son diferentes. Para tener éxito en China, hay que estar en las salas el día de San Valentín (14 de febrero), el día de la fiesta nacional china (1 de octubre), el Día del Trabajo o durante el verano. Pero para evitar que las películas estadounidenses dominen el *box office* chino, la censura prohíbe generalmente las películas extranjeras en esas fechas. En India, lo ideal es que el estreno se produzca el día de la gran fiesta de Diwali en otoño, que es en India lo que la Navidad en Europa. En los países árabes, en cambio, el verano es la época ideal para difundir una película *mainstream,* y es el momento en que se estrenan generalmente las grandes comedias egipcias. Pero hay que evitar absolutamente el ramadán, que prohíbe programar películas; ahora bien, la fecha del ramadán cambia cada año, y a veces cae en verano. Para tener alguna posibilidad de llegar a un gran público en los países árabes vale más apostar por las fechas clave del final del ramadán (fecha de la ruptura, Aid El Fitr), la fiesta del sacrificio (Aid El Kebir, la fiesta más importante del islam, que marca el final del *hadj* y en la que se sacrifica un cordero), o más generalmente los fines de semana (que en Arabia Saudí tienen lugar del jueves al viernes por la noche, pero en el Magreb del viernes al sábado por la noche). Una película que se estrene durante el ramadán o en el periodo entre los dos *aids* tendrá pocas probabilidades de llegar a un gran público. Afortunadamente, como la taquilla de los países árabes no cuenta para Hollywood, el plan de *marketing* para el estreno de una película estadounidense puede no tener en cuenta esas fechas árabes. «La *seasonability* de nuestro oficio es un factor clave», me confirmará unas semanas más tarde en Los Ángeles Dennis Rice, uno de los presidentes del estudio United Artists.

En cualquier caso, en vista de ese complejo calendario internacional, la MPAA ha inventado un sistema anticompetencia destinado, en secreto, a permitir que los seis principales estudios se pongan de acuerdo sobre las fechas del estreno nacional e internacional de las películas más *mainstream*. Si dos *blockbusters* corren el riesgo de competir entre ellos por estrenarse en las mismas fechas, se programa una reunión de conciliación y uno de los estrenos se retrasa. Estas «ententes» se organizan bajo los auspicios de la MPAA. Jack Valenti me asegura que estas prácticas no han existido jamás.

Dan Glickman se echa a reír. «¡No te enteras, tío!», me lanza Glickman cuando le digo que se ha equivocado de *job*. Este diputado demócrata por Kansas, que fue ministro de Agricultura con Bill Clinton, sucedió recientemente a Jack Valenti al frente de la MPAA. De la agricultura a la cultura; la trayectoria es sorprendente. Irónicamente, se lo hago observar a Glickman. «Cuando era ministro de Clinton, me ocupaba de las cuotas agrícolas, y especialmente del maíz. Y hoy, como sabes, me ocupo del cine. ¿Y cuál es el elemento básico de la economía del cine? Las palomitas. Antes las cultivaba; ahora las vendo. Del maíz a las palomitas, ¡ya ves que el *job* siempre es el mismo!». Esta vez, soy yo quien se echa a reír.

Desde la muerte de Valenti en 2007, Dan Glickman lleva él solo las riendas de la MPAA. En su despacho de Washington, donde le entrevisto, se muestra a la vez como un fiel heredero de Valenti y como su antítesis, elude pocas preguntas, es franco y directo. El nuevo patrón de la MPAA, que nació en Kansas en una familia de inmigrantes judíos ucranianos y que fue elegido al Congreso, donde se especializó en las cuotas agrícolas y las barreras arancelarias internacionales (también fue presidente de la comisión parlamentaria de control de los servicios secretos estadounidenses en el Senado), se toma a sí mismo menos en serio que su predecesor. Es discreto, sin un ego dema-

siado fuerte, al contrario que Valenti, que era cálido y un poco vocin-
glero, con lo que en Estados Unidos se llama un «Texas-sized ego»
(un ego del tamaño de Texas). Glickman parece preocupado, incluso ansioso; compensa esa tensión con una apariencia relajada, con
una ética del trabajo y sobre todo con un gran sentido del humor, del
que hace gala conmigo.

Dan Glickman conoce el perímetro de su imperio. Desde principios de la década de 1990, las industrias del *entertainment* ocupan
la segunda posición en las exportaciones estadounidenses, detrás de
la industria aeroespacial. Como el mercado del cine está estancado
en Estados Unidos y los costes de producción aumentan, los estudios
se ven abocados a adoptar una estrategia comercial planetaria. En
este aspecto, Glickman puede sentirse optimista, ya que el *box office*
internacional de Hollywood está aumentando considerablemente
(se ha incrementado en un 17 por ciento entre 1994 y 2008). Glickman sabe además que ese mercado global es extraordinariamente
heterogéneo: Hollywood difunde sus películas en 105 países aproximadamente, pero en lo que a beneficios se refiere cuenta esencialmente con ocho: Japón, Alemania, Reino Unido, España, Francia,
Australia, Italia y México (por orden de importancia, de media, sin
contar Canadá). Estos ocho países representan ellos solos alrededor
del 70-75 por ciento de la taquilla internacional de Hollywood.

Pero Glickman ya está pensando en el paso siguiente. No le ha
pasado desapercibido el incremento constante, estos últimos años,
de las exportaciones de películas a Brasil y Corea. Por eso ha multiplicado los viajes a México, Seúl y São Paulo, así como a Mumbai y
Beijing. Piensa en los países emergentes, donde los beneficios de
Hollywood conocen actualmente una progresión de dos dígitos. Por
ahora, el número de entradas aumenta más rápidamente que el de
ingresos en dólares, pero ahí es donde está el futuro de Hollywood.
Glickman sabe que pronto tendrá que contar menos con los mercados maduros, como Europa, que con los recién llegados al G20, los
BRIC (Brasil, Rusia, India y China) y otros países del ASEAN (los países del sudeste asiático). Recientemente la taquilla china y rusa de la
película *Avatar* ha superado a las de la mayor parte de países europeos.
Está emergiendo una nueva cartografía mundial del mercado del
cine estadounidense.

Al mismo tiempo, Glickman sabe que su optimismo tiene un límite. Los estudios hollywoodienses corren el riesgo de convertirse

en simples «activos no estratégicos» para conglomerados multinacionales como Sony. A los monopolios, ayer bien regulados en Estados Unidos, hoy ya no se les pone freno; con Reagan se autorizó a los estudios a comprar redes televisivas e incluso —algo que el Tribunal Supremo había prohibido desde 1948— a poseer salas de cine. Y encima hay que contar con la piratería, que para Glickman y la MPAA es una obsesión. Con los DVD, algunos mercados como China rozan el 95 por ciento de copias ilegales; la situación aún se ha deteriorado más con Internet, que permite bajarse cualquier película antes incluso de que se estrene en Estados Unidos. Por último, hay que tener en cuenta la actual escalada de costes en Hollywood. Hoy, el apartado «maquillaje» de una película puede llegar a superar los 500.000 dólares. Hay que ver lo caros que están los lápices de labios.

Dan Glickman sopesa ante mí los puntos fuertes y los puntos débiles de Hollywood. Son las estrellas sobre todo las que constituyen el corazón de esta compleja ecuación económica. Sólo un pequeñísimo número de actores —principalmente Johnny Depp, Brad Pitt, Matt Damon, Tom Cruise, Tom Hanks, Leonardo DiCaprio, Nicole Kidman, Julia Roberts, Harrison Ford, George Clooney, Will Smith— puede permitir que una película se estrene en todo el mundo. El caché de estas estrellas representa una parte cada vez mayor del presupuesto de las películas, sobre todo porque en general significa un porcentaje de los beneficios. El dilema es el siguiente: lanzar una película internacionalmente sin un nombre importante comporta un riesgo demasiado grande; pero lanzarla con una estrella mundialmente conocida implica un coste desorbitado.

La MPAA al asalto de América Latina

En Brasil, el hombre fuerte de la MPA se llama Steve Solot. Desde Río de Janeiro, coordina la acción de los estudios en el conjunto de América Latina. «Para la MPAA, América del Sur no cuenta en términos de taquilla, pero cada vez es más importante en términos de influencia y de número de entradas vendidas —me explica Steve Solot en Río—. La cuota del cine estadounidense en el *box office* brasileño supera el 80 por ciento, como ocurre a menudo en América Latina. E incluso en el otro 20 por ciento no hay que olvidar que muchas películas brasileñas son coproducciones con Estados Unidos. En total, superamos pues el 85 por ciento». La oficina de la MPA en Río analiza la evolución del mercado cinematográfico, de la televisión y del cable, lucha contra la piratería en Internet y vela para evitar todas las cuotas protectoras de la industria brasileña.

Desde esta base, se vigila toda América Latina: cuando México intentó aplicar unas cuotas de pantalla para proteger su industria, Steve Solot se instaló en Ciudad de México para coordinar una estrategia contraofensiva. Con el apoyo en Washington de Jack Valenti y del Congreso estadounidense, la MPA logró hacer fracasar el proyecto de ley mexicano y anular esas cuotas de pantalla. «Los estadounidenses han sido muy hábiles. Han llevado una doble ofensiva: primero ante el gobierno mexicano, en nombre del TLCAN, el Tratado de Libre Comercio de América del Norte, y luego haciendo *lobby* sobre el terreno con los dueños de las salas, como yo, para movilizarnos contra las cuotas. A los mexicanos les gustan los *blockbusters* estadounidenses, es un hecho. Con las cuotas, habría bajado nuestro volumen de negocio. Por eso luchamos contra las cuotas de pantalla», me explica el mexicano Alejandro Ramírez Magaña, director general de la importante red de salas Cinépolis, al que entrevisté en México.

Durante mucho tiempo, la MPA estuvo representada en América del Sur por Harry Stone. Jack Valenti: «Era una especie de oficial de caballería británico, alto y con bigote, perfectamente bilingüe en español y en portugués. Cualquiera que fuese el presidente de Brasil, Harry era amigo suyo». (No conocí a Stone, que falleció a finales de la década de 1980).

En Río, le pregunto a Steve Solot por su predecesor: «Durante cuarenta años, Harry Stone hizo *lobby* al estilo antiguo: alta diplomacia y reuniones mundanas. Conocía a todos los presidentes de todos los países de América del Sur. Daba fiestas suntuosas con caviar y champán francés en las embajadas y consulados de Estados Unidos. En una época en que las películas estadounidenses tardaban varios meses en llegar aquí, la élite brasileña o argentina estaba ansiosa por ver en preestreno *2001: una odisea en el espacio*, *El padrino* o *Taxi Driver*». La estrategia consistía entonces en promover los valores y la cultura estadounidenses en América Latina para fomentar el comercio.

Alberto Flaksman, de la agencia gubernamental de promoción del cine brasileño, me confirma el papel determinante que desempeñó Harry Stone en América Latina: «Harry era un homosexual notorio, pero estaba casado con una dama brasileña de la alta sociedad. Como presidente de la MPA para América Latina, invitaba a grandes recepciones a los banqueros, a la *jet set*, a los hombres de negocios, a las familias de la buena sociedad, pero también a los militares de la dictadura, lo cual daba a las fiestas un ambiente un poco viscontiniano. En la década de 1970, la MPA trabajaba bien bajo la dictadura en Brasil, bajo Pinochet en Chile, aunque lo tuvo más difícil en Argentina con Perón, que era muy antiestadounidense. Al mismo tiempo, Harry Stone frecuentaba poco a las celebridades del cine latinoamericano; le parecían demasiado izquierdistas o demasiado nacionalistas. Sin su apoyo, pero sí con el de los dictadores, lanzaba las películas de Hollywood destinadas a tener éxito, y efectivamente lo tenían. A la oligarquía brasileña o chilena le gustaba el cine estadounidense, y siempre se vendió a la MPA». Esa complicidad con los poderes locales permitió a la MPA obtener ventajas para la difusión de las películas estadounidenses, por ejemplo la supresión de tasas a la exportación sobre las copias de las películas, un tipo de cambio más favorable para repatriar los ingresos por taquilla a Estados Unidos y a veces, cuando existían, la no aplicación de las cuotas de pantalla nacionales.

En Río de Janeiro, Buenos Aires, México e incluso Caracas he conocido a representantes de la MPA que defienden el cine estadounidense. La mayor parte de las veces, son sudamericanos que gestionan las redes de distribución a favor de los *blockbusters* de los estudios. ¿Por qué lo hacen? «Por dinero —me contesta Alberto Flaksman en Río—. Es un poco como la Coca-Cola: vayas donde vayas, en todo el mundo, en el pueblo más pequeño de Asia o de África, encontrarás una botella fresca de *Coke*. Localmente, la mayoría de esos distribuidores de películas no son estadounidenses. Aquí, son brasileños y no promueven el cine estadounidense por razones ideológicas, sino simplemente por interés comercial». Estos representantes locales trabajan a menudo para varias *majors* hollywoodienses a la vez. Los estudios no se hacen la competencia en América Latina, sino que se apoyan. Existen acuerdos de distribución entre Disney y la 20th Century Fox, entre Warner y Columbia, y sobre todo entre Viacom y Universal, que incluso gestionan juntas algunas salas en Brasil. Las leyes que protegen la libre competencia en Estados Unidos no se aplican en América del Sur. Alberto Flaksman suspira:

«Y frente a esta formidable máquina de guerra, nosotros, los sudamericanos, estamos muy divididos. No tenemos ninguna red de distribución común. Y ni siquiera un cine "latino" que defender».

En México, Jaime Campos Vásquez tiene una historia muy particular. «Soy peruano y, durante veinticinco años, he trabajado para los servicios secretos peruanos. Hoy aquí estoy luchando contra la piratería para la MPA», me dice de entrada, en español (curiosamente, Vásquez no habla inglés). Lo conocí en la sede de la MPA en México. Elegantísimo, con una corbata de rombos malva estilo Vasarely, un reloj de oro espectacular y el pelo lacado y repeinadísimo, Jaime Campos Vásquez es un personaje inclasificable y, contrariamente a lo que cabría esperar, simpático. «Veinticinco años en los servicios secretos es mucho tiempo», repite riendo, contento del efecto que produce, mostrándome con insistencia su pelo blanco. Adivino, detrás de la jovialidad, a un hombre temible. «La piratería de las películas es como un crimen, pero más *light* —me dice—. Aquí en México es un comercio ilegal apoyado por el crimen organizado, por las redes mafiosas. Trabajamos con la policía local y con las aduanas, y mi experiencia en los servicios secretos me ayuda mucho para el análisis de la información, la investigación y la inteligencia tecnológica».

Le pregunto si no hay una contradicción en trabajar para los estadounidenses. Vásquez sonríe: «No tengo ningún problema en trabajar para los gringos. Yo lucho contra todas las falsificaciones y contra la economía sumergida ilegal. Todo lo que debilite al crimen organizado en América Latina es positivo. Estamos a favor de la tolerancia cero». Titubea, vuelve a enderezarse en su sillón, y luego prosigue, visiblemente incómodo por tener que oír a un francés reprochándole que trabaje para los gringos: «Aquí en México, sabrá usted que el cine le debe mucho a los estadounidenses. Hace unos quince años, ya no quedaban salas, no había películas. Hoy se construye un nuevo multicine cada día y hay el doble de salas en México que en Brasil, siendo la población la mitad. Todo eso es gracias a los *blockbusters* de Hollywood, que permiten que el cine vuelva a ser rentable y que el público vuelva a las salas. Y los estadounidenses fomentan y financian también la producción local. Forman a los cineastas hispanos en sus universidades y les dan una oportunidad en Los Ángeles. Hoy el cine mexicano está renaciendo» (Hollywood tiene el 90 por ciento de la taquilla en México; el cine mexicano, menos del 5 por ciento).

La sede de la MPA en México es discreta, una casa de pisos burguesa, sin ningún letrero en la entrada, en un barrio residencial. Dentro, ninguna señal especial, excepto una magnífica *juke-box vintage*. Aquí trabajan, teóricamente en distintos quehaceres, veinticinco personas. Jaime Campos Vásquez, por ejemplo, no figura oficialmente como asalariado de la MPA; es el director de la APCM, la Asociación Protectora de Cine y Música. Dicha asociación fue creada conjuntamente por la MPA y la industria del disco estadounidense para luchar contra la piratería. «La MPA es el *good cop*, y nosotros el *bad cop* (el policía bueno y el policía malo) —me dice Vásquez—. Les damos cobijo en nuestros locales, pero no queremos aparecer directamente como encargados de la vertiente represiva», me confirma la abogada Rita Mendizábal Recasens, la responsable de la MPA en México, que me recibe en las mismas oficinas. De hecho, la APCM es la rama policial de la MPA y está directamente conectada con Los Ángeles, donde depende de Bill Baker, que fue responsable del FBI y luego de la CIA y que ahora supervisa la lucha contra la piratería y depende directamente a su vez del jefe de la MPAA en Washington.

Jack Valenti ya tenía más de 75 años cuando se topó con su peor enemigo, peor, según él, que la guerra de Vietnam, que sin embargo acabó con la carrera de su mentor, Lyndon Johnson. Este enemigo es Internet. En su despacho de Washington, Valenti se excita de pronto cuando abordo el tema, que ya sé que es delicado. Internet es su enemigo personal, su obsesión, su pesadilla. Valenti está delante de mí con los ojos fuera de las órbitas y los brazos levantados: es como si se hubiera vuelto un personaje exageradamente animado de Pixar.

Jack Valenti ha vuelto por sus fueros. En vísperas de su jubilación, como esas divas que siempre están anunciando su última *tournée*, hace un *comeback* inesperado. La adversidad siempre le ha dado alas. Y sabe que Hollywood necesita ser amado pero que la MPAA no debe tener miedo a ser temida. A principios de la década de 2000, está de nuevo dispuesto a arrimar el hombro; en una palabra, ha vuelto a la política. Organiza, metódicamente, la lucha contra la piratería de las películas, declara la guerra a las nuevas tecnologías, moviliza al Congreso, a todos los embajadores de Estados Unidos y a todas las policías, exagerando las estadísticas y erigiendo la propaganda de los estudios sobre la piratería en causa nacional estadounidense. «Fue el combate de mi vida», me dice Valenti. Pero esta vez subestima al adversario, no se da cuenta de que se trata de un punto de inflexión histórico y, al querer luchar contra Internet, comete el mismo error que cometió la industria del disco cuando a finales de la década de 1910 quiso prohibir la radio. Una vez más, estamos ante un combate perdido de antemano.

Pensándolo bien, en Hollywood se ha producido un cambio de estrategia sin precedentes: después de hacer durante décadas todo lo posible por expandir el cine estadounidense en el mundo entero por todos los medios, la MPAA ha pasado bruscamente de la promoción a la represión, de la cultura a la policía. Cabe decir que la falsificación de videocasetes y de DVD es una verdadera industria en Asia (el 90 por ciento del mercado en China, el 79 por ciento en Tailandia, el 54 por ciento en Taiwán, el 29 por ciento en India, según la MPAA), en África, en Oriente Medio, en América Latina (el 61 por ciento del mercado en México) y en Rusia (el 79 por ciento del mercado). La MPAA estima hoy que Hollywood pierde 6.100 millones de dólares al año por culpa de la piratería. Ésta sigue practicándose mayoritariamente a través de la falsificación de videocasetes y sobre todo de DVD (un 62 por ciento en total), y mucho menos, aunque va en aumento, a través de Internet (el 38 por ciento). Pero Valenti vio enseguida el problema: la piratería de los productos culturales «materiales» no ha afectado mucho hasta ahora a los ingresos de Hollywood porque se concentraba en mercados poco rentables; pero con la desmaterialización de las películas, las teledescargas ilegales se extienden por Europa, Japón, Canadá, México y el mismo territorio estadounidense. Esta vez, en Hollywood ha sonado la alarma.

La MPAA ha convertido por lo tanto la piratería en su prioridad mundial; se trata de una nueva estrategia que ha roto los viejos equilibrios y ha provocado un cambio de alianzas. Actualmente la MPAA se alía con los gobiernos francés y alemán, que hasta ahora eran reticentes a colaborar con ella y preferían defender sus cinematografías nacionales. Por otra parte, cada vez es mayor la incomprensión con los países emergentes y los países del tercer mundo, que se niegan a sancionar la piratería por razones económicas o políticas. China, por ejemplo, no comparte la filosofía estadounidense sobre el *copyright*, y Rusia no tiene ninguna intención de favorecer las exportaciones estadounidenses.

La paradoja es que mientras tanto la MPAA se ha olvidado de su lucha contra las cuotas de pantalla nacionales. «La supresión de las cuotas ya no es para nosotros una prioridad global», me confirma Dan Glickman, el actual jefe de la MPAA, en su despacho de Washington. Más que lanzarse a un enfrentamiento global, la MPAA negocia partenariados caso por caso, ora con México, ora con Corea. La nueva diplomacia estadounidense del cine es la siguiente: ahora no interesa una política multilateral, son preferibles los «multipartenariados».

La MPAA pretende ser independiente, pero su diálogo con el Congreso y sus contactos con las fuerzas policiales la convierten de hecho en una agencia estadounidense «casi gubernamental». No caigamos, sin embargo, en la teoría de la conspiración. Nada de eso: sus lazos con el gobierno, la CIA o el FBI no explican realmente el poder y la importancia creciente del cine estadounidense en el mundo.

Para comprender el monopolio internacional de Estados Unidos sobre las imágenes y los sueños, hay que remontarse a la fuente de este poder, no en Washington sino en Los Ángeles. No a la MPAA, sino a los estudios de Hollywood. Y para empezar, hay que hablar del público estadounidense, de esos millones de espectadores que cada año compran cerca de 1.400 millones de entradas de cine por un valor de más de 10.000 millones de dólares. Hoy son ellos los que mayoritariamente consumen las películas en las salas de cine de los grandes barrios residenciales de Estados Unidos. Allí es donde ha empezado todo: en los centros comerciales al borde de las autopistas, en los *drive in*, en los *exurbs* y en los multicines.

2. Multicines

«Los lavabos son tan espectaculares que me pregunto si algún día la gente no vendrá al cine sólo para verlos. Al principio, incluso querían que los turistas pagaran por utilizarlos». Mohamed Ali sonríe. Es el director de los multicines de City-Stars, uno de los centros comerciales más grandes de Oriente Medio, situado en Nasr City —la ciudad de Nasser—, cerca de Heliópolis, a 25 kilómetros al este de El Cairo, en Egipto.

Hay tres pirámides de cristal iluminadas encima de los cubos de hormigón que forman los siete pisos del *shopping mall* (centro comercial). Aparte de ese toque egipcio, el lugar se parece a todos los centros comerciales del mundo que he visitado, ya sea en Omaha (Nebraska), en Phoenix (Arizona), en Singapur, en Shangai, en Caracas o en Dubai. Financiado por Kuwait, City-Stars se inauguró en 2004 como escaparate árabe de la prosperidad y el consumismo. ¿Mal gusto? Lo cierto es que, desde el punto de vista del consumo, City-Stars ha resultado un éxito. La gente acude de todo Oriente Medio para comprar la mayoría de marcas internacionales y, como en todas partes, algo del sueño americano.

En este centro comercial, que está a medio camino entre un proyecto faraónico y un espejismo del desierto, hay dos multicines que representan ellos solos, según me dice Mohamed Ali, un tercio del *box office* egipcio (la cifra real es un 20 por ciento, lo cual ya es considerable). El mayor de los dos alberga 13 salas a las cuales se accede a través de un vestíbulo con unas moquetas estrafalarias decoradas al estilo de *La guerra de las galaxias,* todo iluminado por tiras a base de créditos de películas de la 20th Century Fox y proyecciones de «abstracción coloreada» en el techo y las paredes. A lo largo del vestíbulo, innumerables *stands* donde venden pirámides de palomitas. «Las palomitas consumidas in situ forman parte de la experiencia del cine —me comenta el director. Y añade— Nuestro éxito se explica, contrariamente a lo que cabría esperar, por dos cosas que no tienen mucho que ver con el cine: el aire acondicionado y la seguridad». El lugar es seguro para las familias y los jóvenes, lo cual constituye un factor decisivo del éxito de los multicines en todo el mundo, desde Egipto a Brasil, desde Venezuela a Estados Unidos. La programación también cuenta, es una mezcla sutil de comedias egipcias y *blockbusters* estadounidenses. «Pero los jóvenes sólo quieren ver las películas estadounidenses», constata Mohamed Ali.

Paradise 24 es otro multicine que parece un templo egipcio. Acaba de inaugurarse con 24 salas de cine y también se asemeja a una pirámide, con sus columnas y sus jeroglíficos. Es lo que hoy se llama el *theming:* dar un tema a un espacio comercial exagerando los estereotipos de un lugar imaginario. Porque este templo egipcio está situado en Davie, al borde de la Interstate 75, en Florida, Estados Unidos. Otro megaplex egipcio, el cine Muvico, está previsto que se inaugure en 2010 en un centro comercial de Nueva Jersey, también en Estados Unidos. Será el mayor megaplex estadounidense y también estará «tematizado» al estilo egipcio.

Para descifrar el *entertainment* y la cultura de masas en Estados Unidos —o sea, en el mundo— hay que seguir las etapas clave de este cambio fundamental: cómo ha pasado el cine del *drive in* al multicine, del *suburb* al *exurb*, del *pop corn* a la Coca-Cola. Casi todas esas palabras están en inglés. No es casual. Fue aquí, en el corazón de la América *mainstream*, donde empezó todo.

DEL *DRIVE IN* AL MULTICINE

Cuando uno va a la búsqueda de multicines en Estados Unidos —y yo he visitado unos cien en treinta y cinco estados—, lo primero que encuentra es el *drive in*. Poner cine en un parking. Fue un invento genial. Y una idea duradera.

Actualmente en Estados Unidos ya no quedan *drive in*. He visto algunos, abandonados, transformados en mercados de ocasión los domingos, o limitados a la temporada de verano en San Francisco,

Los Ángeles y Arizona. El primero se remonta a 1933 en Nueva Jersey; en 1945, hay menos de 100; pero al cabo de diez años, ya son 4.000. En la década de 1980, casi todos han desaparecido. ¿Qué ha pasado? Es preciso descubrirlo porque el *drive in* fue una de las matrices de la cultura de masas estadounidense de la posguerra.

Scottsdale, Arizona. En este barrio residencial de Phoenix, el Scottsdale Drive In es aún hoy un *drive in* de seis pantallas al aire libre. Cuando se construyó en 1977 en pleno desierto, se llamaba «Desert Drive In». Actualmente, está en medio de la ciudad y accedo a él por una ancha avenida de cuatro carriles y sentido único especialmente construida para el *drive in*. Las seis «salas» están formando dos filas enfrentadas en un solar que de día parece abandonado pero que de noche se anima, iluminado por cientos de vehículos. El *drive in* está abierto 365 días al año, «rain or shine» (llueva o haga sol), me dice Ann Mari, que trabaja en el Scottsdale Drive In. Caben hasta 1.800 coches. «Vale la pena venir con un coche bueno porque estarás todo el rato sentado en los asientos del coche —añade Ann Mari—. También es aconsejable venir con una buena autorradio porque el sonido te llega a través de una radio AM que escuchas dentro del propio coche. Y también es interesante tener un buen aire acondicionado».

Los *drive in* que aún existen junto a las autopistas estadounidenses conservan un poco el ambiente de antaño. Están, por una parte, esos neones fluorescentes de colores vivos que se ven de lejos: el Rodeo Drive de Tucson (Arizona) con una *cow girl* luminosa revoleando su lazo al viento; el New Moon Drive de Lake Charles (Luisiana), con una luna fluorescente en el cielo; el Campus Drive en San Diego, con una animadora de pompones rutilantes.

En 1956, hay más de 4.000 *drive in* en América, y venden más entradas que los cines tradicionales. El *drive in* es un fenómeno joven y estacional. El precio de la entrada es barato: 2 dólares por coche, cualquiera que sea el número de personas que se amontonen en su interior; más adelante, harán pagar a todos los pasajeros (algunos adquirirán la costumbre de esconderse en el maletero antes de que también los abran para comprobar si hay alguien).

Con la entrada, tienes derecho a dos largometrajes. La calidad de la imagen es mediocre, pero no importa: ves chicas guapas en la pantalla y, sin la presencia de los padres, puedes besar a tu amiguita dentro del coche. En inglés se dice «to ball», que es algo más que «besar». El *drive in* tuvo un papel muy importante en las primeras experiencias sexuales de los adolescentes estadounidenses.

Si los *drive in* se multiplicaron tan rápidamente es porque son muy rentables. No tanto por la entrada para ver la película como por las concesiones de lo que se llama *pop & corn* (las burbujas de la Coca-Cola y el *corn*, es decir el maíz). Es en los parkings de los *drive in* donde los estadounidenses adquieren la costumbre de comer en el cine. Muy pronto el vehículo familiar se transforma en un verdadero *fast food* ambulante.

La gente empieza a ir al cine en vaqueros, ya no hace falta vestirse para salir. El *drive in* es informal, libre, desenfadado. Por todas partes hay *juke-box* centelleantes, camareras guapas con patines vestidas de rosa o de azul turquesa. Y al final de la velada, un pequeño castillo de fuegos artificiales, la felicidad en la América de la posguerra.

Actualmente, circulando por las carreteras norteamericanas, me cuesta un poco comprender cómo pudo el sueño cinematográfico de las clases medias pasar de las grandes salas de la década de 1930, aquellos palacios inmensos con mármoles y hermosas moquetas rojas, a las proyecciones sobre un muro de hormigón en medio de un parking y dentro del propio coche. Sin embargo, basta abrir los ojos. Los jóvenes, las familias y las nuevas clases medias no se han alejado de los parkings. Basta mirar hoy en dirección a los nuevos centros comerciales para darse cuenta de que los estadounidenses siguen yendo al cine en los parkings. Ahora los llaman «multicines».

Omaha, Nebraska. Acaban de inaugurar un multicine en medio de un campo de maíz a unos treinta kilómetros de la ciudad. ¿Qué locura le ha dado al empresario estadounidense que ha construido este multicine? «No es locura, es *business*», me explica Colby S., el gerente del Village Point Cinema.

El cine acaba de construirse en el corazón de un inmenso centro comercial, llamado precisamente Village Point Mall, que todavía está en obras. Me encuentro en una zona rural que ni siquiera tiene nombre todavía; hace pocas semanas no existía, aquí sólo había vacas pastando. La gente dice simplemente West Omaha. Como ocurre con frecuencia en los suburbios estadounidenses, los centros urbanos se designan mediante los puntos cardinales, el nombre de la autopista donde están situados o, la mayor parte de las veces, mediante el nombre del centro comercial más importante.

Los promotores inmobiliarios han decidido crear Village Point Mall en este sitio alejado y «en un extremo de la ciudad» porque saben por experiencia que Omaha se extiende hacia el oeste. Las autopistas todavía no están terminadas y los semáforos no están instalados, pero ya saben que pronto vivirán aquí centenares de miles de personas. El multicine con sus proyectores domina el centro comercial. El cine es precisamente lo que «hace ciudad»: da un toque «cultural» al conjunto. El multicine es la ciudad que está al llegar.

El ambiente de este enorme multicine es tranquilo y en el suelo hay unas líneas que guían a los espectadores hacia las salas, como en los aeropuertos. «Lo más importante —me explica Colby— son los lavabos, sobre todo para las familias y las personas mayores». Por consiguiente, hay muchos lavabos y muy espaciosos, como en todos los multicines, cuyo número ha sido sabiamente calculado en función de unas reglas muy precisas: «Hace falta de media un WC por cada 45 mujeres presentes en el cine», me explica el gerente. Hermosas escaleras mecánicas conducen a los espectadores hacia las salas de arriba y, al final de la velada, el gerente tiene la inteligencia de invertir el sentido de todas esas escaleras para llevar a todo el mundo pacíficamente hacia la salida.

Como casi en todas partes en Estados Unidos, las salas están organizadas según el modelo llamado de «estadio», muy inclinado, con cada fila más alta que la anterior, para que todas las localidades tengan una visión perfecta. Los asientos están espaciados, las separaciones son anchas. El multicine tiene 16 salas de 88 a 300 plazas.

¿Por qué hay tantas salas? ¿Para permitir una programación más diversificada, a la vez *blockbusters* y películas más minoritarias? Colby: «No, en absoluto. Es para no perder ni un solo adolescente». Los *blockbusters* se proyectan en varias salas a la vez, con una sesión cada quince minutos «en hora punta», para evitar tener que consultar los horarios antes de venir. A razón de 1.300 personas por sesión, son casi 7.000 personas diarias, todas en un lugar caliente y, también aquí, seguro. A la entrada del multicine veo un cartel en el que se recuerda al público que las armas de fuego están prohibidas en el interior.

La programación de este multicine de Omaha es *mainstream* —*Spiderman 3, Shrek 2, Los increíbles* o también *Yo, robot*—, y las películas *rated*, es decir, no aptas para menores de 13 o 17 años, son poco apreciadas. No se proyectan películas después de las diez de la noche, ni siquiera el sábado. Las familias constituyen una parte importante del público, y los jubilados, cerca del 30 por ciento. Se evitan, por tanto, las películas extranjeras subtituladas. «Si tienes que leer los subtítulos es como si te pidieran un esfuerzo. El público viene a divertirse, esto no es una escuela», me explica el director. El razonamiento parece lógico.

¿Por qué el multicine instalado en el corazón del centro comercial se ha convertido en el símbolo por excelencia de la experiencia cinematográfica en Estados Unidos, y muy pronto en el mundo entero? Los exhibidores y los distribuidores estadounidenses lo han comprendido antes que los demás: porque el centro comercial es en la actualidad el centro urbano de los barrios periféricos estadounidenses. Ha sustituido a la célebre *main street* de las pequeñas ciudades y al *downtown* de las grandes. En 1945, había en Estados Unidos ocho *shopping centers*», como aún se los denominaba; en 1958, son 3.000; en 1963, más de 7.000; en 1980, 22.000; y actualmente, cerca de 45.000.

Cuando los jefes de General Cinema, American Multi-Cinema y muy poco después de Cineplex-Odeon —los tres inventores del multicine— constatan, en la década de 1970, que cada cuatro días de media se inaugura un nuevo centro comercial en Estados Unidos, comprenden que ya no deben instalar sus cines en las ciudades, sino en la periferia. El multicine es a la vez un desplazamiento geográfico y un cambio de escala. El primer cine con dos salas gemelas data de 1963 (el Parkway Twin en un centro comercial de Kansas City, creado por General Cinema). En 1966, hay cuatro en el Metro Plaza Complex (siempre en Kansas City, creado por el competidor American Multi-Cinema, alias AMC). En 1969, nace el *sixplex,* esta vez en Omaha; luego el primer *eightplex* en Atlanta en 1974. Al multiplicar las salas en un mismo cine de la periferia, los inventores del multicine no demuestran una gran imaginación; adoptan una receta bien rodada ya, la de los centros comerciales que tienen al lado, donde se agrupan las tiendas y los *fast foods* de diferentes cadenas para satisfacer todos los gustos del público. Muy pronto AMC, que en 1972 ya posee 160 pantallas, comienza a adquirir la costumbre de indicar el número de salas en el nombre mismo del cine, una práctica que hoy se ha generalizado (el Empire 4, el Midland 3 y el Brywood 6). A finales de la década de 1970, el grupo amplía aún más el concepto al abrir complejos de 10, 12 y hasta 14 salas, a menudo subterráneas, apenas separadas por muros de cartón piedra (lo cual permite seguir por ejemplo los diálogos de *Annie Hall* con el fondo sonoro de la música de *La guerra de las galaxias*). El multicine es moderno, eficaz, cercano al lugar donde viven los estadounidenses y —cosa interesante— siempre ha sido bien considerado en Estados Unidos, incluso por la prensa y por Hollywood, que han visto su emergencia como un aliado y no como un enemigo del cine. Eso contrasta con las reacciones a menudo críticas en Europa respecto a lo conformista de las periferias y a la degradación cultural que los multicines supuestamente provocan en los centros comerciales. Pero a este éxito popular aún le faltaba su modelo económico.

CUANDO EL *POP CORN* SE CONVIERTE EN MODELO ECONÓMICO

En el número 401 de South Avenue en Bloomington, a 18 kilómetros al sur de Minneapolis, se encuentra el AMC Mall of America 14. Inaugurado en 1992, Mall of America, con sus 520 tiendas, sus 50 restaurantes y sus 12.000 plazas de parking, es uno de los mayores centros comerciales del mundo. Lo que le ha valido el sobrenombre de *megamall* (y de *megamess*, o sea, «megacaos», a causa de las veces que se retrasó su puesta en servicio). Es un inmenso rectángulo, bastante feo, de tres pisos, con un parque de atracciones en el centro, totalmente cubierto, con tiovivos y una gran noria. Lo visitan cuarenta millones de personas al año, clientes y consumidores por supuesto, pero también turistas que vienen a verlo por su tamaño y su importancia histórica, como se visita el Louvre o las pirámides.

Teniendo en cuenta ese gigantismo, el AMC Mall of America 14, el multicine local, parece sorprendentemente modesto. Allí, *Avatar* sólo puede proyectarse en veintidós pantallas al día (lo cual es poco, comparado con las cuarenta pantallas disponibles en el AMC Empire 25 de Times Square en Nueva York). No obstante, ese tipo de multicine pertenece a la nueva generación imaginada en la década de 1980 por la red canadiense Cineplex-Odeon, que combina el número de salas de los multicines de primera generación con la desmesura de los palacios de antes de la guerra. Las salas son más espaciosas y están en alto, ya no en subterráneos como antes; hay grandes ventanales que permiten ver la periferia de la ciudad que se extiende hasta el infinito.

Contrariamente a los responsables de los estudios hollywoodienses, que se arriesgan y a veces juegan a la ruleta rusa, los dueños de las salas de cine saben perfectamente lo que hacen: saben que su negocio son las palomitas.

La historia de la llegada de las palomitas a las salas de cine estadounidenses se remonta a la Gran Depresión de 1929. Los dueños de los cines, que todavía eran independientes en su mayoría, necesitaban en aquella época de bancarrota nacional nuevas recetas financieras. Al ver que los espectadores antes de entrar en el cine compraban chucherías en los pequeños *delis* o los *diners* que había en los alrededores, tuvieron la idea de empezar a vender también ellos caramelos o botellas de Coca-Cola. Y el éxito les sorprendió.

Las palomitas de maíz, un producto mágico, se vuelven populares en la década de 1930. Cuentan con la doble ventaja de ser fáciles de producir y de tener un coste ínfimo respecto a su precio de venta: el 90 por ciento de los ingresos son puro margen. Y he aquí que los *drive in*, y después los multicines, construyen su modelo económico alrededor de las palomitas. Las salas empiezan a comprar el maíz para palomitas al por mayor, directamente a las industrias agroalimentarias que lo refinan, y se comercializan unas máquinas automáticas más eficaces. Paralelamente, la industria del maíz, concentrada en el Medio Oeste, se desarrolla y multiplica su producción por 20 entre 1934 y 1940. Estados Unidos se convierte —y todavía lo es— en el primer productor mundial de maíz. El *lobby* del *corn* se estructura en el Congreso, en Washington, promocionado por el Ministerio de Agricultura y el Ministerio de Defensa. Gracias a ello, el maíz invade todos los productos, a menudo bajo la forma de *corn syrup* y, a partir de la década de 1970, de *high fructose corn syrup* (una especie de jarabe de azúcar de maíz pero con mucha más fructosa que el azúcar de caña). Se encuentra en los yogures, las galletas, los *corn flakes*, el *ketchup*, el pan de los perritos calientes y de las hamburguesas, y naturalmente la Coca-Cola y la Pepsi. Es un verdadero orgullo agrícola nacional, y todos los intentos ecológicos, sanitarios o dietéticos para limitar la invasión de los azúcares de maíz y sus derivados en la alimentación han fracasado a causa del precio barato al que se venden y por la eficacia del *lobby* del maíz. Sin embargo, está demostrado que el *corn syrup* y el *high fructose corn syrup* son factores agravantes de la obesidad estadounidense.

En la década de 1950, el *agrobusiness* del maíz identifica las salas de cine como una salida potencial para los excedentes de este cereal. Se lanza una ofensiva comercial dirigida a los exhibidores, todos ansiosos de vender más palomitas, consistente en unas campañas publicitarias para sus salas. Unas campañas que obviamente promocionan las palomitas. Las palomitas, que ya eran frecuentes en los *drive in*, se generalizan en los multicines. Los mostradores aumentan, las porciones también, y consiguientemente los precios. Uno de los directivos del AMC Mall of America 14, con el cual me entrevisto en Minneapolis, me explica que la rentabilidad del cine no reside tanto en las entradas como en las concesiones, cuyos ingresos conserva íntegramente el exhibidor. Según él, cada espectador gasta de media 2 dólares en palomitas. «Las películas de acción hacen vender más raciones», dice. El 90 por ciento de los ingresos se producen antes de empezar la película, el 10 por ciento durante la proyección y nada al final. «Los espectadores jamás consumen al salir», lamenta el directivo.

Una de las principales redes de multicines, el gigante Cineplex-Odeon, pronto adquiere una marca de palomitas, Kernels Popcorn Limited, lo cual le permite vender palomitas en sus cines con un margen de beneficios aún mayor. Como me cuenta una de las acomodadoras del AMC Mall of America 14 a modo de *boutade:* «El dueño de una sala de cine primero debe encontrar un sitio que sea bueno para vender palomitas y luego construir un multicine alrededor».

Del *suburb* al *exurb*

En el cruce de las autopistas 405 y 55, el Edwards Metro Pointe 12 es un multicine típico que pertenece al grupo Regal Entertainment. Estoy en Orange County, al sudeste de Los Ángeles, entre el océano Pacífico y las montañas de Santa Ana, en lo que hoy se llama en Estados Unidos un *exurb* (la palabra viene de *extra urbia;* también se habla del fenómeno de la *exurbia*). El *exurb* representa la ciudad infinita, una ciudad que no cesa de extenderse. Y allí es donde hoy, entre las autopistas de 18 carriles y varios niveles que forman bucles en el cielo, hay que buscar las claves de la cultura de masas estadounidense.

Al comienzo fue el *suburb,* el barrio residencial en las afueras de las ciudades. Entre 1950 y 1970, las ciudades estadounidenses ganan 10 millones de habitantes, y sus barrios periféricos 85 millones. Hojeando viejos números de la revista *Life,* podemos hacernos una idea de lo que representó el ideal del *suburb* para la clase media estadounidense de la década de 1950. Hay lavadoras de gran capacidad, neveras gigantescas y cochecitos para gemelos y a veces para trillizos. Céspedes verdes impecablemente cortados. Vemos cómo nace el bricolaje individual y también vemos a una familia transportando en el techo de un pequeño Ford una cocina integrada para montarla ella misma, antes de que Home Depot transformase los barrios residenciales en inmensas ferreterías permanentes. Vemos a padres que sueñan con una familia de 2,5 hijos (tendrán más bien 4 o 5 con el *baby boom).* Y también es el reino de las experiencias comunitarias, en el deporte, las escuelas y las iglesias. El *suburb* no es ni el koljós ni el kibutz, pero en esa época todavía tiene algo de «socialista». Esto con el *exurb* desaparece.

Si el *suburb* fue lo típico de la década de 1950, con la multiplicación de los *drive in* en la periferia próxima, el *exurb* es lo típico del Estados Unidos contemporáneo, con sus multicines en una periferia más alejada. Con el *suburb,* todavía estábamos en la primera corona alrededor de las ciudades: generalmente la gente seguía trabajando en el centro, iba al restaurante y al cine y volvía a casa por la noche. El elemento nuevo, y que en cierto modo define al *exurb,* es el desplazamiento del mercado de trabajo: el *exurb* es fundamentalmente diferente del *suburb* porque los estadounidenses viven y trabajan allí. Y naturalmente también practican el ocio. A medida que los *exurbs* se desarrollan, los cines se van instalando.

Este fenómeno empezó ya en la década de 1940, pero en la de 1970 se acentuó, y en las de 1980 y 1990 se generalizó, gracias a las nuevas tecnologías que han acelerado y simplificado las comunicaciones. Es el modelo de Los Ángeles: en lugar de construir ciudades en altura, como en Nueva York, donde hay poco espacio, se construyen ciudades lineales. Casi todo el *exurb* nació en las coronas más alejadas de las ciudades, en el cruce de dos autopistas, una en dirección norte-sur (siempre con un número impar en Estados Unidos), y otra en dirección este-oeste (con un número par). En todas partes, en Phoenix, Denver, Houston, Miami, Dallas, Austin, Atlanta, he visto ciudades fragmentadas a lo largo de cientos de kilómetros con múltiples centros. A menudo, he observado uniformidad: las mismas tiendas culturales (Barnes & Noble, Borders, HMV, Blockbuster), las mismas marcas (Sears, Kmart, Saks, Macy's, Gap, Banana Republic), con frecuencia los mismos restaurantes económicos (Burger King, Popeye's, McDonald's, Wendy's, Subway, The Cheesecake Factory y las tres «franquicias» que pertenecen a Pepsi-Cola: Kentucky Fried Chicken, Taco Bell y Pizza Hut). Y, por supuesto, casi en todas partes he visto innumerables réplicas exactas unas a otras: un café Starbucks y un supermercado Wal-Mart. Uniformidad, automóvil y centro comercial. Estados Unidos se creía distinto y se descubre adocenado.

Con todo, esa aparente conformidad oculta cosas sorprendentes. En los *exurbs* lo he visto todo y su contrario: librerías japonesas, consultas de dentistas lesbianas, teatros latinos, tiendas de sandalias tunecinas o de cerámica africana, tintorerías chinas que hacen publicidad en mandarín, un Trader Joe's para vegetarianos, un *fast food* brasileño que propone, como no puede ser menos, los «USA nº 1 Donuts», una tienda de DVD especializada en Bollywood y restaurantes kosher o halal. He encontrado más diversidad de la que cabía esperar, menos conformismo, mediocridad cultural y homogeneidad de lo que dicen los intelectuales neoyorquinos que, desde la década de 1950, atribuyen al *suburb*, y hoy al *exurb*, todos los males. Hoy día, las ciudades que tienen más pantallas de cine por número de habitantes no son ni Nueva York ni Boston, sino Grand Forks (Dakota del Norte), Killeen-Temple (Texas) y Des Moines (Iowa). *Exurbs*.

Cuando entras, por ejemplo, en Atlanta, la ciudad de la Coca-Cola y de Home Depot, por la autopista I 75, atraviesas unos *exurbs* donde se suceden los multicines, los centros comerciales los *fast foods* y los hoteles baratos durante unos cincuenta kilómetros antes de llegar finalmente al centro de la ciudad, que es un gueto, desierto, abandonado y predominantemente negro (Martin Luther King nació y está enterrado aquí). Durante la década de 1990, la ciudad de Atlanta ganó 22.000 habitantes, y su *exurb* 2,1 millones.

Con el *exurb*, periferia de la periferia, los habitantes se han mudado de la primera corona de los *suburbs* hacia la segunda o la tercera, y —un hecho importante— ya no transitan por la ciudad. Te alejas y todo cambia. En vista de la congestión automovilística, los problemas para aparcar, la falta de escuelas, el precio de la vivienda y el precio de los canguros para los niños, en vista de la contaminación y a veces la droga y la violencia, los estadounidenses han abandonado los centros de las ciudades. El filósofo George Santayana es conocido por haber dicho que «los estadounidenses no resuelven los problemas; los dejan atrás».

El *exurb* es la nueva frontera estadounidense: no necesita la ciudad, ya no es un barrio residencial periférico, es una nueva ciudad. Allí donde el *suburb* reforzaba al fin y al cabo la necesidad de la ciudad y reafirmaba su supremacía, el *exurb* pura y simplemente la anula. El 90 por ciento de las oficinas construidas en Estados Unidos en la década de 1990 lo han sido en los *exurbs,* la mayor parte de las veces en los *office parks,* a lo largo de las autopistas, ya no en los centros de las ciudades. Y la cultura también se ha instalado en esas periferias lejanas al estilo Steven Spielberg: el multicine es el cine del *exurb.*

Cuando Coca-Cola compra el estudio Columbia

A 3.000 kilómetros de Atlanta, hacia el oeste, se encuentra Mesa (Arizona). La ciudad tiene 500.000 habitantes, más que Atlanta, pero es poco conocida. Allí me encuentro con Gerry Fathauer, la directora del nuevo centro cultural de la ciudad nueva. Mesa es un típico *exurb.* También es la tercera ciudad del estado, después de Phoenix y Tucson. «Dentro de diez años, seremos la número dos», pronostica Gerry Fathauer. Mesa crece hacia el este, hacia el desierto. A pocos kilómetros están las reservas indias, especialmente la de los apaches. Fathauer me dice: «Mesa es una ciudad que se desarrolla a la velocidad de un caballo al galope». Desde entonces, esta expresión me obsesiona.

«Culturalmente, nos han reprochado mucho que seamos un barrio residencial con "calles anchas y espíritu estrecho" —prosigue Gerry Fathauer—. Vamos a demostrar que aquí puede haber cultura, e incluso arte. Al mismo tiempo, debemos adaptarnos a los deseos y a los gustos de la comunidad. Aquí, en Mesa, tenemos una población típica de clase media. Y lo que la gente quiere son multicines». Mesa tiene tres multicines, entre ellos un inmenso AMC Grand 24, situado lógicamente —ahora ya es lo habitual— en el cruce de dos *loops,* esas autopistas de circunvalación que en Estados Unidos siempre tienen números de tres cifras (aquí, en el cruce de la *beltway* 202 y la *beltway* 101).

Al llegar al AMC Grand 24, a dos pasos del desierto, me encuentro atrapado, sin haberlo buscado, en medio de una guerra inesperada, una guerra por la conquista de la América *mainstream*. Los diferentes multicines pertenecen a bandos enfrentados y desde siempre irreconciliables: Coca-Cola y Pepsi-Cola.

El enfrentamiento entre esos dos gigantes se ha centrado desde la década de 1950 en las salas de cine. Antes, ni Coca ni Pepsi tenían como diana el mercado de los adolescentes: las marcas todavía querían ser indiferenciadas y familiares, y aspiraban a un consumo de masas. Por otra parte, en los *palaces,* aquellos cines grandiosos de la década de 1920, no se vendían refrescos.

Después de la guerra, la compañía de Atlanta, Coca-Cola, utiliza por primera vez campañas publicitarias en la radio y en las salas de cine. Se dirige principalmente a los *drive in* con aquellos célebres anuncios en los que se ve a parejas felices dentro de su descapotable amarillo viendo una película y bebiendo Coca-Cola. Los eslóganes son famosos: «Sign of good taste», «Be really refreshed» y «Go better refreshed». Los dueños de los *drive in* colaboran y establecen entreactos para que haya más ocasiones de vender palomitas y Coca-Cola. Pero esas campañas aún son generalistas y van destinadas a todos los públicos. El cine sigue siendo un espacio publicitario como cualquier otro.

Hay que esperar a la década de 1960 para que los jóvenes se conviertan en destinatarios primordiales para la industria de las bebidas, en el momento en que los adolescentes emergen, por primera vez, como un grupo distinto en lo que al consumo se refiere, con su propia cultura y sus propios códigos. Pepsi, el eterno contrincante, es el primero en desenfundar y lanza una de las campañas más célebres de la historia de la publicidad estadounidense: la «Pepsi Generation» (en *Masculino, femenino,* de Jean-Luc Godard, incluso Chantal Goya afirma que forma parte de ella). Esa campaña, que tiene un éxito considerable («Come alive! You're the Pepsi Generation», 1963), saluda el espíritu de la juventud rebelde contra el *establishment* (simbolizado obviamente por Coca-Cola). En cuanto a *marketing,* rompe con una estrategia de masas, apuntando a nichos de mercado, la juventud y el estilo de vida adolescente («Now, it's Pepsi, for those who think young», 1961). Y funciona.

La campaña Pepsi Generation inunda las radios jóvenes y las salas de cine. Pronto Pepsi segmenta aún más con anuncios dirigidos a los jóvenes negros, lo cual multiplica el efecto de la Pepsi Generation relacionando la bebida, en el momento en que la discográfica Motown se hace famosa con su música pop negra, con la idea del *hip* y del *cool*. Cosa que Hollywood recordará en la década de 1970.

Coca-Cola, que se ha quedado con la idea de un mercado generalista y teme que una campaña demasiado específica la haga perder el mercado masivo, tarda en reaccionar. Finalmente encuentra la fórmula para parar el golpe de Pepsi jugando la carta de la autenticidad, acusando implícitamente a su competidor de ser una bebida usurpada («It's the real thing», 1969, «Can't beat the real thing», 1990, «Always Coca-Cola», 1993). Cuando visité el multicine de Mesa, estaba literalmente invadido por carteles con el eslogan «Coca-Cola Real».

Como telón de fondo de la batalla Pepsi-Coca están los acuerdos de exclusividad con las redes de cines. A condición de hacer de Pepsi o de Coca-Cola el «refresco oficial», la red obtiene contratos de publicidad de millones de dólares y reducciones considerables en el precio de venta de los demás productos de la misma compañía (Coca-Cola posee sobre todo Fanta, Sprite, Minute Maid, Canada Dry, Schweppes y las aguas Dasani, mientras que Pepsi-Cola posee Pepsi One, Pepsi Twist, Tropicana, Slice y las aguas Aquafina). En Mesa, hay por lo tanto un multicine que sólo vende Coca-Cola y otro que sólo vende Pepsi (entre las autopistas, nunca fui capaz, ni siquiera con un GPS, de encontrar el tercer multicine).

El enfrentamiento histórico entre Pepsi y Coca-Cola ha marcado la historia de Estados Unidos, y la historia de Hollywood. La batalla se libra en el tamaño y la forma de las botellas, en el precio (Pepsi siempre busca un público más popular con un precio más barato), en las latas de metal y luego de polietileno, o en el sabor, nuevo o más clásico. Es una guerra a la que no es ajena la del maíz, pues los dueños de los *drive in* ya han adquirido la costumbre de espolvorear las palomitas con una sal llamada Morton, que tiene el poder de aumentar la sed, y por tanto de incitar al consumo de refrescos. Los dueños de los multicines todavía lo hacen mejor: añaden a las palomitas la famosa *golden flavored butter*, una mantequilla salada que se echa en caliente, muy olorosa y que aún incrementa más la sed. La batalla también se libra en el terreno dietético con la Pepsi Diet y luego la Diet Coke (Coca-Cola Light en Europa). Y cada vez, los cines de un bando y otro se alistan en el plan de *marketing*. Y no tardan mucho en movilizar también a los artistas de Hollywood: campaña «Pepsi, the choice of a new generation» con dos videoclips célebres de Michael Jackson en 1984; Lionel Richie, Tina Turner en 1985; Ray Charles en 1990 («You got the right one baby uh-huh!»); Aretha Franklin en 1999, siempre con una sensibilidad pop y *black*. Las campañas publicitarias del cine refuerzan cada una de esas evoluciones.

Desde la década de 1950, los cines se han convertido pues en el terreno privilegiado del enfrentamiento histórico entre Coca y Pepsi-Cola. Para dar una idea del mercado que está en juego, se estima hoy que Coca-Cola vende mil millones de unidades de sus diferentes 400 marcas de refrescos cada día en todo el mundo. Y para demostrar hasta dónde puede llegar el vínculo peligroso entre Hollywood y Coca-Cola, que podríamos calificar de «sodamaso», baste recordar que la marca de Atlanta consiguió finalmente, en 1982, comprar los estudios Columbia, que luego revendió a Sony. Paralelamente, la compañía propietaria de Tropicana compró y mantuvo durante un tiempo los estudios Universal. En ambos casos, estos intentos no dieron resultado y no se produjeron las sinergias que se esperaban. En cuanto a las redes de distribución, siguieron un camino inverso: General Cinema, el gigante que poseía más de 400 salas de multicines antes de que lo comprase AMC en 2002, se «diversificó» en el comercio de refrescos desde 1968 abriendo varias fábricas de embotellado para Pepsi-Cola. ¡Qué extraño destino el del cine estadounidense, chanchulleando con el mercado de los refrescos desde la Segunda Guerra Mundial!

Sin embargo los multicines, como los *exurbs,* no son un fenómeno exclusivo de Estados Unidos. Hoy en día, en 2010, en China se inaugura de media una nueva pantalla multicine cada día. Y lo mismo ocurre en México, donde la red Cinépolis ha abierto, ella sola, 300 nuevas pantallas en 2008. En India, gracias a las ventajas fiscales que concede el gobierno, el número de pantallas multicine debería pasar de 700 a 4.000 entre 2008 y 2010 (por ahora, las 12.000 salas más importantes todavía son cines tradicionales con una sola pantalla para la proyección de las grandes películas de Bollywood). En

Egipto, se construyen numerosos multicines en los barrios residenciales de las dos principales ciudades que son El Cairo y Alejandría, y es probable, según los distribuidores locales, que las pantallas, que actualmente son unas 500, sean el doble dentro de cinco años. En Brasil, donde el número de pantallas aún no supera las 2.200, una cifra baja para casi 200 millones de habitantes, la progresión de los multicines es rápida y la asistencia va en aumento, gracias al poder adquisitivo mayor de la población de este país emergente. En todas partes, he visto aumentar exponencialmente el número de multicines: en Italia con las salas de Warner Village (cien por cien Pepsi) y las de la red UCI (cien por cien Coca-Cola), en Oriente Medio con los cines Showtime, en Singapur con la red Cathay, en Qatar con los Grand Cinecentres, en Indonesia con los Blitzmegaplex, en Venezuela con la red Cinex Unidos y hasta en Japón con los multicines que los japoneses llaman los cines *complex*.

Nacido en Estados Unidos, el fenómeno de los multicines ha alcanzado hoy su madurez en el suelo estadounidense, donde existen 40.000 pantallas repartidas entre 6.300 cines (1.700 con una sola pantalla, 2.200 minicines de entre 2 y 7 pantallas, 1.700 multicines de entre 8 y 15 pantallas y 630 megaplexes con más de 16 pantallas). Después de invadir los países occidentales e industrializados, el fenómeno se está internacionalizando, y en todas partes, en los países emergentes como en los del tercer mundo, los multicines modifican profundamente los hábitos de ocio del público. La experiencia cinematográfica, que es un signo de la modernización americanizada en marcha, se transforma y se convierte, para bien y para mal, en una experiencia intrínsecamente ligada al centro comercial, al *pop corn*, al *exurb* y al multicine.

3. El estudio: Disney

Siete enanos gigantes saludan mi llegada sonriendo y levantando los brazos. Estoy en la sede de la Walt Disney Company en Burbank, un *exurb* al norte de Los Ángeles, y los enanos dibujados en la fachada principal son todo un símbolo. Para entrar en el número 500, en el extremo sur de Buena Vista Street, al borde de la autopista 134, hay que identificarse. Los estudios, dominados por el edificio de la cadena ABC, están rodeados de rejas de hierro forjado con miles de Mickeys incrustados. Estoy en «Team Disney», que es el nombre del cuartel general de Disney.

«Aquí el espíritu de equipo es la regla, y por eso el edificio se llama Team Disney», me explica mi acompañante. Se ha hecho cargo de mí el equipo del Public Relations Department, que es el responsable de la comunicación, y mis movimientos se ven por ello muy limitados. «Al fin y al cabo —continúa mi ángel guardián—, Disney no tiene secretos. Es usted libre de preguntar todo lo que quiera. —Y luego añade—: Naturalmente, y tal como hemos acordado, no podrá citar a nadie».

En el cuartel general de Disney, hay poca gente en realidad: los directivos, los estudios, la cadena ABC y la distribución, que lleva el nombre de la calle donde se encuentra, Buena Vista International, pero no logro averiguar si es Disney la que ha dado nombre a la calle o si es la calle la que ha dado nombre a la rama de distribución. Me sorprende que para acceder a la torre de ABC haya que pasar por un puente que cruza la autopista. Y más aún me sorprende el hecho de que muchos edificios de Disney a los que tengo que ir estén situados fuera del *lot*, que es como llaman en Hollywood al recinto de los estudios.

En un edificio rojo de dos pisos, un poco más lejos, descubro el célebre Disney Imagineering. Allí están alojados los *imagineers* de Disney, los que innovan, hacen los nuevos diseños y la I+D (investigación y desarrollo). Aquí «imaginan» nuevos personajes, atracciones y desfiles para los parques, nuevos decorados, todo digital. Aquí la gente lleva títulos que me hacen sonreír, como Principal Creative Executive o Chief Creative Officer. Ahora que Disney acaba de adquirir la editorial de cómics Marvel, con sus 5.000 personajes (de Spiderman a X-Men, pasando por Thor y Ironman), me digo a mí mismo que los *imagineers* van a tener trabajo durante varias décadas a fin de hacer con esos superhéroes productos derivados, atracciones y otras franquicias.

Un poco más tarde, tengo una cita con Anne Hamburger (no es un seudónimo), en el 1326 de Flower Street en Glendale, no lejos de Team Disney. Aparco el coche en el parking, detrás de un edificio azul de un solo piso, tan discreto que creo que me he equivocado de dirección. Anne Hamburger es la presidenta de Disney Creative Entertainment y se define como una *creative producer*. Con más libertad de expresión que los demás responsables que he entrevistado, acepta que la cite, aunque asistida por una PR suspicaz que le sirve de *coacher* (y que ha colocado un dictáfono sobre la mesa para grabar nuestra conversación). Anne Hamburger viene del teatro de vanguardia y fue contratada por Disney para desarrollar la creatividad de la empresa. Me enseña los locales donde hay centenares de dibujos, esbozos, maquetas y proyectos en los ordenadores, que servirán para espectáculos, *shows* o *product tie-in,* que es como llaman en Estados Unidos a los productos derivados.

Descubro estupefacto que es aquí donde, como en un verdadero teatro, se preparan la mayor parte de los espectáculos de los parques de atracciones Disney y los desfiles llave en mano de los *resorts* (un *resort* no sólo es un parque de atracciones, sino un lugar de vacaciones y de ocio global donde la restauración y la hostelería son la principal fuente de ingresos). Sin olvidar los once Disney on Ice y los cuatro barcos de crucero Disney de más de 1.000 plazas, de los que ni siquiera sabía la existencia.

Anne Hamburger me causa buena impresión y su discurso está bien rodado. «Dirijo el teatro más grande de Estados Unidos —me dice con mucha humildad (habría podido decir «del mundo»)—.

Con nuestros miles de espectáculos, desfiles y *shows,* nuestro público se cuenta por millones de personas cada mes, no por decenas de individuos como en el teatro experimental. Es una responsabilidad. Estoy aquí para inculcar sensibilidad artística al gran público y no para predicar a los ya convertidos, como hacía en el teatro experimental».

La estrategia cultural de Disney está muy centrada en el *crossover.* En Disney Creative Entertainment mezclan constantemente el arte con la cultura de masas. «Nuestro objetivo es borrar la frontera entre el arte y el *entertainment,* y aquí ideamos a la vez auténticas obras de teatro, desfiles, espectáculos de marionetas, fuegos artificiales y eventos *larger than life». Larger than life:* me encanta esta expresión, que resume muy bien el trabajo de Anne Hamburger consistente en imaginar personajes que superan su condición, edad y país para convertirse en universales y *mainstream.*

«Al mismo tiempo, debemos ser muy *site specific* —me dice Hamburger—. Cada espectáculo tendrá lugar en un país distinto, en Japón, en China o en Francia, y debemos adaptarnos a esas diferentes culturas. En Hong Kong, nuestros *guests* hablan tres lenguas distintas, y, como los subtítulos no funcionan con los niños, tratamos de hacer espectáculos sin palabras». En Disney, nunca hablan de clientes o consumidores: hablan de *guests* (invitados) como *Be our guest,* la célebre canción de la película *La bella y la bestia.*

Gracias a Anne Hamburger, me hallo en el puesto avanzado de la creación del mayor teatro del mundo y descubro en exclusiva que *Buscando a Nemo* será completamente readaptada para una comedia musical en los parques de atracciones y que *Toy Story* no durará más que 55 minutos en los cruceros (frente a las 2 horas que dura la película). Anne Hamburger dirige un equipo de 36 creadores y productores que coordinan el conjunto de las operaciones. Para cada proyecto, contratan a centenares de personas para crear los espectáculos con contratos temporales, antes de que millares de artistas sean reclutados localmente para interpretarlos en todo el mundo. Las cifras son importantes habida cuenta del número de equipos que se turnan para actuar en estas representaciones unas diez veces al día, siete días a la semana, durante años, sin olvidar los *understudies,* los sustitutos en caso de enfermedad o ausencia. «Damos trabajo a miles de artistas que así tienen empleo a tiempo completo. Somos uno de los primeros empleadores de actores de Estados Unidos», subraya Anne.

La palabra «creación» es la que más se repite en nuestra entrevista. Anne Hamburger depende del CCO (Chief Creative Officer) de Disney Imagineering y produce, me vuelve a decir, *creative entertainment*.

Las franquicias son el corazón del modelo. Las películas Disney se explotan según un orden bastante inmutable: primero el desfile, donde los nuevos personajes se integran y se presentan al público, luego la comedia musical y, finalmente, el *show* para los cruceros Disney. «Le invito —me dice de pronto Anne Hamburger—, supongo que querrá ver uno de nuestros espectáculos». Claro que sí, ¿cómo no se me había ocurrido? Tenía que ver un espectáculo.

A una hora de carretera al sudeste de Los Ángeles, me encuentro dos días más tarde con John McClintock, el director de relaciones públicas del parque Disneyland en Anaheim. Allí fue donde, el 17 de julio de 1955, se inauguró el primer parque de ocio de Disney, en el inmenso *exurb* de Orange County. Con John, un adorable Senior Publicist, visito el parque, su inevitable Main Street-USA, sus espacios Frontierland, Adventureland y Tomorrowland, con su jungla y su barco de vapor *Mark Twain* de tamaño natural que navega por un río artificial creado de la nada, mientras un pasmoso Abraham Lincoln animado proclama, hablando y gesticulando, los valores de la democracia constitucional.

Y asistimos al espectáculo. Ese día dan *Aladdin* en el Hyperion Theatre. John sigue a mi lado. Le pregunto si ya ha visto el *show*. «Sí, docenas de veces». Me sorprende. Me dice que sinceramente el espectáculo le gusta y que está encantado de verlo otra vez acompañado por un francés. «Y además hay mucha improvisación, por eso cada vez es diferente». A nuestro alrededor, hay 2.000 niños; es un espectáculo *live* de 45 minutos. Y aquí están los camellos, que se mueven entre las filas de espectadores, las alfombras que vuelan de verdad y Aladino, sonriente y magnífico. Es asiático, pues Disney tiene una política de contratación decididamente favorable a la diversidad. ¡Y *hop*, una torre Eiffel! ¡Y *hop*, una pirámide egipcia! De repente, Aladino pronuncia la palabra «MySpace». «Esto es nuevo —me cuchichea John al oído—, generalmente no habla de MySpace. Lo que me gusta es que cada vez es diferente».

Cuando estás en Disneyland, en el *exurb* gigante de Anaheim, comprendes lo que significa la palabra «sinergia»: allí tienes *Aladdin* montado como comedia musical, *El rey león* proyectado en una pantalla, *Ratatouille* en el *coffee shop*, *Toy Story* y *Los increíbles* en el desfile, *Piratas del Caribe* como atracción y en CD, *Anatomía de Grey* en DVD, *Nemo* en juguete, los *Cars* en el Disney Store y por todas partes los anuncios de las futuras películas de Disney, Miramax y Pixar. Por no hablar del parking: mi coche está aparcado en Goofy 8F (he evitado el Simba Parking y el Pinocchio Parking Lot, demasiado alejados). «Los productos derivados, los hoteles y los restaurantes constituyen la parte esencial de los ingresos del parque», me confirma Robert (alias Bob) Fitzpatrick, el fundador y ex presidente de Euro-Disney, al que entrevisté en Chicago. Me dice también que los *parks and resorts* le reportaron el año pasado a Disney 10.600 millones de dólares.

Robert Iger también se hace llamar Bob. Este diminutivo, frecuente en Estados Unidos, le da un aire informal que a él le gusta cultivar. Nos encontramos para desayunar en el hotel George V de París con ocasión del lanzamiento de *El rey león*, la comedia musical de Broadway que multiplicó los ingresos, considerables ya, del film epónimo.

Bob Iger es accesible, bromea y sonríe. Es el presidente de una de las principales multinacionales del *entertainment:* The Walt Disney Company. Está al frente de un imperio que engloba, además de los estudios Disney, la cadena ABC, varios parques de atracciones mundialmente conocidos, los estudios Touchstone, Miramax y Pixar, la editorial de cómics Marvel Entertainment, numerosas cadenas por cable, el teatro New Amsterdam de Broadway y varios centenares de Disney Stores en todo el mundo.

Bob Iger no es un constructor de imperios, sino un gestor. Los que construyeron la multinacional son el propio Walt Disney y Michael Eisner, que transformó un estudio independiente y especializado, símbolo del capitalismo protestante familiar estadounidense, en un verdadero conglomerado multinacional en la era de la financierización de la economía. Con ello, Disney se convirtió en el emblema de la cultura *mainstream* globalizada.

Cuando Michael Eisner se convierte en presidente de la compañía en 1984, en el lejano sucesor de Walt, jamás ha visto una película de Disney, ni siquiera *Blancanieves y los siete enanitos*. No ha estado nunca en Disneyland. Pero para ponerse en la piel del jefe de Disney, acepta, como manda una antigua tradición de la empresa, pasar un día entero disfrazado del personaje de Mickey en el parque de atracciones de Disneyland.

Posteriormente, Michael Eisner firma su contrato, acompañado por sus abogados. Su sueldo anual se negocia en 750.000 dólares, más un bonus idéntico que sirve de aceptación del contrato, y naturalmente unas *stock options* gigantescas, que son el punto principal del contrato y que lo convertirán en multimillonario. A ello hay que añadir un bonus anual de un 2 por ciento sobre todos los beneficios de Disney, unas cláusulas de rescisión desorbitadas y, como guinda del pastel, la condonación de un préstamo de 1.500 millones de dólares. Como en *La cenicienta,* donde los sueños se convierten en realidad, Michael Eisner se convierte en el hombre mejor retribuido de toda la historia de Hollywood.

Es caro. Pero el lema de Eisner es «thinking big», y no sólo piensa a lo grande para él, sino que también tiene una ambición inmensa para Disney. Su éxito estará a la altura de su salario: en veinte años Disney se convertirá en una de las principales multinacionales del *entertainment,* con 900 películas en su catálogo y 140 Oscar, y permitirá que sus accionistas, entre ellos Eisner, consigan una plusvalía astronómica. Y encima Eisner se divierte: tiene, como él dice, ¡«a lot of fun»! En una entrevista declara que dirige Walt Disney como si estuviera en una tienda de juguetes: «No sé qué juguete llevarme por la noche a casa porque todos son fabulosos, y funcionan estupendamente. Y estoy tan excitado que me cuesta dormirme». (Tras repetidos intentos de obtener una entrevista para este libro, la asistente del señor Eisner me hizo saber que no deseaba hablar acerca de Disney desde su dimisión).

¿Cómo consiguió Eisner despertar a Disney de su amodorramiento? Primero, «volviendo al ADN de Disney», me dirá en una entrevista Jeffrey Katzenberg, el ex director de Walt Disney Studios. *Back to basics.* Eisner se basa en el acervo de Disney y se concentra en los *blockbusters* familiares. Eisner, que ha sido director de los estudios Paramount, tiene los conocimientos de *marketing* requeridos, no en vano fue quien supervisó el lanzamiento de *Fiebre del sábado noche, Grease, Flashdance, Superdetective en Hollywood* y sobre todo del primer *Indiana Jones.* El método Eisner es sencillo: consiste en dar más importancia a la calidad de la historia que a los actores, más a los efectos de puesta en escena que a los directores, y así evitar a los agentes y a las estrellas que cuestan mucho dinero y piden un porcentaje de los ingresos (la adquisición reciente de la editorial de cómics Marvel por Disney se inscribe en esta misma estrategia, ya que un personaje célebre de cómic muchas veces es más eficaz para promover una película, y menos costoso, que una estrella de carne y hueso). Para Eisner, los proyectos de películas deben estar guiados principalmente por una historia sólidamente construida *(story-driven),* con pequeños animales muy monos y con intrigas sencillas que tengan un *happy end* eficaz. Hace falta un *pitch,* un argumento, que se pueda resumir en pocas frases simples. En una sola, si es posible.

El método de Eisner consiste luego en vigilar al detalle los costes de producción y limitar todo lo que se llama el *overhead,* los gastos generales y de funcionamiento. Por último, hay que seguir la totalidad del proceso de promoción del producto y construir una máquina de *marketing* en los cinco continentes que permita aumentar el *merchandising.* Desde casi el comienzo de su mandato, Eisner tomará la decisión de abrir Disney Stores, primero en Estados Unidos en centenares de *exurbs,* centros comerciales y aeropuertos, sin olvidar el buque insignia en el corazón de Times Square, y luego en todo el mundo. Hoy existen 742.

La otra prioridad de Eisner es la estrategia internacional de Disney: hacer de su compañía californiana una multinacional. Andy Bird, el presidente de Walt Disney International, me dirá que el objetivo de la compañía Disney es tener un 50 por ciento de ingresos procedentes del negocio a escala internacional en 2011 (actualmente sólo representan el 25 por ciento).

Desde un punto de vista empresarial, Michael Eisner priorizó la integración vertical de Disney. Todos los departamentos y filiales deben trabajar conjuntamente para la casa madre que los controla, incluido el estudio. Todos los contenidos culturales deben ser producidos por el grupo que posee el *copyright,* y luego hay que desarrollarlos hasta el infinito en todos los formatos, desde el largometraje a los desfiles, y por todos los medios: cadenas de televisión, cable, cadenas extranjeras como ESPN-Star en Asia y UTV en India. Una diversificación que se plasma en todos los soportes: *home video,* DVD, libros con el editor de Disney (Hyperion), discos con su marca (Hollywood Records), productos derivados con la unidad Walt Disney Consumer Products, tienda con los Disney Stores. Sin olvidar las posibilidades hoy ilimitadas que ofrecen las versiones en Internet y lo que se denomina «Global Media». Michael Eisner cree pues en las sinergias, palabra estrella en la década de 1990, consistente en imaginar unas economías de escala y unas estrategias de *marketing* comunes para todo el grupo.

Al frente de Disney, Eisner priorizó por tanto la estrategia del *versioning*, que permite sumar las audiencias y las ventas para un mismo contenido presentado en múltiples versiones. Eisner es en primer lugar y ante todo un hombre de «contenidos». Cree que esos programas y su distribución deben conservarse dentro del mismo grupo para que los «canales» estén al servicio de los contenidos, y no a la inversa; para él la distribución no es un fin en sí. Construye una rama eficaz de distribución internacional, Buena Vista, y adquiere la red de televisión ABC, para servir a los contenidos producidos por Disney, no para lanzarse a la distribución indiferenciada. Por esta misma razón, Eisner fue muy reticente a la hora de alejarse del corazón del negocio de Disney, el cual a su parecer debe seguir siendo el *entertainment mainstream* y familiar. No quiso aventurarse, como Time Warner, a entrar en la distribución por Internet, por miedo a que toda la infraestructura que tanto había costado construir se viera desplazada por tecnologías más eficientes. Y aunque en 2004 estuvo a punto de unirse al operador de cable Comcast, cuando este último lanzó una OPA hostil sobre Disney, Eisner no creyó nunca que aquello pudiera dar como resultado un grupo coherente (en 2009, Comcast finalmente compró NBC-Universal a General Electric).

Eisner no quiere que Disney sea un grupo muy diversificado: quiere jugar en un segmento amplio, sí, pero bien definido. Alrededor de estas fórmulas, integra y fomenta las cooperaciones y las sinergias, pero no va mucho más allá. Es reacio a propiciar, como se hace hoy con frecuencia en los conglomerados mediáticos, por ejemplo el estadounidense Viacom, el alemán Bertelsmann o el francés Vivendi, la competencia interna no regulada. Es muy *old media* y no cree tampoco en la «convergencia» de los contenidos y las tecnologías: como la mayoría de directivos de Hollywood de las décadas de 1990 y 2000, siempre se mostrará desconfiado, amargo y hostil respecto a Internet. Quiso que el grupo Disney siguiera siendo un *pure player* (una empresa centrada en su negocio principal) y si bien dio prioridad a algunas inversiones «intermedias», esos sectores próximos que uno puede comprender fácilmente y que en el *business* de la industria se denominan las «medianerías», no quiso que Disney se convirtiese en un grupo generalista más allá del negocio de los «contenidos». Ni hablar de ser como Sony, Orange, Reliance o hasta hace muy poco General Electric, un conglomerado en el cual las industrias de contenidos representan una parte pequeña de los ingresos al lado de la informática para el gran público, la electricidad o las telecomunicaciones. Según Eisner, el negocio de Disney es el *content*.

Por una parte, esa estrategia le fue dictada por su consejo de administración y por sus accionistas, ya que el grupo Disney cotiza en bolsa. Si bien al cabo de los años, a través de una política hábil de nombramientos, Eisner logró neutralizar a los primeros y marginar a los segundos, no por ello era menos sensible a los resultados trimestrales del grupo. En la actualidad, las industrias creativas estadounidenses son muy dependientes de sus inversores financieros. Por consiguiente, son muy sensibles a las variaciones del mercado. Eisner, sin embargo, asume pocos riesgos: invierte los fondos especulativos en las películas más arriesgadas, pero hace que Disney financie al cien por cien los *blockbusters* cuyo éxito es prácticamente seguro. Al prometer a sus accionistas unos beneficios del 20 por ciento anual, Eisner no pierde de vista que su trabajo consiste, según su fórmula, en «hacerlos felices». Se convierte por tanto en un maestro de las triquiñuelas contables, a menudo tan mágicas como los efectos especiales de las películas de Disney. Sabe por experiencia que la industria del cine siempre ha sido un buen negocio, pero una mala inversión.

Queda un problema para Eisner. En 1984, cuando él se convierte en el jefe, la marca Disney encarna una cultura familiar un poco retrógrada que no logra renovarse. Disney no ha asumido la liberación de la mujer, el movimiento negro ni la liberación gay (Eisner rechazó durante mucho tiempo la creación de los Gay Days en Disneyland y tardó mucho en permitir que las parejas gays bailasen en Disney World, después de centenares de manifestaciones y peticiones). Por principio, para proteger la marca Disney y por razones económicas, porque son las películas que más dinero dan, todas las producciones de Disney deben ser *mainstream*, y el estudio jamás se arriesga a que una película suya no sea apta para menores de 13 o de 17 años. En estas condiciones, resulta difícil seducir, sobre todo a finales del siglo XX, a los adolescentes y a los jóvenes adultos que quieren películas de acción y que no tienen tabúes sexuales. Hábil e inventivo, Eisner decide pues mantener la imagen familiar de Disney y sacar las películas *rated* bajo otro nombre, primero Touchstone Pictures y luego Miramax, que adquiere con este propósito en 1993.

DE *TOY STORY* A *EL REY LEÓN*

Superestrella del *business* estadounidense, nacido con buena estrella, Michael Eisner logró dirigir durante mucho tiempo Disney como en un cuento de hadas en el que las calabazas se transforman en *stock options*. Pero las cosas no tardaron en complicarse, en primer lugar con Pixar.

El estudio de desarrollo tecnológico, que todavía es un retoño un poco adolescente nacido del genio del hombre de *La guerra de las galaxias,* George Lucas, pierde mucho dinero, y su inventor se desinteresa de él. Muy pronto, Roy E. Disney, el sobrino de Walt, al que Eisner ha hecho volver con gran habilidad para ponerlo al frente de los estudios de animación con todo lo que su apellido aporta a la empresa, identifica Pixar como un lugar de innovación esencial y como un competidor potencial para Disney. Sabe muy bien que en Disney el dibujo animado está de capa caída, y él mira hacia el futuro. Y el futuro se llama Pixar. Roy Disney se reúne discretamente con los amigos de George Lucas, visita sus locales, y se queda maravillado con la capacidad de reinvención del cine de animación a través de la tecnología digital y el 3D, cuando Disney aún está realizando sus dibujos animados a mano. Se entera de que Lucas necesita dinero y está dispuesto a vender sus acciones de Pixar; Roy Disney apoya la compra por parte de Disney. Pero Eisner se niega categóricamente: «Nosotros no somos una compañía de I+D», parece que le dijo Eisner, para indicarle que la experimentación, la investigación y el desarrollo no eran su objetivo. Con ello, pierde una ocasión histórica que, en 1985, le habría permitido comprar Pixar a bajo precio. Poco después, Steve Jobs, que acaba de dimitir de la presidencia de Apple y se va con un pastón, compra Pixar en su lugar.

Con sesenta años, cabeza rapada (debería escribir calvo), gafas pequeñas y ropa de marca, Jeffrey Katzenberg es una de las figuras clave de Hollywood. Está muy tieso sentado en un sofá blanco a la orilla del mar, y le gusta hablar. Cuando lo conozco, la impresión que me causa corresponde a la imagen de él que tantas veces me han descrito. Es educado, gracioso, preciso en sus respuestas, tenaz, alternando con perfecta naturalidad la verdad y la mentira, haciendo de su vida una novela y queriendo seducir a su interlocutor, a veces jugando con él, y a veces jugando con los hechos.

Katzenberg aceptó el principio de una entrevista para hablarme de su nueva película, *Shrek 3,* de las nuevas tecnologías y de la innovación en Hollywood, y me dice enseguida que no quiere hablar de Pixar (que ahora es un competidor), ni de Disney (que abandonó dando un portazo después de un proceso que causó mucho revuelo). Me dice que no ha leído el libro *Disney War,* un *best seller* reciente dedicado a su salida de Disney, y en ese mismo instante sé que está mintiendo. Se lo digo. Se echa a reír. «Para mí, Disney es agua pasada. A mí lo que me interesa es el futuro, no el pasado», pretende Katzenberg. Y el futuro para él es el estudio DreamWorks SKG que ha fundado. ¿Para vengarse de su dimisión de Disney? Katzenberg sonríe otra vez. Y no contesta.

Jeffrey Katzenberg fue el alma máter de la regeneración de Disney y de su aproximación a Miramax y a Pixar. Al frente de los estudios Walt Disney de 1984 a 1994, supervisó todas las películas que permitieron a la empresa convertirse en una de las principales *majors* de Hollywood. «Siempre he estado en el corazón mismo del cine *mainstream,* tanto en Paramount, como luego durante diez años en Disney, o actualmente en DreamWorks. Hago películas dirigidas a todos los públicos y a todas las generaciones; películas que puedan viajar fácilmente por todo el mundo. Hoy, las producimos casi siempre en 28 lenguas y hacemos que sean *big event movies* en Estados Unidos y en el extranjero. Incluso diría que las diseñamos, que las fabricamos, para ser *global big event movies.* Me parece que toda mi vida he trabajado para el gran público. Para tener un impacto sobre los espectadores. Trabajo para la audiencia. Para mí es un orgullo. Y yo diría que el público es un buen guía, un buen patrón. En todo caso, mi patrón es él».

El verdadero patrón de Jeffrey Katzenberg en Disney era Michael Eisner. Durante diez años trabajaron juntos, Eisner pilotando la multinacional y Katzenberg los estudios Disney.

Como Roy Disney antes que él, Katzenberg comprendió la ventaja adquirida por Pixar en las películas de animación y, como hombre dialogante, trabó relación con John Lasseter, que habría de convertirse en la figura artística principal de la *start up* innovadora de San Francisco. El título exacto de Lasseter en Pixar es: Chief Creative Officer.

En los proyectos que está desarrollando, Lasseter tiene justamente una película que da vida a unos juguetes: *Toy Story*. Le habla de ella a Katzenberg, que encuentra que la idea es genial, pero el guión, sin una narración coherente y un verdadero *storytelling*, le parece un *mess*, según su propia expresión (un despropósito). Le propone a Lasseter reescribir la historia inspirándose en las *classic buddy movies*, según dice, que evocan las películas donde se cuenta la historia de dos amigos. «Y así fue como *Toy Story* se convirtió en la primera cooperación entre Disney y Pixar», me cuenta Thomas Schumacher, el ex presidente de los estudios de animación de Disney, que fue el encargado por Eisner y Katzenberg de actuar como enlace entre Disney y Pixar.

Realizada por John Lasseter, producida por Pixar y financiada y distribuida por Disney, *Toy Story* bate todos los récords de taquilla la semana de su estreno en 1995, recauda 191 millones de dólares en Estados Unidos y 356 millones en todo el mundo. Lasseter recibe un Oscar. Con *Toy Story*, el cine de animación se convierte no sólo en uno de los sectores más rentables de Hollywood, sino también en uno de los más creativos. Con sus productos derivados, el film —cuyo concepto mismo es el juguete— resulta especialmente rentable. Una de las explicaciones del éxito de *Toy Story*, además de sus innovaciones tecnológicas y su guión optimista, que se concentra, como ha querido Katzenberg, en la historia de dos amigos, es la elección de los actores que doblan a los «juguetes». Tom Hanks es la voz de Woody en *Toy Story* de Pixar, como Eddie Murphy, Justin Timberlake o Rupert Everett serán las voces en la franquicia *Shrek* de DreamWorks. El modelo: un cine que se dirige a los niños y más aún, como si fuese otra película, a los niños que hay en el fondo de todos los padres. La juventud ya no es una edad, sino una actitud. ¿No decía siempre Walt Disney que él hacía películas para todos, porque «todo el mundo ha sido niño algún día y en cada uno de nosotros queda algo de esa infancia»?

Esta vez, Michael Eisner ha entendido la lección. Pero es demasiado tarde para comprar Pixar. Le ordena sin embargo a Schumacher, el jefe del estudio de animación, que renegocie el contrato con Pixar, esta vez a largo plazo, para hacer siete películas cuyos beneficios se repartirán mitad y mitad, aunque Disney controlará enteramente los productos derivados y las franquicias. Muy pronto, gracias a este contrato, la parte de Pixar en los ingresos del estudio de animación de Disney alcanzará el 97 por ciento. Pero la relación entre la *major* y el estudio «independiente» poco a poco se irá desequilibrando. Las tensiones se multiplican en torno a la libertad de creación, especialmente a causa de los vetos que Eisner pone a varios proyectos de Pixar. El ambiente se enrarece y, pese a los esfuerzos del presidente de los estudios de animación, Tom Schumacher, Disney y Pixar se distancian.

En el tercer piso del número 1450 de Broadway, en las oficinas de Disney en Manhattan, vuelvo a reunirme con Thomas Schumacher. Desde hace algún tiempo, ya no se ocupa de dibujos animados sino de comedias musicales, dirigiendo Disney Theatrical en Nueva York. Es nuestro tercer encuentro y Tom, contrariamente a la regla de discreción que Disney impone a sus directivos, habla con total libertad (también me facilita muchos contactos y me consigue varias citas con responsables de Disney en Burbank).

Encima de su escritorio hay dos estatuillas que representan a Bernard y Bianca. «Fue la primera película que hice para Disney», se justifica Schumacher. También veo marionetas, carteles de películas y, bien a la vista, una foto en la que está posando al lado de Bill Clinton (Schumacher es un importante *fundraiser* demócrata y fue uno de los principales recaudadores de fondos para la campaña de Barack Obama en los ambientes del cine en 2008). También veo un decorado en miniatura de *El rey león,* con las tiendas Toys R'Us, que imaginaron 200 nuevos juguetes inspirados en la película y crearon una jungla especial en sus tiendas para ponerlos, al tiempo que *Lion King* se transformaba en campaña de promoción masiva —qué gran idea— para Burger King.

La idea de estar presente en Broadway nació en 1991 tras el éxito de la película de animación *La bella y la bestia.* Cuando el principal crítico de teatro del *New York Times,* Frank Rich, elogia el film comparándolo con las comedias musicales de Broadway, Jeffrey Katzenberg, que entonces dirige los estudios de cine, tiene una revelación: ¿por qué no hacer una adaptación para Broadway? La idea es original aunque nadie se dé cuenta en aquel momento de que representa una ruptura respecto a la tradición de la cultura de masas estadounidense: antiguamente se adaptaban para Hollywood las comedias musicales que tenían éxito en Broadway; hoy se adaptan para Broadway las películas que tienen éxito en Hollywood. Se trata de un cambio histórico.

Pero todavía falta convencer a Michael Eisner, que se resiste: «No debemos halagar nuestro ego tomándonos por productores de Broadway», reacciona impulsivamente. Como él no es un creativo, el presidente de Disney se ha rodeado de gestores y de directores financieros que tratan de controlar a los creadores y de limitar los costos. Estos gestores creen que ir a Broadway sería una locura. Pero muy pronto Michael Eisner reconsidera la propuesta. Y Thomas Schumacher es enviado a Nueva York para crear la división «teatro» de Disney.

De repente oigo el grito de Tarzán. Thomas Schumacher continúa su frase, imperturbable. El sonido es emitido cada hora en su despacho por la marioneta de Tarzán. La adaptación de *Tarzán* por Disney fue un fracaso en Broadway en 2006.

«No sé decirle por qué *Tarzán* fue un fracaso y *El rey león* un éxito —me confiesa Tom Schumacher—. Estamos en una industria creativa, el éxito nunca está asegurado. Los *hits* son pocos y los fracasos muchos». Mientras le escucho, sigo con la mirada una liana de *Tarzán* sobre la mesa del despacho.

En el origen de *El rey león* como comedia musical está el éxito de la película, que en tres años de distribución, incluidas las salas, el *home video* y los productos derivados, recaudó cerca de mil millones de dólares. «Eisner sabía que las industrias creativas deben renovarse constantemente. No quería que Disney se convirtiera en un museo, por lo tanto había que reinventarse cada día. Y como yo era el que había hecho la película para Disney, me autorizó finalmente a llevar *El rey león* a Broadway», me explica Schumacher. La aventura obviamente requiere unos medios financieros enormes. Para experimentar el proyecto, Disney desbloquea inmediatamente 34 millones de dólares. Segunda etapa: la adquisición de un famoso teatro de la calle 42, el Amsterdam, una joya del *art nouveau* que data de 1903, con sus pinturas murales alegóricas, sus frisos y sus mosaicos, que había caído poco a poco en el abandono a medida que los *sex shops*, la prostitución, la droga y las bandas invadían la calle.

Enseguida, Schumacher vio el problema: ¿cómo hacer que las familias acudieran a un sitio donde se proyectaba la película porno *Garganta profunda* y los camellos vendían crack? Tercera etapa: sanear el barrio. Disney se alía con el alcalde republicano de Nueva York, famoso por su concepto de «tolerancia cero», a fin de revitalizar Broadway con un frente policial, un frente económico y un frente *entertainment* familiar. Por decreto municipal, se cierran todos los *sex shops*, se abren tiendas turísticas a golpe de subvenciones públicas (entre ellas el Virgin Megastore más grande del mundo, una tienda Gap y un hotel Marriott inmenso), y las sedes sociales de las grandes multinacionales del *entertainment* y de varias cadenas de televisión se instalan a cambio de desgravaciones fiscales. Y así, Disney se convierte en la mascota de la operación, con todo lo que su nombre aporta a la causa familiar y a la higiene calculada del nuevo Times Square. Se inaugura un Disney Store en el cruce estratégico de Broadway con la calle 42.

La producción de *El rey león* se prepara minuciosamente. Y es entonces cuando a Tom Schumacher, que produce personalmente la comedia musical, se le ocurre la idea de encargar la puesta en escena a Julie Taymor.

«Soy una artista dedicada a entretener —me dice Julie Taymor, una gran dama del teatro experimental de Nueva York, cuando la entrevisto en la suite de su hotel—. El artista con A mayúscula no comprende el *entertainment,* se conforma con una audiencia limitada para no contaminar su arte con criterios comerciales. Es una actitud elitista, un poco esnob. Yo me sitúo en la línea de un Aaron Copland o de un Leonard Bernstein. Me gusta mezclar los géneros». En la década de 1970, Julie Taymor se formó en contacto con la compañía radical del Bread and Puppet, decretando la huelga de alquileres, luchando contra la guerra de Vietnam y defendiendo la gratuidad de los espectáculos. Poco a poco, en la década de 1980, tras una larga estancia en la India, se interesó por las formas originales del entretenimiento para el gran público y por las marionetas, mientras seguía dedicándose al arte, recientemente a la puesta en escena de *La flauta mágica* para el Metropolitan Opera de Nueva York.

A pesar de todo, Taymor no tiene ni idea de lo que quiere Schumacher, el patrón de Disney en Broadway, cuando éste se pone en contacto con ella. Le propone que piense en una adaptación de

El rey león. Ella, que no ha visto la película, se compra el DVD y, cuando vuelven a verse en Florida, le sugiere a Schumacher que utilice marionetas y máscaras africanas, para que los actores puedan interpretar los personajes del film de animación. La música tiene que ser lo más importante. «Lo que en la pantalla era visual debe reemplazarse con música africana», sugiere Taymor. En cuanto a Jeffrey Katzenberg, que ha desbloqueado varias decenas de millones más para tener unos decorados extraordinarios, de repente tiene una revelación en su despacho del Team Disney de Los Ángeles: el guión de *El rey león* debe asemejarse a *Hamlet*...

El genio del espectáculo de Julie Taymor para Disney reside ahí: en esa mezcla de géneros, a la vez *mainstream* y sofisticada, a la vez *high* y *low*, arte y cultura pop mezclados. «Hay momentos muy populares en *El rey león* —me confirma Julie Taymor—. Y las marionetas no están ahí para los niños, sino para los adultos. Y también hay mucha elegancia y sofisticación. No es ni puramente arte, ni sólo entretenimiento, no sé si estoy realmente en lo uno o en lo otro. Estoy en otra parte».

El espectáculo que Taymor crea en 1998 es magnífico. Su belleza de ensueño, sus marionetas gigantes y sus máscaras maravillosas, los pájaros animados que invaden el cielo y los antílopes que saltan por decenas como para salvar la vida, la música africana embriagadora y el ambiente de la sabana resultan fascinantes. La comedia musical tiene algo de la ingenuidad y la generosidad del joven Walt Disney del principio. El *buzz* es excepcional, la prensa es unánime y habla de la comedia musical más hermosa «de todos los tiempos». La profesión le concede seis premios Tony, la principal distinción de Broadway. Pero eso no es todo: el éxito de *El rey león* en el corazón de un Times Square revitalizado le reporta millones de dólares a Disney. «Una comedia musical, cuando funciona, como es el caso de *El rey león,* es realmente rentable desde el punto de vista económico. El teatro tiene unos retornos sobre inversión mucho más importantes, proporcionalmente, que el cine», me confía en su despacho Tom Schumacher. (El coste de producción de *El rey león* no se hizo público, y Schumacher se niega a revelármelo; probablemente supera los 20 millones de dólares, lo cual lo convertiría en el espectáculo más caro que jamás se haya producido en Broadway).

Este éxito neoyorquino no es nada comparado con lo que viene después; desde hace doce años, el espectáculo ha circulado por todo

Estados Unidos y por el mundo, manteniéndose en cartel durante años en muchos países, con las entradas agotadas, a pesar de su precio de 100 dólares (sin reducción infantil). Más de 50 millones de personas ya han visto *El rey león*, que lleva recaudados más de mil millones de dólares. «Esta noche —me dice Schumacher— hay doce *El rey león* representándose en todo el mundo». Pero se trata de un espectáculo para países ricos: *El rey león* no ha ido a África, ni a América Latina, ni a Oriente Medio. «El *show* resulta demasiado caro fuera de los países desarrollados —me explica Schumacher, que añade sin ironía—: En esos países, seguro que también sería un éxito, pero no necesariamente un *good business*».

Sólo una multinacional como Disney, con un capital y una logística colosales, era capaz de pasear varios *El rey león* simultáneamente por tres continentes. La aventura de Disney en el teatro continuó luego con *Aída, Mary Poppins* y *La sirenita*, pese al fracaso de *Tarzán* y al abandono del proyecto de *Pinocchio*. «Estamos en el terreno de la creación, aunque también hagamos *entertainment* de calidad —añade Tom Schumacher—, pienso que la creación es nuestra principal característica. Y cuando la gente me dice que creación sólo es el arte, y no el *entertainment*, me parece muy pretencioso y muy esnob. Muy europeo. ¿No lo cree usted también?».

MIRAMAX Y DREAMWORKS: LA CAÍDA

Para el presidente de Disney, Michael Eisner, Broadway es un epifenómeno. Al frente de una multinacional, hay asuntos más importantes que gestionar. Está en primer lugar el sector de la televisión, que se ha convertido en estratégico desde la adquisición de la cadena nacional ABC. Aquí su objetivo era crear sinergias entre los estudios y la televisión, ya que ABC puede producir sus series con ayuda de los estudios Disney y emitir prioritariamente las películas de la *major*. (Eisner quería comprar primero NBC, pero se le adelantó General Electric). Esa compra fue posible gracias a una flexibilización de las regulaciones federales estadounidenses durante el mandato de Reagan, y luego de Clinton, que favoreció la concentración vertical de los grupos mediáticos en Estados Unidos entre 1985 y 1995 (Disney adquiere ABC; Universal se asocia con NBC; Time Warner con CNN y HBO; News Corp extiende la red de Fox; y sigue habiendo vínculos importantes entre el grupo Viacom y la red CBS pese a su reciente escisión). Así pues, Eisner se concentra en la producción de contenidos televisivos y en mercados hasta entonces considerados secundarios: el *home video* y las televisiones por cable de pago. Refuerza Disney Channel, creado en 1983, invierte en los programas familiares y educativos (ABC Family, The History Channel) y en el deporte, otra forma de *entertainment* según Eisner (compra toda la red de televisiones deportivas de pago ESPN). Para tener liquidez, el jefe de Disney también lanza un hábil programa de reediciones en vídeo y DVD de los films famosos del catálogo. Pero como los clásicos de Disney son reintroducidos en las salas cada siete años más o menos, un intervalo calculado para llegar cada vez a una nueva generación de niños, Eisner se cuida mucho de limitar la distribución en vídeo a determinados periodos, para no perjudicar la exhibición de las películas en los cines. El éxito es enorme: el primer día de su comercialización en 2003, por ejemplo, se venden más de ocho millones de ejemplares del nuevo DVD de *Buscando a Nemo*.

Las cosas en el sector del cine no van tan bien. Con Pixar, la crisis se acentúa y las dos empresas rompen su acuerdo, dejando a Disney con un estudio de animación destartalado. En apariencia, la situación es más satisfactoria con Miramax, un estudio independiente, conocido por su toque *indie* y provocador, no tanto por *Cinema Paradiso*, que sin embargo fue un éxito importante, como por *Sexo, mentiras y cintas de vídeo*, de Steven Soderbergh. Disney adquiere Miramax en 1993 por un centenar de millones de dólares solamente. Una serie de éxitos decisivos confirman la clarividencia de Eisner, y el genio de los hermanos Weinstein, que saben promocionar sus películas «independientes» como si fueran *blockbusters: Pulp Fiction*, de Quentin Tarantino, recauda ella sola, en 1994, 108 millones de dólares, únicamente en el *box office* estadounidense, es decir más de lo que ha costado la compra de Miramax. Vienen luego *Shakespeare in Love, Chicago, Gangs of New York* y *Las horas*. Pero las cosas se tuercen enseguida, porque Eisner no consigue gestionar los «egos», ciertamente piramidales, de los hermanos Harvey y Bob Weinstein, que no acaban de aceptar su alianza con Disney. Esa «independencia controlada» por Disney les pesa, y cuando Michael Eisner les niega el derecho a adaptar al cine la saga de *El señor de los anillos* (finalmente realizada con el éxito que sabemos por el competidor Time

Warner), cuando revisa a la baja el presupuesto de *Cold Mountain* y, sobre todo, cuando censura el estreno de *Fahrenheit 9/11* de Michael Moore (la película rodada con seis millones de dólares se distribuye de forma independiente en 2004 y recauda 220 millones en todo el mundo), se confirma la ruptura. Los hermanos Weinstein abandonan Disney (que sigue siendo la propietaria de la marca), y crean su nuevo estudio, la Weinstein Company.

Es un poco parecido a lo que le ocurre a Jeffrey Katzenberg, el hiperactivo jefe de los estudios Disney.

«Ya se lo he dicho, no quiero hablar de Disney, para mí es agua pasada», me repite Jeffrey Katzenberg sonriendo cuando vuelvo a la carga. La historia, no obstante, es bastante simple, aunque se haya convertido en el folletín más famoso del Hollywood de la década de 1990. Cuando el número dos de Disney muere en un accidente de helicóptero, el ambicioso Katzenberg, que está al frente de los estudios Disney y ha sido el artífice de todos los éxitos cinematográficos del grupo desde hace varios años, cree que el puesto le corresponde a él. ¿Quiere arrebatarle el puesto al califa? Él dice que no. Pero el hecho es que quiso ese puesto de número dos. Según sus abogados, cuando lo contrataron inicialmente ya fue ése el trato al que llegó con Eisner. Cosa que este último desmiente. Sea como fuere, Eisner le niega el ascenso y lo empuja así a dimitir. La consecuencia fue una larga crónica judicial sobre las indemnizaciones reclamadas por Katzenberg, al que todo Hollywood apoya, con Steven Spielberg y el productor de música David Geffen a la cabeza. Finalmente ganará el recurso, embolsándose 280 millones de dólares, que inmediatamente invierte en crear un nuevo estudio competidor de Disney, DreamWorks SKG (lanzado con Spielberg, la S, y Geffen, la G, siendo Katzenberg la K). Seguirán unos éxitos apabullantes, de *American Beauty* a *Kung Fu Panda*, pasando por *Shrek, Minority Report* y *Madagascar.*

Interrogado hoy, Katzenberg no quiere hablar. Salvo para decirme lo que viene repitiendo en todas partes: que «Shrek es *ugly-cute* (feo pero mono) y no *ugly-scary* (feo y que da miedo)» y que esto es lo que explica el éxito de la película. Sibilino, me dice sin embargo, tras un silencio, que lo que pasa es que él es un hombre de pasiones: «La pasión es la única palabra que puede explicar el hecho de que te leas diez o quince guiones cada fin de semana con la esperanza de descubrir uno formidable. La pasión es la única palabra que explica que te pases sesenta horas a la semana en los estudios y que luego, por placer, vayas al cine a ver tres películas seguidas durante el fin de semana».

Mientras desayunábamos, le pregunté a Bob Iger, el nuevo presidente ejecutivo de Disney desde 2005, cómo explicaba la violencia de la guerra que se libró en el reino de Mickey, esa *Disney War,* para retomar el título del *best seller* que la describe minuciosamente, y que acabó obligando a Michael Eisner, su predecesor, a dimitir. Bob Iger me respondió que no había «leído la obra». Decididamente, los directivos de Hollywood leen pocos libros.

Luego le pregunté a Bob Iger si el hecho de adquirir Pixar por 7.400 millones de dólares en 2006, en vez de los 10 millones que pagó Steve Jobs a George Lucas en 1986, había sido un buen negocio. Me dijo que «sí». Por último, quise saber si el hecho de reanudar la relación con los hermanos Weinstein, los fundadores de Miramax alejados por Eisner, y el hecho de invitar a Steve Jobs, el genial jefe de Apple de humor cambiante, a formar parte del consejo de administración de Disney, significaba una ruptura con respecto a la era Eisner. Bob Iger me dijo que «era una nueva época y que había que tomar nuevas decisiones». Entonces estuve a punto de preguntarle a Iger si era cierto, como cuentan, que él está tan obsesionado por controlar la información y evitar las fugas a los medios que tiene un televisor en la ducha, pero no me atreví. Ahora sabía por experiencia que no puedes enterarte de gran cosa cuando entrevistas al director de una gran multinacional como Disney.

La caída de Michael Eisner, el hombre que permitió a Disney convertirse en un conglomerado mediático internacional, es reveladora, pues demuestra que el *entertainment* no es una industria como las demás. Por no haber sabido gestionar el ego de los creadores, su necesidad de libertad, perdió su reino a manos de una coalición liderada, en nombre del tío Walt, por aquel que él mismo había entronizado, Roy Disney. Con todo, el éxito comercial de Michael Eisner es indudable. Los beneficios netos de Disney eran de unos 100 millones de dólares al año cuando él llegó a la presidencia de la multinacional, y de 4.500 cuando se fue. El precio de la acción Disney era de 1,33 dólares en 1984; veinte años más tarde, cuando Eisner abandona Disney, está en 25 dólares. Estos beneficios récord se han conseguido en cinco sectores que en 1984 se consideraban marginales: la venta de los DVD de las películas de Disney, las cadenas de televisión de pago, en particular las deportivas, los productos derivados, Broadway y, por último, los parques de atracciones (sobre todo los hoteles de esos mismos parques). El resto, ya sea el *box office* de las películas o la cadena hertziana gratuita ABC, ha sido poco rentable en comparación, aunque los *copyrights* de esas películas seguirán produciendo ingresos y productos derivados a largo plazo.

Con su avión privado, sus guardaespaldas, sus notas de gastos ilimitados y su tren de vida de jefe de Estado, Michael Eisner no desconfió del único sector que lo amenazaba: la creación. En las industrias creativas, que no son ni fábricas de coches ni empresas que vendan guisantes, hay que desconfiar de la *creative people*, esas personalidades como Steven Spielberg, Jeffrey Katzenberg, George Lucas, John Lasseter, Michael Moore o Harvey y Bob Weinstein, a las que si maltratas o amenazas su libertad de artistas se van. La independencia es la regla no escrita y, aunque esa independencia se compre por contrato, siempre hay que salvar las apariencias. Cuando una película o una escena no le gustaba, Eisner decía simplemente: «This has to be edited» (eso hay que «editarlo»). Entiéndase: «cortarlo». O bien: «rehacerlo de cabo a rabo». Esas tijeras a la antigua usanza eran inaceptables para los creadores de *Toy Story* o los colegas de Tarantino.

La caída de Eisner, que no jugó con espíritu colectivo en el *Team Disney* y quiso controlar el trabajo de los artistas, se resume en esta incomprensión lingüística: en la expresión «industrias creativas», la palabra importante es «creación».

4. El nuevo Hollywood

«Suba al *golf cart*», me dice el responsable de las relaciones públicas, encargado de mostrarme los estudios de Columbia Pictures en Los Ángeles. Estamos en Culver City, un barrio situado en el sur de Hollywood, entre la Santa Monica Freeway 10, que recorre la ciudad de este a oeste, y la San Diego Freeway 405, el cinturón de ronda oeste de Los Ángeles.

Los *golf carts*, esos pequeños vehículos que se usan en los campos de golf, se han convertido en toda una atracción en los estudios hollywoodienses. En Columbia Pictures, veré centenares de ellos surcando las avenidas y las calles. «Un *golf cart* es poco ruidoso, es eléctrico, no es peligroso y permite desplazarse rápidamente por las zonas de rodaje de uno de los estudios más grandes de Hollywood», me explica mi guía.

Una mujer alargada envuelta en la bandera estadounidense y con una antorcha que ilumina el cielo, el logo de Columbia Pictures, que tantas veces hemos visto al principio de las películas, es famosa pero poco visible en Culver City. Sin su emblema, los estudios impresionan sin embargo por su tamaño. A cada lado de una *main street*, con sus neones y sus *billboards*, sus *marquees* y sus *vertical blades* (los frontones y las marquesinas características de las antiguas salas de cine), hay 22 estudios principales que llevan cada uno el nombre de una personalidad que ha sido fundamental en la historia de Columbia: Poitier, Kelly, Astaire, Capra, Garbo, Garland, Hepburn, Gable... Más allá están unos estudios de posproducción y unos edificios administrativos, con sus céspedes impecables y sus espacios bucólicos y arbolados. También se ha instalado toda una logística, desde una red de cabinas telefónicas gratuitas conectadas con la centralita interna, hasta los restaurantes, pasando por médicos, bancos, clubes deportivos, una oficina de correos, varias tiendas de *souvenirs*, una agencia de viajes y hasta un cine Loews.

Si el nombre de Columbia no figura en ninguna parte, es porque el estudio fue adquirido por Sony en 1989 (antes Columbia había sido independiente durante mucho tiempo y luego fue comprada por Coca-Cola en 1982). Hay una Sony Police, un Sony Mail Department, un Sony Family Center y un cuartel de bomberos, el Sony Fire. No estoy en Columbia, estoy en territorio de Sony.

«LOS ESTUDIOS SON LOS BANCOS»

«Éstos son los estudios históricos de Columbia. Pero ahora, todo esto pertenece a Sony. Al conjunto se le llama Sony Lot, igual que hay un Universal Lot y un Paramount Lot». France Seghers, vicepresidenta de Sony Pictures, me recibe con café italiano y pastelitos en un edificio lujoso del campus, el Jimmy Stewart Building. Hablamos mucho rato y me autorizan a visitar los estudios y a hablar con otros responsables de Sony a condición de no citarlos (en Sony hay una regla según la cual está prohibido hablar públicamente de los asuntos internos).

Sony es una sociedad internacional muy descentralizada. En Tokio está la sede social del grupo. Los contenidos culturales, tanto del sector del cine como de la música, están agrupados en la Sony Corporation of America, una sociedad de derecho estadounidense que cotiza en la bolsa de Nueva York y cuyo accionista único es la japonesa Sony Corporation. Sony Pictures Entertainment tiene su sede en Los Ángeles y es la que produce la mayor parte de los *blockbusters* que salen con las marcas Sony Pictures, Columbia Pictures o TriStar Pictures. Sony posee incluso un estudio llamado «independiente», que obviamente no tiene de independiente sino el nombre, Sony Pictures Classics.

«Aquí tenemos unos estudios, pero nuestras películas no necesariamente se ruedan aquí; entonces, cuando nuestros equipos están en paro técnico, alquilamos los estudios a otras *majors*, a Paramount, a Warner o a 20th Century Fox. Nuestro papel se limita muchas veces a alquilar los estudios, a hacer de banco y a dar *green light* a los proyectos», me explica uno de los directivos de Sony Pictures.

La *green light* es una expresión fundamental en Hollywood. Esa «luz verde» la da el estudio a partir de un proyecto que le presentan, bajo forma de un *pitch* o de un guión. La *green light* permite empezar el «desarrollo» del film e iniciar su producción. «La *green light* es el punto cardinal de toda la industria y el momento en que el estudio afirma su poder de manera más clara», confirma France Seghers. En realidad, no hay una luz verde, sino varias, en las distintas etapas del proyecto: cuando una idea se propone y se examina, cuando se acepta el guión y se empieza a desarrollar, o en el momento en que se inicia la producción. A veces, una película que ha sido desarrollada durante muchos meses no recibe la *green light* y el que tiene los derechos, con frecuencia el productor, puede proponérsela a otro estudio *(Shakespeare in Love,* por ejemplo, fue desarrollada durante tres años por Universal Pictures, pero no obtuvo nunca la *green light;* fue Miramax quien finalmente la recuperó, y obtuvo siete Oscar).

Pero lo esencial no es eso. En la negociación compleja que tiene lugar para que nazca una película, no están sólo, cara a cara, el estudio y el productor: ahora, en el nuevo Hollywood, los interlocutores y los actores del sistema son numerosísimos.

En la edad de oro de los estudios, en la década de 1920 y hasta finales de la década de 1940, Hollywood era un sistema centralizado y verticalmente integrado. Los estudios organizaban todo el proceso de producción de un film, desde la escritura del guión hasta la exhibición en las salas. Los productores, pero también los guionistas, los técnicos, los directores, y la mayoría de los actores, eran asalariados con contratos a largo plazo. Todos trabajaban, en cierto modo, en una cadena, ya que el cine era sobre todo una industria. Con el desplome de 1948, cuando el Tribunal Supremo de Estados Unidos prohíbe la concentración, los estudios pierden su monopolio, sus redes de salas de cine (que tienen que vender obligatoriamente) y se ven forzados a limitarse a la producción. A partir de mediados de la década de 1950 desaparece el sistema industrial y centralizado de Hollywood y evoluciona hacia un modelo más fluido.

Hoy, en el nuevo Hollywood, una película es financiada por un estudio que da la *green light* (la valida), pero que ya no la hace. El producto, bajo el control permanente de agencias de talentos remuneradas con un porcentaje de todas las transacciones, es confiado a miles de sociedades independientes: empresas de producción, *start-up* técnicas, pymes especializadas en el *casting,* la posproducción, los efectos especiales o la creación de tráilers promocionales. La película se subcontrata a empresas especializadas en Asia, a artesanos instalados en Los Ángeles, a agencias de comunicación globalizadas y a sociedades especializadas en la distribución de films en países concretos. Todos son independientes pero están ligados por contrato, según un sistema infinitamente más complejo que los estudios de antaño. Se estima que 115.000 empresas, la mayoría pymes de menos de diez empleados, participan hoy en la economía estadounidense del cine y la televisión, y que ésta afecta directamente a 770.000 asalariados e indirectamente a 1,7 millones de empleos. El nuevo Hollywood, donde todo el mundo es independiente, es lo contrario del viejo sistema de los estudios donde todo el mundo era dependiente.

Cada película es por tanto una empresa autónoma. Para gestionar todo el proceso, se crea generalmente una sociedad de producción efímera, una entidad jurídica propia. La dirige un productor contratado por el estudio para una única película. Se dice que el productor es *work for hire* (a menudo se escribe WFH), una expresión fundamental en Estados Unidos para definir la naturaleza del contrato de trabajo típico de Hollywood: ese contrato estipula por una parte que la persona no es un asalariado permanente, como en la edad de oro de los estudios, sino que se le contrata para un único proyecto; al mismo tiempo, ese contrato WFH también se traduce, como antes de 1948, por la cesión por parte del productor del *copyright* de la obra al estudio.

La empresa productora, o el propio productor, que a veces se denomina *line producer,* establece luego contratos, siempre según el procedimiento *work for hire,* con el director, los actores y los centenares de personas y sociedades que van a colaborar en la película, y éstas también ceden su *copyright* al estudio. Entonces la casa madre a la cual pertenece el estudio se encarga de enviar los fondos a la cuenta de la productora. «En el fondo, somos un banco», resume con una fórmula France Seghers.

El papel del estudio en realidad es a la vez un poco menos y un poco más amplio que el de un simple banco. Como ocurre con las entidades financieras, una parte importante del dinero del cual dispone el estudio ni siquiera le pertenece. Está constituido por fondos que abonan anticipadamente decenas de coproductores, los pre-contratos de compra de los derechos televisivos, los acuerdos con los editores de videojuegos, los anticipos de las compañías de aviación y las cadenas de hoteles para las películas que pasarán, sin olvidar las subvenciones públicas de los estados para fomentar los rodajes en territorio estadounidense (las hay en todos los estados, y a ellas se añaden los importantes créditos de impuestos y las reducciones fiscales que corresponden al procedimiento de ayuda pública más frecuente en el sector del cine en Estados Unidos). Los estudios también utilizan los flujos financieros procedentes de inversiones diversificadas, así como las aportaciones financieras de particulares ricos, los famosos *civilians*. Estos *civilians*, filántropos estadounidenses, multimillonarios indios o ricos príncipes árabes, intervienen en las películas, no tanto para invertir como para compartir un poco el *glamour* hollywoodiense; se les invita al rodaje, asisten a los preestrenos y cenan con los actores. Figuran en los títulos de crédito, si su aportación es significativa, y sobre todo pueden deducir esta «inversión» de sus impuestos (a menudo gracias a desgravaciones fiscales en el extranjero).

Pero los estudios también son algo más que un banco. Además de su aportación financiera, gestionan el *copyright* de la película, que es suyo y que muchas veces constituye un capital inestimable. Ventas internacionales, derechos derivados, adaptación para la televisión: todo eso constituye una parte importante del trabajo del estudio, que por consiguiente también es un banco de productos protegidos por el *copyright*. El estudio se ocupa igualmente de las regulaciones, negocia por ejemplo con la MPAA para evitar que se le atribuya un *rating* desfavorable a la película, y naturalmente coordina la distribución nacional e internacional. «Por regla general, el estudio sigue de cerca todas las cuestiones internacionales, ya que más del 50 por ciento de los ingresos de una película proceden con frecuencia del extranjero», me confirma France Seghers. El film de Sony *Spiderman 3*, por ejemplo, que costó 380 millones, recaudó 890 millones de dólares en la taquilla global, 336 de los cuales en el mercado nacional estadounidense (y también Canadá) y 554 millones en el mercado internacional en 105 países en 2007. «Ahora estamos en un *business* internacional —prosigue France Seghers—. Cada vez somos más conscientes de que, cuando hacemos una película, la hacemos para todo el mundo. Y ello tiene muchas consecuencias. Por ejemplo, todo el film se construye desde su concepción en función de los mercados internacionales a los que apuntamos. En todo el mundo, nuestros productos deben ser deseados, y ese deseo se prepara, es una profesión». France Seghers nota intuitivamente que estoy un poco sorprendido por la profesionalidad que me describe. Entonces remacha el clavo: «Es una industria, y no se comprende Hollywood si no se considera la escala de la que estamos hablando. No es un trabajo artesano. Ustedes, los franceses, son artesanos. Quieren tener éxito en el mundo, pero actúan sin ambición. Desconfían de los estudios, del dinero, del público, por miedo a que comprometan su arte. A nosotros nos gusta apasionadamente el público, nos gusta tanto que queremos seducirlo en masa, allí donde se encuentre, en cualquier lugar del mundo. Eso es el cine». Y concluye con una fórmula eficaz, retomando una célebre frase del magnate de Hollywood Samuel Goldwyn: «A esta industria no se la denomina un *show-art*. Se la denomina un *show-business*».

Un poco más tarde esa mañana, mientras continúo mi visita a los estudios de Sony Pictures, me llaman la atención una serie de edificios más pequeños, que son, según me dicen, «productores independientes». ¿Productores independientes dentro de los estudios Sony? Estoy un poco perdido. «Sí, tenemos todo un grupo de productores "independientes" que están ligados a nuestros estudios, como los tienen todas las demás *majors* —me explica France Seghers—. Estos productores son asalariados o comisionados, y esto nos da derecho a lo que se llama el *first look,* es decir, que somos los primeros que podemos ver el proyecto y podemos firmarlo antes que los demás; pero si lo rechazamos, el productor es libre de proponérselo a otro estudio».

En la cafetería de Sony, me reúno para comer con el equipo de Imageworks, la división encargada de los efectos especiales de Sony Pictures. La comida es sorprendentemente buena, y recojo mucha información sobre lo digital y la evolución de las tecnologías. Por la tarde, visito con ellos la unidad especializada y me recompensan con una camiseta de rodaje, una de esas que llevan en los platós los equipos con «director», «ingeniero de sonido» u «operador jefe» escrito en grandes letras. En la mía pone «writer». Raras veces me han recibido tan amablemente en un estudio estadounidense. ¿Estadounidense o japonés?

«Sony Pictures pertenece a una multinacional japonesa. Pero somos un estudio verdaderamente estadounidense —me asegura France Seghers—. Los japoneses nos compraron justamente para que siguiéramos siendo estadounidenses. Nunca quisieron que hiciésemos películas japonesas. Por otra parte, no sabríamos hacerlas». En su inmenso despacho, me sorprende un gran cartel de *Spiderman 3*. Es más que un símbolo: es el póster en versión japonesa de una de las películas más caras de la historia del cine, producida por un estudio estadounidense por cuenta de un grupo japonés.

«No dimos luz verde a *Spiderman*»

Sony City. Unas semanas más tarde, estoy en la sede mundial de Sony en el barrio de Shinagawa, al sudoeste de Tokio. La casa madre del grupo, en Japón, comprende tres torres de cristal, y la más alta de esas torres es la del consejo de administración de la multinacional. Aquí se toman todas las decisiones estratégicas de Sony: las que atañen a la electrónica para el gran público, los teléfonos móviles Sony-Ericsson, los ordenadores, las Play Stations y la PSP, las televisiones de pago por satélite de SkyPerfect JSAT en Japón, pero también las que tienen que ver con los «contenidos». Básicamente, Sony posee dos de las principales *majors* mundiales del cine y de la música, Sony Pictures Entertainment y Sony Music, fragmentadas en numerosas filiales estadounidenses: los estudios Columbia, TriStar Pictures, Sony Pictures Classic y el 20 por ciento de la Metro-Goldwyn-Mayer; así como la música, con CBS Music, Columbia Records, Arista, RCA y Epic. En total, más de mil sociedades y filiales dependen así de la casa madre de Tokio. Si en Europa y Estados Unidos Sony es conocida como una marca de electrónica que se ha aventurado en el cine y la música, en Japón es una marca nacional esencial, que proporciona a los japoneses productos y servicios sin cuento, desde servicios bancarios hasta pilas eléctricas, pasando por el *foie gras*.

Cuando llego a la oficina de Iwao Nakatani, en Tokio, está trabajando en un ordenador Sony de última generación. Iwao Nakatani, un economista de gran reputación que se doctoró en Harvard, ex consejero económico del primer ministro japonés, presidente de una importante universidad de Tokio, es miembro del consejo de dirección de Sony desde 1999 y fue el presidente del consejo de administración de toda la empresa Sony de 2003 a 2005. En esa calidad, fue él quien nombró al nuevo presidente ejecutivo de Sony, el británico sir Howard Stringer, antiguo empleado de CBS. Tras el placer rutinario de intercambiar tarjetas de visita con pequeñas reverencias recíprocas, Iwao Nakatani entra de lleno en el tema: «El oficio de Sony consiste en ofrecer a la gente de todo el mundo el mejor entretenimiento, por eso les damos a la vez el *hardware,* los aparatos, y el *software,* los programas y los contenidos», me explica Nakatani en japonés (no ha querido hablar inglés, una intérprete nos permite comunicarnos).

¿Por qué haber entrado en el mercado de los contenidos, cuando la tarea histórica de Sony consistía en la electrónica y la informática para el gran público? «Es una buena pregunta —responde Nakatani—. Aquí, en Tokio, estamos muy ligados al *hardware,* mientras que los contenidos son más bien estadounidenses, y por eso compramos los estudios Columbia. Necesitábamos contenidos, era una opción puramente económica, y necesitábamos integrar el grupo de forma vertical, es decir con los aparatos, los contenidos, el cine, la música, tenerlo todo a la vez. Eso se hizo antes de mi llegada al frente de Sony. Pero el problema para Sony reside precisamente en esa articulación entre la sede de Sony aquí en Tokio y las numerosas filiales que pertenecen a Sony pero también deben tener su libertad de acción. Comprar una sociedad es fácil, pero gestionarla, hacerla funcionar desde lejos ya es más difícil».

De hecho, el problema de Sony se refiere esencialmente a los contenidos del cine y la música, me confirma Shuhei Yoshida, el presidente de Sony Computer Entertainment Worldwide Studios, unos días más tarde, en Tokio. Para el hombre que coordina la fabricación de innumerables juegos para las consolas de la PS 3, el problema de los contenidos no se plantea de la misma forma en todos los sectores: «En el cine, la historia es esencial; en el juego, es la naturaleza interactiva y funcional lo que importa. Esto lo sabemos hacer muy bien en Japón. Multiplicamos los *focus groups* y el *play-tasting* hasta que funciona. Pienso que la música y el cine no se nos dan tan bien como a los estadounidenses».

¿Quiere Sony afirmar ciertos valores japoneses? ¿Un imperialismo cultural? «No lo creo —me corrige Iwao Nakatani—. Sony se percibe como una sociedad apátrida, sin nacionalidad. Es realmente una multinacional que casualmente está en Japón. Jamás hemos tenido la voluntad de imponer nuestros valores ni de dominar a través de nuestros contenidos. No es ésa nuestra mentalidad. Por lo demás, les damos carta blanca a los estadounidenses para que gestionen libremente las ramas del cine y de la música».

Para comprender el funcionamiento de la casa madre, le pregunto a Iwao Nakatani (él presidía Sony en aquel entonces) en qué momento se informó a la dirección de Sony en Japón de la decisión de Sony Pictures en Estados Unidos de hacer las tres películas de *Spiderman* y en qué momento se dio la *green light*. Nakatani me responde con precisión: «No se dio luz verde para *Spiderman* desde Japón. El presupuesto de la película no se presentó ni se aprobó aquí. Fue enteramente una decisión de Sony Pictures Entertainment en Estados Unidos. No se puede tener un buen criterio desde Tokio. Nosotros confiamos en nuestros equipos de Estados Unidos». Este testimonio es crucial para la comprensión de las industrias de contenidos internacionales.

Luego me enteraré por boca de Takashi Nishimura, el director de UNIJAPAN, y de Junichi Shinsaka, el director de Motion Picture Producers of Japan (Eiren), dos de los principales organismos profesionales de regulación del cine japonés, de que «en las estadísticas de la industria del cine aquí, Sony está considerada como una compañía "extranjera" y no "nacional". Para nosotros, se trata de cine estadounidense y Sony Pictures Entertainment está considerada como una sociedad estadounidense». Para comprender este punto esencial, es preciso recordar que la parte del cine en los ingresos globales de la multinacional Sony es baja (un 19 por ciento en 2003, una proporción parecida a los otros conglomerados mediáticos: Paramount representa un 7 por ciento de los ingresos de Viacom; 20th Century Fox, un 19 por ciento de News Corp; Warner, un 18 por ciento de Time Warner; Universal representaba menos del 2 por ciento de los ingresos de General Electric, antes de ser adquirida por Comcast; y el cine representa un 21 por ciento de Disney Corporation).

Interrogo entonces al ex presidente de Sony para saber si ocurre lo mismo con la música de Sony Music. Nakatani: «En Tokio no tenemos las competencias sobre el cine ni sobre la música. No decidimos, y no damos la *green light* financiera para los proyectos de Sony Music ni para los de Sony Pictures en Estados Unidos».

Estas respuestas confirman, pues, que la casa madre Sony se ha convertido efectivamente en un banco para sus filiales, nada más.

Iwao Nakatani no se opone a ese análisis. ¿Sony debe permanecer entonces en los contenidos? En Japón, nunca se dice «no». Nakatani titubea y luego contesta: «No estoy seguro. Mientras tengamos beneficios no es urgente cambiar pero si el grupo necesitase liquidez, habría que pensar tal vez en vender nuestra rama de cine y nuestra rama de música. A título personal, pienso que Sony ha perdido poder y singularidad al entrar en los contenidos. Además, la gente del *hardware* y la gente de los contenidos no consiguen colaborar, contrariamente a lo que nosotros creíamos. La experiencia de Sony-BMG en la música ha sido un fracaso, porque no lográbamos funcionar con el alemán Bertelsmann. Entre Japón y Europa o Estados Unidos hay demasiada distancia geográfica, y también cultural, y eso no facilita las cosas».

En Japón, Sony no tiene estudios de cine, y si bien existe una oficina de Sony Music, es una oficina modesta: se limita a la música japonesa. He visitado las oficinas de Sony en Estados Unidos, en Japón, y también en Singapur, en Hong Kong, en Yakarta y en El Cairo, y la mayoría de mis interlocutores, tanto si trabajaban en el cine como en la música, me han confirmado estas informaciones. Por lo demás, todos me han dicho que dependían de la sede de Sony en Estados Unidos, no de Tokio. Sony Music es una *major* del disco estadounidense, como Sony Pictures es un estudio estadounidense.

De Culver City a Century City, de los estudios estadounidenses de Sony a la torre de la Metro-Goldwyn-Mayer, hay menos de cinco kilómetros a vuelo de pájaro, pero a veces hace falta más de una hora de coche para recorrerlos, porque el tráfico en Los Ángeles es muy denso. En Century Fox, todo evoca el cine. Las calles se llaman Avenue of the Stars, Fox Hills o MGM Drive y los estudios de la 20th Century Fox ocupan todo el sur del barrio. El Fox Plaza, que hemos visto explotar en las películas *El club de la lucha* o *La jungla de cristal*, es un rascacielos de 35 pisos que se reconoce desde lejos en el barrio. Bien visible también, el inmenso edificio blanco de la agencia Creative Artists Agency fue construido sobre el espacio que antes ocupaba la torre de la cadena de televisión ABC (hoy instalada en el «valle», en Burbank, al norte de Los Ángeles, en la sede de Disney, que la compró).

En el 1999 de la Avenue of the Stars está la torre del banco J. P. Morgan. Al subir al piso 26, me doy cuenta de que hay otros bancos que también han instalado sus oficinas en esta torre: Lazard Frères en el 11, Morgan Stanley en el 23, UBS en el 34. Estoy en el cuartel general de la financiación de Hollywood y tengo cita con Ken Lemberger.

Ken Lemberger es el ex vicepresidente de Sony Pictures Entertainment, uno de los jefes de Hollywood. Hoy se ha reconvertido a la financiación del cine y dirige la sección Entertainment del banco J. P. Morgan. Su título es: J. P. Morgan Entertainment Advisor. Me froto los ojos.

Al conocerlo, intento comprender si los bancos invierten en Hollywood o si simplemente son entidades de crédito. «Los bancos son un actor importante de la financiación de Hollywood, pero un actor periférico —me aclara inmediatamente Ken Lemberger—. Los verdaderos bancos son los propios estudios, que invierten sus fondos en el desarrollo de las películas. Nuestro papel se limita sobre todo a aportarles liquidez, es decir, a darles crédito, teniendo en cuenta el dinero que les han prometido los numerosos socios pero que aún no han cobrado. Por consiguiente, no es una financiación especulativa, sino unos préstamos de tesorería concedidos a unos socios solventes. Y yo aconsejo al banco J. P. Morgan en esta actividad. Todos los bancos han contratado en Hollywood como consejeros a antiguos dirigentes de los estudios que conocen bien la industria». De una mesa de cristal, Ken Lemberger toma un estudio estadístico de 200 páginas sobre el mercado de la televisión india para mostrarme la complejidad del sector que él tiene que analizar. Al lado están el *Wall Street Journal* y el *Financial Times*. No el *Los Angeles Times*. Los periódicos financieros, no los que hablan de cine.

En la economía global del cine estadounidense y entre la multitud de participantes que contribuyen a la vitalidad de Hollywood, me pregunto quién es, finalmente, el verdadero patrón. ¿Los bancos? ¿Los estudios? ¿Las agencias de talentos?

Ahora la noche ha caído sobre Hollywood. Confortablemente sentado en un magnífico sillón de cuero, en el centro de un gigantesco despacho con las paredes cubiertas de obras de arte famosas procedentes de las colecciones privadas del banco y detrás de él una vista impresionante de Los Ángeles iluminada hasta el infinito, Ken Lemberger me responde, categórico: «En Hollywood no hay más que un único patrón, contrariamente a lo que a veces se cree. Y este patrón no son los bancos, los productores, las agencias de talentos, ni siquiera las estrellas multimillonarias, son los estudios. La única pregunta importante es: ¿quién asume el riesgo financiero? Y la respuesta, para las principales películas *mainstream*, es sin duda alguna: el estudio. Los estudios son los *risktakers*. En este sistema, todos los demás actores, que son muy numerosos, reciben una remuneración y sea cual sea la taquilla siempre sacan algo. Los únicos que de verdad se arriesgan económicamente son los estudios. Se les puede reprochar que vacilen antes de dar la *green light*, se les puede tildar de demasiado prudentes, demasiado *mainstream* o poco innovadores. Pero la realidad es que todo el mundo al final cobra, y los estudios son los únicos que asumen el riesgo financiero. Por tanto son los únicos que tienen poder, y me parece normal».

La demostración es eficaz, pero no me convence del todo. Los bancos son un actor periférico en cuanto al *cash flow* (tesorería), pero son un actor importante en cuanto a la vertiente «especulativa», que es un tema del cual Ken Lemberger no me ha hablado. La financierización de la economía en la década de 1980 y 1990 ha hecho que los conglomerados mediáticos estén hoy muy sometidos a una lógica capitalista, sobre todo a través de los fondos de pensiones, los *hedge funds* y los *mutual funds*. El reparto del capital en el seno de esas multinacionales es por tanto un tema esencial, y esas operaciones bursátiles complejas las realizan los bancos. Como J. P. Morgan. Y sus asesores, los «J. P. Morgan Entertainment Advisors».

El *marketing* o el desplazamiento del ganado

Me quedo en Century City y atravieso el barrio a pie para ir a la MGM Tower. La torre alberga desde 2001 la sede de la Metro-Goldwyn-Mayer y se la reconoce de lejos por su «Leo» en la cima, el celebérrimo león rugiente. Sin embargo, el estudio hollywoodiense no es el único que está en esa torre. Hay muchos pisos alquilados a sociedades externas o a filiales. En el piso 11 de la MGM Tower me recibe Dennis Rice, de United Artists. «MGM es nuestro accionista principal, pero Sony y Comcast poseen cada uno un 20 por ciento de United Artists, y tenemos también cinco fondos de inversiones y hasta Tom Cruise forma parte de nuestros accionistas minoritarios», me explica Dennis Rice, uno de los hombres de *marketing* más famosos de Hollywood, que es copresidente de United Artists. UA fue el más pequeño de los grandes estudios hollywoodienses. Perteneció a Charlie Chaplin y a D. W. Griffith, fue durante mucho tiempo independiente y produjo películas como *Scarface, Solo ante el peligro, West Side Story,* los *James Bond,* los *Rocky* o, más recientemente, *Bowling for Columbine,* de Michael Moore. Desde finales de la década de 1960, United Artists ha recibido el diagnóstico unas veces de muerte clínica y otras de pleno renacimiento, en función de quien la comprase o la revendiese (por ejemplo, un banco francés, el Crédit Lyonnais, en 1992).

«Contrariamente a lo que mucha gente cree, la nacionalidad de nuestros accionistas importa poco. Seguimos haciendo películas estadounidenses, es decir, películas universales», objeta Dennis Rice. Al frente del *marketing* mundial de un importante estudio que en la actualidad produce o distribuye de media unas veinte películas al año, Dennis Rice describe su estrategia internacional: «Cada película es única, por eso no somos una industria como otra, del tipo de Ford o Coca-Cola, sino una industria creativa. La particularidad de Hollywood es ese producto único, incluso cuando producimos franquicias como James Bond. Con cada nueva película, hay que empezar de cero. Cuando vendes Coca-Cola, la publicidad que haces te sirve inmediatamente, pero también al cabo del tiempo; para una película, sólo sirve una vez».

Único es también por tanto el presupuesto de *marketing* de esas películas. Ahora ya representa casi un 50 por ciento de la totalidad de los gastos. La producción de *Spiderman 3,* que sigue siendo una de las películas más caras de la historia, le costó a Sony 380 millones de dólares, de los cuales 260 millones fueron para la película misma (lo que se llama el *negative cost*) y 120 millones para el *marketing* mundial. Con estos precios, cabe pensar que la promoción de la película es a veces más exitosa que la película misma. Eso escribieron las malas lenguas, por ejemplo, para el *remake* estadounidense de *Godzilla.*

«La campaña internacional de *marketing* la financia esencialmente el estudio —me explica Dennis Rice—, pero el *marketing* de una película siempre se decide a nivel local, por parte de las personas que están sobre el terreno. Mire este cuadro». Y me muestra un desglose de los presupuestos de *marketing* país por país para la película *Truman Capote,* con la parte del estudio y la parte local financiada por el distribuidor, los exhibidores y las empresas colaboradoras que gestionan el *merchandising.* «Como ve, son sumas muy dispares y gastamos muy poco en el extranjero, comparado con lo que se gasta en Estados Unidos, incluso cuando se trata de un *blockbuster*. Sobre todo, concentramos nuestros dólares en un número pequeño de mercados, Japón, Alemania, Reino Unido y España principalmente. En otros sesenta países, prácticamente no gastamos nada».

Conmigo Dennis Rice se muestra muy «profesional»: es un hombre de *marketing*, da cifras, responde a mis preguntas cortésmente, va a lo esencial y no se muestra ni impaciente ni apasionado. Salvo en una ocasión. Cuando le hablo de China e India. Entonces Dennis Rice se inflama: «Imagínese la recaudación potencial para Hollywood en China. ¡Y en India!». Y luego me describe, con tristeza, los obstáculos a los que hay que enfrentarse actualmente en esos dos países en términos de censura, de cuotas de pantalla y de distribución. Y sobre todo en China.

En la actualidad, United Artists cuenta mucho, como los demás estudios por otra parte, con el *box office* internacional, que no cesa de aumentar. En 2000, el mercado interior estadounidense representaba aproximadamente el 50 por ciento de los ingresos (frente al 50 por ciento del mercado internacional); ahora el *box office* estadounidense sólo representa un 40 por ciento (frente al 60 por ciento del mercado internacional), según las cifras que me comunica Rice. El cambio se produjo recientemente, entre mediados de la década de 1990 y principios de la de 2000, cuando poco a poco el *box office* internacional fue superando al *box office* nacional. «La globalización del cine de Hollywood está transformando profundamente las películas que hacemos y hasta la elección de los actores. Para llegar a todo el mundo, necesitamos estrellas de primer plano, historias más universales. Ya hacíamos *entertainment*, pero ahora se trata de hacer un *entertainment* global —constata Dennis Rice. Y añade enseguida—: Pero estamos preparados para responder a este desafío. Pensamos en China y en India constantemente, y también en Brasil, México, Oriente Medio y Europa. Ya hace tiempo que nuestras películas han dejado de ser estrictamente estadounidenses. Para hablarle a todo el mundo, el nuevo Hollywood, tan globalizado, no tiene más remedio que hacer unas películas que sean universales». (Desde nuestra entrevista, Dennis Rice ha dimitido de United Artists tras un desacuerdo con Tom Cruise y su socia Paula Wagner).

La campaña comercial de un largometraje hollywoodiense es un verdadero plan de batalla coordinado en varios continentes. Es la etapa esencial de toda película *mainstream*. Durante los treinta últimos años, esas campañas se han profesionalizado y su costo se ha multiplicado (unos dos millones de dólares de media por cada película de estudio en 1975; 39 millones de media en 2003, pero a menudo más de 100 millones para los principales *blockbusters,* como *Matrix* o *Piratas del Caribe*). Varios directores de *marketing* que he entrevistado en los principales estudios de Los Ángeles y los agentes publicitarios con los que he hablado en Madison Avenue (el barrio tradicional de las agencias de publicidad en Nueva York) me han descrito su plan de conquista del gran público.

La prioridad, antes incluso de dar la *green light* a una película, es determinar cuál es su público potencial. En Estados Unidos, eso se hace generalmente considerando tres criterios iniciales: la edad (más o menos de 25 años); el género (hombre o mujer); y por último el color (blanco o *non-white*). A partir de estas categorías queda determinada la audiencia a la que el film va dirigido, por ejemplo «los hombres blancos de menos de 25 años». El ideal consiste, claro está, en producir lo que se llama un *four-quadrant film,* el que tiene como público potencial a los hombres y mujeres de más y también de menos de 25 años; lo más arriesgado es hacer una película que sólo pueda gustar a las chicas de menos de 25 años, ya que todos los estudios demuestran que las chicas siguen a los chicos para ver películas de acción, mientras que los chicos jamás las siguen a ellas para ver películas de «chicas» (que por esa misma razón son muy escasas).

Vienen después los *focus groups,* el instrumento estrella del *marketing* de Hollywood desde la década de 1980. Se trata de estudios cualitativos que consisten en plantear, no preguntas superficiales a muchas personas, sino muchas preguntas concretas a un panel restringido de personas bien elegidas. Estos *focus groups,* acompañados de *test-screenings* y completados con sondeos cuantitativos para precisar cuál será la audiencia, ayudan a los responsables de *marketing* a tomar sus decisiones. Se interroga a grupos de personas que pertenecen potencialmente a la diana para ver lo que piensan de la película, y generalmente en esta fase se les habla de la intriga, de los actores, y se les muestran los primeros tráilers para ver su reacción. En función de los resultados, se lanza una precampaña en las salas para anunciar la película; mientras tanto, se utilizan los programas de la televisión dedicados a los famosos y los *talk shows* de las cadenas pertenecientes a los estudios para lanzar el *buzz*.

A partir de estas primeras campañas, se reúnen nuevos *focus groups* para evaluar el grado general de información del gran público sobre la película y la intensidad de su memorización (en Hollywood, un director de *marketing* me habla de la *stickiness* de la película, de si «es pegadiza»). Entonces se pasa a los *test screenings*, la proyección de la película, aún sin terminar, ante nuevos *focus groups*. Se elabora un índice de satisfacción y se afina la audiencia potencial. En este estadio, los directores de *marketing* son capaces de predecir el éxito de la película con, según ellos, un bajo margen de error. En función de esos estudios, aún puede modificarse la fecha de estreno y acortarse su duración («más allá de 1 h 20, los minutos cuentan doble; y más allá de 1 h 30, cuentan triple», me dice un productor). Asimismo, ciertas escenas pueden cortarse, o edulcorarse, o transformarse (por ejemplo, se añade una escena de acción a partir de los *rushes* si es una película de verano para adolescentes, pues todos los estudios de audiencia confirman que los hombres jóvenes prefieren masivamente las escenas de acción a las escenas de diálogo). Incluso el *happy ending* puede cambiarse, si hace falta. Este ejercicio de posproducción es delicado: en inglés se dice que debe ser *fine-tuned*, regulado con precisión, pues se trata de dar al producto su identidad, su potencia *mainstream*, pero sin ser demasiado banal ni demasiado *bland* (soso y anodino, cosa que se reprocha con frecuencia a la cultura popular). La película debe ser a la vez para el gran público (se dice *crowd-pleaser* o *crowd-puller*, que gusta o atrae a las masas), pero también nueva y única, su argumento debe dar la impresión de tener algo «especial». Ese «algo especial» es fundamental: lo aportan la intriga, los actores o los efectos especiales, pero la posproducción y el *marketing* tienen la función de amplificarlo y multiplicarlo. Así es como una película se convierte en una *feel-good movie* (un film que le da al espectador la sensación de estar cómodo), así es como su velocidad se acelera y como se vuelve más enérgico o *upbeat* (optimista, combativo). A veces, se insiste en el carácter «basado en una historia real» de la película, o bien en su protagonista *bigger than life*, para aumentar la identificación del público. Todo está destinado a transformar un simple producto en recuerdos, en experiencias y en estilo de vida.

A partir de ahí, se ajustan el plan y el presupuesto de la promoción, se decide el contenido de los tráilers, así como el número de copias, que puede variar para una película de estudio entre 900 en los 50 estados y varios miles (el *blockbuster Batman. El caballero oscuro* se proyectó la primera semana en 4.366 pantallas de Estados Unidos).

Para las películas más *mainstream,* estas campañas y *focus groups* empiezan muchísimo antes de la fecha del estreno (los primeros *teasers* de *Spiderman* estaban en las salas con un año de antelación). Los *products tie-in,* esos productos derivados que acompañan en las tiendas y los *fast foods* el estreno de los *blockbusters* como *La guerra de las galaxias, Shrek* o *G. I. Joe,* también están muy buscados porque sirven tanto para financiar la película como para garantizarse una presencia mediática complementaria que tiene la ventaja de que la pagan íntegramente las tiendas colaboradoras. Para el retorno de *La guerra de las galaxias* en 1999, las tres franquicias de Pepsi-Cola (KFC, Taco Bell y Pizza Hut) promocionaron cada una un planeta distinto y sus personajes.

Por último, llega el estadio de la campaña, normalmente llamado el *drive,* por el nombre del *cattle drive,* ese desplazamiento del ganado propio del Oeste americano. Consiste en repetir machaconamente el nombre de la película y sus actores por todos los medios posibles, en todos los soportes y en varios continentes a la vez durante las dos últimas semanas antes del estreno para incitar al público a ir a verla. Contrariamente a la difusión de los tráilers en las salas, que es gratuita desde el trato que se hizo en la época en que los estudios eran los dueños de las salas, estas campañas son muy costosas. Sobre todo porque consisten esencialmente en comprar espacios en televisión, que es la única publicidad verdaderamente eficaz para llegar al público masivo que puede ir al cine, según todos mis interlocutores en Hollywood (3.400 millones de dólares gastaron los estudios en la televisión en 2003, casi siempre en las principales cadenas como NBC, CBS, ABC, o las cadenas más específicas como HBO o MTV, que pertenecen justamente a los mismos conglomerados que los estudios).

Sin andarse por las ramas, James Schamus, el presidente ejecutivo de Focus Features entrevistado en Nueva York, es categórico: «Lo decisivo es el bombardeo final en la televisión. Es triste decirlo, pero esto es lo que los japoneses no han entendido. En Japón, ha sido con la televisión como Hollywood ha impuesto el cine estadounidense y ha matado al cine japonés. Hemos apostado únicamente por la televisión, hemos invertido millones de dólares en *marketing*, y los japoneses no han podido seguirnos».

La densidad de la campaña final, un verdadero *blitz*, es muy típica del nuevo Hollywood, donde el éxito de una película se decide casi siempre en el *box office* del primer fin de semana (la famosa expresión *opening-weekend gross*). Antes, una película tenía tiempo de instalarse y las campañas podían extenderse durante varios meses, dependiendo de las críticas de la prensa y del boca a boca; ahora todos los gastos se concentran en la semana del estreno, que es decisiva y que determinará, con la ayuda complementaria de varios estudios a la salida de los cines que recuerdan a los sondeos a pie de urna los días de elecciones, la duración de vida de la película y la fecha de lanzamiento en DVD.

La máquina hollywoodiense no debe su éxito únicamente a la riqueza de los estudios: también es fruto en gran parte de la profesionalidad y la complejidad de un sistema capaz de ajustar permanentemente sus medios en función del público al que se dirige. La oferta se adapta constantemente a la demanda y al revés. El *marketing* está en el corazón de la fabricación del *mainstream*.

Estas campañas de *marketing*, tradicionales y masivas, estaban bien rodadas hasta la llegada de Internet, que vino a trastocarlo todo. Hasta hace poco, el público dependía de las informaciones que los estudios proporcionaban y controlaban; ahora, el público puede informarse libremente, es más desconfiado y, como me dice un importante director de *marketing*, irritado: «El público, gracias a Internet, se ha vuelto más desconfiado respecto al *marketing*, consigue distinguir, hagamos lo que hagamos, una película buena de una mala; en una palabra, el público ahora es más inteligente». También las fugas son continuas en la web, las imágenes de los rodajes se cuelgan en YouTube e interfieren con los planes de comunicación sabiamente elaborados, y las propias películas salen con frecuencia en Internet antes incluso de proyectarse en las salas. El mercado del DVD se ve afectado y muchos predicen su desaparición a corto plazo.

Tras declarar la guerra a Internet a principios de la década de 2000 —una guerra obviamente perdida de antemano—, las gentes del *marketing* de Hollywood se pusieron finalmente a jugar con la web en vez de combatirla. Y pasaron de un oficio de «embaladores» de productos de masa a directores de campañas no tradicionales llevadas por decenas de técnicos especializados en el *marketing* IT. Hoy, la campaña de promoción de las películas integra completamente la dimensión web. Se utilizan medios ya clásicos, como la creación de páginas especializadas o el lanzamiento de foros online, así como la redacción de páginas de Wikipedia por los propios servicios de *marketing* (lo cual es poco conforme con las reglas de la web 2.0). También se organiza la difusión «ilegal» de fragmentos de película en páginas de YouTube para llegar a los jóvenes, suscitar el *buzz* y engendrar *marketing* viral. Casi siempre con una batalla de retraso, los estudios empezaron a creer en MySpace cuando una parte de sus miembros ya habían migrado a Facebook, privilegiaron Second Life cuando el sitio se quedó desierto y, finalmente convertidos a Facebook, desdeñaron Twitter en el momento preciso en que los iraníes lo popularizaban en todo el mundo. A los blogueros que difundían los rumores y aireaban los secretos, primero se los amenazó con llevarlos ante los tribunales y luego se los tomó en serio, como en el caso de Nikki Finke, que publica el blog Deadline Hollywood y a quien hoy miman como a una de las firmas más prestigiosas del *Los Angeles Times*.

También han adaptado a la web lo que ya existía antes. Por ejemplo, los *blurbs,* que son esas breves citas promocionales que se piden a un crítico o a una personalidad antes del estreno de una película o de la publicación de un libro, ahora se cuelgan en los blogs o se difunden por Internet a través de la compra de espacios publicitarios. El *word-of-mouth marketing* (el *marketing* de boca a boca) se ha adaptado a la web con sociedades especializadas, como Buzzmetrics (comprada por Nielsen), que lanza campañas de «boca a boca» en la web. Otros instrumentos, como Buzz-Audit, Media-Predict o Homescan Online, permiten evaluar continuamente el estado del *buzz* de una película en la web, conocer las «conversaciones» en curso sobre ella en Internet o seguir en directo todos los comentarios colgados en centenares de blogs y de foros. Y cuando ese *buzz* se vuelve crítico y pone en peligro el boca a boca «bueno» (el sitio especializado Buzz Threat Tracker vigila ese tipo de amenazas), se encienden unos cortafuegos y se lanzan campañas para contrarrestar. Con esas idas y venidas entre el *marketing* y el público, Internet vuelve a dar sentido a la fórmula clásica de un productor de Hollywood: «The audience as co-author» (el público como coautor de la película).

Globalmente, la estrategia de *marketing* de los estudios en Internet consiste en difuminar la línea que separa la publicidad de la información, con el fin de que la intrusión publicitaria se tolere mejor, y quizás incluso se desee. El *buzz*, en el fondo, es esto: el boca a boca convertido en *marketing*.

El monopolio de los sindicatos

En el número 7920 de Sunset Boulevard, en el corazón de Hollywood, tengo una cita unos días más tarde con los responsables del Directors Guild of America (DGA), el todopoderoso sindicato de los directores. Internet, también aquí, está provocando grandes cambios. Estos años se han producido numerosas huelgas para imponer a los estudios que integren en los contratos unas remuneraciones relativas a los nuevos medios. «En el Directors Guild of America consideramos que el director es un *autor*, en el sentido francés de la palabra. Nuestra misión es proteger sus derechos en tanto que creador, incluido Internet. Por eso no somos un sindicato propiamente dicho, sino un *guild*, una especie de sociedad de autores», puntualiza Kathy Garmezy, la directora del DGA. Los sindicatos y los *guilds* son actores fundamentales de Hollywood. Y por sorprendente que pueda parecer en un país considerado ultracapitalista como Estados Unidos, Hollywood es una industria totalmente regulada y en la cual los sindicatos tienen el monopolio de la contratación.

Desde John Ford, que fue uno de sus fundadores, hasta Steven Spielberg pasando por Martin Scorsese o Steven Soderbergh, la mayoría de los directores de cine y televisión estadounidenses (con raras excepciones, como George Lucas y Quentin Tarantino) pertenece al *guild*. El más famoso de esos directores es Alan Smithee: «Es el seudónimo oficial, inventado en la DGA, de un director cuando no está satisfecho con su película a causa de un desacuerdo sobre el *final cut* con el estudio o con el productor. En ese caso, el miembro de la DGA pide aparecer bajo el nombre de Alan Smithee», se sonríe Kathy Garmezy. Hay más de 900 directores extranjeros, perfectamente reales ahora sí, que han rodado para la televisión o el cine estadounidenses y que también son miembros del DGA. Kathy Garmezy insiste en este punto: «El futuro de Hollywood se encuentra en el resto del mundo». (Pero no dice nada del derecho laboral que, por la presión de los sindicatos, hace de hecho difícil para los extranjeros trabajar en Hollywood, un sistema solapadamente proteccionista).

Para todos sus miembros, el DGA se ocupa del conjunto de las cuestiones económicas y sociales de la profesión, en especial de los salarios mínimos, de la cobertura médica, de las condiciones de trabajo y de la jubilación, negociando regularmente, y a cara de perro si hace falta, esas reglas colectivas con los estudios y la MPAA. «Con ello no hacemos el trabajo de los agentes o de los mánager: nos ocupamos de todo el sector, colectivamente, de una forma mutualista, pero no de los contratos individuales. Definimos los estándares de la profesión, que deben aplicarse obligatoriamente a todos los contratos, y es a partir de esos mínimos sindicales como los abogados y los agentes negocian los contratos individuales», me explica Kathy Garmezy.

Ningún contrato de ninguna persona que trabaje para una película de estudio o para la mayor parte de las películas independientes escapa a las reglas sociales y salariales negociadas por los sindicatos y las sociedades de autores. Ésta es la particularidad de Hollywood: ser a la vez un modelo enteramente comercial y un sistema totalmente sindicado. Pues el DGA tiene de hecho el monopolio en la contratación de los directores. Los estudios deben pasar por él como deben pasar por el muy poderoso Screen Actors Guild (SAG, presidido en su época por Ronald Reagan) para contratar a un actor, por el Producers Guild of America (PGA) para los productores, o por el Writers Guild of America (WGA) para contratar a un guionista. Y lo mismo ocurre para los iluminadores, los operadores de sonido, los directores de *casting*, las modistas o los peluqueros, todos sindicados. «Hollywood es probablemente el sector más sindicado de Estados Unidos», me confirma Chuck Stocum, de la dirección del Writers Guild of America, que reúne a la casi totalidad de los guionistas de cine y televisión de Estados Unidos. «Este monopolio de la contratación se ha construido con el tiempo gracias a un doble mecanismo muy eficaz que hemos inventado. Por una parte, imponemos a todos nuestros miembros que no trabajen más que para estudios o productores que hayan firmado un acuerdo general con nosotros; por otra, nuestros contratos estipulan a través de una cláusula obligatoria que los estudios deben contratar únicamente a nuestros guionistas», me explica Chuck Stocum. Con este doble mecanismo, los estudios se han ido viendo obligados a reclutar a miembros del WGA en unas condiciones sociales y salariales mínimas fijadas por el *guild*. Lo mismo ocurre con todos los oficios de las industrias del cine y la televisión en Estados Unidos. «Como todo está ligado, un estudio ya no podría tener ningún actor ni ningún director si fichara a una sola persona fuera de este sistema. Así es como se ha edificado el monopolio», concluye Stocum. Decenas de sindicatos participan en esas negociaciones, que se extienden a la televisión, la radio y hasta a Broadway, como me confirma en Nueva York Alain Eisenberg, el célebre jefe del sindicato de actores: «El cine, la televisión y el teatro son tres sectores totalmente sindicados en Estados Unidos porque todo el mundo, un día u otro, ha sido "puteado" por un productor; por lo tanto, la lealtad de nuestros miembros es absoluta. En general, por otra parte, un actor suele ser miembro de tres sindicatos: el de los actores en Hollywood, el de la radio-televisión en Los Ángeles, y aquí en Nueva York del Actor's Equity para Broadway». También aquí, las reglas son numerosísimas e increíblemente complejas, pero el sindicato de los actores tiene el monopolio de la contratación en todo Estados Unidos para los teatros de Broadway (salas de más de 499 localidades) y los del Off-Broadway (salas de entre 100 y 499 localidades); también es muy influyente, sin tener el monopolio, en los teatros del Off-Off-Broadway (salas de menos de 99 localidades). Pero eso tiene un precio. Cada persona afiliada a un sindicato o a una sociedad de autores debe pagar una entrada inicial elevada, una cuota anual y un porcentaje de todos sus cachés (2,25 por ciento para los actores del SAG y del Actor's Equity).

«Es caro, en efecto, pero es obligatorio si quieres trabajar en Hollywood o en la televisión en Estados Unidos. Y es el precio que tienes que pagar para que el sindicato te defienda en unas negociaciones cruzadas muy duras —añade Chuck Stocum—. Es diplomacia a tres bandas. Estamos con las sociedades de directores, los sindicatos de actores y las agencias de talentos contra los estudios; pero estamos contra los directores para defender a los guionistas; y por último, controlamos a las agencias de talentos. Nosotros somos, por ejemplo, los que hemos limitado sus cachés a un 10 por ciento de todos los contratos, y ello a fin de proteger a nuestros miembros». Y Stocum concluye: «En esta industria, todo el mundo está con todo el mundo; pero todo el mundo está también contra todo el mundo. Por eso todos los que intervienen están ligados a los estudios y al mismo tiempo todos son independientes». La fórmula me sorprende. Empiezo a comprender que en el nuevo Hollywood el papel de los independientes se ha vuelto crucial.

5. Todos *INDIES*, INCLUIDO INDIANA JONES

En el despacho de David Brooks, dentro de los estudios de NBC-Universal en Los Ángeles, hay una mesa de ping-pong. ¿Una mesa de ping-pong? Brooks es el director de *marketing* de Focus Features, uno de los estudios de Universal. Y desde California supervisa la estrategia del *marketing* mundial del estudio.

El *lot* de Universal ocupa varias hectáreas junto a la autopista I 101, bastante lejos al norte de Hollywood. Este recinto de los estudios es tan grande que aquí le dan el nombre de una ciudad: Universal City. Dentro, circulo en coche con un plano, por avenidas que se llaman James Stewart Avenue, Steven Spielberg Drive y Universal Studios Boulevard. El despacho de Brooks se halla en el número 100 de Universal City Plaza.

En Focus Features, el ambiente es relajado. Casi por todas partes hay *open spaces* y *cubicles* que ofrecen espacios individuales en un marco colectivo. En la pared, un pequeño panel con un eslogan: «Permanent change» (el cambio permanente).

Brooks me recibe en vaqueros, zapatillas deportivas y camiseta. Viniendo de la costa Este (antes dirigía el *marketing* de los estudios Miramax en Nueva York), se ha adaptado a la forma de vestir *casual,* informal, del sur de California. En la dirección de Focus Features, el estudio de Universal, él es quien coordina el *marketing* y la comunicación mundial de una veintena de películas al año. Todas se sitúan en la categoría de las películas de «presupuesto medio», entre los *blockbusters* y las películas *indies* (independientes). Focus Features ha producido, por ejemplo, *Lost in Translation, El pianista, Diarios de motocicleta* (sobre el Che

Guevara), *Flores rotas, Brokeback Mountain, Mi nombre es Harvey Milk* y *Destino: Woodstock*.

La mesa de ping-pong sirve de espacio de reunión en el que se encuentran los responsables de las ramas de *marketing* del estudio, varios de ellos a través de videoconferencias desde distintos continentes. «Lanzar una campaña de *marketing* internacional para una película —dice Brooks— es un poco como jugar al ping-pong en todas las grandes ciudades del mundo. Salvo que sólo juegas una vez: no tienes derecho a equivocarte».

Lo más interesante, dentro de los estudios Universal, es que David Brooks y Focus Features son «independientes».

He tardado mucho tiempo en comprender por qué todo el mundo en Hollywood es a la vez un poco «estudio» y un poco «independiente». Todos *indies,* incluso Indiana Jones, en cierto modo.

Aunque pertenece a Universal, Focus Features es lo que se llama una «unidad especializada» (también se dice un *indie studio* o una rama «cine de autor» de un estudio). Desde la década de 1990, cada uno de los grandes estudios hollywoodienses ha comprado *minimajors* exteriores o ha creado en su seno estudios «independientes». A veces se habla del *little* Hollywood, para no confundirlo con el *big*. Es el caso de Fox Searchlight Pictures dentro de la 20th Century Fox, de Sony Pictures Classics dentro de Sony, de Paramount Vantage dentro de Paramount, de Warner Independent Pictures y New Line Cinema dentro de Warner o, en la categoría de los estudios adquiridos, de Miramax y Pixar en Disney e incluso, en cierto modo, de DreamWorks SKG antes en Paramount y hoy asociado con Disney.

«Todas esas unidades especializadas son diferentes, pero consisten generalmente en producir películas más baratas que los *blockbusters* para públicos más especializados, a menudo más internacionales, de ahí su cariz independiente», me explica unas semanas más tarde en Nueva York James Schamus, el cofundador y presidente ejecutivo de Focus Features (Schamus también es guionista, en particular de *Tigre y dragón, Deseo, peligro* y *Destino: Woodstock* de Ang Lee, y me confiesa, a condición de que no lo repita, que también es coguionista de *Brokeback Mountain,* pero que no quiso figurar en los títulos de crédito).

Hay otras razones para ese funcionamiento con subestudios «independientes». Para Focus Features, se trata de jugar la carta de la «diferenciación», no buscando seducir a todos los públicos a la vez, sino dando prioridad a películas de tamaño medio, dirigidas a adultos para ayudar a Universal a tener una imagen menos *mainstream* y, así, ganar prestigio ante la crítica y, con frecuencia, obtener algún Oscar. Para Disney, se trata principalmente de evitar deteriorar la marca Disney, asociada a películas familiares y de gran público: más que producir bajo su nombre películas prohibidas a los menores de diecisiete años por imágenes violentas o demasiado explícitas sexualmente, Disney las saca con el nombre de una de sus unidades especializadas como Touchstone Pictures o Miramax. En otros casos, puede tratarse de fomentar la creatividad halagando el ego de un productor o un artista que quiere conservar una imagen de «independiente», pero necesita el dinero de los estudios: «Esto fideliza a los artistas», me dice James Schamus. A menudo, la *minimajor* permite asumir más riesgos, o contratar a un actor por un caché inferior a lo que aceptaría de un estudio y, según los casos, puede incluso permitir sustraerse a determinadas regulaciones sindicales. A veces, obedece simplemente a la voluntad de abrirse más al mercado internacional con una marca de apariencia menos estadounidense (las películas del español Almodóvar, del chino Zhang Yimou, del taiwanés Ang Lee o del mexicano Alejandro González Iñárritu han sido producidas o coproducidas por Focus Features y no por NBC-Universal). Y a veces el subterfugio funciona: en 2005, la prensa europea se entusiasmó con la comedia *Flores rotas* de Jim Jarmush porque representaba la «quintaesencia del cine independiente», el «control artístico total con un bajo presupuesto» y «el arte contra el dinero de los estudios», sin darse cuenta de que era una película de Focus Features, es decir, de Universal, una hermosa película, sí, pero financiada por una *major* hollywoodiense.

«Las unidades especializadas se interesan por películas diferentes. Gracias a ellas, los estudios piensan en el futuro, fomentan la diversidad y ofrecen la posibilidad a productores independientes de acceder a una mejor distribución», me explica Jeffrey Katzenberg, el presidente de DreamWorks Animation. Por su parte, Geoffrey Gilmore, director del Sundance Film Festival, entrevistado en Los Ángeles, me lo confirma: «Estas unidades especializadas asumen riesgos, son muy valientes, muy creativas, como por ejemplo Miramax, pero esto no quita que formen parte de los estudios. Independientes por su creatividad, sí; más centradas en el director, sí; pero no dejan de ser estudios». Y Gilmore aún es más preciso: «Quentin Tarantino, por ejemplo, es un director independiente, pero también es un hombre de estudio. En Hollywood la independencia es una categoría estética, no dice nada de la índole financiera del film». El Festival de Sundance de Robert Redford y Geoffrey Gilmore ha sido considerado con frecuencia como una buena alternativa a Hollywood, pero también fue criticado últimamente por haber perdido su independencia y haberse convertido en una máquina para seleccionar películas de los estudios. Gilmore dimitió finalmente hace poco para dedicarse a actividades más «independientes».

Entre la unidad especializada y el estudio que la posee, las relaciones recuerdan a las que existen entre las *majors* y las marcas en la industria del disco o las que hay entre los *holdings* y los *imprints* en la edición. El estudio se encarga de la gestión y las cuestiones financieras, de los asuntos legales y judiciales, y en particular de la negociación de los contratos, de la distribución nacional y mundial. También posee el *copyright* y la *intellectual property* (lo que todo el mundo en Estados Unidos denomina la IP). Al miniestudio le corresponden las decisiones artísticas, la producción y el rodaje («que raras veces se realiza en los estudios de la casa madre», especifica James Schamus), la estrategia del *marketing,* las relaciones públicas y el trato con la prensa. Entre los dos, la cadena de decisiones es variable: muy estricta en Disney, donde hasta la última película debe obtener la *green light* del presidente ejecutivo, y más laxa en Universal, donde James Schamus me asegura que Focus Features, que él preside, lo decide todo.

«¿A partir de cuándo ejerce el estudio este control tan estricto sobre el presupuesto? Pienso que eso varía de un estudio a otro, depende de las situaciones y de las personas, pero yo diría que a partir de los 15-20 millones de dólares de presupuesto la *green light* del estudio para una película es casi siempre inevitable. Y una vez más, encuentro normal que el que asume el riesgo financiero tenga derecho a decidir», repite Ken Lemberger, el ex vicepresidente de Sony Pictures Entertainment.

«EL CONTENIDO SOMOS NOSOTROS»

«Todos los guiones, los *scripts,* los proyectos llegan aquí». Nicholas Weinstock me muestra varias pilas imponentes de carpetas de colores y documentos encuadernados en un mueble largo que ocupa toda la anchura de su despacho. Y me dice: «El contenido somos nosotros».

Nicholas Weinstock también es un independiente. Es uno de los socios de Apatow Productions. Estoy en el número 11788 de West Pico Boulevard, en el oeste de Los Ángeles. El lugar es modesto, un edificio corriente de dos pisos, situado entre dos autopistas. Para entrar, hay que subir una escalera de madera lateral, que apenas se ve desde el bulevar.

Apatow Productions, como centenares de otras productoras, constituye ahora el corazón de Hollywood. «Hoy los estudios sólo son un banco», me repite Nicholas Weinstock, como muchos de mis interlocutores de Hollywood. Weinstock, de unos cuarenta años, ya tiene tras de sí toda una carrera de éxitos. Ha trabajado para Fox y para el grupo Newscorp, donde fue sobre todo el *speech-writer* de Rupert Murdoch para la 20th Century Fox. Entonces estaba en el corazón de una *major* del *entertainment*. Hoy está en una pyme de una docena de empleados.

Apatow Productions es una sociedad independiente cuyo trabajo consiste en identificar proyectos, desarrollarlos y luego someterlos a los estudios o a las cadenas de televisión —que a veces son los mismos— para que se realicen si es que obtienen la *green light*.

Aguas arriba, la productora trabaja pues con los escritores, los actores, los directores y las agencias de talentos para diseñar proyectos. La pequeña sociedad goza de una ayuda financiera significativa por parte de los estudios (el llamado *slush fund)* para poder experimentar y asumir riesgos. Aguas abajo, estos proyectos son sometidos a los estudios, que los aceptan o no, y a menudo les piden que los trabajen más. Apatow produce unos seis largometrajes al año para los estudios y unas quince películas o series de televisión.

Las fronteras son difusas. Uno comprende por qué la noción misma de película independiente hoy no tiene ya mucho sentido en Hollywood, pues casi todos los estudios recurren a productoras autónomas para fabricar sus películas, y todos estos «independientes» necesitan el dinero de los estudios para realizar sus proyectos. «Dese cuenta de los costos —me dice Nicholas Weinstock—. Comprenderá enseguida por qué todos los independientes están financiados por los estudios o al menos por las cadenas de televisión. Es así de sencillo. Nosotros necesitamos su dinero, y ellos necesitan nuestros proyectos. Porque el problema de los estudios sigue siendo la asunción de riesgos, la experimentación, el periodo del desarrollo inicial. ¿Quién asumirá el riesgo, cómo innovar, cómo crear?». Hollywood ha encontrado poco a poco la solución externalizando completamente estas funciones y encargándolas a centenares de productoras independientes que, por su diversidad, su creatividad y su necesidad de dinero, innovan por esencia… y por obligación. El principio de la competencia es el que rige.

¿Por qué los estudios no pueden hacer ese trabajo internamente? «Al poner en competencia a varios productores, los estudios pueden captar mejor las tendencias de la época y diversificar sus proyectos. Tienen más donde elegir y ahorran dinero. Los estudios ya no saben hacer este trabajo internamente *(inhouse)*. Ya no tienen el personal necesario», me explica Nicholas Weinstock. Entonces, ¿para qué sirven? «Para lo esencial: a grandes rasgos, los estudios son un banco de negocios, un banco de derechos, un bufete de abogados mercantilistas y una agencia de distribución mundial».

Al día siguiente, estoy en Overbrook Entertainment, en Roxbury Drive, Beverly Hills. Overbrook fue creado por Will Smith, el célebre rapero, conocido con el nombre de Fresh Prince, y actor negro estadounidense (actuó en *Men in Black, Independence Day* y *Yo, robot*). En el cuarto piso del edificio, los locales son claramente más lujosos que los de Apatow Productions y el número de empleados es mayor. Uno de ellos, un productor (que desea conservar el anonimato a causa de las reglas fijadas por su empresa) me enseña el lugar. La mayor parte de los empleados se encargan del «desarrollo» de las películas. Tienen cuarenta proyectos en curso.

Al «desarrollo» es a lo que se dedica Overbrook Entertainment. Se trata del larguísimo proceso que va desde el *pitch* (la idea inicial resumida en pocas frases) hasta el estreno de la película, pasando por la redacción del *script,* su revisión, y a menudo su reelaboración completa antes del rodaje. «El *pitch* es toda la primera etapa de una película —me explica el productor de Overbrook—. Es lo que se presenta a las agencias de talentos y a los estudios, a las primeras para que propongan un guionista, un director y unos actores, a las segundas para que se comprometan en la fase inicial del desarrollo de la película. El *pitch* es mejor y más eficaz si puede reducirse a una sola *catchphrase,* lo que en Hollywood llamamos, sin ironía, un *high-concept*». (A menudo se ha ironizado precisamente sobre los *pitchs* como síntoma de la muerte y la comercialización del cine, pero el productor de Overbrook, cinéfilo empedernido, me cita de memoria la frase del crítico Serge Daney para justificar el concepto del *pitch* alrededor de una idea única: «Los malos cineastas —y es triste para ellos— no tienen ideas. Los buenos cineastas —y ésta es su limitación— suelen tener demasiadas. Los grandes cineastas —sobre todo los inventores— sólo tienen una»).

Overbrook es una sociedad de producción «independiente», pero gracias a la notoriedad de Will Smith tiene un «*deal* de preferencia» con Sony para varias películas. Se estima que el conjunto de los estudios de Hollywood y sus unidades especializadas tienen permanentemente unas 2.500 películas en curso de desarrollo, en diferentes fases de producción. Muchos de esos proyectos —nueve de cada diez— no verán nunca la luz. Sólo a partir del momento en que una película recibe la *green light* del estudio puede empezar la producción. Entonces, la productora independiente recibe un anticipo que puede ser de varios millones de dólares. «Una película realizada es una excepción —constata mi interlocutor—. Hay tantas películas en proyecto, tantos interlocutores e ideas en desarrollo que no prosperan, por no hablar de las decenas de miles de *scripts* que circulan por todas partes *flying around* Hollywood, que cuando se hace una película, realmente es un milagro». La expresión *flying around* me divierte, porque no puedo dejar de pensar en esos miles de guiones muertos antes de nacer y en ese increíble derroche de talentos y de ideas que representa hoy el nuevo Hollywood.

En Beverly Hills, en Overbrook Entertainment, veo centenares de *scripts* y de guiones que están, como en las otras productoras que he visitado, apilados por todas partes en los despachos. ¿Cómo han llegado hasta aquí? El productor de Overbrook se sorprende de mi pregunta. «¡No, no son los guionistas los que nos los traen, uno tras otro, haciendo cola delante de nuestra puerta! Son las agencias de talentos las que nos los envían».

AGENTES SECRETOS

En el número 2000 de la Avenue of the Stars, en Los Ángeles, se halla el edificio blanco y suntuoso, de doce pisos, todo de cristal y mármol, con su propio parque de árboles exóticos, de la agencia

CAA (Creative Artists Agency), cuyos responsables declinaron ser entrevistados para este libro. Unas diez calles más allá, en Beverly Hills, se encuentran los edificios enteramente negros de la William Morris Agency. Estoy en el número 1 de William Morris Place. La agencia tiene una calle y una plaza con su nombre.

Cassian Elwes me ofrece un café americano en un *mug* marcado con XXXX, que es el logo en forma de cuatro X de William Morris. Si uno se fija, las X representan de hecho dos letras W y M, las iniciales de la agencia, superpuestas. Es mágico, y resulta magnífico ver el logo en letras doradas destacándose poco a poco sobre las fachadas negras inmensas de William Morris.

Cassian Elwes ha aceptado hablar conmigo, lo cual es poco frecuente en una agencia de talentos, por la naturaleza de una empresa que se gana la vida vendiendo sus informaciones y manteniendo sus secretos. Cassian es un veterano del *content:* ha sido productor de películas, agente artístico y acaba de cofundar William Morris Independent, la rama «independiente» de la agencia madre. No tengo derecho a citar sus palabras, me dice su PR —que me mira preocupado y participa en nuestra conversación— en virtud de una norma interna que «prohíbe toda conversación pública sobre los asuntos de la agencia».

Las *Big Four,* como llaman a las cuatro principales agencias de talentos (CAA, International Creative Management, United Talent Agency, William Morris y Endeavor, las dos últimas fusionadas en 2009), representan, ellas solas, el 70 por ciento de los contratos. Pero en Los Ángeles existen por lo menos otras doscientas más. La agencia es el intermediario principal de todos los contratos hollywoodienses. Se ocupa de poner en contacto a los creadores, que son sus clientes, con los productores y los estudios. Se sitúa por tanto en la encrucijada estratégica entre los «talentos» y el negocio. En definitiva, es una empresa de contratación de lujo.

Las agencias se ocupan de los actores pero también de los directores, de los guionistas y de todos los oficios que existen en Hollywood (este sistema es más o menos idéntico en la música, la edición, la televisión y hasta en el deporte). En todos los *deals* que se realizan, la agencia cobra sistemáticamente un 10 por ciento del contrato. Muchas veces se ironiza sobre lo abultado de ese porcentaje y su poca relación con la cantidad de trabajo efectuado, hasta el punto de que una broma frecuente en Hollywood recuerda que los «agentes no toman jamás zumo de tomate en los bares y los cafés, por miedo a que la gente piense que están bebiendo la sangre de sus clientes». En realidad, en el nuevo Hollywood, un sistema totalmente fragmentado entre miles de empresas, estas agencias desempeñan hoy un papel decisivo. «Las agencias son ante todo independientes, porque existen normas muy estrictas en cuanto a esta independencia. Ello nos permite limitar los monopolios de las industrias de contenidos y aporta por tanto al sistema un árbitro indispensable», me explica Michel Vega, otro agente de William Morris, con sede en Miami. Estoy en la inmensa terraza de la William Morris Agency, frente a la playa de Miami Beach. «Hemos abierto una oficina "latina" aquí en Miami, pues donde hay *entertainment* también hay contratos. Y nuestro oficio es negociar». En su despacho, hay un enorme cartel de la película *Easy Rider* en versión española.

Generalmente, una agencia negocia no sólo el contrato de producción de la película, sino también los contratos relativos a su distribución en las salas, los contratos televisivos y de Internet, las comisiones sobre los DVD o el *box office* internacional y todas las demás prestaciones. «Las negociaciones de los derechos televisivos son las más complejas y las más rentables», me explica Michel Vega (el 40 por ciento de los ingresos de una agencia como William Morris procede de los contratos con la televisión y sólo el 25 por ciento del cine). Para la película *Matrix,* por ejemplo, el contrato negociado por William Morris en Los Ángeles tenía 264 páginas que cubrían los derechos de la película, así como los derechos de los videojuegos, del cómic, del *show* televisivo, de los productos derivados y de los juegos por Internet. «Eso ya no es un contrato, es un *package*», me confirma un responsable de la agencia International Creative Management en Los Ángeles.

Una de las novedades de esos contratos en el nuevo Hollywood, respecto a la era de los estudios, es el porcentaje que cobran los actores más famosos sobre el *box office* de la película. Este sistema se llama la *profit participation* y es parecido a las *stock options* de los directivos de las empresas con intereses en los beneficios de la compañía. Sin embargo, se remonta a 1950, cuando un agente negoció un porcentaje sobre las recaudaciones de dos películas para James Stewart porque la Universal no quería pagarle el anticipo que pedía. Actualmente las estrellas más famosas ganan no sólo entre 20 y 30 millones de dólares por película, sino también un porcentaje sobre la recaudación total, una vez deducidos los gastos reales, que puede llegar al 20 por ciento de todos los ingresos, incluida la venta de DVD y productos derivados. Sobre el total de estos ingresos, la agencia de talentos cobra su 10 por ciento.

Se acusa a menudo a las agencias de haber contribuido a la inflación astronómica de los contratos de actores y directores en Hollywood. Sin duda esto es cierto, pues la agencia tiene interés en aumentar las tarifas, ya que su comisión también aumenta proporcionalmente. Sin embargo, como una relación con un cliente es algo que se construye a lo largo del tiempo, el agente no forzosamente tiene interés en favorecer el dinero fácil. Sobre todo porque hay otros intervinientes, no menos esenciales, que juegan en la misma categoría. Se trata primero del mánager del artista, que también cobra una comisión de aproximadamente un 10 por ciento por gestionar su carrera, ocuparse del *planning*, participar en los rodajes o en los conciertos y hacer el seguimiento de la publicidad. A ello hay que añadir los abogados, que, en general, tienen un 5 por ciento de todos los contratos que negocian. Antes de obtener un solo dólar, el actor ya ha cedido, pues, el 25 por ciento de sus derechos a su agente, su mánager y su abogado. Como me dijo un agente en Hollywood, lo importante para un artista «no es tanto saber lo que le reportará un contrato como lo que le quedará después de que todo el mundo haya cobrado su porcentaje».

«Shark-infested waters». David Boxerbaum repite la frase. «Hollywood es un sistema infestado de tiburones. Es una buena fórmula, ¿no le parece? Y puede citarme por haber dicho esto».

Con un nombre de protagonista de película y un traje de Armani que le queda un poco ancho, Boxerbaum trabaja para otra agencia de talentos también muy famosa: APA Inc. Situada en South Beverly Drive, no tiene el prestigio de sus hermanas mayores CAA o William Morris pero, como todos los aspirantes de Hollywood, quiere crecer para comerse a sus predecesores. El tiburón es el propio Boxerbaum. Estoy sentado frente a él y me pregunta qué quiero beber. Le sugiero un agua Perrier. «Un signo de distinción muy francés», me dice. Llama a un camarero y elige un zumo de tomate.

Boxerbaum trabaja para los largometrajes y la televisión, pero sobre todo se ocupa del departamento literario, ya que todos los proyectos empiezan ahí. «El departamento literario es el que nos aporta las historias. Es la primera etapa de la película. Hacemos con los escritores el mismo trabajo que con los actores. Los vemos, los queremos, los hacemos trabajar, leemos sus proyectos, los hacemos felices». Boxerbaum me muestra, también él, una pila de guiones y de *scripts* sobre su mesa de despacho. Toma uno, por darme un ejemplo, y lo rechaza violentamente: «Eso no es para mí». Y prosigue: «Todo nuestro trabajo consiste en encontrar al autor idóneo para el actor idóneo para el director idóneo para la película idónea para el estudio idóneo. Por una parte, está el "talento" y el *content;* por otra, el estudio que tiene el dinero. Y nosotros hacemos el *deal*».

Boxerbaum me muestra una ficha. Me explica que es un *breakdown express*. Se trata de una lista en la que figuran toda una serie de nombres. En función de un *script* o una historia determinados, él ha mencionado a todas las personas susceptibles de participar en el proyecto. Luego se pone en contacto con los productores independientes o directamente con los estudios para colocar su *script*. Una vez aceptado el «desarrollo», el escritor puede modificar su *script* y el agente empieza a buscar a los actores, contactando con sus mánager. En su ficha figuran, frente al nombre de Disney, las cinco o seis productoras independientes capaces de realizar el proyecto para Disney; y lo mismo para Fox o Paramount.

¿Cómo es capaz de identificar a las personas adecuadas y establecer las relaciones que funcionarán? «Estoy sobre el terreno todos los días, salgo todas las noches —me dice David Boxerbaum—. Estoy muy *hands on*». ¿Cómo traducir esta expresión? ¿Está «manos a la obra»? ¿Está «en el foso de los tiburones»? ¿«En el zumo de tomate»?

Molly Lopata también es una independiente y trabaja a domicilio. Así que me reúno con ella cerca de su casa, en un café muy corriente, Pan Dolce, en Sherman Oaks, un «pueblo» situado en lo que en Los Ángeles llaman el «valle». Estamos en el extremo norte de la ciudad, al este de la Interstate 405, no muy lejos de la célebre Mulholland Drive.

Molly es directora de *casting*. Su trabajo consiste en seleccionar a los actores de una película a partir del *script*. La elige y la paga el productor independiente sobre la base de un proyecto, una película o una serie. En general, su nombre debe ser aprobado por el estudio o la cadena de televisión. «Yo sólo hago recomendaciones —me explica Molly Lopata—. Para cada papel, propongo varios nombres y son los productores los que al final eligen. De hecho, puedo decir "no" a un actor, pero no puedo decirle "sí". A menudo, los actores odian a los directores de *casting* por esa razón».

Ella también me muestra una lista llamada de *breakdown services* con dos columnas: a la izquierda, los papeles de una película en proyecto, y a la derecha, los actores con los que se puede contactar para interpretar al personaje. Molly discute luego con los agentes para comprobar la disponibilidad de los artistas en función de las fechas del rodaje y de su interés por el proyecto. Frente al nombre de una actriz famosa, ha escrito: «Técnicamente disponible, pero quizás no esté interesada»; frente al nombre de otro actor: «He is attached». «Esto significa que está interesado, pero que quizás no esté disponible», me explica Molly.

Pane Dolce es un café muy típico de California. Es un *coffee house* para la gente del barrio, vagamente ecologista e independiente, donde el dueño te trata como a un viejo amigo. El wi-fi es gratuito y los *muffins* son caseros. Molly tiene tiempo y parece intrigada por el hecho de que un francés haya venido hasta aquí para entrevistarla. «También me ocupo del principio de la negociación financiera para identificar el margen de maniobra posible, pero son los productores los que negociarán el verdadero contrato con los agentes. Ayudamos a encontrar soluciones. Somos como se dice aquí un *middleman,* un "intermediario"».

¿Cómo descubre nuevos actores? «Sigo mi instinto. Siento un gran afecto por los actores, los quiero *de verdad.* Es una profesión muy creativa. Aquí en Los Ángeles hago una prueba a los estudiantes que salen de las grandes escuelas de actores como la Julliard School de Nueva York y las escuelas de teatro de Yale o Harvard. También participo en los *showcases* que estas escuelas organizan todos los años en Los Ángeles: cada actor tiene dos veces dos minutos para demostrar su talento, y es ahí muchas veces donde los agentes los "fichan". También veo las películas de los estudiantes en las universidades, en los festivales, a menudo sin ninguna idea concreta en la cabeza. Sólo para conocer a los actores, para poder pensar luego en ellos si busco a alguien para un papel». Molly cobra una *fee* (una cantidad negociada): no cobra ningún porcentaje sobre la película. En cambio, como el del agente, su nombre sí figura en los títulos de crédito.

Molly es seductora y trata de seducir. Categoría: tiburón sonriente. Ella misma fue actriz en su juventud y se reconvirtió al *casting* para seguir estando «cerca de los actores». Le pregunto qué piensa de este sistema injusto que ofrece a tan pocos actores la celebridad y condena a todos los demás a ser camareros en los cafés de Los Ángeles. Molly me mira con una mirada dulce. «Mire usted, yo también fui actriz. Y como en las películas de Wong Kar-Wai, sé que el amor y el afecto por la gente son dos cosas esenciales en la vida. Trabajo duro, pero intento ser amable con los actores. Y le diré una cosa, siempre me ha fascinado la manera como los actores llegan a triunfar en este sistema terrible. No hay reglas, el azar desempeña un papel importante. Es muy imprevisible. Pero ellos son muy imaginativos, muy creativos. No se puede imaginar lo creativos que son los actores».

To break. John Dewis emplea este verbo con respeto. En Estados Unidos, significa «despuntar», «ser reconocido», «pasar de la oscuridad a la popularidad». Para un actor, éste es el objetivo número uno.

John Dewis es un actor profesional. Lo conocí en Harvard, donde era uno de los estudiantes del American Repertory Theater, la prestigiosa escuela de teatro de Harvard, y actuaba en obras alternativas. Entonces era profesor de fotografía y fue el asistente de Nan Goldin y uno de los fotógrafos de American Apparel, la marca de camisetas sencillas y coloreadas *made in California* (John jamás se viste de American Apparel). También muy pronto se fijó en él un periodista de la revista *Vanity Fair,* que lo calificó de «el chico más sexy de su generación». Actualmente Dewis vive en Los Ángeles con el fin de «despuntar» en el cine, y allí fue donde lo entrevisté.

«Hay varias maneras de despuntar en Hollywood, pero si supiera cuál es la buena, no estaría dando clases para pagar el alquiler», me explica John un domingo por la noche en la casa que tiene alquilada cerca de Laurel Canyon. Estamos en una terraza rodeada de jardines en uno de los barrios más elegantes de Hollywood. Ha reunido en su casa a una decena de amigos para ayudarme en mi investigación. La mayoría son, como él, unos actores *would be,* unos actores en ciernes que intentan triunfar en Hollywood.

Aunque es miembro del SAG, el sindicato de los actores, John no tiene ni seguro de enfermedad, ni jubilación. «El problema es entrar en el sistema y también permanecer en él. Cuando un actor está sindicado, puede gozar del seguro de enfermedad del sindicato. Pero para eso hay que tener contratos. Si no haces suficientes horas, no te ganas la vida, y pierdes la seguridad social. Es mi caso. Yo he perdido mi seguro de enfermedad y ahora soy uno de los "cincuenta millones +" de estadounidenses que carecen de él». Lo que me gusta de esa fórmula, frecuente en Estados Unidos, es el «más».

John no sabe venderse y se niega a rodar para series televisivas de segunda categoría. «De hecho, es que no sé. He actuado en el teatro de vanguardia y allí descubrí una pandilla de izquierdosos con pasta que se burlaban de la cultura *trash* de Hollywood y eran tan pretenciosos que me largué. A veces me pregunto si no es mejor actuar en series *trash* y programas de tele *cheap*. Por otra parte, una de las grandes ironías de Hollywood es que muchas veces es más difícil actuar en una serie tonta que en una buena película. Sin embargo, renuncié a una oferta para un papel en un *reality dating show* donde debía pasarme todo el rato ligando. La gente me dijo que era valiente renunciando a ese papel, y al dinero y el reconocimiento que implicaba. Pero la verdad es que no fui lo bastante valiente para hacerlo».

John se ha buscado un mánager y un agente, pero como el resultado eran unas propuestas que él califica de *washout* (chungas), los despidió. «Puedes despuntar haciendo doblajes. O también a través del periodismo. O uniendo tu nombre a un *script,* como Matt Damon, es lo que se llama el *script-vehicle:* escribes un buen *script* y pones como condición interpretarlo tú mismo si lo seleccionan. También puedes confiar en que se fijen en ti en un *casting,* y yo hago uno cada semana. ¡John Malkovich trabajaba en una librería y David Mamet era taxista! Pero yo me mantengo fiel a la vieja escuela: el teatro. Actúo en obras de teatro para que me vean en el escenario y tengo la esperanza de que se fijen en mí para el cine». John Dewis continúa, sonriendo: «Pero la mayoría de los actores en ciernes son camareros en un restaurante de Los Ángeles y esperan que algún productor se siente en su mesa y los contrate».

Al cabo de unos días, me encuentro con John en el café Coast, en la playa de Santa Mónica, un lugar selecto dentro del magnífico hotel Shutters on the Beach. John Dewis me dice: «¿Ves estos camareros? Estoy seguro de que todos quieren ser actores. Todos tienen un *project,* es fantástico. Pero por ahora son camareros». Entonces pienso en Mary Jane, la novia de Peter Parker en *Spiderman 2:* ella también quiere ser actriz pero es camarera.

Los camareros en Los Ángeles son la principal reserva de actores de Hollywood. Todos los que no han logrado trabajar en los cientos de sociedades de producción audiovisual, las agencias de publicidad, las decenas de televisiones por cable, las *start up* que fabrican productos derivados, videojuegos o *softwares* artísticos, tienen un *side job*, un trabajo secundario como camareros. Cuando el sector paracultural es inaccesible, Los Ángeles aún ofrece miles de ocasiones de obtener un pequeño empleo, a menudo cobrando el salario mínimo de 8 dólares a la hora. Con las propinas, los puestos de camarero están mejor pagados y más considerados, y además permiten mantener la ilusión de que el éxito profesional está a la vuelta de la esquina.

Ha caído la noche y desde los ventanales del hotel Shutters on the Beach, en la playa de Santa Mónica, contemplo el vaivén de las olas. A nuestro alrededor se afanan los camareros. «Más que trabajar en la hostelería —dice John—, puedes elegir pasar por una escuela de cine. USC, UCLA, CalArts: muchos sueñan con entrar en una de estas universidades. Tienen mucho prestigio. Pero son caras, a menudo 30.000 dólares al año».

Actor en ciernes, John Dewis hace una pausa, mira caer la noche y, adoptando un tono teatral, añade, entre amargo y sonriente: «Y en Los Ángeles, siempre hay que ponerse en lo peor: el riesgo es *to loop the loop* (cerrar el círculo)». Le pregunto qué quiere decir: «Nunca estás seguro, después de pasar por una escuela de cine muy cara, de no volver al punto de partida y trabajar de nuevo como camarero».

6. La invención de la música pop

En el 2648 de West Grand Boulevard en Detroit se encuentra Hitsville USA, la sede histórica de la discográfica Motown, la «ciudad de los *hits*». Lo primero que me impresiona es lo exiguo del lugar. Es una casa modesta, unida por el sótano con una segunda casa, igualmente modesta, cuyo garaje ha sido reconvertido en estudio. El célebre «Studio A». Dicen que es aquí donde se inventó la música pop.

Black Detroit. Todavía hoy, el centro urbano de Detroit es uno de los guetos más «problemáticos» de Estados Unidos. Esto es lo contrario del *exurb* y la cara oculta de los barrios residenciales ricos y blancos. Detroit es una inmensa *inner city*, un centro urbano donde se concentran la pobreza más negra, la violencia y la segregación social, y del que los blancos han huido: huyeron de la ciudad hacia los barrios periféricos, tras los motines de 1967 (43 muertos, 467 heridos, 7.200 personas detenidas y 2.000 edificios destruidos). En Estados Unidos se habla del fenómeno del *white flight:* el vuelo, la huida de los blancos.

La ciudad, que era mayoritariamente blanca en 1967, es hoy negra en un 83 por ciento. Da la impresión de ser toda ella un gueto: calles desvencijadas con semáforos estropeados; una sucesión de tiendas baratas con rejas para proteger a los vendedores y a través de las cuales se sirve a los clientes; moteles insalubres que sobreviven gracias a la prostitución; parkings abandonados transformados en *used cars retail* donde se puede comprar un coche de ocasión, sin duda robado, cuando el que uno tenía ha ardido; toxicómanos que vagan entre dos *spots;* centenares de casas y edificios totalmente tapiados; militantes negros que ofrecen la *soup kitchen* a otros negros sin techo; no hay cines, ni siquiera multicines, pocos cafés o restaurantes abiertos por la noche en esa gran metrópoli que fue, y sigue siendo, la capital mundial del automóvil. Por último, claro está, hay una autopista subterránea, la Interstate 75, por la cual los blancos circulan a toda velocidad en sus grandes SUV para llegar al barrio residencial rico y blanco del norte, más allá de la célebre 8 Mile Road, que marca el límite del gueto negro, de la miseria, de Detroit.

Para llegar a Motown, hay que tomar la salida Grand Boulevard hacia el oeste, desde la autopista 75. A dos pasos están la cadena de montaje de General Motors, el hospital Henry Ford y el jardín Rosa Parks. «Ya verá que el barrio está *semi-depressed* —me avisó con un eufemismo Karen Dumas, una militante negra que dirige los asuntos culturales de la ciudad de Detroit y que conocí en el ayuntamiento esa misma mañana—. Al fin y al cabo, hay cosas peores que Grand Boulevard, mire mi despacho —me dice Karen Dumas—: también está totalmente deprimido. Aquí todo está manga por hombro, acabamos de saber que el servicio cultural cierra sus puertas y estoy recogiendo mis cosas. No sé adónde iré».

En 1959, Berry Gordy tiene treinta años. No tiene formación ni dinero, se considera un perdedor. Ha querido ser campeón de boxeo, pero ha fracasado; ha hecho el servicio militar, y hasta la guerra de Corea, pero sobre todo se ha aburrido; también ha intentado ser proxeneta, pero ha tirado la toalla porque no sabía, dice, «pegar a las chicas». Se casó, y su matrimonio se está yendo a pique; pero con tres hijos, sabe que necesita un mínimo de ingresos. Lo que le gusta es *hanging out,* frecuentar los locales de jazz del Detroit de la década de 1950, y eso le da la idea de abrir una pequeña tienda de discos especializada en jazz. Siente una pasión especial por Billie Holiday, se pone a estudiar minuciosamente *Billboard* (la revista estadounidense que presenta las tendencias y los resultados del *hit parade*) y defiende a los artistas que le gustan. Pero la tienda quiebra. Primer error: ¡Berry Gordy ha querido vender jazz en un barrio donde los jóvenes sólo se interesan por el rhythm and blues! Para los jóvenes negros de Detroit, el jazz en la década de 1950 se ha vuelto demasiado institucional, demasiado serio y pretencioso. Ellos prefieren lo que llaman simplemente el R&B (pronúnciese «are and bi»). La industria del disco todavía lo califica como *race music* y *Billboard* lo clasifica en la sección Race Music Chart.

La cuestión racial es la clave. A Berry Gordy le horripila que la música negra la produzcan los blancos y la marginen en un *hit parade* especializado. También sabe que a los blancos les gustaron Frank Sinatra y Elvis Presley, los dos rivales musicales de la segunda mitad de la década de 1950, un italiano fascinado por la música negra y un joven camionero blanco que viene del sur y canta como un negro. ¿Por qué no negros de verdad en el R&B?

Buscando su lugar en este nuevo género, lo primero que hace Berry Gordy es dar prioridad a los autores sobre los intérpretes; comprende muy pronto que el que posee los derechos de las músicas es el hombre rico de la industria del disco. Uno de los puntos fundamentales de la historia de la Motown es, en efecto, copiando el modelo tradicional estadounidense desde finales del siglo XIX, esta separación estricta del editor *(publisher)* por una parte, y el sello, es decir el mánager y el productor, por otra. El primero administra las canciones, los compositores y los letristas (se ocupa del repertorio), el segundo se ocupa de los intérpretes y produce a los artistas. Los estándares del jazz desde Billie Holiday hasta Ella Fitzgerald, el rhythm and blues del principio, incluido el caso de Elvis Presley, o la música country se basan en ese sistema. Para cada canción, siempre hay dos contratos, y a menudo dos *majors* implicadas: una *publishing company,* siendo las principales actualmente EMI, Warner Chappell Music Publishing y BMG, y una *record company,* siendo las cuatro *majors* principales Universal, EMI, Warner y Sony. Este sistema se debilitó con Bob Dylan, los Beatles, los Bee Gees, el rock y el pop de la década de 1970, durante la cual las estrellas del rock y los grupos, más individualistas, quisieron ser a la vez compositores e intérpretes, cantando ellos mismos lo que habían escrito.

«A comienzos de 1957, la música estaba literalmente por todas partes en Detroit», cuenta Berry Gordy en sus memorias (a pesar de mis intentos, no logré entrevistarlo para este libro). Motown contrata compositores, con contratos de exclusividad, que producen canciones en cadena. Paralelamente, Gordy también recluta músicos en la calle: cantantes de gospel que jamás han salido de su iglesia, talentos de antes de la guerra que han sido olvidados, y hasta dos músicos del *jazzman* Dizzy Gillespie. Lo cierto es que muy pronto tiene el don de descubrir voces, empezando por su amante más famosa, Diana Ross. Berry Gordy hace que unos y otros trabajen por separado, construyendo un verdadero producto comercial. Ha nacido la Motown, una abreviación de Motor Town, sobrenombre de Detroit.

¿Por qué Detroit? «Sólo eran unos chicos listos que vagaban por las calles de Detroit», dirá Gordy de sus principales artistas. La realidad es un poco más compleja: Detroit es uno de los destinos del gran éxodo de los negros, que emigran del sur hacia el norte en la época de entreguerras y que, remontando el Misisipi o siguiendo la Highway 61, se instalan en Memphis, Kansas City, St. Louis, Chicago, Minneapolis o Detroit. A menudo pertenecientes a la segunda generación de inmigrantes, la mayoría de los cantantes de la Motown —y también los de la competencia como Stax, con Otis Redding, o Atlantic, con Aretha Franklin—, entraron a los cinco o seis años en los coros de las iglesias negras baptistas, donde adquirieron una sólida educación musical. Los padres de Aretha Franklin y de Marvin Gaye son *ministers whoopers,* esos pastores negros que improvisan con una gran emoción; las dos futuras estrellas ya cantan a los seis años en sus respectivas iglesias. Otis Redding se formará en una iglesia de Georgia, Ray Charles en una iglesia baptista de Florida, Donna Summer en una iglesia del gueto negro de Boston, Whitney Houston en el coro gospel de la iglesia de Newark, Isaac Hayes (el compositor del célebre tema de *Shaft)* en una iglesia rural de Tennessee. En cuanto al reverendo Al Green, lo conocí en su iglesia de South Memphis donde todavía sigue siendo pastor, pese a ser una de las grandes estrellas contemporáneas del soul. «Aretha Franklin nació aquí en la Lucy Avenue, y cantaba en el coro de la iglesia que ve usted allá abajo. Y luego se fue a Detroit y entró en la discográfica Atlantic, la gran competidora de Motown», me explica en el sur de Memphis Nashid Madyun, el director del Stax Museum of American Soul Music.

El éxito de la Motown se debe, pues, a una estrategia de *marketing* original: para Berry Gordy, se trata de producir una música *crossover,* hecha y controlada por los negros para los blancos. Gordy quiere entrar en la cultura estadounidense por la puerta grande, no por la puerta trasera como todavía se ven condenados a hacerlo los músicos negros a veces a finales de la década de 1950, cuando tocan en salas segregadas donde el público negro no puede entrar. *Crossing over* será una de las expresiones fetiche de Gordy, que ve en ella a la vez una técnica para atravesar las fronteras musicales, mezclar los géneros y alcanzar el *top* en varios *hit parades.*

Los artistas y los equipos de la Motown serán casi exclusivamente negros. El objetivo de Berry Gordy no es la mezcla de razas ni lo que desde finales de la década de 1970 se llamó en Estados Unidos la «diversidad cultural», sino la defensa de la comunidad negra, del Black Power y del orgullo negro. La discográfica tuvo, por otra parte, una producción militante muy poco conocida, la de los textos políticos negros, de los Black Panthers, y los discursos de Martin Luther King, editados en disco por Motown (y que yo descubrí en las colecciones de la Motown en Detroit).

Si bien los empleados son negros, el público al que se dirigen es blanco: son los adolescentes estadounidenses de la década de 1960, los jóvenes de los *suburbs* acomodados que empiezan a ir masivamente a los clubes que aún no se llaman discotecas, los asiduos de los *drive in* y todos aquellos para quienes el sonido Motown se convertirá en *hip*. En las fundas de sus discos, Berry Gordon pone: «The Sound of Young America». Parece la campaña de Pepsi-Cola de 1961.

Y funciona. Las Miracles, las Marvelettes, las Supremes con Diana Ross (sólo mujeres), los Temptations con David Ruffin (sólo hombres), los Commodores con Lionel Richie, todos materializan el ideal de Berry Gordy: fabricar artistas *crossover*.

Gordy no escatima en promoción. Se apoya muchísimo en una red de radios negras en pleno auge y en una red de clubes y salas de espectáculos donde presenta la Motortown Revue, validando una estrategia de *marketing* que hoy han retomado muchas marcas: para llegar a los jóvenes blancos, hay que lograr primero que la música sea *hip* entre los jóvenes negros.

En el Fabulous Fox Theater, una inmensa sala de 5.000 localidades en el centro de Detroit, revisito la historia de la Motown. Greg Bellamy, el director del teatro Fox, me enseña ese edificio espectacular de estilo «camboyano-gótico», como lo llaman, que tiene a la entrada un león gigante con unos ojos que se encienden y se apagan. Me confirma que, en escena, «las Miracles, las Marvelettes, las Supremes y, sobre todo, la Motortown Revue, eran acontecimientos considerables en la década de 1960, que reunían a miles de negros». Y prosigue: «Los negros, a los que todavía se denominaba corrientemente *negroes,* venían de todas las iglesias de Detroit, tanto si eran obreros en la Ford como barberos. En el escenario, había música en directo, no música en *play-back,* aunque los músicos estaban muchas veces en el *backstage* y no se les veía. Los espectadores bailaban, cantaban, eran unos *shows* maravillosos. Y luego se produjeron los motines y la ciudad entró en decadencia. En 1968, el Fox cerró. Ya eran los últimos coletazos de la Motown».

La existencia de un amplio público blanco para la música negra no es un descubrimiento de la Motown: el jazz lo había demostrado antes de Berry Gordy, por ejemplo con *Kind of Blue* de Miles Davis y *My Favorite Things* de John Coltrane, dos álbumes famosos de comienzos de la década de 1960. Lo nuevo de Motown es la idea de que una música negra pueda venderse intencionadamente y comercializarse deliberadamente para los blancos como música popular estadounidense. Es la idea de que la música negra abandona un nicho, como es tradicionalmente el jazz, cruza la *color line* y se convierte en *mainstream* para todos los blancos. Lo que quiere Berry Gordy no es estar a la cabeza de las ventas de jazz o en el *top* de los *race records charts,* que es el reducto de la música negra; él quiere estar en lo más alto del Top 100 e incluso del Top 10. Como negro, no quiere ser líder de la música negra; como negro, quiere ser líder de toda la música estadounidense. Y así fue como se convirtió en uno de los inventores de la *pop music.*

Ser *mainstream* es para Gordy pensar siempre en un público de masas. Para ello hay que dar más importancia a la emoción que al estilo, a la estructura de la canción más que a su inventiva musical; también hay que tener un sonido Motown, lo cual pasa por efectos de similitud entre los grupos y una melodía que se pueda tararear, como si ya la hubieras oído (a veces los negros reprocharán justamente a ese estilo que suene demasiado «blanco», demasiado *poppy,* y que no sea auténticamente «negro»). Berry Gordy opta por poner todos sus efectos en el *groove* (el surco, el ritmo) y el *hook,* el gancho musical, el leitmotiv *catchy* que «atrapa» el oído. Preconiza utilizar siempre el presente en las canciones cortas, dando preferencia a los singles formateados de 2,45 minutos, para contar una historia simple, el gran amor o la búsqueda de la felicidad familiar. Obviamente, también se sirve de chicas guapas o de niños negros porque parecen menos amenazadores para la clase media blanca, la de los barrios residenciales en expansión, que es el público al que quiere llegar. Cada semana, en la reunión de producción y de *marketing* de la discográfica, se vota la canción que merece ser comercializada en función de su capacidad para convertirse en *hit*. De vez en cuando, Berry Gordy invita a la reunión a *kids* que ha encontrado en la calle para que den su opinión, es el *focus group* adelantado a su tiempo. Motown es una industria, una fábrica, la versión musical de las cadenas de montaje de Ford o de General Motors, también de la ciudad de Detroit. En una palabra, Berry Gordy no escribe canciones, escribe *hits*.

Motown produce durante las décadas de 1960 y 1970 algunos de los artistas más grandes de la época: Marvin Gaye, que Berry Gordy convertirá en sensual para las mujeres de todo el mundo *(What's Going On* será número 1 R&B y el número 2 pop en 1971); el joven Little Stevie (éste es su nombre en los primeros álbumes Motown que veo en las paredes de Hitsville USA, antes de convertirse en Stevie Wonder); y por supuesto los Jackson Five, el más joven de los cuales, Michael, con sus cabellos negros rizados, sólo tiene 9 años.

Entre 1960 y 1979, Motown logra la hazaña, sin precedentes para una discográfica independiente, de tener más de 100 títulos en el Top 10 pop de *Billboard,* el *hit parade* de referencia para el público blanco, y el que cuenta en términos financieros para la industria del disco. A partir de ahora, como ya lo había visto muy bien el escritor Norman Mailer para el jazz, el artista negro es *hip* (Mailer hablaba del *white negro,* el joven blanco que quiere ir a la moda haciendo ver que es negro, al que le gusta la música negra porque es más *hip* que la música blanca).

La aventura Motown no habrá durado más de veinte años. En 1970, Berry Gordy abandona Detroit y se traslada a Los Ángeles, después de los motines negros que le han afectado mucho. Paralelamente, Stevie Wonder, Diana Ross y Marvin Gaye dejan la discográfica y se van a las *majors,* como los Jackson Five, que se pasan a Epic Records (a la sazón un sello de CBS y hoy de Sony). En 1979, Michael Jackson también saca en Epic el álbum *Off the Wall,* coescrito con Stevie Wonder y Paul McCartney, y producido por Quincy Jones. «Michael logró emanciparse de la disco y crear lo que hoy se llama la *pop music*», comenta Quincy Jones. Con sus singles y con el álbum integral, Jackson alcanza el Top 10 en tres categorías: R&B, pop y dance/disco. Diez títulos del álbum son *hits* mundiales. Tres años más tarde, con *Thriller,* los singles *Billie Jean* y *Beat It* son número 1 R&B, pop y dance. La estrategia *crossover* de Berry Gordy ha triunfado, más allá de lo que cabía esperar.

Hoy, la discográfica Hitsville USA, en el 2648 de West Grand Boulevard en Detroit, se ha transformado en museo. Es un monumento histórico protegido por el estado de Michigan. Alrededor, edificios tapiados y devastados. Grand Boulevard es en la actualidad un barrio en decadencia. Gordy vendió la discográfica Motown en 1988 a un fondo de inversión de Boston, que se la revendió luego a Polygram, y después a Universal Music. El sello y el catálogo Motown pertenecen actualmente a la francesa Vivendi.

Unas calles más al norte de Grand Boulevard, en una zona aún más devastada, se halla la 8 Mile Road. En este barrio se está escribiendo ahora otra página de la historia de la música pop, la historia del rap, a través de la discográfica Rock Bottom Entertainment, el MC Royce da 5'9" y naturalmente el rapero Eminem —un *white kid* en un mundo de *black kids*— que ha hecho 8 Mile famoso en todo el mundo. La antorcha ha pasado a otras manos.

«LA GENERACIÓN DEL MP3 HA GANADO, PERO NO ES LA MÍA»

Tal vez fue aquí, en el Grand Boulevard de Detroit, donde con la Motown se inventó la música pop. O quizás en Nueva York, con la discográfica de la competencia Atlantic, la de Ray Charles y Aretha Franklin. O bien en Hollywood, unos años antes, o más tarde en Nashville o en Miami. O bien con Frank Sinatra, los Beatles y los Beach Boys. Con otros negros, como James Brown, Stevie Wonder, Chic, Barry White, Donna Summer o Tina Turner. O bien en la década de 1980 con el nacimiento de MTV. Poco importa. La *pop music* no es un movimiento histórico, no es un género musical, se inventa y se reinventa constantemente (la expresión apareció hacia 1960 en Estados Unidos y casi enseguida se convirtió en una fórmula confusa). Es simplemente una abreviación de «popular», una cultura, una música que se dirige a todos y que, desde buen principio, aspira a ser *mainstream*.

«En la industria, el objetivo de todo el mundo es el *mainstream*. Pero hay diferentes medios para alcanzarlo. El nuestro es la *adult pop music*, es decir una música pop destinada a los adultos, y no sólo a los adolescentes. Y yo diría que Motown fue realmente el pop de los jóvenes. Son dos mundos muy distintos: por un lado, Los Ángeles y actualmente el hip hop; y por otro, Nueva York, donde lo que domina es el pop adulto», me dice Bruce Lundvall.

A los 74 años, Lundvall es un veterano de la industria discográfica. Dirigió uno de los sellos más famosos de jazz, Blue Note, fue presidente de Electra y obtuvo dos premios Grammy, antes de ser vicepresidente de EMI, una de las cuatro *majors* de la música, recientemente adquirida por un fondo de inversión británico.

Estoy en Nueva York, en el número 150 de la Quinta Avenida, en la sede estadounidense de EMI. En el elegante despacho de Bruce Lundvall, en el sexto piso, hay un piano Steinway y decenas de fotos de artistas que él ha tenido bajo contrato, desde Herbie Hancock a Stan Getz, pasando por Quincy Jones, John Coltrane o Wynton Marsalis. También hay un televisor por el que desfilan videoclips de EMI, entre ellos, en el momento en que lo miro, el rapero muy de *adult pop music,* Usher. En las paredes del despacho de Lundvall, decenas de discos de oro (que representan un mínimo de 500.000 copias vendidas) y de platino (al menos un millón), entre ellos los de Norah Jones, la artista estrella del departamento que él preside.

«Norah Jones es la típica artista *crossover* que buscamos. Como Usher, como Al Green, como Dianne Reeves, es capaz de hablarle a todo el mundo pero con una voz original. Y ha vendido casi 40 millones de álbumes en todo el mundo», se felicita Bruce Lundvall. Blue Note es un sello dentro de una *major,* EMI. Toda la industria de la música, pero también la del cine (con sus unidades especializadas) y la de la edición (con sus *imprints)* se basa actualmente en este modelo: una *major* posee muchos sellos, que dan la impresión de ser independientes.

«Un sello es en primer lugar una identidad, la cual estaría un poco perdida dentro de una *major* en general —me explica Lundvall—. La *major* tiene como finalidad representar todo el espectro de los gustos del público, toda la gama; el sello sólo se ocupa de un género. Por eso las *majors* tienen muchos sellos, por géneros, por estilos, y a menudo en función de las personalidades que los dirigen. En Blue Note, por ejemplo, tenemos mucha autonomía y yo puedo decidir firmar un contrato con cualquier artista sin pedir autorización a nadie, siempre que no supere los 500.000 dólares de caché. Por encima de esto, necesito el *green light* de la *major*».

Un poco irónicamente, le pregunto a Lundvall cómo ha pasado del be bop y la fusión, en la época en que Blue Note era uno de los mejores sellos de jazz, a Norah Jones, que es una especie de smooth jazz comercial. Lundvall me responde muy amable, sin acritud:

«Cuando asumí la dirección de Blue Note, era un catálogo impresionante, pero un sello adormilado; ya no producíamos nada nuevo. Lo revitalicé totalmente y Blue Note se convirtió poco a poco en un sello pop, en gran parte gracias a Norah Jones. Cuando empecé a trabajar con Norah, era una artista de jazz y quería de todas todas estar con nosotros, porque era una apasionada de esa música, cuando habría podido muy bien estar en Manhattan o en EMI, unos sellos mucho más *mainstream*. Poco a poco, se fue haciendo más pop. Entonces fuimos nosotros los que nos hicimos pop con ella. Y más *mainstream*». Bruce Lundvall hace una pausa y añade: «Y ¿sabe una cosa? Incluso he distribuido en Estados Unidos los *hits* de los Pet Shop Boys». Sonríe. Y, en voz más baja, concluye: «A mí me gusta la música, me gustan todas las músicas, la verdad. ¿Acaso soy el único hoy en la industria?».

Bruce Lundvall es en la industria de la música estadounidense lo que Jack Valenti fue en Hollywood: su *lobbysta* principal. Al frente de la Recording Industry Association of America (el *lobby* que representa a las *majors* de la industria discográfica y certifica las ventas de álbumes), ha multiplicado las presiones sobre el Congreso estadounidense, primero para luchar contra las copias piratas de casetes, luego de CD, y más recientemente, por ahora en vano, ha intentado salvar la industria del disco frente a Internet. Ante mí, veo a un hombre derrotado por las mutaciones recientes de la industria discográfica, «que ya no se puede llamar así, porque pronto ya no habrá discos», me dice desolado Lundvall. Vive las descargas ilegales de música como una «degeneración» que ha venido a aniquilar toda su carrera, brillante y minuciosamente dirigida.

Pero no sólo es Internet. Bruce Lundvall ya no entiende el nuevo mundo en el cual está entrando actualmente la industria de la música. Cuando le dicen que una discográfica debe proponer a Japón más de 400 formatos de sus canciones para diferentes aparatos, se queda estupefacto: éstos van desde el teléfono móvil a los videojuegos pasando por las carátulas de disco transformadas en fondo de pantalla para el teléfono. Y eso no es todo. Desde que fue adquirida en 2007 por un fondo de inversión británico, EMI tiene que obedecer a sus lógicas: «Hoy el factor financiero es determinante y hay que concentrarse mucho más en el dinero. En el *top management* de la *major,* los altos directivos y sus equipos cambian constantemente; en cambio, nuestro nivel, que es el de los sellos, es bastante estable, pero nunca sabemos qué puede pasar y nos cuesta seguir el ritmo», suspira Lundvall. Y añade, refiriéndose a la operación financiera compleja que es la compra de una sociedad por endeudamiento, como fue el caso de EMI: «Tengo la impresión de que a nuestros jefes les interesan más los LBO que la música».

Cuatro *majors* representan ahora casi el 70 por ciento de la música que se vende en todo el mundo, y una sola de esas *majors,* contrariamente a lo que la gente cree, es estadounidense. Universal Music, líder del mercado, es francesa; Sony Music Entertainment es japonesa; EMI es británica; Warner Music Group, finalmente, es la única que todavía es estadounidense (cotiza en bolsa en Wall Street y actualmente ya no depende del grupo Time Warner). Sin embargo, los recién llegados al sector, empezando por Apple, están fagocitando las ventas (Apple a través de su plataforma de teledescargas iTunes es hoy responsable de una cuarta parte de las ventas de música en Estados Unidos, incluidos todos los soportes). Lo digital superará pronto al CD, que está condenado a desaparecer.

En su despacho de la Quinta Avenida, en la sede estadounidense de EMI, Bruce Lundvall me mira mientras voy hacia la puerta, una vez terminada nuestra larga conversación. De pronto, me alcanza, me toma del brazo y añade en voz baja, como despedida: «La generación del mp3 ha ganado, pero no es la mía».

Antes de metamorfosearse a causa de Internet, el paisaje musical estadounidense cambió profundamente por una serie de fenómenos complementarios y problemáticos: la consolidación de las radios, la *playlist,* la *syndication* y la *payola.*

La consolidación se produjo gracias a la desregulación económica. La concentración de las radios en manos de un pequeño grupo de actores tuvo lugar a partir de 1987, cuando las administraciones Reagan, Bush padre e incluso Clinton, así como el organismo federal para la regulación de lo audiovisual, la Federal Communications Commission, liberalizaron el sector, hasta entonces muy regulado. Antes, nadie podía poseer más de 7 radios, luego esta cifra pasó a 12 y después a 18. En 1996, la liberalización fue total, y un grupo, Clear Channel, pudo pasar en menos de cinco años de 43 emisoras a 1.200 radios, convirtiéndose así en el símbolo de la homogeneización de la programación de radio en Estados Unidos.

En San Antonio y Houston, Texas, donde se hallan el cuartel general y la dirección de las relaciones públicas de Clear Channel, intenté entrevistar a los responsables de ese grupo. Sabía que les habían criticado mucho por negarse a hablar con la prensa y por su opacidad, sobre todo teniendo un nombre que evoca la «transparencia». Y, tal como preveía, el ejercicio fue peligroso. Durante más de un año, pasé de un servicio de prensa a otro, de agencias de comunicación a agencias de PR, a veces con amenazas y sin obtener ninguna cita. Por último, a través de otros canales, pude conseguir entrevistar a dos directivos de dos ramas del grupo, con la condición del anonimato.

El éxito sin parangón de Clear Channel, y lo que le vale ser criticado como una especie de «mcdonaldización» de la radio, se debe a una compleja mezcla de nuevas técnicas de programación y de *marketing*. En primer lugar, la *playlist* y la *syndication*. Estas herramientas son antiguas y no las inventó Clear Channel, pero el grupo texano las extendió a más de un millar de radios. La *playlist* consiste en elaborar una lista de temas musicales limitada, a veces menos de cincuenta, que se repiten hasta la saciedad en todas las radios del grupo durante las veinticuatro horas del día. La *syndication,* frecuente también en la televisión, es un sistema típicamente estadounidense que consiste en emitir una y otra vez, con variantes, un mismo programa creado por una determinada emisora en otras muchas radios que lo compran. Al principio, ese sistema estaba relacionado con el tamaño de Estados Unidos, dividido en varios husos horarios, y con las regulaciones que prohibían que un grupo poseyera emisoras en varias regiones o varios mercados idénticos. La innovación que introduce el grupo Clear Channel consiste en construir, para sus propias radios y sus radios afiliadas, un banco de programas «sindicados» emitidos por satélite y revendidos de una emisora a otra.

Es un sistema terriblemente eficaz desde el punto de vista comercial, pero también político. De ahí que el grupo Clear Channel haya sido criticado por sus *talk shows* conservadores (el del comentarista ultrarrepublicano Rush Limbaugh se emite aún hoy en más de 600 radios), que según dicen contribuyeron a la doble elección de George W. Bush en 2000 y 2004. Uno de mis interlocutores, al que pregunto en la dirección de Clear Channel, niega categóricamente ese punto, estimando que el grupo también emite, igualmente en *syndication,* otros *talk shows* «como el del demócrata Al Franken». Sea como fuere, lo cierto es que Clear Channel generalizó en la década de 1990 el sistema de pilotaje automático de las radios por todo Estados Unidos a partir de un único *control room* instalado en Texas. Cuando el oyente escucha una radio de Clear Channel en una autopista de Arizona o de Kentucky, no sabe que la voz que le habla está importada automáticamente de un banco de datos de Texas, incluso cuando el locutor se refiere a la meteorología local, una proeza técnica posible gracias a una actualización automatizada y geolocalizada de las informaciones.

Pero esa deriva no es nada comparada con la práctica generalizada de la *payola*. Este sistema ilegal, llamado también *pay-for-play,* fue instaurado por las *majors* del disco en la década de 1950 y consiste en pagar a las radios, bajo cuerda, para que emitan sus discos. Clear Channel habría impuesto dicha práctica en todas sus radios en la década de 1990, institucionalizándola a nivel financiero y contribuyendo, una vez más, a una homogeneización mayor de la programación musical (mi interlocutor de Clear Channel discute este punto y niega cualquier compromiso del grupo a favor de la *payola*). «Fue la *«clearchannelización»* de Estados Unidos», lamenta John Vernile de Columbia (sin embargo Columbia-Sony, como las otras *majors,* participó en este sistema).

En Los Ángeles, conozco a Tom Callahan en la MusExpo 2008, la reunión profesional anual a nivel mundial de los directores artísticos de las discográficas. Callahan fue un mánager influyente en Sony y luego en EMI, donde se encargaba justamente de la «programación radiofónica». Sentado a una mesa del club House of Blues en Sunset Boulevard, acepta hablar porque, ahora que ya es director de una agencia de talentos autónoma, ha cambiado de sector y se ha convertido él mismo en un independiente víctima de un sistema en el que participó: «Las discográficas no querían ensuciarse las manos con la *payola*. Encargábamos por tanto el trabajo sucio a empresas intermediarias. Gastábamos muchos millones en *radio promotion,* lo cual consistía en pagar secretamente a esos intermediarios que después pagaban a las radios para que nuestros títulos formasen parte de la *playlist* y sonaran sin parar en centenares de radios. Al artista le decíamos sobriamente "I will get you air play", te vamos a difundir por la radio, y eso significaba que íbamos a pagar para que su música se emitiera de forma rotatoria». Tras una pausa, durante la cual lo veo preocupado por su propia audacia al contármelo todo así, Callahan prosigue: «Para comprender este sistema, hay que saber que ser difundido por la radio era entonces el único medio, junto con un clip en la MTV, de vender discos. Para que un artista despegue y se haga famoso, la radio sigue siendo el medio más eficaz. Todo eso también contribuía, indirectamente, a manipular los *hit parades* que, por un efecto bola de nieve, se ven muy mediatizados por la programación radiofónica. Las cuatro *majors* abusaron de ello y Clear Channel fue uno de los principales beneficiarios».

Stan Cornyn, el ex vicepresidente de Warner Music Group, al que también entrevisté en Los Ángeles y que es uno de los veteranos de la industria discográfica estadounidense, reconoce que existen estas prácticas. «Es un sistema que estaba generalizado en todas las *majors* desde la década de 1950. Se hacía con dinero contante, pero también con viajes, tarjetas de crédito, chicas, cocaína... El dinero contante no es problema en la industria del disco, gracias a los conciertos. El único problema es que esas sumas, por definición, no se declaraban. No se pagaba ningún impuesto. Por eso la justicia empezó a meter las narices en el sistema de la *payola*».

Fue Eliot Spitzer, el hiperactivo Attorney General del estado de Nueva York (una especie de ministro de Justicia del estado), quien declaró la guerra a la *payola* a mediados de la década de 2000. A partir de una investigación de la policía que fue muy sonada, descubrió todo un sistema de sobornos generalizado —las canciones de Jennifer Lopez estaban en ese sumario— e impuso multas de decenas de millones de dólares a las principales *majors*. En 2006, el grupo Clear Channel, vigilado por la justicia y amenazado por denuncias contra la competencia, se vio obligado a vender 280 radios y a escindirse en tres: Clear Channel Outdoor (que, con 800.000 vallas en 66 países, es uno de los primeros grupos del mundo, junto con el francés JC Decaux, en las vallas publicitarias), Clear Channel Communications (que aún posee unas 900 radios en Estados Unidos, pero que ha vendido sus televisiones) y Live Nations (un promotor de conciertos, espectáculos y eventos deportivos que controla 125 salas *live* en siete países y tiene bajo contrato, como una discográfica casi normal, a artistas como Madonna, U2, Jay-Z y la cantante colombiana Shakira). Pese a esta *spin-off* (escisión), las tres nuevas entidades de Clear Channel, que ahora cotizan en bolsa, siguen bajo el control indirecto de la misma familia texana.

En Encino, en el sur de California, tengo cita unas semanas más tarde con Ken Ehrlich. Es el productor de los premios Grammy y de los Emmy, los Oscar de la música y la televisión. En su despacho hay cajas completas de discos de la Motown, un inmenso cartel de Ray Charles y decenas de fotos en las que se le ve con Bob Dylan, Bruce Springsteen, Prince o Bill Clinton. Ken Ehrlich procede del blues y del jazz, pero me habla de la Motown, del rock y del rap con un eclecticismo muy estadounidense. «Me gustan todos —me dice, mostrándome centenares de discos de 33 revoluciones meticulosamente ordenados—. Crecí en una familia judía de Ohio, típicamente de clase media, pero la música negra fue esencial para mí desde el principio. ¿Cómo podía un chiquillo blanco de Ohio como yo identificarse con los negros a los quince años? Es un misterio. Quizás porque la música es un continuo que va de Otis Redding a Usher, pasando por Michael Jackson y Tina Turner. Lo único que no me gusta es la ópera. No logro comprenderla *(I can't get it)*».

Los Grammy estructuran el mundo del pop y permiten su unidad, por encima de los géneros y los sellos. Fueron creados en 1958 y se convirtieron en un acontecimiento importante a partir de su difusión por ABC en 1971 (hoy por CBS). Tienen lugar todos los años en febrero, en directo desde el Staples Center, un estadio deportivo del centro de Los Ángeles. Ken Ehrlich produce la velada y cada año trata de crear un evento importante, que sea digno de recordarse, como asociar a Eminem con Elton John para acabar con la imagen homófoba del rapero, hacer tocar en directo a Bruce Springsteen para insistir en su carácter de «animal escénico» (me dice Ehrlich) o asociar a Paul McCartney con Jay-Z, a Madonna con Gorillaz o a James Brown con Usher para mezclar los géneros. «Lo que yo pretendo con los Grammy es mostrarles a los estadounidenses que no hay fronteras en la historia de la música».

Al día siguiente, me entrevisto en Santa Mónica con Neil Portnow, que preside lo que en la industria discográfica se llama The Recording Academy. Esta asociación es la encargada de organizar la selección de los Grammy en aproximadamente 110 categorías. «Somos una organización independiente, al servicio de la industria del disco —me explica Neil Portnow—. Nuestras oficinas están en Los Ángeles porque aquí es donde se concentra la industria, aunque una parte del mercado del pop y el jazz esté en Nueva York, la música latina esté en Miami y la música country y *christian* se concentre en Nashville, Tennessee».

Los Grammy para la música, como los Oscar para el cine, los Tony para Broadway y los Emmy para la televisión, demuestran la importancia que tienen los premios y los *hit parades* en Estados Unidos. Estas veladas «electorales» para la industria del *entertainment* son a la vez un gran momento colectivo de comunión profesional, por encima de géneros e individualidades, y una herramienta muy poderosa de promoción internacional de los artistas estadounidenses. En todo el mundo, estos palmareses determinan el *mainstream*.

«LO *COOL* ES EL *HIP* MÁS EL ÉXITO COMERCIAL»

Los gigantes de la industria del *entertainment* estadounidense proceden a menudo de las finanzas y de los bancos, con frecuencia de la televisión o de las agencias de talentos, a veces del cine, pero casi nunca de la industria discográfica. Con la excepción de David Geffen.

Con Motown, Berry Gordy supo vender la música pop a los adolescentes blancos, convirtiendo la música negra en *hip*. David Geffen hará algo más: convertirá el rock en *soft* y el pop en *cool*. El paso del *hip* al *cool* es un punto de inflexión importante para el *entertainment*.

Si Berry Gordy nació negro, David Geffen nació pobre. «En América, la mayoría de los ricos empezaron siendo pobres», explica Tocqueville, con una fórmula célebre. Nacido en una familia judía europea emigrada de Tel Aviv (que entonces todavía era Palestina), Geffen creció en la década de 1940 en el barrio judío de Brooklyn en Nueva York. Es autodidacta y jamás terminó ninguna carrera universitaria, aunque se inventa un diploma de UCLA, la universidad pública de California, para obtener un primer empleo a los veinte años en una de las *talent agencies* de Hollywood, William Morris. Empieza distribuyendo el correo por los despachos y observa cómo la gente habla por teléfono. «Los escuchaba hablar y me dije: yo también puedo hacer eso. Hablar por teléfono».

Lo que motiva a Geffen es la música. Y sobre todo el rock, que todavía es nuevo. Se fijan en él y lo contratan como agente en William Morris. Pero un agente no es más que un intermediario: Geffen debe negociar los contratos de los artistas con sus mánager. Lo que a él le gusta es el contacto directo con los artistas. Abandona, pues, al cabo de unos años la William Morris Agency con una pequeña agenda de direcciones y se convierte en el mánager de varios artistas de rock y de soul. En 1970, habiendo adquirido cierto aplomo gracias a sus primeros éxitos, crea su sello independiente, al que llamará Asylum Records. Su oficio ahora es el A & R. Estas iniciales, de Artists & Repertory, son esenciales en la industria del disco y remiten al trabajo que consiste en descubrir los talentos, compositores o intérpretes, producirlos bajo contrato y luego «desarrollarlos». En esa época, los responsables de A & R de las discográficas aún tienen verdadero poder de decisión sobre los artistas y sus mánager; eligen los productores, los estudios de grabación, los ingenieros de sonido, a veces los músicos y validan los estrenos (este poder se irá diluyendo a favor de los mánager y los agentes, pero sobre todo de los directores de *marketing* de las *majors* en la década de 1990).

Esta vez, con su propia discográfica, David Geffen tiene suerte. No es necesariamente un descubridor, pero sí un *booster*. Produce a Jackson Browne, Joni Mitchell, Tom Waits y sobre todo a The Eagles que, con *Hotel California,* se convierten muy pronto en el emblema de un country-soft-rock que entusiasmará al planeta. Entre la balada country pacífica, el soft rock y el easy-listening, una categoría de música inocente y eficaz, el timbre del grupo suena maravillosamente californiano (y suena falso, pues ninguno de los miembros del grupo, como tampoco Geffen, es de California). Geffen recupera incluso a Bob Dylan en 1974, el cual graba con él un deslumbrante *Planet Waves* que contiene sobre todo el hermosísimo single *Forever Young.*

La estrategia de Geffen es convertir en *cool* a unos grupos que, sin él, seguirían siendo demasiado *hard rockers* o demasiado alternativos para el gran público. Como productor, transforma el rock acústico y lo que se llama el alt-rock (rock alternativo), o irónicamente el red state rock (el rock de los estados republicanos), a menudo demasiado *grungy,* con voces demasiado *raspy* (roncas), en rock urbano, menos bruto, menos *loud* (ruidoso) y más electro, a la vez más *cool* y más comercial. Con Geffen, el *hard* (rock) se vuelve *soft.* Su genio: haber hecho posible la comercialización sin matar el *cool.* Al contrario, la comercialización hace que se venda. «El *cool* es el *hip* más el éxito comercial», escribirá un crítico del *New Yorker.*

¿Los puristas descubren que ese formateado es en realidad una puesta en escena? Evidentemente. Pero Geffen conoce demasiado bien la historia de la música estadounidense como para no desear la polémica, que es el preludio de un gran éxito *mainstream.* Desde siempre, el gran leitmotiv de la historia de la música popular en Estados Unidos gira alrededor de la pérdida de independencia y de la recuperación por el mercado. Cuando Elvis Presley se va a hacer el servicio militar, ¡para muchos significa la muerte del rock! Cuando Miles Davis se decanta por la fusión y el jazz-rock híbrido, y después por el jazz-funk, para otros es el final del jazz (de hecho es el principio de la fragmentación del jazz, que es muy diferente). Y por supuesto cuando Bob Dylan cambia su guitarra acústica por una guitarra eléctrica en el festival de Newport en 1965 (con *Like a Rolling Stone,* cuyo título es revelador), ¡para los que lo abuchean es el anuncio del fin del mundo!

El paso al *mainstream* sigue siendo lo que quieren todos los artistas que buscan un público, y más aún lo que quieren todas las *majors* que buscan ganar dinero; al mismo tiempo, es la crítica recurrente de los puristas ante la comercialización y —insulto supremo en Estados Unidos— ante el *selling out* (*to sell out,* venderse).

David Geffen no tiene estos escrúpulos: su objetivo precisamente es vender. No cree que haya diferencia entre la música creada por razones idealistas y la música creada para ganar dinero; ahora todo se mezcla. Y su éxito se debe a su capacidad para comprender que la música popular estadounidense está pasando de una época a otra: lo esencial no se basa en las raíces, el género y la historia, sino en la imagen, la actitud, la sensibilidad y el estilo (el *cool*). El *funky* Geffen está fascinado, literalmente, por los adolescentes de 15 años que ve por la calle, por su gran plasticidad cultural, porque no están cargados de valores y jerarquías a la europea. Geffen se ha convertido en un *coolhunter,* un cazador de lo *cool*.

Sobre todo, Geffen no cree que el dinero corrompa el rock. Y se lo reprochan: «Cuando David Geffen llegó a las aguas de California como mánager, los tiburones entraron en el lago», ha explicado un productor. «Antes se decía: "Hagamos música, el dinero es un *by-product* (un derivado)"». Ahora con Geffen lo que se dice es: «Hagamos dinero, la música es un *by-product*"», ironiza otro productor. Para defenderse, a Geffen le gusta describirse como un hombre honrado en un mundo deshonesto. Supongo que es irónico.

Su forma de trabajar consiste en implicarse totalmente en la carrera de sus artistas, pero al mismo tiempo no lleva una «vida rock», como muchos en la industria: cuando produce a Dylan, no se vuelve hippie, no se pone a tomar drogas con The Eagles, no tiene relaciones íntimas con sus estrellas como Berry Gordy con Diana Ross (declaradamente gay, a Geffen se le atribuye sin embargo una aventura con Cher). Es un hombre de negocios que ama sinceramente la música pero que no vive su mitología. Uno de sus biógrafos escribe más severamente: «Geffen toma el camino más corto hacia la caja registradora».

David Geffen ha tenido varias vidas. En 1975, abandona su discográfica, se la vende a la *major* Warner y se retira. Todos creen que está acabado. Lleva una vida *laid-back* (relajada), ve a sus amigos, es un hombre híbrido medio costa Este, medio costa Oeste, muy urbano, que se aburre con facilidad, *insecure* (siempre un poco angustiado). Da la impresión de ser un personaje de Woody Allen, como salido de *Annie Hall*, o a lo mejor del *Cowboy de medianoche* de John Schlesinger. Pero trabaja sin cesar, como siempre lo ha hecho, en nuevos proyectos. En 1980, reaparece y abre las oficinas de Geffen Records en el Sunset Boulevard de Los Ángeles, adonde atrae a John Lennon y a Yoko Ono para su *comeback* con el álbum *Double Fantasy,* que durante tres semanas resulta un *flop* hasta que… asesinan a Lennon. Entonces el disco se convierte en un *hit* mundial (sobre todo la canción *Woman*). Ahora Geffen es un hombre de negocios: «En la década de 1970, yo no era un *businessman*. Era simplemente un fan. Me movía por ahí y, *oh my god*, descubría a ese tío, a Tom Waits, formidable, y decidía hacer un disco con él. Pero en la década de 1980 me convertí de veras en un *businessman*». Con su nuevo sello, Geffen produce a Cher, Sonic Youth, Beck, Aerosmith, Peter Gabriel, Neil Young y sobre todo al grupo underground de Kurt Cobain, Nirvana. Estamos a principios de la década de 1990. Esta vez de nuevo le ha tocado el gordo. Al hacer gran público a un grupo grunge de ética DIY (Do It Yourself), que pretende ser el emblema del rock alternativo, Geffen convierte a un Kurt Cobain, con sus vaqueros agujereados, en el portavoz de una generación. Esperaba vender 200.000 copias del álbum *Nevermind;* vende más de 10 millones. Ensalzado por la crítica y la industria, el grupo es adoptado a su pesar por MTV, que transforma instantáneamente a Kurt Cobain en una estrella mundial. Geffen gana la apuesta: hacer que Nirvana sea popular sin perder su autenticidad y su base. De emblema de la anticultura *mainstream,* Nirvana se convierte en *mainstream.* (Kurt Cobain, heroinómano notorio, se suicidará poco después de su tercer álbum).

El éxito de Geffen es considerable en la industria discográfica, hasta el punto de que ya se atreve a entrar en las industrias aledañas:

coproduce algunas películas con Geffen Pictures, como *Jo, qué noche* de Martin Scorsese o *Entrevista con el vampiro,* e invierte con tanta intuición como éxito en comedias musicales de Broadway *(Cats, Dreamgirls),* introduciendo el rock en los *musicals.*

De nuevo, Geffen vende su sello, esta vez a MCA (hoy el francés Universal Music), se hace un poco más multimillonario y se retira. A principios de la década de 1990, da unas conferencias en Yale, recibe al nuevo presidente Bill Clinton, que pasa unos días en su casa, y frecuenta los clubes *cool* de la época. Geffen sobre todo se reconvierte a la filantropía y se hace coleccionista de arte. En la playa de Malibú, tiene en su casa una colección famosa de obras de Jackson Pollock, Mark Rothko y una inestimable bandera estadounidense de Jasper Johns (en su dormitorio). También ayuda en esa época a su amigo Calvin Klein, que está en quiebra, a darle a su marca el *cool* que le falta, lo financia y lo impulsa a contratar al cantante pop Mark Wahlberg como modelo para su publicidad de ropa interior (las fotografías de Mark en calzoncillos de Herb Ritts y Annie Leibovitz relanzan a Calvin Klein en el mundo entero con el éxito que todos sabemos). Que a Geffen le gusten a la vez Jackson Pollock y Calvin Klein, Mark Rothko y The Eagles, Jasper Johns y Nirvana es un buen resumen de la mezcla de los géneros culturales en Estados Unidos.

«David es un *stand-up guy*», me dice Jeffrey Katzenberg, cuando le pregunto por David Geffen (un tipo leal, que siempre está cuando lo necesitas). Fiel en la amistad, Geffen apoyó a su amigo Katzenberg, antiguo directivo de los estudios Disney, en el famoso proceso contra Michael Eisner, el presidente ejecutivo de Disney, y después de haberle hecho ganar 280 millones de dólares de indemnización fundó con él y con Steven Spielberg un nuevo estudio de cine en 1994. Se trata, como hemos visto, de DreamWorks, que ha producido *American Beauty, Shrek, Dreamgirls* (sobre Motown), *Kung Fu Panda* y varias películas de Spielberg *(Salvar al soldado Ryan* y *Minority Report,* en coproducción). Paralelamente, Geffen crea naturalmente un nuevo sello, DreamWorks Records.

«David es probablemente uno de los pocos hombres de la cultura estadounidense moderna que ha tenido éxito en las tres industrias clave del *entertainment:* la *pop music,* las comedias musicales de Broadway y el cine de Hollywood. Es un caso único», me dice Jeffrey Katzenberg (el mismo cumplido se le puede hacer a Katzenberg, que en Disney, en Broadway con *El rey león* y Elton John, y luego en Dream-Works, todavía lo ha superado).

En 2008, Geffen se retiró por tercera vez y vendió su participación en DreamWorks. Pero sigue tratando a los productores, los banqueros y los *moguls* de hoy, esos grandes jefes de Hollywood —ayer los Harry Cohn, William Fox, Carl Laemmle, Louis Mayer, Adolph Zucker, Jack y Harry Warner— de los cuales él es hoy uno de los herederos. Por otra parte, filiación hollywoodiense obliga, vive en la casa de Jack Warner en la playa de Malibú, que ha comprado a precio de oro. Todo un símbolo.

Nashville, la otra capital musical de Estados Unidos

«El blues es la música de las clases populares negras, como el country es la música de las clases populares blancas», me dice Shelley Ritter, la directora del Delta Blues Museum, en Clarksdale, una pequeña ciudad del noroeste de Misisipi. Hoy ya no queda gran cosa de la historia del blues, aparte de este museo. Estoy en el corazón del Delta, una zona inundable, y por tanto rica en la época de las plantaciones de algodón, entre Arkansas y Misisipi, llamada así porque forma una depresión, aunque está lejos de la desembocadura del río en Nueva Orleáns. En Clarksdale, todavía quedan algunos *juke joints,* los bares tradicionales donde aún se canta el blues del Delta, pero sólo para los turistas. «El blues siempre ha tenido un carácter y un público rurales, en tanto que el jazz fue decididamente urbano», añade Shelley Ritter.

Atravesando el Delta, uno imagina lo que fue el nacimiento de la música negra estadounidense: el algodón, los pueblecitos, las iglesias cristianas. Siguiendo la carretera que viene de Nueva Orleans, se pasa por Clarksdale, Oxford, Tupelo (la ciudad natal de Elvis Presley, donde su casa minúscula hoy es un museo), Memphis (donde se ahogó Jeff Buckley), y finalmente Nashville. Uno entiende por qué, con semejante historia al alcance de la guitarra, la principal ciudad de Tennessee se ha convertido en una de las capitales, junto con Los Ángeles y Miami, de la industria discográfica estadounidense.

Music Row es la dirección a la que hay que ir en Nashville para encontrar los estudios de grabación, la sede de las *majors* y las oficinas de las televisiones musicales. Es un pequeño barrio, entre la avenida 16, llamada Music Square East, y la avenida 17, llamada Music Square West, donde las autopistas I 40 e I 65 se confunden al norte de Nashville, en Tennessee.

Si me encuentro en Nashville es para tratar de comprender por qué los dos segmentos importantes de la industria discográfica que se producen aquí, la country y la música *christian,* no se exportan. (El soul y el R&B se produjeron en Tennessee en la década de 1950, pero sus sellos están desde la década de 1970 en Los Ángeles o en Nueva York).

He escuchado poco country en mi vida, exceptuando los discos de Hank Williams y Johnny Cash. Para mí, es algo así como una música de americanos «con sombrero de *cowboy».* John Grady, el todopoderoso presidente ejecutivo de la división de country de Sony Music en Nashville, no comparte esta opinión: «La música country es la variedad estadounidense de las clases populares y de los campesinos del sur». Luke Lewis, el presidente de Universal Music en Nashville, me lo confirma: «La música country es la música tradicional americana, la de los pueblos del sur, es una música del país, del *country* justamente». Lewis añade: «El country es una música muy enraizada en la vida local. Se escucha en la radio, pero también se toca en los *honky tonks,* los pequeños bares tradicionales blancos, un poco como ocurre con el blues en los *juke joints,* los pequeños bares del sur rural y negro. Por eso no se presta a la exportación, es demasiado local. Se vende un poco en Canadá, en Australia, en Nueva Zelanda, en Irlanda y en las ciudades populares del norte del Reino Unido, pero nada más. No se vende country en Londres, por ejemplo, es demasiado urbano».

Al pasar de una discográfica a otra en Music Row, en Nashville, descubro que hay muchos géneros dentro de la música country: appalachian folk music, bluegrass, country rock, cowboy songs, southern rock, mountain music, americana. Todos esos estilos encarnan un amplio espectro musical entre un alt-country, alternativo, y un country *mainstream,* criticado por su excesiva comercialización. «En el primer caso, es un country demasiado *rootsy,* en el segundo un country por el contrario demasiado pop y demasiado *rootless* (demasiado enraizada o sin raíces) —me explica Luke Lewis—. Entre estos dos límites se sitúa hoy toda la música country y generalmente es la que pretende ser más alternativa, pero que aquí es la menos popular y la menos *mainstream,* la que más éxito tiene en los festivales independientes del extranjero». John Grady me explica así esta paradoja: «El country *mainstream* no es una música internacional. Ya se ha intentado hacer versiones más *dance,* más rápidas, para romper la aparente monotonía del country y llegar a un público extranjero más amplio, pero no ha funcionado. Hay que rendirse a la evidencia: el country es la poesía de hoy en Estados Unidos, con unas letras muy específicas, y con mucho argot. Y la poesía no se exporta». En Estados Unidos, se estima que el mercado del country representa aproximadamente un 10 por ciento de las ventas de discos y de la difusión digital. Es el formato musical más frecuente en la radio, en cuanto a número de emisoras, más de 1.400.

En Nashville, se pasa fácilmente de la música country a la música *christian* (cristiana). Todas las discográficas están en el mismo perímetro, alrededor de Music Row, y uno puede ir a pie de la una a la otra, ya que todas se hallan en un radio de menos de un kilómetro. A pesar de ello, esas dos industrias vecinas están muy compartimentadas, y al visitar las oficinas de las *majors* que producen la música cristiana me llama la atención una diferencia notable: no hay ninguna sensualidad, no hay chicas con generosos senos en las carátulas de los discos, ni hombres maduros que hablan usando muchos tacos y mucho argot, como sí los había, a pocas decenas de metros, en los locales del country. Me sorprende que al dorso de los estuches de los CD figure a menudo en los agradecimientos la palabra Jesús.

«En el fondo, formamos parte de la música gospel —me explica Dwayne Walker, el director de A & R de Light Records, un sello especializado en la música cristiana—. Mucha gente cree que el gospel es una música negra, pero lo que es ante todo es una música cristiana. Y nosotros hacemos música cristiana que simplemente es blanca». John Styll, el presidente de la Gospel Music Association, que es el *lobby* oficial para el gospel negro y la *christian* blanca, me lo confirma: «Estadísticamente, la música gospel es en un 99 por ciento negra, y la música cristiana es en un 99 por ciento blanca. Pero en la estrategia de *marketing* de la música cristiana, muchos prefieren usar la palabra «gospel» antes que «christian», más connotada. Por lo demás, para poner de acuerdo a todo el mundo, ahora se habla de «southern gospel» y de «black gospel».

De nuevo, en Nashville, me dan discos de diferentes géneros: christian rock, southern gospel, Jesus-rock (más antiguo), God rock, gospel rock, christian rap y hasta rock *inspirational* (que se supone me inspirará y me edificará). Tengo la impresión de que aquí hay tantos géneros de música como iglesias cristianas; Nashville es una de las ciudades estadounidenses donde hay más iglesias por kilómetro cuadrado. Estoy en el corazón de lo que se denomina el *Bible Belt,* la región de la Biblia.

Como el country, y como la Motown, la música cristiana se basa en una separación estricta entre los compositores que escriben la letra y la música y los intérpretes. Esta industria doble constituye la singularidad de Nashville, desde hace mucho tiempo una ciudad donde se escribe la música antes de tocarla.

«El editor es el elemento central de la industria en Nashville y las casas discográficas lo más importante que poseen primero es el repertorio. A menudo se venden las canciones a otras discográficas», me explica Eddie de Garmo, el presidente de EMI-Christian Music Group. «Nashville es una ciudad de compositores», insiste Tony Brown, un antiguo pianista de Elvis Presley, que actualmente dirige Universal South, la rama de Universal en Nashville, que agrupa a varios sellos de música country, gospel y *christian* rock.

Constato que todas las *majors* están presentes en Music Row, en Nashville, reproducción en miniatura de su presencia en Los Ángeles o Nueva York. «Aquí tenemos sobre todo sellos, lo que significa que nos ocupamos de los artistas, de su desarrollo y su promoción. Todo lo que tiene que ver con el *back office,* los servicios jurídicos, los recursos humanos, la distribución nacional e internacional, lo hace la *major,* la casa madre desde Nueva York o Los Ángeles. Si eres un independiente, dependes de los bancos y los inversores; yo dependo del jefe de Sony Music Entertainment para América del Norte, que conoce la música y que ama a los artistas. Contrariamente a lo que se suele decir hoy, yo prefiero esto antes que ser independiente», se justifica John Grady, el presidente ejecutivo de Sony Music en Nashville.

¿Los sellos *christian* se proponen exportar a partir del sur de Estados Unidos? «La *christian music* como el country son géneros que se basan más en la letra que en la música, al revés que el pop o el rock. En ambos casos, existe una relación con un determinado modo de vida y unos valores, y eso inevitablemente es muy difícil de exportar», me explica Ric Pepin, vicepresidente de Compendia Music, una *minimajor* que posee diferentes sellos de country, gospel y *christian*. Pero también dice: «Creo que la música cristiana de Nashville se desarrollará mucho en América Latina y en África, a medida que se vuelva más madura. Aún es un género joven, contrariamente al country, que aquí tiene una historia muy antigua».

Eddie de Garmo, el presidente del sello *christian* de EMI, no comparte esta opinión: «La música *christian* existe desde hace al menos veinticinco años en Nashville, aunque sólo se hizo famosa bajo George W. Bush. Es una música cristiana muy parecida a la religión de los estadounidenses; es demasiado protestante y demasiado lírica para gustar a los católicos, por ejemplo. No creo que se pueda exportar fácilmente, a menos que minimice los sermones y disimule su identidad. Pero dentro de Estados Unidos su público aún puede crecer, teniendo en cuenta que en quince años ha pasado de un nicho de mercado al *mainstream*».

Interrogando a decenas de productores y de músicos de música cristiana en Nashville, y también en Memphis, Denver y Colorado Springs, me doy cuenta de que todos la ven como una contracultura que está a punto de convertirse en *mainstream*. «La cultura *christian* se halla en un punto de inflexión, en un momento bisagra, lo que en la Biblia se llama el "efecto Gedeón": ¿Gedeón está solo? ¿Son miles? Estamos como Gedeón, dudamos, nos sentimos solos en nuestra comunidad pero ya somos miles. Estamos a punto de convertirnos en *mainstream*, pero aún somos contraculturales. Somos como Bob Dylan y Joan Baez en la década de 1960, contraculturales y *antimainstream*, un nicho del folk, que está creciendo y creciendo, y que muy pronto todo el mundo adoptará», me dice, un poco excitado, Ross Parsley, el célebre pastor de la New Life Church en Colorado Springs (ese domingo asisto al oficio de esta megaiglesia: cinco grupos de *christian* rock se turnan delante del altar, un coro con un centenar de participantes y veinte pastores ofician, con micros de corbata, y sus imágenes son reproducidas en pantallas gigantes, alrededor de Parsley, ante más de 7.000 fieles).

La música *christian*, que representa en la actualidad en torno a un 7 por ciento de las ventas de música en Estados Unidos (ventas de gospel negro y blanco), tiene sus *charts*, su barómetro Nielsen Christian SoundScan, sus secciones en los hipermercados y sirve con frecuencia de banda sonora a películas de Hollywood como *Matrix* o *El mundo de Narnia* de Disney. También da lugar a comedias musicales en Broadway, como *!Hero, the Rock Opera* (el signo de exclamación antes de *Hero* es una referencia al nombre de Jesús en la Biblia, y la acción de ese musical transcurre en Bethlehem, nombre real de una ciudad de Pensilvania). Es una verdadera industria cristiana la que se ha desarrollado en la música, el teatro comercial, la edición, las librerías con sus nuevas secciones de *christian books* y también el cine, como ha venido a demostrar el éxito inesperado del film *La pasión de Cristo* de Mel Gibson.

Music Television

En la pared hay colgado un monopatín blanco. En los despachos de los directivos de las industrias creativas, a menudo he visto carátulas de álbumes, discos de platino, a veces cuadros originales de Warhol o de David Hockney, pero jamás había visto un monopatín.

En el despacho de Brian Graden, el presidente de la cadena MTV en Colorado Avenue en Los Ángeles, también hay fotos dedicadas por los raperos famosos encima de la mesa; un retrato de Barack Obama; muchos carteles de *shows* televisivos mundialmente conocidos. Contemplo esa decoración durante largo rato, ya que estoy solo. El ayudante de Brian Graden, un MTV *kid* con *sneakers*, viene a avisarme de que Brian se ha sentido enfermo esta noche y que está acostado en su *condo* de West Hollywood. Pero que no me preocupe: podremos hablar, a través de un sistema muy sofisticado de audioconferencia; puedo instalarme en su sillón y ponerme cómodo. Él llamará dentro de un instante. En ese preciso momento, pienso que en MTV, en vez de una audioconferencia, hubiera cabido esperar al menos una videoconferencia.

Brian Graden es el presidente de MTV, dirige su programación y coordina diferentes cadenas temáticas de la cadena MTV. Según su biografía, que me han entregado, es relativamente joven —unos cuarenta años— y ha pasado por el famoso MBA de Harvard. Le pregunto, a través del sistema de audio instalado en su mesa de despacho, en qué consiste su trabajo. Oigo salir su voz del amplificador, muy correctamente, y su respuesta de una sola palabra: *entertainment*. «Mi trabajo —continúa Graden— es el *entertainment*, es dar placer a la gente, consiste en hacer que a los jóvenes les guste lo que les proponemos». Uno de los títulos en la biografía de Graden es: «presidente para el *entertainment* de MTV». Voy directo al grano y me atrevo a formular una crítica sobre el tipo de música formateada de MTV. «Frédéric —me responde Graden con voz suave—, estoy orgulloso de mi audiencia. Estoy orgulloso del gusto de mi público. Me gusta mi público. Los jóvenes. Es importante que te gusten».

MTV (Music Television) fue fundada el 1 de agosto de 1981. «Ladies and gentlemen, rock and roll», fueron las primeras palabras que se oyeron en la cadena, leídas por su presidente de aquella época, sobre las imágenes del Apolo 11 posándose en la luna. Desde entonces, MTV no ha programado rock and roll, prefiriendo el soft rock y el pop *mainstream*, y ha vuelto a la tierra. En la era de lo digital, la cadena tiene dificultades para posicionarse, por la competencia frontal de YouTube y la indirecta de numerosas cadenas musicales por satélite en Estados Unidos y en todo el mundo. Por eso su audiencia está bajando muchísimo y su facturación se está desplomando, lo cual hace que su accionista, Viacom, esté poniendo orden. Cuando visité a los directivos de MTV en Estados Unidos, Europa, Asia y América Latina, noté en todas partes la misma preocupación. Para MTV ésta es una época de crisis y de replanteamiento. No siempre fue así.

En el vestíbulo de la sede de MTV en Los Ángeles, hay una autocaravana. ¿Y por qué una autocaravana? «Es un viejo modelo de la década de 1950», me dice la persona que me enseña los estudios. En la autocaravana hay una televisión roja encendida, una tostadora y unas sillas verdes de plástico. Es como si *Ozzie and Harriet,* los personajes de la famosa serie de la década de 1950, se hubiesen extraviado aquí, camino de sus vacaciones. A menos que sea por nostalgia, para recordar que una televisión es mortal.

En sus comienzos, MTV fue una apuesta arriesgada. Era una cadena musical que emitía las veinticuatro horas y que impuso enseguida un género, el videoclip, y obligó a la industria del disco a pasarse, a regañadientes, al vídeo. Como tras la aparición de la radio, y luego del lector grabador de CD, como hoy con Internet, la industria primero rechazó los clips antes de replantearse su modelo económico y adoptar las imágenes. Profético, el primer clip difundido por MTV en 1981 fue el de los Buggles, *Video Killed the Radio Star.*

En su origen, el formato imaginado por MTV era el de una difusión en bucle de las canciones del Top 40 (el modelo de *hit parade* dominante en la radio desde mediados de la década de 1960 en Estados Unidos). Se trataba, por lo tanto, esencialmente de música pop, como por ejemplo, en aquella época: Duran Duran, Eurythmics, Culture Club y muy pronto Madonna, que sería lanzada por MTV y se convertiría en la artista emblemática de la cadena. Un VJ, el *video-jockey* que MTV popularizó, siguiendo el modelo del DJ *(disc-jockey)*, presentaba generalmente el *show*. Desde el principio, MTV fue criticada por no ser más que un «grifo del que salen clips».

En realidad, cuando uno pregunta a los directivos de MTV, descubre que el modelo era más precario de lo que su éxito podía hacer pensar. Al principio, MTV tuvo muchas dificultades en encontrar suficientes vídeos para llenar las 24 horas de programación diaria, y ello explica su frecuente rotación. Conciertos filmados, vídeos promocionales rudimentarios, redifusiones constantes: todo valía para compensar esa falta de contenidos. A medida que el éxito de la cadena aumentaba, la industria del disco se dio cuenta de los beneficios que podía sacar de la cooperación con la cadena musical; al fin y al cabo, un vídeo era una publicidad gratuita para la música. Los clips empezaron a ser cada vez más elaborados, audaces y profesionales, y MTV fue crucial en el plan de *marketing* de las *majors*. El lugar de MTV en la historia de la cultura pop es esencial; crea, como en aquel momento también lo está haciendo David Geffen, la relación que faltaba entre la cultura y el *marketing*, entre la música pop y la música *ad* (publicitaria), entre la cultura de nicho y la cultura de masas, y une dos universos que se creían separados pero que descubren que están mezclados: el del arte y el del comercio. A partir del nacimiento de MTV, cada vez será más difícil distinguir entre estos dos mundos.

Inicialmente, pues, a MTV le costó encontrar su modelo y se salvó gracias a lo que al principio se negaba a promocionar: la música negra. Por extraño que pueda parecer, veinte años después de la Motown, para MTV en 1981 la música negra todavía era como un gueto, no lo bastante *crossover* y poco *mainstream*. Para los dirigentes blancos de la cadena, la música negra era un género, un nicho. Incluso Michael Jackson estaba vetado. Un día, el presidente ejecutivo de CBS, que tenía a Jackson bajo contrato a través del sello Epic, montó en cólera y amenazó con boicotear sistemáticamente la cadena con todo su catálogo si Jackson continuaba censurado (desde entonces MTV ha sido adquirida por Viacom-CBS). *Billie Jean* es finalmente programada en 1983, seguida por *Beat it*. En un baile a lo *West*

Side Story, Michael Jackson aparece como el hombre de paz entre dos bandas rivales y les dice a unos y a otros que lo dejen correr. Va vestido con una cazadora roja y calcetines blancos. Parece que contrataron a verdaderos miembros de bandas para grabar el vídeo. El éxito es mundial. Y cuando en diciembre de 1983 MTV emite el vídeo de *Thriller,* una versión de una película de terror, y llega a programar dos veces por hora este clip de 14 minutos, la cadena por cable, todavía marginal, entra en el *mainstream.* Abandona el rock y se pasa al pop y al R&B. Y se abre definitivamente a los negros.

Diez años después, MTV conoce el mismo debate interno con el «gangsta rap», considerado demasiado violento y demasiado explícitamente sexual. La administración Clinton amenaza con censurar los excesos, y MTV duda. Tras consultar con abogados especializados, asume el riesgo y difunde a los grupos de rap más extremos, más misóginos, más intolerantes con los gays y más tolerantes con la droga, emitiendo en bucle sus vídeos. En 1998, el gangsta rap salva a MTV, que recupera así un modelo económico, incluyendo en su programación para el gran público esa música comunitaria negra radical que está conociendo una gran expansión. Ese año, el hip hop representa 81 millones de discos vendidos en Estados Unidos, a un público blanco en un 70 por ciento. Y el rap, a su vez, se convierte en *mainstream.*

Me he cruzado con muchos jóvenes negros, asiáticos y latinos en las oficinas y los platós de MTV en Los Ángeles, en la sede del grupo en Nueva York (simbólicamente situada en la esquina de Broadway con la calle 44) y en los estudios de Black Entertainment Television, que pertenece al mismo grupo, en Washington. Hablando con ellos y con decenas de jóvenes músicos negros y latinos que he conocido en la mayor parte de los grandes guetos estadounidenses, he empezado a entender algo que es esencial para interpretar el *entertainment* y la cultura *mainstream* de hoy. Y cuanto más me paseaba por los locales de la MTV y más conversaba con Brian Graden o con su adjunto Jeff Olde, a quien vería después varias veces en los cafés de West Hollywood, más empecé a pensar que las fronteras que separan el arte del *entertainment* son en gran parte el resultado de apreciaciones subjetivas. El lugar donde colocas esa frontera muchas veces es un indicio del año en que naciste o del color de tu piel.

Brian Graden también es el presidente de Logo, la cadena *gay friendly* de MTV. Con los jóvenes gays, los jóvenes negros y los jóvenes latinos y asiáticos es como piensa reconstruir MTV. En la era de Internet, YouTube se ha convertido en una competencia muy peligrosa para las cadenas musicales. La difusión de clips gratuitos, esa idea genial que constituyó el éxito de MTV y su modelo económico, se le ha vuelto en contra. Porque los clips, en la era digital, son gratuitos también para todos los competidores potenciales, y las cadenas clones de MTV son ahora ya numerosísimas en todos los continentes. Por eso le han encargado a Graden, junto con otros, la refundación de MTV mediante una estrategia ambiciosa. Así pues, MTV ha reafirmado al mismo tiempo su vocación generacional volviendo a centrarse en los jóvenes de 15 a 34 años y dando la espalda a los clips, banalizados en Internet, para dar prioridad a formatos más interactivos, la telerrealidad, la *stand-up comedy* y el *talk show*. Vuelven a reponerse las series animadas que fueron éxitos en MTV y se producen nuevas series televisivas originales. «Hemos recuperado el control de nuestros contenidos: ya no somos un grifo del que salen clips», me explica Graden. Prioridad por lo tanto a la difusión de programas exclusivos, lo contrario de lo que durante mucho tiempo fue MTV, que sigue llamándose sin embargo Music Television. «Proponer más contenidos, en más soportes, con más exclusivas y productos Premium, en esto consiste la nueva MTV», sentencia Graden, que se esfuerza por idear los nuevos formatos posibles en todos los soportes imaginables. «Probamos miles de formatos y de *pilots,* pero al final seleccionamos muy pocos». Al visitar el *motel,* el edificio donde se prueban estos proyectos piloto, al otro lado de Colorado Avenue, me llama la atención la capacidad de innovar y de abandonar, sin pensarlo dos veces, la mayoría de los prototipos; de imaginar toda clase de cosas y renunciar constantemente. La creación/destrucción es una dimensión esencial de la innovación en las industrias creativas.

Esto fue sólo el comienzo de una estrategia de reconquista planetaria que hizo posible la riqueza de la casa madre, el *holding* mediático Viacom, que posee MTV. También se optó por entrar masivamente en lo digital y adoptar las nuevas costumbres de los jóvenes. MTV multiplica las experimentaciones tecnológicas: ha lanzado más de 390 páginas web, se crean miles de contenidos exclusivos para la aplicación MTV de iPhone y se firman acuerdos de cooperación internacional con sitios como MySpace (que pertenece al gigante News Corp). Todo eso está destinado a atraer a la generación de Internet, que quiere todos los contenidos en todo momento y en todos los soportes, lo que en MTV Brian Graden denomina la generación *on demand*. Otro aspecto central, que representa una evolución significativa para MTV, es que el grupo se ha lanzado masivamente a los videojuegos, comprando muchas *start up* experimentales o productoras más maduras, como Harmonix o Atom Entertainment. De esas experimentaciones han nacido videojuegos populares como *Rock Band*, del que se han vendido más de 7 millones de ejemplares. Falta saber si el grupo será capaz de cambiar lo bastante deprisa y ser lo bastante flexible para responder a las expectativas y a las costumbres de Internet, que se aceleran día a día.

El caso es que el grupo MTV se ha alejado del *mainstream* único segmentando su audiencia mediante una diversificación de sus programas, de sus sitios y también de sus cadenas. MTV ha entrado en el *mainstream* plural. Actualmente, MTV ya no es un canal único, sino una plataforma de 150 canales temáticos. En Europa, por ejemplo, el programa de MTV Base es hip hop, MTV Pulse es más rock, y MTV Idol, más variedades internacionales. Y así, según los países, hay cadenas dirigidas a los amantes de los pasatiempos digitales (MTV GameOne), los latinos (MTV Latin), los asiáticos (MTV Asia), los gays (Logo), los jóvenes apasionados por la comedia y las series de animación (Comedy Central), e incluso para los niños hay una miniplataforma especializada por segmentos de edad (MTV Kids & Family Group). Estos programas, a menudo diseñados en Los Ángeles, en Miami o en Nueva York, no sólo alimentan las televisiones del grupo en Estados Unidos, sino también las del planeta MTV que tiene delegaciones hoy en 162 países. «MTV es un *pipeline* del que la gente se abastece de forma continua», confirma Thierry Cammas, el presidente del grupo MTV en Francia.

Finalmente, MTV ha adoptado, tras varios fracasos en Europa y en América Latina, una estrategia local, hecha a la vez de programas estadounidenses y programas locales, con una dosificación sutil. «El ADN de MTV es la música *mainstream* estadounidense —prosigue Thierry Cammas—. Somos un medio de entretenimiento internacional. Es nuestra identidad, no podemos negarlo. Pero hay que inyectar en nuestros programas algún elemento local, y éste es el papel de la telerrealidad, de los *talk shows* y del *entertainment,* que en MTV son contenidos fabricados siempre localmente. Por ejemplo, jamás se habla inglés en MTV Francia. Debemos comunicarnos constantemente con nuestro público, en francés, y en todos los soportes, porque en el mundo digital es difícil tener una audiencia fiel, en tanto que en el mundo analógico éramos indispensables». MTV emite ahora en 33 idiomas.

MTV está por tanto en plena revolución. Judy McGrath, la presidenta ejecutiva del grupo en Nueva York, y Brian Graden, en Los Ángeles, intentan salvar el modelo. Y para ello deben seguir siendo *hip*. ¿Cómo pueden justamente esos ejecutivos, que tienen más del doble de la edad de su público, seguir siendo *hip*? «Siendo un *taste maker* —me responde Brian Graden—, siempre por audioconferencia. La gente que trabaja en MTV le dirá que aquí es como en *Logan's Run* (la película y la serie *La fuga de Logan*), donde todos los *over thirty*, los que tienen más de treinta años, desaparecen. Los que quedan son como Peter Pan, no quieren crecer. Por eso trabajo cada minuto para que MTV se parezca a una cadena cuya programación estuviera hecha por un *kid* hip hop de dieciséis años, un joven *black* con *sneakers*». Thierry Cammas me lo confirma con otras palabras: «Yo no digo que conozco a los jóvenes. Persigo a los jóvenes todo el día».

¿Cómo han podido los jóvenes *kids* negros, gays o latinos convertirse, a su manera, en los *trendsetters* y los *taste makers* de MTV, los que dictan la moda y definen el gusto? ¿Los que arbitran el *hip* y validan el *cool*? ¿Qué ha pasado en la crítica estadounidense para que los prescriptores hayan sido reemplazados por jóvenes de 16 años con *sneakers* y monopatines que están orgullosos de amar la contracultura tanto como la cultura pop comercial? Desde esa entrevista, no he dejado de hacerme la pregunta. Muy pronto adiviné que estaba ocurriendo algo fundamental en la cultura de Estados Unidos entre el arte y el *entertainment*, entre la élite y las masas, entre la cultura y la minoría negra también, y que esa transformación había sido decisiva para propulsar las industrias creativas estadounidenses en todo el mundo. Entonces comprendí por qué, en una cadena tan pop como MTV, el monopatín colgado de la pared del despacho de Brian Graden ocupaba tanto sitio. Es el símbolo de la contracultura, de la independencia y de lo *cool*, en el corazón mismo de la máquina que fabrica el *mainstream*.

7. Pauline, Tina & Oprah

Pauline Kael murió el 3 de septiembre en su casa de Massachusetts, el mismo día en que yo me instalé en Estados Unidos. Por consiguiente nunca pude entrevistarla. Pero es una de las figuras de la cultura estadounidense de las que más he oído hablar. De Boston a San Francisco, de Chicago a Memphis, he encontrado a muchos fans suyos capaces de citar sus frases o sus fórmulas, y también he conocido a sus herederos espirituales que en Estados Unidos se hacen llamar los *Paulettes*. Y lo que es más extraño aún: Pauline Kael, tan célebre en su país, es casi desconocida en Europa. Poco a poco, me di cuenta de que para entender la revolución que tuvo lugar en Estados Unidos entre la élite y la cultura, entre el arte y el *entertainment,* debía familiarizarme con la obra de Pauline Kael y convertirme yo mismo en un *Paulette*. Kael quizás encarna, junto con Tina Brown y Oprah Winfrey —las tres mujeres de las que trata este capítulo—, un resumen de los acontecimientos que han hecho que Estados Unidos se orientase hacia la cultura *mainstream.*

Pauline Kael fue primero una crítica de *films.* ¿De *films?* Kael jamás habló de *films.* La palabra en inglés es pretenciosa, elitista. Pauline prefiere la palabra estadounidense: *movies.* Nació en 1919 en una granja californiana y en una familia de inmigrantes judíos polacos. En la pequeña ciudad donde creció en la década de 1920 —el Oeste, el espíritu de los pioneros, la cultura *middle-brow* de una familia media—, las artes no existían. Pero el cine era algo omnipresente. En aquella época, la mayoría de los estadounidenses aún iba al cine todas las semanas, y la familia Kael veía todas las películas. Ese optimismo típico de la gente del oeste americano no la abandonó jamás, como tampoco su sentido del espacio y de la libertad, ese *don't-fence-me-in* (no me encierren) de los *westerners*. Sin embargo su familia se arruina a causa de la Gran Depresión de 1929, la granja especializada en pollos y huevos se va al traste, y los Kael se ven obligados a trasladarse a San Francisco. Casada y divorciada tres veces (cuatro, según algunos biógrafos), Pauline ejerció muchos oficios para criar a su hija, delicada de salud. Fue camarera y cocinera en pequeños restaurantes, y también costurera; hizo *marketing* telefónico a domicilio por 75 centavos la hora; fue «negra» de autores de novelas policiacas mediocres y participó en la redacción de guías turísticas de países en los que nunca había estado. Apasionada por las «pelis», empieza a trabajar en la década de 1940 en un cine de arte y ensayo de San Francisco como cajera y luego como mánager, y redacta ya las notas para el programa de mano. Continúa sus críticas de películas durante la década de 1950 en la prensa popular, la radio y algunas revistas intelectuales, pero todavía no ha encontrado su estilo.

«Go West, young man, and grow up with the country» (Vete al Oeste, joven, y crece con el país): Pauline Kael se toma al pie de la letra esta célebre consigna del editor del *New York Tribune* a finales del siglo XIX, y, dando marcha atrás en la historia, le da la vuelta. Es una mujer de mediana edad que se va al Este, a Nueva York, se convierte en crítica cinematográfica y encuentra su camino.

Pauline Kael escribe a tanto la línea para diferentes revistas populares femeninas, así como para *Life* y *Vogue*, donde trata seriamente de películas populares y alaba a Jean-Luc Godard y a la Nouvelle Vague francesa. Fustigando severamente en la prensa *mainstream* películas populares como *Candilejas, West Side Story, Lawrence de Arabia* o *Doctor Zhivago,* demuestra su libertad de expresión y una cierta audacia frente a Hollywood. Primera incomprensión: le reprochan que sea demasiado severa con las películas *mainstream* y la echan de la revista femenina en la que trabaja.

No se convierte verdaderamente en Pauline Kael hasta 1968, cuando entra a trabajar, ahora como empleada fija, en el equipo del semanario *New Yorker*. Segunda incomprensión, de sentido contrario a la primera. La revista es la favorita de la élite estadounidense, sofisticada y cinéfila. Los críticos son todos hombres, refinados, obsesionados por la calidad cinematográfica europea, que desconfían del sexo y de la violencia que invaden las películas estadounidenses de las décadas de 1960 y 1970. El único criterio que hay que tener en cuenta es el arte, y sobre todo no el gusto de las masas.

Pauline Kael es contraintuitiva. Y, al igual que había puesto por las nubes a Godard en la prensa popular, empieza a hacer críticas serias de las películas de *entertainment* en el *New Yorker* y pone en tela de juicio los valores de la élite. *Bonnie and Clyde* es su primera entrega, y su crítica de la película de Arthur Penn (con Warren Beatty), del cual la prensa culta se burla, es ditirámbica. Pauline explica que *Bonnie and Clyde* es arte. Cuando todos los grandes críticos de cine adoptan un tono erudito para rechazar las películas producidas por la máquina hollywoodiense y elogian las películas de arte y ensayo europeas o el cine extranjero, Pauline le da la vuelta a la opinión. La aceleración de la violencia en una película y el sexo explícito le gustan. No se disculpa porque le gusten *Tiburón, Fiebre del sábado noche,* los dos primeros *El padrino* («quizás las mejores películas jamás producidas en Estados Unidos»), *Batman, Indiana Jones, El resplandor* y más tarde *Magnolia* o *Matrix:* estas películas le gustan sinceramente. Se siente fascinada por Fred Astaire, Barbra Streisand, John Travolta, Tom Waits y, antes que los demás, por Tom Cruise. Incluso está enamorada de él, y lo escribe.

Intelectual y antiintelectual, le gustan las películas *messy* (caóticas), las películas *cheap,* subversivas, que erotizan el cine. Llega a frecuentar una sala pornográfica, donde los clientes a su alrededor se masturban, para poder hablar de las películas eróticas. Deduce que una película es realmente erótica si provoca... la erección. El principal atractivo, visceral, del cine lo resume Pauline en cuatro palabras: «Kiss Kiss Bang Bang». Basta con una chica y un revólver para hacer una gran película. Y el título de su primer libro, el más famoso, mezcla el cine con su propia virginidad, utilizando una frase atrevida para la época: «I lost it at the movies» (La perdí en el cine). El cine es la continuación de la vida por otros medios.

La ruptura que Kael provoca en el juicio sobre las películas y, en un sentido más general, en la apreciación de la cultura popular es fundamental. Rompe con el lenguaje educado «de la costa Este», que venera las películas delicadas «que te duermen con todo su refinamiento», escribe. En vez de eso, a ella lo que le gusta es un tipo de cine estadounidense que tiene en cuenta la vida del hombre corriente y sobre todo, con un estilo propio, la energía, la velocidad, la violencia. Le gusta el elemento pop de una película.

¿Qué es lo importante para juzgar un largometraje? La emoción que sientes inmediatamente, el placer que te da y que le dará al público en general. Pauline Kael ve las películas una sola vez, en el cine, como los espectadores, no como los críticos privilegiados a los que se invita a verlas juntos. Este punto es capital: es el primer visionado de una película lo que cuenta, y nunca hay que volverla a ver, aunque te haya encantado. Su concepto de la cultura no es ni burgués, con la acumulación de obras que ello supone, ni universitario, con la necesidad de descifrar hasta el infinito una escena. En el fondo, ella se niega a que el cine se convierta en «cultura»: para ella, una *movie* es *entertainment* en el sentido más fuerte de la palabra, un momento de nuestra vida que pasa y que no vuelve más. Te gusta o no te gusta. Jamás hay que darle a una película una segunda oportunidad.

Kael es una crítica profundamente estadounidense, le gusta la naturaleza democrática del cine *made in USA,* su capacidad de entretener a las masas, su accesibilidad. Lo que odia sobre todo es el paternalismo de los críticos cultos y el academicismo de los universitarios que construyen teorías alambicadas para maquillar los gustos elitistas de su clase social. Aunque es judía, Woody Allen no es lo suyo; aunque es arriesgada en el amor, Antonioni va demasiado despacio para ella. Todo es una cuestión de velocidad: «No cabe duda de que muchos de nosotros reaccionamos ante una película en función de su tempo, y según si ese tempo corresponde o no al nuestro», escribe.

Por eso Pauline se burla de la pretensión de las películas «independientes», con unas ambiciones estéticas limitadas pero con unos preceptos morales ilimitados. No le gustan Ingmar Bergman ni Jim Jarmusch, pero sí le gustarán más tarde las películas de los hermanos Coen. Rechaza con bastante firmeza el film de Claude Lanzmann *Shoah,* bajo el argumento de que el tema de una película no debe impedir que el crítico la juzgue, y destroza *Pauline en la playa* de Éric Rohmer: «Oyes hablar a los personajes, lees los subtítulos y te sientes civilizado».

Es cruel sobre todo con las películas extranjeras que quieren ser profundas y «de izquierdas», pero que se limitan a hablarle a la élite en un lenguaje codificado y son incapaces de interesar al pueblo del cual pretenden hablar. «Hace falta algo más que buenos sentimientos de izquierdas para hacer una buena película». Y una buena película es en primer lugar una película… que a ella le guste.

Una película le gusta o no le gusta, la pone por las nubes o se la carga. Mantiene una relación muy incestuosa con las películas y no emplea el verbo *like* sino el verbo *love* (no le gustan las películas sino que las adora). Sus juicios son expeditivos, inesperados, excesivos.

Sólo tiene en cuenta a su lector: le narra pormenorizadamente el argumento de la película, describe de una forma clínica los personajes y la interpretación de los actores, juzga la música, habla de los detalles que ayudan a comprender. Escribe para transmitir, no para juzgar. «La crítica de películas es un arte del equilibrio: tratar de sugerir perspectivas y dar un sentido a las emociones que el público experimenta». Confía en el gusto de ese público y se lo toma en serio, un poco como la industria del cine, que tiene sus *focus groups*. Y justamente, ella también describe en sus artículos al público, al que ausculta y escucha reaccionar en las salas oscuras; se interesa por la forma como el público siente miedo, se excita y ríe. «A menudo me han acusado de escribir sobre todo, salvo sobre la película», dice con humor.

Pero además del fondo, que es lo que la caracteriza, también tiene un estilo propio, inimitable y sorprendente. Un estilo a la vez sofisticado, *slangy* y crudo (emplea muchas expresiones de argot y utiliza tacos sin complejos). El suyo es un estilo más parecido al jazz que a la música de cámara, con un gran dominio de la lengua, un carácter espontáneo e improvisado, y sobre todo con ritmo y velocidad; más que nada, se asemeja a una conversación oral. Siempre escribe en primera persona y se dirige al lector empleando el «tú» en vez del «uno» impersonal, más tradicional en la crítica: «Mucha gente me ha reprochado este uso sin darse cuenta de que era simplemente una manera de ser estadounidense y de no ser una inglesa de las que dice: "Uno cree que…"».

El lector tiene la impresión de dialogar con Kael. Ella dirá con frecuencia que hace falta mucho tiempo y mucho trabajo para escribir de forma sencilla. «He hecho todo lo que he podido para perder mi estilo, para abandonar el tono pomposo de los universitarios. Quería que mis frases respirasen, que tuvieran el sonido de la voz humana». De ahí que Kael hable en sus críticas de sus experiencias, y a veces de su propia vida. Habla de las películas que la han «acompañado» porque, al fin y al cabo, para ella el cine es «alguien». «Alguien» y no «algo», como los vídeos, la televisión o, más tarde, los multicines, que no le gustan. En eso es más cinéfila de lo que cree. Y, a decir verdad, no muy estadounidense.

Pauline Kael es una elitista popular. En una entrevista, poco antes de morir, dice: «La grandeza del cine es que puede combinar la energía de un arte popular con las posibilidades de la alta cultura». Puede ser muy erudita: son famosos sus análisis de las técnicas fílmicas de D. W. Griffith o de Jean Renoir, sus críticas sutiles de las películas de Godard, su comentario de *Ciudadano Kane* de Orson Welles. Sobre todo fue una de las primeras en tomarse en serio el cine *mainstream* y el *entertainment* desde un punto de vista crítico. Haciendo que lo respetable fuese accesible a todos y lo accesible respetable para la élite, contribuyó a modificar todo el estatus del cine estadounidense.

Sin embargo, no ama ciegamente todo el cine comercial, como tampoco se contenta con criticar únicamente el cine de arte y ensayo. No es una antiintelectual, contrariamente a lo que haya podido decirse; es ante todo una independiente. Fue una de las primeras en darse cuenta del talento de Martin Scorsese, Francis Ford Coppola, Brian de Palma, Robert Altman y Bernardo Bertolucci. Le gusta David Lynch (especialmente *Terciopelo azul); a*dora la actuación de Robert de Niro en *Taxi Driver* o su transformación inaudita en boxeador en *Toro salvaje.* No duda en analizar severamente el éxito comercial de las películas que le parecen sospechosas —lo que ella denomina la «llamada del *trash*»—, o en desmontar las películas que son populares por razones espurias, insistiendo en el narcisismo del público, las tendencias negativas profundas de la sociedad estadounidense o el factor afectivo irracional que elimina la facultad de juzgar. Crítica de izquierdas y elitista neoyorquina a su pesar —es una gran bebedora de bourbon sin hielo—, pronuncia esta célebre frase tras la victoria de Richard Nixon en 1968: «No puedo creer que Nixon haya ganado, pues no conozco a nadie que haya votado por él».

En cambio conoce a mucha gente en Nueva York a quien le gusta Jean-Luc Godard, con el cual siempre ha mantenido una relación de amor-odio compleja. Defiende al Godard de la década de 1960 y piensa, como él, que las películas que se hicieron en la edad de oro de los estudios, cuando los artistas estaban totalmente controlados por la industria y eran asalariados sin ningún margen de maniobra artística ni *final cut,* podían ser obras de arte. Al fin y al cabo, ¡Godard había ensalzado a Douglas Sirk! Pauline Kael elogió, durante toda la década de 1960, las películas de Godard —*Los carabineros; Masculino, femenino; La china*— en quien ve muy pronto un cineasta importante. Pero no tarda en preocuparle la tendencia de Godard a marginarse; su sofisticación cada vez mayor, sus digresiones y sus autocitas la exasperan. Se burla de sus películas políticas, según ella ingenuas y «políticamente ineficaces» y tilda su cine de *minority art*. Después de 1967-1968, se despega definitivamente de Godard y empieza a atacarlo por su pretenciosidad y su cine considerado soporífero. Más perversa, Kael cuenta que Godard ha perdido el rumbo en nombre precisamente de las ideas que defendía en la época de *Al final de la escapada,* y en un debate común le contesta, llamándolo por su nombre de pila: «Jean-Luc, cuanto más marxistas se vuelven tus películas, más acomodado es tu público».

A través de Godard, ataca la «teoría del autor» a la francesa: le irrita el culto que los críticos de cine rinden a los directores y, sin llegar a aconsejarles que vuelvan a ceder el *final cut* a los productores o a los estudios, cree que la política «de los autores» devalúa la narración y con ello acabará matando al cine. De momento, dice, ya ha matado la creatividad francesa. Es hábil, y también se mofa del fetichismo de los intelectuales que «especulan hoy sobre la vida de los directores de la misma forma que el pueblo especulaba ayer sobre la vida de las estrellas». Para ella, una película es una historia y unos actores, y sólo después un director. En eso está muy alejada de los *film studies* estadounidenses, que se han desarrollado en las décadas de 1970 y 1980. Y cada vez que se carga una película de «autor», los universitarios especializados se muestran consternados. «Las películas europeas tienen una respetabilidad en este país que no es proporcional a sus méritos», replica Kael.

Estas andanadas despiertan tanto entusiasmo como odio. Los lectores del *New Yorker* y los universitarios de los *cultural studies* reclaman su dimisión en miles de cartas que llegan en sacos postales enteros. Le reprochan que escriba con «botas de *cowboy*», la invitan a volver a su rancho del Oeste «con sus pollos», le piden que se dedique a la crítica deportiva y, continuamente, le suplican que tome clases de inglés literario. Provocadora, ella les contesta que el cine debe ser hasta cierto punto un *entertainment*: «Si el arte no es un *entertainment,* ¿qué tiene que ser entonces? ¿Un castigo?», ironiza.

Pero no es fácil desmontar a Kael, teniendo en cuenta la autonomía de sus juicios. Y las críticas contra ella, en el Estados Unidos *post-*

sixties, pinchan en hueso. Es difícil denunciar su incultura: con una memoria excepcional, es capaz de describir minuciosamente escenas enteras y ridiculizar al profesor más culto de los *film studies* gracias a sus conocimientos enciclopédicos, en una época en la que no existen ni IMDb ni Wikipedia. Lectora voraz, apasionada por el teatro y la ópera, es imbatible por la amplitud de sus conocimientos, que superan las categorías binarias *high* y *low* con las cuales todavía gustan de juzgar los intelectuales estadounidenses. Pauline Kael puede hablar durante horas de Duke Ellington, de las *big bands* (de joven, formaba parte de una *jazz band* compuesta únicamente por chicas), de rock o de Aretha Franklin, a la que venera. «Me gusta la energía del pop, y es lo que muchas veces le falta a la música clásica», escribe. Al final de su vida, con más de 75 años, confiesa su pasión por el rap.

En la década de 1980, no obstante, su mirada cambia, porque el cine estadounidense ha cambiado. Y mientras que antes apreciaba el cine *mainstream,* ahora se muestra más crítica con Hollywood y lamenta la mayor influencia de los estudios y del *marketing.* Ya había sido muy dura con *La guerra de las galaxias* y con todas las películas familiaristas de Disney dirigidas a «todos los estadounidenses». Como reacción, los estudios a su vez la amenazan y, a medida que sus juicios sobre Hollywood son más duros, retiran la publicidad de sus películas de las páginas del *New Yorker.* George Lucas no tarda en denunciar su maldad bautizando con su nombre al malo de la película *Willow* (el general Kael). Ni siquiera se salva ya Spielberg, a quien ella había celebrado por *Tiburón, En busca del arca perdida* y sobre todo *ET.* Y Kael critica «la infantilización del cine».

Pauline Kael fue contemporánea de un movimiento profundo que, después de ella, se amplificó. Hizo que las películas *mainstream* fuesen intelectualmente respetables y contribuyó a la desacralización del libro en favor de la película. Encarnó una mutación del público cinematográfico, una mutación que no engendró ella sola, pero que ella supo representar en un momento en que la jerarquía cultural estaba cambiando: la *movie* reemplazó al libro como objeto cultural de referencia, y el cine se convirtió cada vez más en el modelo de las demás artes en Estados Unidos.

Y luego un buen día fue la jerarquía entera la que quedó en entredicho, y se volatilizó.

Al principio en Estados Unidos la cultura se dividía de una forma bastante simple entre la cultura de la élite (*high culture*) y la cultura popular (*low culture*). La mayoría de los críticos, más bien influidos por el enfoque europeo del arte, consideraban que tenían la misión de proteger esa frontera y defender la cultura contra el *entertainment*. En la década de 1950, en particular, la élite intelectual, a menudo compuesta por inmigrantes europeos, se asusta de la importancia que está adquiriendo la cultura de masas y denuncia, siguiendo a la filósofa Hannah Arendt, la «crisis de la cultura». El sociólogo alemán exiliado en Estados Unidos Theodor Adorno va más lejos y se muestra muy crítico con el jazz, al cual niega el nombre de música, asimilándolo a la «radio», con un desprecio esnob y, como algunos han llegado a decir, racista. Como buen marxista, Adorno considera la industrialización de la cultura como una catástrofe artística e insiste hábilmente en el hecho de que esa cultura de masas no es una cultura popular auténtica, sino el producto de un capitalismo monopolista. Adorno contribuye entonces a divulgar la noción de «industrias culturales» y sobre todo la crítica de las mismas.

De repente, a mediados de la década de 1950, algunas revistas como la *Partisan Review*, emblemáticas de la actitud de la época respecto a la cultura de masas, son presa del pánico ante la importancia creciente que va cobrando la televisión (en 1954 más del 50 por ciento de las familias estadounidenses tienen un televisor). La *old left*, esa vieja izquierda estadounidense nacida del antitotalitarismo, antinazi y en esa época también antiestalinista, se asusta ante la nueva cultura estadounidense que ve por doquier: los artículos predigeridos del *Reader's Digest*, la mediocridad cultural y el conformismo de los suburbios residenciales materialistas, *Moby Dick* en versión condensada «que se lee en la mitad de tiempo», la nueva edición del diccionario Webster que trata de simplificar el inglés estadounidense, las antologías y compilaciones de grandes textos, la música de Copland y las sinfonías clásicas difundidas por las radios de NBC, los libros de bolsillo Penguin y el Book of the Month Club (el gran libro del mes). Los intelectuales neoyorquinos multiplican los artículos para denunciar las reproducciones de los cuadros de Van Gogh o de Whistler colgadas en las salas de estar de las clases medias, una ocasión para esas familias mediocres de *self-aggrandizement* (la expresión es del gran crítico literario, típico de la época, Dwight Macdonald). Pero sobre todo critican el cine, que no es arte, escriben, y fustigan en particular las películas de Hollywood de la década de 1960, con Charlton Heston a la cabeza, burlándose de sus hazañas en *Ben-Hur* y en *El planeta de los simios*. Y luego, naturalmente, ironizan sobre los novelistas que, como John Steinbeck, Pearl Buck o Hemingway (el de *El viejo y el mar*) explotan los clichés sentimentales, y sobre los periodistas que, en las revistas *Harper's, The Atlantic* o *Saturday Review,* mezclan los géneros y defienden el pop en la prensa elitista.

Ese pánico a la cultura de masas (el gran *mass panic* de la década de 1950) tiene algo de desesperado: no ofrece más opción que la vuelta a la cultura aristocrática. En las décadas de 1930 y 1940, los críticos de la cultura de masas analizaban al menos la producción de las industrias culturales bajo el prisma marxista; ahora esa crítica ha degenerado en una sátira del gusto popular.

«Y después un día las cosas empezaron a cambiar y todo fue distinto», cuenta Bob Silvers, el célebre director de la *New York Review of Books,* con quien me reúno en su despacho de Manhattan. «La novedad es que a los intelectuales de la *old left* los adelantan por la izquierda los intelectuales de la *new left*», me explica Silvers. En diez años, los intelectuales neoyorquinos abandonan la jerarquía cultural que tanto habían venerado y abrazan la cultura de las masas.

Este nuevo discurso, a contrapelo del anterior, merecería todo un libro en el que se analizara el difícil trabajo de remendado que llevan a cabo las revistas de izquierda, la lenta conversión de la *intelligentsia,* las prudencias de los unos y las extravagancias de los otros. Lo más interesante: este nuevo discurso no viene de la prensa popular, ni de las industrias culturales, ni siquiera de la derecha conservadora; viene de los estudiantes de Harvard, de los negros de Harlem, del movimiento chicano y de los hippies de California. Para tapar los agujeros de una barca ideológica que hace aguas, no todos los intelectuales utilizan el mismo procedimiento ni tienen la misma audacia. Algunos hacen referencia, curiosamente, a ese astro muerto que es Trotski; otros están deslumbrados por el pensamiento del presidente Mao, hasta el punto de no ver que el maoísmo no es más que un estalinismo antisoviético; otros finalmente se apasionan por Fidel Castro y Che Guevara, cuyo marxismo aún luce el encanto del trópico.

Entretanto estalla en 1968 en Berkeley y en Columbia el movimiento estudiantil, con Bob Dylan, la contracultura y la guerra de

Vietnam. Esta vez, la vieja élite se da cuenta de que ha perdido el tren. Ya ha dejado pasar el tren del jazz y el de Jack Kerouac, y ahora no quiere equivocarse con el rock, con Hollywood y con la sexualidad de los jóvenes. Es hora de cambiar la plantilla de lectura.

Hay una joven intelectual, Susan Sontag, que ya ha abrazado el rock y la fotografía, a los que valora como arte, y rinde culto a John Wayne en sus artículos de la *Partisan Review*. Se interesa sobre todo por lo *camp* y lo *kitsch* para superar las jerarquías culturales *high* y *low*. Los intelectuales negros y también los activistas hispanos, indios y asiáticos empiezan a reclamar el final del monopolio cultural considerado «eurocentrista». Las feministas, y también los militantes gays, denuncian la dominación masculina. El hombre blanco es la diana de todas las críticas, y la cultura europea también. Porque el resultado de esa revolución es el alejamiento de Europa, en efecto, y la valorización de la cultura popular estadounidense. Al arrinconar su exigencia artística de antaño y al legitimar la cultura de masas en Estados Unidos, los intelectuales estadounidenses sacrifican Europa en el altar del final del aristocratismo. Y desde entonces, todavía no se han calmado las olas de ese tsunami.

En muy pocos años, la élite depone las armas e iza bandera blanca sin haber librado la batalla del arte. La crítica de la cultura de masas, que era de izquierdas en la década de 1950, pasa a ser patrimonio de la derecha en Estados Unidos, y a finales de la década de 1980 revivirá entre los partidarios de Ronald Reagan. La «vieja izquierda», por su parte, está remendando sus creencias para proteger sus ilusiones y lee a Jack Kerouac, escucha a Bob Dylan y toma como gurú al líder contracultural hippie Abbie Hoffman. Cambia su viejo marxismo por un nuevo anarquismo antiautoritario. Ahora los viejos intelectuales que hasta ayer mismo defendían la cultura de la élite WASP, masculina y blanca, descubren de repente que son *caucasian;* ahora se avergüenzan de ser blancos. Esta *white guilt* —la vergüenza de los blancos— es un elemento fundamental de esa inflexión. Pronto los *cultural studies* se pondrán a estudiar *La guerra de las galaxias* y *Matrix* y a hablar de la «nobleza del *mainstream*».

Esta conversión, que aquí hemos recordado a grandes rasgos, y que han confirmado la mayoría de los intelectuales, tanto *old* como *new left,* con los que me he entrevistado en Nueva York y Boston —desde Susan Sontag a Michael Walzer, desde Paul Berman a Michael Sander, desde Nathan Glazer a Stanley Hoffmann—, ha tenido importantes consecuencias. Y sobre todo en los críticos culturales de la generación de Pauline Kael. Todos empiezan a tomarse en serio la cultura comercial, no sólo económicamente, como una industria poderosa, sino también como arte. Al contrario que Adorno, los nuevos críticos de jazz demuestran que se trata de una música genuina que se está convirtiendo nada menos que en la música clásica del «siglo americano». Los críticos del rock ganan respetabilidad e influencia, a expensas de los críticos literarios. Y en el *New York Times* empiezan a tomarse tan en serio las comedias musicales de Broadway como el teatro de vanguardia. Contrariamente a sus predecesores, los nuevos críticos culturales estadounidenses no defienden ya la división entre el arte y el *entertainment,* sino que intentan, por el contrario, difuminar las fronteras y borrar esa división considerada ahora elitista, europea, aristocrática y francamente antidemocrática.

Como el escritor Norman Mailer, la intelectual Susan Sontag, el crítico literario Dwight Macdonald y tantos otros, Pauline Kael fue una de las figuras simbólicas de esa gran ruptura. Desde entonces, se ha llegado mucho más lejos que ella en la desacralización de la «alta» cultura y en la mezcla de géneros: Pauline Kael y, después de ella, Tina Brown y por supuesto Oprah Winfrey anuncian el futuro de una vida cultural sin la figura del intelectual. E incluso muy pronto una vida cultural sin la figura del crítico.

Tina Brown o el nuevo periodismo cultural

Junior's es un restaurante emblemático de Nueva York. Típicamente judío hasta la década de 1970, esa especie de *diner* se ha convertido esencialmente en negro desde entonces y es conocido en toda la región por su World's Most Fabulous Cheesecake. Está en Times Square, en la calle 45 de Nueva York, y allí es donde me ha citado Tina Brown.

A los 56 años, Tina Brown es una mujer seductora, a la que su elegancia muy británica (es originaria de Londres) y su carisma contenido hacen más irresistible todavía. Al hablar con ella, me siento arrebatado por su encanto y me digo que ha tomado de América el optimismo y de Europa el humanismo. Al verla, comprendo sobre todo que haya podido seducir a algunos de los más célebres actores, periodistas y escritores ingleses de la década de 1970, lo cual contribuyó a forjar su leyenda. También fue muy pronto una amiga íntima de Diana, la princesa de Gales, a la cual ha dedicado recientemente una biografía que ha sido un *best seller* mundial.

Tina Brown pide a un camarero de Junior's que nos traiga café americano (no hay quien se beba ese *refill* a menudo servido a voluntad) y también encarga *pancakes* mientras empieza a contarme su vida. Vino a Estados Unidos acompañando a su marido, el muy influyente periodista inglés Harold Evans, que dirigió el *Sunday Times* y el *Times* en Londres. Enseguida la contrataron como periodista en *Vanity Fair*. Con su esposo, que entre tanto ya había ascendido a presidente de la editorial Random House, formaron una de las parejas más famosas del Nueva York mediático.

Todo se acelera. En 1984, gracias a su red de amistades, su talento y su encanto, Tina Brown se convierte en redactora jefe de *Vanity Fair*. Reestructura la revista estadounidense y le da un carácter *hip* optando por temas ora populares ora intelectuales. Por una parte, se atreve con portadas protagonizadas por famosos —a menudo con fotos de Helmut Newton—, crea una sección de sucesos y multiplica las entrevistas con estrellas. Por otra parte, encarga artículos serios de política exterior a intelectuales de renombre, incita a un escritor célebre a describir minuciosamente su depresión y contrata a plumas de calidad como colaboradores.

Vanity Fair, editada por el grupo Condé Nast, pasa bajo su dirección de 200.000 a un millón de ejemplares vendidos cada mes. En 1992, el presidente ejecutivo de Condé Nast le propone hacerse cargo de la dirección del *New Yorker*, otra revista del grupo. Su llegada al templo discreto de la cultura estadounidense es un *shock* para muchos. Tina Brown permanece fiel a su estilo entre dos aguas, medio *people*, medio intelectual. Tiene 38 años.

«En el *New Yorker* quise simplemente hacer periodismo de una forma moderna: investigación, *entertainment*, estrellas. El punto de vista del periodista editorialista es sustituido por la información y las ideas, se rompe la jerarquía cultural pero se hace de forma inteligente, se llega a compromisos, pero a compromisos inteligentes», me explica Tina Brown en Junior's, con su acento *british* muy discreto. La cultura y el *entertainment*, que estaban separados antes de su llegada, ahora se mezclan. Los temas de moda, hasta entonces mantenidos a distancia, se convierten en la nueva plantilla de lectura de la revista. La lentitud, un valor que antes se cultivaba, se sustituye por la velocidad. Lo sensacional, ayer alusivo, se vuelve materia de análisis. Se olvida el miedo al comercio, que en el antiguo *New Yorker* era una religión: Tina Brown pide a su equipo que analice la América empresarial.

«He lanzado una sección titulada "Los anales de la comunicación" para seguir la evolución de los estudios, de la televisión y sobre todo de las industrias del *entertainment*», me explica Tina Brown. En lugar del arte europeo y de los libros de literatura de la élite, hay retratos de diez páginas sobre Rupert Murdoch de News Corp, Michael Eisner de Disney, Bill Gates de Microsoft o Ted Turner de CNN. Con su nueva prioridad «arte, medios y *entertainment*», Tina Brown inventa también en el *New Yorker* la biografía de empresas: encarga la historia del operador de cable Comcast, del estudio Paramount o del *holding* Viacom. El tono es severo y las investigaciones irreprochables, pero los lectores acostumbrados a un periodismo refinado se muestran algo contrariados al leer veinte páginas sobre la fusión Time Warner-AOL, el gangsta rap o las regulaciones del mercado audiovisual estadounidense. Pase que el *New Yorker* analice, como antaño, los poemas escritos bajo la influencia de la droga de Allen Ginsberg; pero el análisis de los videoclips de MTV es algo que raya en lo intolerable. «Y sin embargo, las ventas del *New Yorker* se han disparado», me dice sin inmutarse Tina Brown.

Y aún va más lejos. No se conforma con hablar de las estrellas, también habla de la *star's people,* la gente que hace a las estrellas, y de esos *middlemen* entre el creador y el proceso comercial que, como los agentes, los mánager y los PR *people,* fabrican el *buzz.* «El *New Yorker* debía hablar de aquello de lo que habla la gente», añade Tina, como si se tratase de una evidencia, un poco como si ella hubiese inventado el Escalator que hace que la gente sea famosa.

«También he cambiado el estilo de la publicación. Y como era inglesa, no podían reprocharme que despreciase la pureza de la lengua», explica Tina Brown. Las palabras malsonantes, que estaban muy perseguidas en esa publicación puritana y protestante (recuérdese que el escritor Norman Mailer no quiso colaborar con el *New Yorker* porque no le permitieron utilizar la palabra *shit* en su texto), se convierten en una forma como otra de escribir. Por eso 79 periodistas se van y llegan 50 nuevos. La fotografía entra por primera vez por la

puerta grande en el austero *New Yorker:* contratan a tiempo completo a Richard Avedon, que viene de *Vogue* y de *Life* y que se ha especializado en la fotografía de moda y de rock. Entran colaboradores más
polémicos que cultivados para analizar no ya las obras de Hannah
Arendt y de Woody Allen, sino el *hip*, el *cool* y la *pop culture* (el *New
Yorker* tiene una sección regular titulada «Department of Popular
Culture»). A partir de ahora, el periódico se toma muy en serio el
último *blockbuster* o el nuevo *best seller* literario. La estrategia de Tina
Brown, heredada de Pauline Kael, es tratar seriamente la cultura popular y escribir para el gran público sobre la «alta cultura». «A mí
me marcó mucho Pauline Kael, me influyeron mucho sus años en el
New Yorker. Y quise que se escribiera sobre Hollywood como si fuese
un cuento. La narración se convirtió en esencial», me confirma Tina
Brown, a quien generalmente se atribuye el haber inventado en Estados Unidos el *celebrity journalism.*

Los predecesores de Tina Brown al frente del *New Yorker* tenían
una misión: resistir los embates de los «bárbaros» y mantener la línea, la frontera, que separa el buen gusto de la mediocridad, la élite
de las masas, la cultura del *entertainment,* el *high* del *low.* Pero ahora
descubro que Tina Brown es una «bárbara». En este restaurante judío convertido en negro —lo cual en general ya basta para asustar a
la élite y a los intelectuales neoyorquinos—, Tina me habla de Philippe de Montebello (el muy elitista director de origen francés del
Metropolitan Museum de Nueva York) y de *La guerra de las galaxias*
en los multicines, de Shakespeare y de los Monty Python, del escritor John Updike, al que ha mantenido en su puesto del *New Yorker,* y
de los retratos que ha encargado sobre Madonna y Tom Cruise. Me
dice que estas mezclas le parecen *cool.*

Otro día, en la cafetería del *New Yorker,* que ha sido magníficamen-
te diseñada por el arquitecto Frank Gehry y donde vemos a Meryl
Streep almorzando en la película *El diablo viste de Prada,* me encuentro con el elegante Henri Finder, redactor jefe de la revista.

Desde lo alto de sus 52 pisos, la sede del grupo Condé Nast, en el
número 4 de Times Square, domina Broadway. *Vogue, Glamour, GQ,
Architectural Design, Wired, Vanity Fair,* el *New Yorker,* pero también la
revista *Bon Appétit* se editan aquí. Esto me tranquiliza respecto a la comida. A fuerza de reunirme, año tras año, con Henri Finder en esta
famosa cafetería, he llegado a conocerlo. Siempre un poco dubitati-

vo e *insecure,* de una amabilidad y una discreción erigidas en arte de vida, Henri toma, como de costumbre, un plato vegetariano, sin entrante ni postres, y una Coca-Cola Light. Nos sentamos en la sala retro y *kitsch* del restaurante de empresa, que te da la impresión de estar dentro de un acuario.

Henri fue contratado por Tina Brown en 1994 primero como redactor jefe adjunto, después como responsable de las críticas de libros y, finalmente, desde 1997 como uno de los redactores jefes, un cargo que todavía ocupa. «Tina Brown es a la vez una especie de sabionda de Oxford, por su sofisticación intelectual, y un verdadero empresario cultural estadounidense con poca paciencia ante las pretensiones intelectuales. Como los estudiantes más originales de su generación, formados como ella en Oxford y Cambridge, Tina empezó a estar harta de la estrechez de miras de la "pequeña Inglaterra", de su refinamiento, su distinción, su lenguaje redicho, su miedo a la vulgaridad, y poco a poco se sintió seducida por la ambición americana. Tina encontraba sospechosas las jerarquías culturales europeas», analiza Henri Finder. «La ambición americana»: me gusta esta fórmula, lo dice todo.

Henri Finder también subraya que Tina Brown aportó a la revista la cobertura de la actualidad que le faltaba. Y recuerda, relativizando un poco la novedad aportada por Tina Brown, que esta mezcla de géneros ya era el sello del *New Yorker* cuando la publicación encargaba, por ejemplo, un retrato de Marlon Brando a Truman Capote y, por supuesto, en los artículos de Pauline Kael.

Unas semanas más tarde, vuelvo a ver a Tina Brown y a su marido en una velada social en su mansión de la East 57th Street en Manhattan. De pronto, entre dos copas de champán, Tina me dice, hablando con la superioridad que da la experiencia: «En Nueva York no haces amigos, haces contactos». Durante esa fiesta en el Upper East Side, coincido en el magnífico jardín privado con los editores más conocidos de Nueva York, con los directores de las principales revistas e incluso con Henry Kissinger, el ex secretario de Estado de Nixon, que visiblemente se halla en su elemento. He visto en vivo y en directo en qué se ha convertido el *New Yorker* bajo el reinado de Tina Brown.

Contrariamente a lo que a menudo se cree en Europa, el *New Yorker* ya no es la revista de la élite neoyorquina que no se avergüenza de sus pretensiones. Es la revista de la élite que sí se avergüenza de ellas. Las palabras «Europa», «esnobismo» y «aristocracia», con frecuencia sinónimas, sólo se pueden emplear irónicamente.

Lo importante ahora ya no es la jerarquía cultural, sino lo *cool*. Y el *New Yorker* se propone justamente ser ese barómetro de lo *cool* y un *trendsetter*, el que decide la moda. Tina Brown, a la que le sobran las ideas, ha lanzado sus célebres números especiales del *New Yorker* bautizados «Next Issue», una especie de previsión meteorológica de las modas que vendrán y un horóscopo de lo *cool* que predice lo que mañana será *hip*. Tina Brown tiene un raro instinto para identificar *the next big thing*, aquello que estará en boca de todo el mundo.

Así pues, el papel del crítico cultural cambia, en el *New Yorker* y en todo Estados Unidos. El nuevo árbitro tiene la misión de evaluar la cultura, no ya sólo en función de su calidad —un valor subjetivo—, sino también de su popularidad —un valor más cuantificable—. Ya no juzga, entra en «conversación» con su público, como me dice Tina Brown, sin darse cuenta de que está retomando una expresión de Pauline Kael. El arte, el sexo, las estrellas, la moda, los productos, las películas, el comercio, los políticos («también son celebridades», me dice Tina), el *marketing*, la gran literatura, las nuevas tecnologías, todo eso está un poco mezclado ahora ya en un periódico donde ayer todo estaba bien jerarquizado, definido y compartimentado. Y si queda alguna jerarquía cultural, ya no va de lo popular a la élite, sino de lo muy *hot* a lo muy *square* (carroza, lo contrario de *cool*). Tina Brown inventa la jerarquía de la *hotness*.

La jefa del *New Yorker* comprendió antes que los demás y antes que Internet las reglas de la cultura del *entertainment* en expansión: la notoriedad, el *buzz*, la velocidad, lo *hip* y lo *cool*. Estos elementos son la base del nuevo capitalismo cultural, el capitalismo *hip*, que es el que contribuirá a propulsar la cultura estadounidense en todo el mundo.

Entonces me vino a la memoria la expresión fetiche de Tina Brown, la que pronunció ante mí en el Junior's y que luego me recordó en su casa del Upper East Side: la *New York fakery* (el lado falso y ficticio de Nueva York). Una mujercita del Oeste americano, Pauline Kael, y una inglesa convertida en primera empresaria cultural de Estados Unidos, Tina Brown, quisieron denunciar esa impostura, la de la antigua élite de la costa Este, con sus valores esnobs y europeos y con sus distinciones culturales artificiales. Y me he enterado recientemente de que la británica Tina Brown, actual directora de *Newsweek,* había pedido finalmente, y obtenido, por supuesto, la ciudadanía estadounidense. De nuevo «la ambición americana».

LA MARCA OPRAH

El *talk show:* éste es el principal invento de Oprah Winfrey, la mujer más poderosa del mundo en los medios de comunicación. Nacida en 1954 en el Misisipi rural y en medio de la pobreza —su casa no tenía ni agua corriente ni electricidad—, de una madre que trabajaba de asistenta y un padre minero que se hizo barbero, Oprah Winfrey pasó la adolescencia en el gueto negro de Milwaukee, en Wisconsin. Recientemente reveló que había sido violada en su juventud, que había tomado drogas «por el amor de un hombre» y que quedó embarazada a los 14 años (el niño nació muerto y no tendrá más hijos). Gracias a sus buenos resultados académicos, consigue entrar en una universidad pública mayoritariamente negra y empieza a trabajar de locutora en un programa de radio de una emisora local de Nashville, en Tennessee. Su empatía, su lenguaje franco, su forma directa de preguntar a sus invitados por su vida privada y su sentido del humor hacen que sus primeros *talk shows* tengan una gran audiencia. Luego entra a trabajar en una televisión local de Nashville, después en una de Baltimore, y en 1983 la contratan en una televisión con problemas de audiencia de Chicago. *The Oprah Winfrey Show* que ella dirige se convierte muy pronto en el programa de más éxito de la ciudad. Entonces despega verdaderamente gracias a la *syndication,* ese sistema estadounidense que permite a una radio o a una televisión local vender un programa a centenares de otras cadenas en todo el país. En 1986, su *talk show* de la tarde, emitido *coast to coast,* se convierte en un auténtico fenómeno: lo ven millones de estadounidenses en cientos de ciudades. Ha nacido el fenómeno Oprah.

El *talk show,* con sus distintas variantes, existía antes de Oprah. Pero ella le da un carácter propio al género, especialmente al *tabloid talk show,* que es la réplica televisiva de las entrevistas en forma de terapia de los tabloides en la prensa. En todo el mundo, en China, India, Brasil, Camerún y hasta en Egipto, he encontrado locutoras de televisión que imitaban a Oprah. En Estados Unidos mismo, y en pocos años, Oprah Winfrey se convierte en una de las mujeres más conocidas y más ricas del país, y en la única multimillonaria negra estadounidense. Su éxito, excepcional, se debe a ese formato de *talk show* que ella ha inventado. Hace hablar a las estrellas de cine, los raperos, los policías, los jefes de Estado extranjeros, así como a *the next door girl* (la muchacha de la esquina, anónima), de sus problemas, obteniendo verdaderas confesiones públicas. Es una nueva forma de *entertainment* en la que lo público se vuelve privado (Bill Clinton hablando de su vida personal) y lo privado público (un individuo anónimo contando cómo empezó a pegarle a su mujer). Su entrevista a Michael Jackson en 1983 fue uno de los programas más vistos de la historia de la televisión estadounidense, con 100 millones de telespectadores. Ella hace hincapié en el *self improvement:* la responsabilidad personal, el bienestar, el pensamiento positivo, el éxito individual, la salud, la buena armonía con la pareja, la decoración interior, las recetas de cocina. «En definitiva, mi mensaje es: "Usted es responsable de su propia vida"», me explica Oprah Winfrey. Invita a peluqueros de las estrellas y a Bill Gates, a *escorts* (un eufemismo para designar a los prostitutos de lujo, masculinos o femeninos) y a Nelson Mandela, a médicos especializados en cirugía estética y a un senador republicano. Pero también sabe salirse sutilmente del *mainstream* y abordar cuestiones sensibles: feminista, muy favorable a los gays, atenta a la droga y a las adicciones a los fármacos, da visibilidad a los temas tabú y muchas veces, sinceramente emocionada, derrama ella misma una lágrima por las situaciones que sus invitados describen. Hace de su *show* una tribuna para la autoafirmación: habla de los abusos sexuales de los que fue víctima y lanza una campaña contra la violación de menores (que ha culminado en una ley en el Congreso, que tiene el sobrenombre de Oprah Law). Se interesa periódicamente por las dietas y habla de su propia obesidad, que la tiene obsesionada (ha firmado un libro con su *coach* para explicar cómo había adelgazado, cómo hacía deporte y para confesar su pasión por los ejercicios conocidos con el nombre de «pilates»; el libro fue un *best seller* inmediato). Y cuando entrevista a un hombre que resulta ser misógino, homófobo o racista, puede ponerse increíblemente violenta en nombre de su historia personal de ex *colored girl,* expresión que emplea para recordar que una chica como ella era considerada como una «persona de color» en su juventud. Frente a un invitado que, en el plató y en uno de los muchos programas que Oprah dedica al matrimonio homosexual, dice «sentirse exasperado» por los gays teniendo en cuenta los riesgos que representan para los chicos, ella le replica: «Pues a mí, sabe usted, lo que me exaspera son los hombres heterosexuales que violan y sodomizan a las chicas; eso es lo que me exaspera». Y el público en el plató se pone en pie para dedicarle una *standing ovation*.

En el 1058 del West Washington Boulevard de Chicago están los estudios Harpo (Oprah al revés). Estoy en lo que se llama el West Loop, un antiguo barrio industrial sin personalidad, al oeste de la ciudad, donde tienen su sede social muchas sociedades de servicios. Un edificio ancho de ladrillo marrón claro y gris de dos pisos, que ocupa un bloque entero entre las calles Carpenter y Aberdeen: éste es el cuartel general de Oprah. La aparente discreción del lugar me sorprende, a pesar de una larga cola compuesta esencialmente por mujeres que esperan poder asistir a una grabación. En letras blancas sencillas, que desmienten el ego supuestamente vertiginoso de Oprah, se puede leer simplemente encima de la puerta principal: «Oprah Winfrey Show».

Harpo Productions es una empresa bien rodada con 221 empleados, unos estudios de televisión y un gimnasio donde, cada mañana a las 7, se puede ver según parece a la estrella haciendo su *work out*. Oprah se pasa varios días a la semana en su cuartel general y vive el resto del tiempo en una lujosa residencia que posee en Santa Bárbara, California. (Pude visitar los estudios de Chicago con la prohibición de citar a mis interlocutores; en cuanto a los múltiples PR *people* de Oprah Winfrey, no respondieron a mis peticiones de entrevista).

Harpo Productions es el vehículo principal de la máquina de Oprah Winfrey, la explicación de su fortuna y un buen resumen de la evolución del audiovisual estadounidense. Es una sociedad privada, de la cual Oprah es la principal accionista, y varias veces se ha negado, para tener pleno control sobre la empresa, a convertirla en «pública», es decir, a que cotice en bolsa.

Los programas de las principales redes televisivas estadounidenses se inventan, desarrollan y crean en productoras independientes, como Harpo, que las «sindican» luego, vendiendo los derechos por todo el país a cadenas que tienen la exclusividad en una serie de «mercados» (en general una ciudad o una zona geográfica concreta). El *talk show* estrella de Oprah que se emite todos los días (tiene varios) es difundido principalmente por las 215 antenas locales afiliadas a la red de CBS, así como por la red de ABC. Hoy tiene una audiencia diaria de unos 7 millones de telespectadores en Estados Unidos (en 1998 eran 14 millones, pero sigue siendo el *talk show* más popular de la televisión estadounidense) y además lo ven entre 15 y 20 millones de personas en 132 países. En algunos mercados, otras redes difunden también los *shows* de Oprah, a veces en el mismo momento en *prime time*, a veces en diferido, en *late time*, en función de contratos complejos, negociados generalmente para varios años. Harpo Productions conserva el *copyright* y subcontrata la distribución. A diferencia de las estrellas de la televisión que a menudo tienen un contrato *work for hire*, por el cual ceden el *copyright* a la cadena que las distribuye, Oprah Winfrey conserva un control total sobre sus programas. Acaba de anunciar, por cierto, que interrumpirá su *show* principal a partir de 2011 para transformarlo en una cadena por cable que se llamará OWN (Oprah Winfrey Network). Pasando así una página tras 26 años de fidelidad, Oprah constata la decadencia de las principales redes hertzianas (abandona CBS) y trata de seguir a su público por cable y por Internet. Construyendo toda una cadena alrededor de su nombre, ¿logrará relanzarse en un universo televisivo más fragmentado? ¿Y llegar a nuevos públicos sin perder su base fiel? Entre sus diferentes residencias y oficinas, Oprah Winfrey dirige también *O*, su revista, y varias publicaciones femeninas más *(joint ventures* con el grupo Hearst), preside un sitio web de éxito planetario, oprah.com, y produce comedias musicales para Broadway y películas para Hollywood (ha sido actriz en *El color púrpura* de Steven Spielberg y ha producido *Beloved*, basada en la novela de Toni Morrison, un fracaso). Se dedica asimismo a la filantropía, preside su propia fundación y está comprometida, utilizando sus programas y su dinero personal, con la lucha contra el sida, el combate contra la pobreza y el analfabetismo, la ayuda a los refugiados del Katrina en Nueva Orleans, y financia además una escuela de niñas en África. Son acciones generosas de gran magnitud criticadas a veces por su ingenuidad o su relativa ineficacia.

Todas esas actividades tan variadas están ligadas entre ellas por el carisma y la naturaleza *self-centered* de Oprah Winfrey, que casi siempre habla de sí misma cuando entrevista a los demás. Oprah se ha convertido en una marca.

Oprah Winfrey también es crítica literaria. A finales de 1996, introdujo en su *show* televisivo de la tarde una sección semanal sobre libros titulada «The Oprah's Books Club». «En mi Misisipi natal, los libros me transmitieron la idea de que existía una vida más allá de la pobreza», explica Oprah. Parece que este «encuentro» con los libros también la salvó de la miseria. Basta hoy que ella hable en su *talk show* de un libro clásico, una novela o un libro de literatura más exigente, para que instantáneamente se transforme en un *best seller*. Casi siempre, el libro entra en la *«New York Times* best seller list» y se vende un millón de ejemplares (Oprah Winfrey no está financieramente interesada en el éxito de los libros que selecciona). Los editores y los libreros se felicitan por el «efecto Oprah» en sus ventas, en un periodo en que los estudios demuestran que la lectura de ficción está bajando en Estados Unidos, pero la sección que Oprah dedica cada semana a los libros es la que menos audiencia tiene de todas las de sus *talk shows* cotidianos.

De John Steinbeck a Gabriel García Márquez, de Tolstoi a Pearl Buck, de Elie Wiesel a Cormac McCarthy *(La carretera)* o Jonathan Franzen *(Las correcciones),* a Oprah Winfrey todo le sirve para alcanzar su objetivo. Mezcla novelas de estación de tren con la gran literatura, ensayos sofisticados con libros prácticos. Escoge sobre todo los *hot books,* los libros de los cuales todo el mundo hablará y que constituirán el *buzz* mediático. También se muestra fiel en su elección, seleccionando obsesivamente la mayoría de las novelas de su amiga la novelista negra Toni Morrison, que habrá vendido más libros gracias a Oprah que por obtener el premio Nobel de literatura.

Durante el verano de 2005, Oprah Winfrey se atreve a seleccionar tres novelas de Faulkner, entre ellas *El ruido y la furia,* incitando así a sus cientos de miles de fans —mayoritariamente mujeres de entre 40 y 60 años— a leer esas novelas generalmente consideradas inaccesibles para el gran público. Si bien el resultado fue muy inferior a sus otras recomendaciones, parece sin embargo que ese verano fueron 300.000 las personas que gracias a ella compraron las novelas de Faulkner. Oprah tiene una misión, tal vez ingenua, pero sincera: hacer accesibles a la inmensa mayoría las pequeñas y las grandes obras.

Si alguien ha contribuido a difuminar la frontera entre el arte y el *entertainment,* la *high culture* y la *low culture* en Estados Unidos, ese alguien es Oprah Winfrey con su programa literario. «He querido utilizar mi *talk show* tanto para educar como para entretener, a fin de permitir que la gente vea su vida de otra manera», explica Oprah en una entrevista. También ha lanzado su Book Club, un verdadero fenómeno social: en todo el país, en las ciudades y los pueblos, sus fieles la han imitado creando su propio *book club* para compartir sus experiencias de lectura (su sitio web ofrece consejos para crear esos clubes y propone fichas detalladas para facilitar la lectura). «Quiero que los libros formen parte del modo de vida de mi público y que la lectura se convierta en una actividad normal para ellos, de manera que deje de ser un *big deal*». Por todas partes, tanto en los supermercados Wal Mart de Nuevo México como en las librerías Borders de Wisconsin, en los Barnes & Noble de Alabama y en los Starbucks de Texas, e incluso en las bibliotecas públicas de Misisipi, me he encontrado con grupos de mujeres que se reunían para leer y discutir la selección literaria mensual del Book Club de Oprah Winfrey. «Cada mes, tengo un grupo de mujeres que se dan cita en el café de nuestra librería en torno a un libro de la selección de Oprah. Discuten y contribuyen a crear un ambiente de lectura que es muy importante para nosotros. Y a veces, cuando es el aniversario de Shakespeare, por ejemplo, ¡traen un pastel para celebrarlo!», me explica en Austin, Texas, Dan Nugent, el encargado de la librería independiente Book People.

El genio de Oprah Winfrey es haber sabido dar a un programa prescriptivo y unilateralmente *top down* (de arriba abajo) una función interactiva gracias a miles de *book clubs* creados espontáneamente por su público en todo el país. Con frecuencia considerado como una forma de ocio individual, el libro ha recuperado en Estados Unidos un carácter colectivo, si no una función social. En todos los sentidos de la palabra, Oprah es una animadora cultural y una *bookcrosser,* una pasadora de libros.

EL NUEVO CRÍTICO

Pauline, Tina y Oprah: lo que tienen en común esas tres mujeres emblemáticas es la profunda mutación que acompañan. El crítico cultural cambia irremediablemente de naturaleza en Estados Unidos entre 1968 y la actualidad. En paralelo al final de las jerarquías culturales y a la mezcla de géneros entre el arte y el *entertainment,* el crítico deja de ser un juez y se convierte en un «transmisor». Antes era un *gatekeeper,* un guardián de la frontera entre el arte y el *entertainment,* y un *tastemaker,* el que definía el gusto. Ahora es un «mediador del *entertainment*» o un *trendsetter,* el que decide la moda y el *buzz* acompañando los gustos del público. Al nuevo crítico le importa sobre todo lo *cool* y, precisamente, lo *cool* detesta las distinciones culturales. Y una vez abolidas las clasificaciones, es muy difícil restablecer una jerarquía. Además, ¿quién lo desea?

Para el presente estudio, he entrevistado a periodistas culturales en 35 estados norteamericanos y me ha parecido que entendían su oficio de una forma muy distinta a la de sus colegas europeos. Están, por supuesto, los guardianes del templo en revistas como *Film Comment* o el *Chicago Reader;* sin embargo, casi siempre el oficio de periodista cultural ha cambiado. En lugar de ser un crítico, éste entrevista a celebridades, cuenta la vida de los actores, se interesa por los rumores, por el *buzz.* Debe ponerse al mismo nivel que los lectores y ser *easy* («I'm easy»: soy buen público, me dice un crítico en Miami). Lo que juzga es el placer («having fun», me dice un crítico del *Boston Globe).* Habla de las novedades y de esas *never-before-seen images,* esas imágenes que jamás se habían visto, por ejemplo: el primer episodio de *La guerra de las galaxias,* los cuerpos flotando en el océano de *Titanic,* la escena inaugural de *Toy Story* o de *Matrix,* las imágenes en 3D de la batalla final de *Avatar.* El crítico pronostica lo que tal o cual comunidad pensará de una película destinada a ella: los cristianos de *La pasión de Cristo,* los gays de *Brokeback Mountain,* los latinos del último álbum de Shakira, los negros de la última película de Will Smith, los judíos de la obra de Tony Kushner *Angels in America.* «Hay una especificidad estadounidense que consiste en ir a ver una película en función de la vida de uno, una película en la cual uno se reconozca y en la que se hable de la propia comunidad», constata Joe Hoberman, el principal crítico de cine del *Village Voice* en Nueva York. «Hoy el crítico es un *consumer critic:* como el crítico automovilístico o gastronómico, le dice al consumidor cómo gastar bien su dinero en la cultura, mientras que ayer el crítico del "repertorio" estaba al servicio del arte», me confirma Robert Brustein, crítico de teatro en *The New Republic.* «La realidad es que los críticos, que cada vez eran más corruptos, desaparecen, reemplazados por la promoción, que es cada vez más manipuladora. ¡Así estamos! Todo eso tiene una sola causa: los críticos pensaron que la audiencia y el *box office* eran buenos criterios. Para decirlo de una forma más neutra, el crítico estadounidense tiene una escala de valores más parecida a la del espectador que su colega europeo», me confía en Chicago Jonathan Rosenbaum, uno de los últimos veteranos en Estados Unidos de la crítica de cine «a la europea».

En el *Boston Globe,* en el *San Francisco Chronicle,* en el *Chicago Tribune* y en el *Los Angeles Times,* los periodistas que he conocido firman cada vez menos críticas y cada vez más reportajes, pues la cultura es tratada como una actualidad que hay que interpretar y ya no como un arte que hay que juzgar. La mayoría de los periódicos tienen un departamento Arts & Entertainment, que incluye generalmente la televisión, el cine, la música pop (raras veces la música clásica) y el ocio. «Mucha gente cree que nuestro suplemento "Art and Life" está guiado por la publicidad. No es cierto. Nos guían nuestros lectores», me explica Joanna Connors, periodista cultural del *Plain Dealer* en Cleveland, Ohio.

Incluso en los periódicos de la costa Este, supuestamente más elitistas, los críticos contemporáneos tienen una auténtica pasión por la cultura popular, muy perceptible, por ejemplo, en el *New York Times.* Allí, en Times Square, John Rockwell, el antiguo crítico de rock y luego de música clásica del periódico, y ahora crítico de danza —una trayectoria realmente simbólica de la mezcla de géneros—, constata: «En el *New York Times* hay una especie de fe y de entusiasmo por la cultura popular. Concedemos mucho espacio, por ejemplo, a las *sitcoms* y a la televisión. Nos ponemos al nivel de la gente: el crítico es un *regular guy* que habla de las películas o de la música a la *regular people.* Y el que no se interese más que por la *high culture* y exprese desdén por la cultura popular dará la impresión de traicionar el espíritu popular y democrático de Estados Unidos». Esta idea de la mezcla de géneros no puede resumirse mejor, por otra parte, de lo que lo hace el nombre de la sala de conciertos clásicos que es sede de la Filarmónica de Los Ángeles: Walt Disney Concert Hall.

También en la sede del *New York Times* hablo con el editorialista cultural, Frank Rich, que se muestra desolado: «Me convertí en crítico de teatro en 1980. Acababa de obtener *my dream job,* un empleo de ensueño, en el mismo momento en que el sueño terminaba». Este crítico famoso y sofisticado, sin embargo, hace lo mismo que los demás: comenta la actualidad basándose en la cultura estadounidense popular y da cuenta todas las semanas de la «cultura en las *news*». «Escribir sobre Debussy y el hip hop: esto es América. Un crítico debe escribir sobre cualquier cosa. Mezclar la cultura y el comercio es una tradición antigua en Estados Unidos. Lo que es nuevo es que el *marketing*, el dinero y el *business* interesen a los críticos tanto como las obras».

En Miami, conozco a Mosi Reeves, un joven negro que es redactor jefe de *pop music* del periódico alternativo *Miami New Times*. Para él, «la jerarquía *high* y *low* ya no tiene sentido; ha sido aniquilada por Pauline Kael», me dice. Más tarde, tomo una copa en un café al aire libre, con fondo musical de Gloria Estefan, la artista cubanoamericana *crossover* por excelencia, con dos periodistas del *Miami Herald*. Evelyn Mc Donnell se define como crítica *pop culture* y Jordan Levin hace el seguimiento de la música latina. «Un punto de vista demasiado tajante, demasiado comprometido, cada vez resulta menos pertinente en la prensa *mainstream* —me dice Evelyn—. Es preferible aportar informaciones antes que juicios. Funcionamos mucho con estudios de opinión, que preguntan a los lectores lo que esperan de un periódico como el nuestro. Y les damos lo que quieren: entrevistas, artículos para anunciar los acontecimientos, retratos de estrellas, y cada vez menos críticas. La gente quiere tener su propia opinión, no quiere conocer la nuestra». Jordan Levin observa por su parte que «un gran número de habitantes de Miami no habla inglés, por lo tanto una crítica de libros o de teatro no es para ellos. Se interesan más por la música y por el cine. Es menos esnob». Evelyn también me dice que en el *Miami Herald* hay una periodista encargada a la vez del sector inmobiliario y del *entertainment*. «Sí, se ocupa de los dos sectores al mismo tiempo», añade sonriendo. Encuentro que esta información es sublime y le prometo mencionarla en mi libro.

Así, la crítica de libros, por su parte, es cada vez más escasa. Por lo demás, ya no se habla de «literatura», sino de *fiction*, ni de historia o filosofía, sino de *nonfiction*. «La palabra "literatura" suena como en la escuela, es seria y no es *fun*, leer ficción es más divertido», me explica un periodista del *Boston Globe* (un diario que sin embargo sigue teniendo un excelente suplemento literario los domingos). Aunque ya no tengan demasiados críticos literarios, los diarios estadounidenses sí tienen todos un crítico «digital» en las páginas de Art & Entertainment, que informa de la cultura digital y los productos tecnológicos correspondientes. Uno de los más prestigiosos es Walter Mossberg del *Wall Street Journal.* Internet ha acentuado todos esos cambios, y en los sitios web de los medios la mezcla de géneros y el final de las jerarquías culturales se han generalizado por completo.

El argumento del número es lo que prima: también es un poco lo que ocurre en las guías Zagat para los restaurantes, que deben su éxito al hecho de que una buena mesa no es evaluada por un crítico culinario sino por miles de lectores que dan su opinión a partir de cuestionarios. Siempre lo cuantitativo en lugar de lo cualitativo. Y en los anuncios de las películas o los libros que publican los periódicos, las opiniones críticas son sustituidas por *blurbs* (esas pequeñas frases autopromocionales que los estudios o las editoriales encargan y publican antes de que salga el libro o se estrene la película): «The Best Family Film This Year», «Holiday Classic», «Wow!», «Absolutely Brilliant», «Hilarious!», «One of the Best Movies Ever!», «Laugh-Out-Loud-Funny» o el muy frecuente «★★★★».

Los dos críticos de cine más famosos de Estados Unidos son Robert Ebert y Gene Siskel del programa *At the Movies* de ABC (el *show* creado en 1986 pertenece a Disney). Han inventado el sistema del «Two Thumbs Up!», dos pulgares levantados. Ebert y Siskel juzgan una película simplemente con el pulgar, o sea con un total posible de tres notas nada más: dos pulgares hacia arriba si a los dos les gusta la película, dos pulgares hacia abajo si no les gusta, y un pulgar hacia arriba y el otro hacia abajo si están divididos. Así, el lector sabe si la película es o no un *must-see film* (una película que hay que ver) o un *turkey* (un bodrio). Tras la muerte de Siskel y la jubilación de Ebert, el s*how* fue retomado en 2009 por dos periodistas pop, uno de los cuales no es otro que el jefe de la sección de cine del *New York Times,* A. O. Scott. Que es quien ahora levanta o baja el pulgar.

En lugar del crítico de arte, el periodista dominante ahora en Estados Unidos es por tanto el del *entertainment.* Hay publicaciones de referencia por ejemplo para el cine y la televisión: *Premiere, Entertainment Weekly, The Hollywood Reporter* o *Variety.* Las dos primeras son revistas para el gran público que hablan de las estrellas, las películas de éxito y el *buzz.* En ellas el espacio de las críticas es muy limitado (hay que esperar a la página 96 de *Entertainment Weekly* para leerlas y terminan en la página 103). Los dos últimas, y sobre todo *Variety*, son publicaciones profesionales, que dan los resultados detallados del *box office*, así como informaciones a menudo de fuentes no autorizadas a partir de rumores que circulan por Hollywood.

En Los Ángeles, acudo a los locales de *Variety*, en Wilshire Boulevard. Te puedes suscribir ya sea a la versión diaria, la que leen religiosamente todos los responsables del mundo del cine y la televisión (en papel de revista y no en papel de diario, por algo estamos en Hollywood), ya sea a la selección semanal, que es la que más se difunde en el extranjero. Lo que siempre me ha llamado la atención de *Variety* es el estilo rápido, el lenguaje especializado, poco sofisticado, que incluye muchas abreviaciones, lo cual hace que sea poco accesible para el lector extranjero. «A menudo se dice que nosotros escribimos en la *"Variety's lingo"*, una lengua que nos es propia», me explica en la inmensa sala de redacción en *open space* en la sede del periódico Steve Chagollan, que es *senior editor* en *Variety*. Incluso me da el *Slanguage Dictionary*, un diccionario del argot utilizado por *Variety*. Pero lo que hace que *Variety* sea indispensable cada día no es ni su estilo ni sus informaciones confidenciales; son sus decenas de cuadros de resultados del *box office* hollywoodiense, nacional e internacional, los Nielsen TV Ratings sobre las audiencias televisivas del día anterior, las opiniones de los críticos de cine de la prensa nacional (resumidas en tres categorías solamente: «a favor», «en contra» y «ni fu ni fa»), y muchos breves sobre los proyectos en curso y los rodajes anunciados. El teatro de Broadway (llamado Legit) también tiene una sección completa con, también aquí, las recaudaciones de cada comedia musical, su número de espectadores y los resultados de Broadway *on the road*, es decir, los bolos por todo el país.

Este culto por las cifras no es exclusivo de *Variety*. La revista *Billboard* hace lo mismo para la música a partir de los datos compilados por Nielsen SoundScan y hechos públicos todos los miércoles hacia las dos de la madrugada. Todas estas clasificaciones contribuyen a legitimar el éxito de un artista o de un escritor por sus ventas. Retomadas por las televisiones, las radios y en tiempo real por innumerables sitios web, estas cifras se perciben en Estados Unidos como una especie de sanción del público, en la que se mezclan éxito comercial y legitimidad democrática. El mercado *mainstream*, a menudo visto con suspicacia en Europa como enemigo de la creación artística, ha adquirido en Estados Unidos una especie de valor moral, porque se considera que es el resultado de unas elecciones reales por parte del público. En una época de valores relativos, y cuando se considera que todos los juicios críticos son el resultado de prejuicios de clase, la popularidad que dan las ventas aparece como neutra y más fiable. Siempre se puede discutir sobre lo que es bueno o malo, pero con Nielsen SoundScan, *Variety* o *Billboard* no hay argumentos que valgan.

Sin embargo, habría materia para discutir. Por ejemplo, el *box office* llamado del «primer fin de semana» para el cine se publica en *Billboard* la mañana del lunes, cuando todos los datos del fin de semana, justamente, no están aún contabilizados. Además, estas cifras proceden de los estudios, que hacen determinadas extrapolaciones a partir de cifras reales que han recibido de los distribuidores el sábado. Por lo tanto, las cifras publicadas serán posteriormente corregidas en forma de publicación de datos actualizados (llamados *the actuals*), pero todo el mundo habrá retenido que el segundo episodio de una franquicia ha vencido al primero, aunque luego resulte que no es cierto.

Por lo que respecta a la edición estadounidense, hoy sabemos, gracias a una encuesta detallada publicada por el *New York Times*, que todas las selecciones y puestos destacados de las grandes cadenas como Barnes & Noble o la sección de libros de los hipermercados Wal Mart, así como las grandes librerías independientes, están «amañadas» con los editores, que pagan a las tiendas para que sus libros estén expuestos. Lo mismo ocurre con las famosas «cabezas de góndola», la selección propuesta verticalmente delante de las distintas secciones. Pero las mesas y los *stepladders* (expositores) a la entrada de las tiendas en los que figuran las novedades, los «mejores» libros y las «mejores» ventas, son «subvencionados» generosamente por las multinacionales de la edición: estos éxitos son por lo tanto mendaces, puesto que la selección se hace por dinero, sin ninguna relación con el gusto de los libreros o las cifras de venta reales. A nivel financiero, este sistema de *pay-for-display* (pagar para ser expuesto) no se paga generalmente como publicidad, comprando espacios, sino con un porcentaje suplementario que se deja a los libreros sobre las ventas realizadas (de un 3 a un 5 por ciento más, según los acuerdos a los que se llegue, en general secretos y al margen de las leyes anticompetencia). El gigante estadounidense Amazon también ha generalizado en su sitio web este sistema, de tal manera que los libros que destaca le permiten embolsarse unos porcentajes superiores. En lugar de los artículos de los críticos literarios, cada vez menos frecuentes en Estados Unidos, los lectores ahora se fían por lo tanto de unas «selecciones» supuestamente independientes pero que de hecho están compradas por las multinacionales del libro. En inglés, se ha encontrado un hermoso eufemismo para definir este *marketing* disfrazado de espíritu crítico entre las tiendas y los editores: un *cooperative advertising agreement*. En los ambientes de la edición, se habla simplemente de acuerdo *Co-Op*. Lo cual suena mejor.

Estoy en el restaurante Odeon, en el barrio de Tribeca en Nueva York. Tengo cita con Steven Erlanger, que dirige las páginas culturales del *New York Times* (desde entonces ha asumido la dirección de las oficinas de Tel Aviv y luego de París). Me resume las etapas de la revolución que se ha producido. El final de la jerarquía cultural, el auge de las industrias de los contenidos, el ocaso de los independientes ahora ya mezclados con las *majors,* el dominio de lo *cool,* lo *hip* y el *buzz,* la cultura transformada en *commodity* (mercancía). Pero insiste también en la diversidad cultural, que ha tenido un papel importantísimo según él en el debilitamiento del modelo europeo: «Cada vez somos más *colorful*», me dice.

Steven Erlanger piensa que sólo estamos al principio de este proceso. «Tener en cuenta realmente la diversidad, el auge de Internet y la globalización harán que el movimiento se extienda». Piensa en el proceso de desintermediación que produce la web, suprimiendo los intermediarios. Habla de los países emergentes que todavía revolucionarán más el panorama. Todo ello contribuye, en su opinión, a reforzar la americanización de la cultura en todo el mundo, puesto que Estados Unidos es, por excelencia, el país de Internet y de la acogida de los extranjeros procedentes de los países emergentes. ¿Y Europa? «Al no interesarse suficientemente por las culturas populares, el *entertainment,* las industrias creativas, el mercado y la diversidad étnica, Europa conoce un gran estancamiento cultural», concluye, sin convencerme del todo, el jefe de la sección cultural del *New York Times* en el restaurante Odeon.

A nuestro alrededor, van y vienen los *bus boys* mexicanos, que son los que traen los platos pero no toman la comanda. En la cocina, veo negros. Pero nuestros camareros son blancos; me digo que probablemente son actores «en ciernes». En este restaurante *hip* del barrio *cool* de Tribeca en Nueva York estoy entre Europa y América. Un crítico culinario del *New York Times* ha calificado Odeon con una fórmula: «European sophistication, American Abundance». El ambiente es refinado pero la comida es copiosa; la calidad y la cantidad; Europa y América. De nuevo, la ambición americana.

«En este restaurante —me dice Steven Erlanger— fue donde Jay McInerney situó su célebre novela *Luces de neón*». Es un libro típicamente estadounidense, soberbio y sofisticado, que Pauline Kael odiaba, que Tina Brown adoraba y del cual Oprah Winfrey no ha hablado jamás.

8. USC, LA UNIVERSIDAD DEL *MAINSTREAM*

«Reality ends here». En un edificio a la entrada de la University of Southern California de Los Ángeles, el lema «La realidad termina aquí» es ambicioso. Indica el paso de la realidad a la ficción, y la entrada del campus de la USC, la escuela de cine más famosa de Estados Unidos.

«George Lucas, Steven Spielberg, Jeffrey Katzenberg, David Geffen: todos están aquí con nosotros y son nuestros asesores, nuestros enseñantes, y miembros de nuestro consejo de administración. Todos forman parte de la comunidad universitaria», me explica, con una pizca de orgullo, Elizabeth Daley, que ocupa el prestigioso cargo de *dean* de la USC (la decana, el equivalente a rectora de la universidad).

En el cruce de la Santa Monica Freeway y la Harbor Freeway, dos autopistas en el sur del *downtown* de Los Ángeles, el campus de la USC está fragmentado en varias hectáreas. Mezclado con la ciudad y abierto a la circulación que lo rodea, no tiene la belleza de los campus «cerrados» como los de Princeton, Yale, Duke, Harvard, Dartmouth, Stanford o incluso su vecina y principal competidora la Universidad de California, Los Ángeles (UCLA). Pero la USC tiene una reputación que estas otras universidades le envidian: su complicidad con Hollywood.

«Somos una escuela profesional, la que ha formado a Frank Capra y Francis Ford Coppola o George Lucas, entre muchos otros, y todos los años al menos uno de nuestros ex alumnos recibe una nominación para los Oscar. Pero nuestra filosofía no se basa en el trabajo estrictamente individual de un autor. Una película es un trabajo colectivo», me explica Elizabeth Daley. En su espacioso despacho, que lleva el número «Lucas 209», situado en el antiguo edificio George Lucas y cuyas ventanas dan al novísimo George Lucas Building, hay decenas de fotos que la representan al lado de todos los *moguls* y estrellas con que cuenta Hollywood. La USC no se sitúa en la periferia de Hollywood; es su centro.

Para comprender el poder que tienen las industrias creativas en Estados Unidos, tanto en el cine como en la música, la edición o Internet, hay que ver lo que son las universidades estadounidenses. En Estados Unidos hay más de 4.000 centros de enseñanza superior, 1.400 de los cuales son universidades, y el país les dedica en torno a un 3 por ciento de su PIB, cuando en Europa la enseñanza superior es la mitad de rica, de media, con aproximadamente un 1,5 por ciento del PIB. Sin embargo, el sistema universitario estadounidense, contrariamente a lo que muchos creen, no es un mercado que se base en el sector privado: el 77 por ciento de las universidades estadounidenses son públicas, generalmente financiadas por uno de los cincuenta estados (es el caso de UCLA, de Berkeley o de la Universidad de Texas, en Austin). Los demás centros tampoco son empresas puramente mercantiles, sino asociaciones sin ánimo de lucro (Harvard, Yale, Stanford, la USC). Todas estas universidades, tanto si son públicas como si son organizaciones no lucrativas, resultan muy costosas para los estudiantes, que deben pagar unas matrículas desorbitadas, de entre 20.000 y 40.000 dólares al año, por ejemplo, en la USC (sin contar la pensión), según los diplomas y el nivel de estudios. Los estudiantes estadounidenses, sin embargo, tienen acceso a becas y a empleos remunerados *(work studies)*, lo cual explica la paradoja de que las universidades estadounidenses sean a la vez más caras y socialmente más diversas que sus equivalentes europeas. El 82 por ciento de una franja de edad inicia estudios superiores en Estados Unidos (mientras que este porcentaje no pasa del 59 por ciento en el Reino Unido, el 56 por ciento en Francia y el 48 por ciento en Alemania). En cambio, si bien el acceso a la universidad es más abierto en Estados Unidos que en los demás países, el número de estudiantes que salen con un diploma al cabo de tres años está disminuyendo, especialmente en las universidades públicas y en los itinerarios cortos de los *community colleges* (menos de un 50 por ciento de media actualmente, es decir, una de las peores tasas de los países industrializados, por encima tan sólo de Italia). Las *graduate schools,* de segundo y tercer ciclo, tienen resultados mejores.

Más allá de las estadísticas, siempre difíciles de comparar, un punto indiscutible es la vitalidad cultural de los campus estadounidenses, en los cuales hay 2.300 salas profesionales de teatro y música, 700 museos de arte o galerías profesionales, centenares de festivales de cine, 3.527 bibliotecas (68 de las cuales tienen más de 2,5 millones de libros, entre ellas Harvard, que es la segunda del mundo después de la biblioteca del Congreso), 110 editoriales, casi 2.000 librerías, 345 salas de concierto de rock, más de 300 radios universitarias y otros tantos sellos de música independientes. Todo ello forma un entorno favorable a la creación y unas interacciones constantes con las industrias creativas, como en la USC.

«Todos nuestros profesores son profesionales de la industria del cine y la televisión —prosigue Elizabeth Daley—, y se incita constantemente a los estudiantes a trabajar en esas industrias. Si vienes a la USC es que te gusta Hollywood. Es que no tienes miedo ni reticencias en trabajar para un estudio; al contrario, eso es lo que quieres. Y aquí son los profesionales los que vienen a ti. A veces un estudiante, porque un profesor se ha fijado en él, de repente, antes de terminar sus estudios, puede realizar prácticas u obtener un trabajo en Disney o en DreamWorks; entonces dejamos que se vaya a trabajar y luego le permitimos volver, al cabo de un año. Somos flexibles».

La escuela de cine de la USC, con 1.500 estudiantes, no es una escuela de actores. Las más célebres están en otras universidades, en Harvard, en Yale, en Columbia. Las especialidades de la USC son más bien el *business,* la realización, lo digital, el montaje y el sonido. Sólo en el departamento de «producción de películas» hay 150 profesores, 50 de los cuales a tiempo completo, para únicamente 600 estudiantes.

Cuando uno visita el campus, se hace una idea de los medios que los estudiantes tienen a su disposición: cada uno dispone de un despacho personal, abierto las 24 horas. La universidad está organizada como un verdadero estudio, mezclando constantemente la teoría con la práctica y movilizando los recursos internos para realizar auténticas películas: el estudiante de producción coordina un proyecto que rueda el estudiante de realización y en el cual actúan actores profesionales, filman los estudiantes de cámara, etcétera. Técnicamente, todos los equipos de los estudios, desde las salas de montaje hasta los *mix rooms,* pasando por los *editing rooms,* son ultramodernos; son regalos de Sony, Hewlett Packard o IBM.

A la izquierda del campus se suceden los edificios: la Steven Spielberg Music Scoring Stage (sala de grabación de músicas de películas), el Carlson Television Center, el Jeffrey Katzenberg Animation Building (un estudio dedicado a las películas de animación), el USC Entertainment Technology Center y, un poco más allá, la Stanley Kubrick Stage. En el centro, cerca de los edificios de la dirección, está el «almacén» donde los estudiantes pueden sacar libremente y sin autorización una de las 80 cámaras Arriflex de 26 mm, una de las 50 cámaras Mitchell de 16 mm o una de las 300 cámaras digitales.

En el corazón del campus, orgullo de los estudiantes, está el nuevo edificio que lleva el nombre de George Lucas. Al regalar 175 millones de dólares en 2008 para construir este prestigioso edificio, el señor Lucas, como Luke al final de la primera trilogía de *La guerra de las galaxias,* que cumple con su destino convirtiéndose en un *jedi,* fue declarado patrono principal de la USC. Para explicar ese donativo filantrópico tan importante, inmediatamente calificado en Los Ángeles de *blockbuster gift,* George Lucas dijo simplemente: «Descubrí mi pasión por el cine en la década de 1960 cuando era estudiante en la USC, y mis experiencias en ese campus modelaron toda mi carrera. Hoy me siento muy feliz de poder ayudar a la USC a continuar formando a los cineastas del futuro, como lo hizo conmigo». (Además de Lucas, los estudios Warner Bros, Fox y Disney también financiaron este edificio, que comprende aulas y salas de montaje, por un valor de 50 millones de dólares). Un poco más allá, dentro del campus, visito la Doheny Memorial Library, la biblioteca de la USC, que reúne los archivos de numerosos cineastas, productores y, por ejemplo, la totalidad de los archivos de Warner Bros. Muchos edificios son macizos, han conservado algo de la grandeza de los Juegos Olímpicos de 1984, que se celebraron en parte en este campus.

En el departamento de escritura de guiones me recibe Jack Epps Jr., su director, que a su vez es un profesional (escribió el guión de *Top Gun).* «Aquí enseñamos a los estudiantes a ser escritores antes de convertirse en guionistas. No hay reglas para escribir un buen *script,* ayudamos a los estudiantes a desarrollar sus técnicas y al mismo tiempo los dejamos muy libres». En la USC, la formación es muy interdisciplinaria, y los futuros guionistas también se forman en la producción y la realización para que se den cuenta, me explica Jack Epps, de lo que significa concretamente rodar una película que ellos han escrito. Su principal tarea consiste en producir *pitchs* de televisión y *pilots* de cine, como en el mundo real. Muy serio pero con una pizca de humor, Jack Epps añade: «Tenemos incluso un curso especializado en el *rewriting*. Los estudiantes reescriben guiones de otros estudiantes que no se han considerado buenos. Eso puede ser útil, porque en Hollywood, el *rewriting* es un oficio como cualquier otro». Los guionistas de las series *Anatomía de Grey* o de *Los Soprano*, entre otros, son antiguos alumnos de la universidad e intervienen regularmente como profesores en la USC.

Las películas realizadas en el campus son innumerables y todos los exámenes y diplomas consisten en una presentación de un producto cultural terminado. Los estudiantes obtienen presupuestos para rodar estas películas: de media, cada uno recibe 80.000 dólares para hacer un film, financiado por el departamento de *business* de la USC, donde los estudiantes-productores recogen fondos para los estudiantes-directores. La mayor parte de esas películas se ruedan con actores profesionales y, gracias a una oficina llamada Festival Office, que dirige en el campus un agente de la William Morris Agency, se proyectan en los festivales profesionales, sobre todo en Sundance, la alternativa *indie* de Hollywood. «Cada año recibo centenares de películas procedentes de esas escuelas de cine, películas colectivas o muy personales, que cuentan historias sorprendentes y diferentes, muchas veces escritas por jóvenes latinos, negros o gays. Ahí está la nueva sangre del cine estadounidense», me confirma Geoffrey Gilmore, al que entrevisté en Los Ángeles cuando era director del Festival de Sundance.

Estos intercambios entre la universidad y el mundo cultural real son permanentes en el cine, pero también en la música y la edición. Cuando visitas la USC o las escuelas de la competencia, como UCLA y la Tisch School de NYU, te impresionan la energía, la innovación constante y la creatividad de los estudiantes. Una de las claves del sistema cultural americano es la cantidad de pasarelas que hay entre esas universidades y la cultura *underground* que las rodea: las pequeñas galerías de arte de las universidades, los centenares de radios y de televisiones libres en los campus, los miles de festivales de cortometrajes en todo Estados Unidos, los *showcases* del teatro experimental del Off-Off Broadway, las miríadas de clubes y cabarés más o menos desastrados con sus *open mic sessions* o los talleres de *creative writing* en el Arts Incubator de al lado. En todas partes, cerca de los campus, he visto cafés *arty* que proponen proyecciones de películas, o restaurantes vegetarianos con conciertos alternativos de rock híbrido o de rap latino en una sala que tienen detrás. A menudo he descubierto pequeñas tiendas que venden DVD de aficionados o librerías que, para sobrevivir, se han transformado en *coffee shops* y proponen lecturas de guiones o de poesía. Toda esta vida artística se denomina *street level culture*, mezcla los géneros, y es difícil distinguir al profesional del aficionado, al participante del observador, la homogeneidad de la diversidad y el arte del comercio. En todos los campus he visto ese dinamismo cultural impresionante; allí la cultura es *messy* (caótica), *off hand* (desenfadada), *fuzzy* (confusa) y siempre *indie* (independiente).

Pero el mercado sabe recuperar perfectamente estos nichos culturales y comunitarios; a pesar quizás de sus intenciones, muchos de esos estudiantes «independientes» contribuyen a la postre a alimentar las industrias creativas, serán recuperados por el comercio y, a partir de un arte auténtico y sin afán de lucro, acabarán produciendo una cultura *mainstream*. Estados Unidos nos demuestra que a menudo es difícil ser comercial sólo *a medias*.

INVESTIGACIÓN Y DESARROLLO

Pero lo principal es otra cosa. Las universidades no son sólo el lugar de Estados Unidos donde emerge la cultura alternativa; también están realizando ya una parte de la investigación y desarrollo (I+D) de las industrias de contenidos. En los campus, los estudiantes asumen riesgos, innovan, multiplican las experimentaciones que luego serán retomadas y desarrolladas por los estudios y las cadenas de televisión. Hay una división eficaz de las tareas en materia de I+D: los estudiantes se ocupan de la I y las *majors* de la D. Este paso a la industria no es algo casual, sino que se fomenta.

En el campus de la USC hay una Office of Student Industry Relations que organiza estas pasarelas con la industria del cine y la televisión durante todo el curso, con prácticas, empleos de verano, y también con *master classes, guests lectures* y ofertas de empleo. La mayoría de los estudiantes de la USC que conocí ya habían sido *D-Man* o *D-Girl*, expresiones frecuentemente usadas para la *development-people* (una especie de asistente de un director o un productor). Por eso los estudios y las televisiones pueden reclutar, dentro del campus, a los estudiantes que mejor corresponden a sus expectativas y hacerlos trabajar durante sus estudios en las experimentaciones que necesitan.

Las reglas de colaboración con la industria, sin embargo, son muy concretas. Por ejemplo, el *copyright* de los films y las patentes de las innovaciones que se realizan en el campus por parte de los estudiantes son propiedad de la USC, y no del estudio que las financia. Contrariamente a lo que pudiera parecer, en la USC estamos efectivamente en un sector sin afán de lucro, no en el mercado. Esto es decisivo y aparece cuando se habla con los estudiantes de la USC y con los de otras escuelas de cine (de las que hay más de 1.500 en Estados Unidos). Entre las más renombradas, está UCLA, en el oeste de Los Ángeles, que se interesa más por el cine independiente que por los estudios; la escuela Cal-Arts (California Institute of Arts), en el norte de Los Ángeles, que forma más bien a artistas del cine (y cuyo creador de referencia es John Lasseter de Pixar, antiguo alumno de Cal-Arts); la Tisch School de la New York University, que también se interesa por el cine independiente y europeo (y cuyo cineasta estrella no es George Lucas, sino Spike Lee); o también la Universidad de Texas en Austin, que trata de especializarse en cine digital. «Nuestro objetivo no es el mercado, sino la experiencia de nuestros estudiantes, y en nuestra escuela ellos conservan el *copyright* de sus películas», me confirma Tom Schatz, al que entrevisto en Texas, donde dirige el departamento de cine, radio y televisión de la Universidad de Texas en Austin (ésta acaba de unirse a una productora privada, Burnt Orange Productions, para comercializar los trabajos de los estudiantes).

Todas estas escuelas de cine poseen estudios digitales tan profesionales como los de las *majors* hollywoodienses, y eso por una razón muy sencilla: estos equipamientos son financiados por los estudios, como los de la USC por George Lucas, los de Cal-Arts por Disney, los de UCLA por DreamWorks. Pero estas universidades también mantienen muchos lazos con las *start up* del *entertainment* y de lo digital: las de California están cercanas a Silicon Valley; Harvard y el MIT dialogan constantemente con las sociedades del corredor tecnológico de la carretera 128; Duke University está situada cerca del *hub* tecnológico de Raleigh en Carolina del Norte. Más a menudo aún, los estudiantes, convencidos de que la desmaterialización completa del cine está al caer, multiplican las experimentaciones en el seno mismo de los laboratorios IT de las universidades y ruedan sus películas con pequeñas cámaras en DV (Digital Video) cuyo precio accesible y gran facilidad de manejo contribuyen a la multiplicación de los proyectos y a una nueva creatividad.

Todos recordamos la película *El proyecto de la bruja de Blair*, que hablaba justamente de unos estudiantes de cine perdidos en el bosque cuando estaban rodando una película; realizada con una cámara de vídeo rudimentaria por 35.000 dólares, la película fue presentada en el Festival de Sundance y promocionada sobre todo a través de Internet. Fue el primer caso decisivo de *marketing* casi exclusivamente *online*. Recaudó 248 millones de dólares en el *box office* mundial en 1999. Aquel año los directivos de los estudios finalmente entendieron, gracias a ese proyecto estudiantil modesto, que la revolución de Internet iba a cambiar de arriba abajo Hollywood. «Con *El proyecto de la bruja de Blair* se apoderaron literalmente de nosotros la incertidumbre y el miedo, y ya no nos han abandonado», me confirma un directivo de la Universal en Los Ángeles.

En el corazón de las escuelas de cine estadounidenses también se hace investigación en el campo de la creación digital. La IT-Arts, por ejemplo, está en el centro de los estudios tanto en la USC como en la UCLA. «Nuestra enseñanza es totalmente fluida y nos adaptamos cada año a las evoluciones de los nuevos medios. Cambiamos constantemente el título de nuestras asignaturas, de tal manera que siempre vamos por delante de los estudios en cuanto a nuevas tecnologías», me explica Elizabeth Daley, la rectora de la USC. Una vez más, las universidades hacen en el campo digital la I+D de los estudios.

En la Interactive Media Division y en el Robert Zemeckis Center for Digital Arts, un poco apartado hacia el norte del campus de la USC, Kathy Smith, responsable de la sección digital, me muestra las salas de montaje digitales y los laboratorios de 3D. «Cada estudiante debe hacer una *digital dissertation* al final de su Master of Fine Arts —me explica Kathy Smith—. Por ejemplo, los alumnos hacen el diseño de un sitio web, o contribuyen al desarrollo de un nuevo *soft-*

ware para Pixar, DreamWorks o Sony. Los estudios los esponsorizan y financian su investigación». A la entrada del edificio del centro digital de la USC, se puede leer la lista de los donantes que lo han financiado: George Lucas y Lucasfilm, como en todo el campus, pero también Steven Spielberg, 20th Century Fox, las agencias William Morris y CAA, Electronic Arts, Warner Bros, Sony Pictures Entertainment y David Geffen Foundation.

Dentro del edificio principal, también visito la Trojan Vision, una verdadera emisora de televisión que funciona en el campus y llega a los 29.000 estudiantes y a los 18.000 empleados de la universidad (el «Trojan», por el nombre de los troyanos, es la mascota de la universidad). La filmoteca de la USC, un poco más lejos, con seis salas de cine, tiene miles de películas en 35 y en 16 mm y un cineclub permanente, gestionado por los estudiantes, que programan estas películas y organizan numerosos festivales.

Pasé varios días en el campus de la USC, y semanas visitando una cincuentena de campus por todo Estados Unidos. Lo que más me llamó la atención, además de la riqueza de esas universidades, de su profesionalidad y de los lazos permanentes que mantienen con la industria y el mundo profesional, fue la diversidad de los estudiantes que conocí. Esta diversidad étnica y cultural, a la vez nacional por un acceso voluntarista de las minorías asiáticas, latinas y negras, e internacional, por una capacidad excepcional de atraer a los estudiantes de todo el mundo, es sin duda uno de los elementos cruciales, a menudo subestimado, del modelo cultural estadounidense.

LA DIVERSIDAD CULTURAL

La Whistling Woods International School, en el seno del complejo de la Film City, se halla a una hora de coche al noreste de Mumbai, en India. Para llegar allí, hay que atravesar decenas de mercados y barrios de chabolas y preguntar varias veces, antes de encontrar la Film City Road, pues el camino está muy mal indicado. Si te equivocas, vas a parar a la jungla, cerca de los lagos que hay dentro del inmenso parque nacional de Sanjay Gandhi, con chimpancés que te reciben saltando sobre el taxi, como me ocurrió a mí. Una vez en el campus, descubres unos equipamientos muy modernos, 24 edificios que tienen unos estudios y unas salas de montaje absolutamente profesionales. Hay 300 estudiantes en esta escuela de cine, mayoritariamente indios, todos con la misma camiseta negra con el nombre de su escuela, como en los campus estadounidenses, muchos con un ordenador MacBook Pro bajo el brazo con el *software* de montaje Final Cut Studio y un iPhone. En el restaurante (donde como con los dedos como todo el mundo), mi interlocutor, Somnath Sen, profesor de cine en la escuela, ha traído *Wired* y, en la mesa de al lado, una estudiante está leyendo *Variety*.

«El sueño de la mayoría de los estudiantes de aquí es irse a estudiar a Estados Unidos», me explica John J. Lee, el director del centro. John es estadounidense y se ha expatriado para dirigir esta escuela de cine, una de las más reputadas de Asia. Es un hombre de Hollywood que ha sido productor de unas treinta películas en los estudios y ha publicado una obra sobre el tema: *The Producer's Business Handbook [La guía del productor para los negocios]* (que se vende en el campus). «Nosotros nos concentramos en los mercados emergentes y globalizados. Por eso el 76 por ciento de nuestros estudiantes encuentran empleo en cuanto salen de la escuela. Pero esto no impide que la atracción de Estados Unidos siga siendo irresistible».

Un poco más tarde ese mismo día conozco a Ravi Gupta, el rector de la escuela de cine. Él es indio pero también está fascinado por Estados Unidos. «Todas nuestras clases se dan en inglés. Es la única lengua realmente común de todos los indios. Y además queremos preparar a nuestros estudiantes para que sean competitivos en los mercados asiáticos, en Singapur, en Hong Kong, en Japón y en China; y la lengua común es el inglés. Pero sobre todo, si insistimos en el inglés, es porque todas las técnicas del cine, el vocabulario, los *softwares,* las herramientas digitales, todo es estadounidense».

En India, en China, en Corea o en Taiwán es donde entiendes por qué es tan fuerte la atracción que ejerce Estados Unidos en el sector de las industrias creativas en general, y en el cine en particular. Basta visitar el departamento de cine y televisión de la Universidad de Beijing, o el de «industrias culturales» *(sic)* de la Academia de Ciencias Sociales de Shangai para comprender por qué los mejores estudiantes chinos quieren —si pueden— estudiar en Estados Unidos. La pobreza de medios no es nada comparada con el peso del miedo al cambio y a la innovación. Por no hablar de la vigilancia permanente que está organizada para impedir a los jóvenes profesionales crear en total libertad. Cuando visité estos distintos departamentos, ni siquiera pude comunicarme con los estudiantes (el «responsable de las relaciones internacionales» se encargaba de impedir cualquier tipo de diálogo). En cuanto a los principales presentadores de los telediarios de las cadenas chinas, salen de la famosa Universidad de la Comunicación de China, una escuela estatal centralizada en la que se enseña durante cuatro años la propaganda y el lenguaje políticamente correcto.

«Creíamos que la cultura era un medio para frenar el éxodo rural —me explica por su parte Germain Djel, el director del centro cultural Boulevard des Arts, que entrevisté en Yaundé, en Camerún—. Pero de hecho ha sido como un bumerán. La cultura y sobre todo el *entertainment* contribuyen al éxodo. En cuanto son brillantes y tienen un poco de éxito, los jóvenes africanos quieren irse a nuevos mundos. Primero quieren ir a las capitales, Duala, Yaundé, luego a Dakar, después a París o Londres. Y por supuesto, en el fondo, todos desean ir a Estados Unidos».

En otros lugares, en el sudeste asiático, en América Latina o en Europa central y oriental, la presión política en la actualidad no es tan fuerte, pero sigue existiendo esa atracción. Y Estados Unidos se aprovecha de esa demanda para renovar sus creadores y sacar partido de las innovaciones imaginadas por los estudiantes más brillantes de los países emergentes. Y en el corazón del dispositivo estadounidense están, una vez más, sus universidades y su diversidad cultural.

En Estados Unidos hay 45 millones de hispanos legales (de los cuales 29 millones son mexicanos), 37 millones de negros y 12 millones de asiáticos (de los cuales 3 millones son chinos, 2,6 millones indios, 2,4 millones filipinos, 1,5 millones vietnamitas, 1,3 millones coreanos y 800.000 japoneses). En los campus de las escuelas de cine, tanto en la USC como en UCLA o NYU, son visibles y muy numerosos, tanto si se trata de extranjeros que han venido a estudiar a Estados Unidos como si se trata de estadounidenses hijos de la inmigración. Se calcula que hay 3,3 millones de estudiantes hispanos en Estados Unidos y 1,3 millones de estudiantes asiáticos.

«Hollywood es una industria globalizada, debemos ser una escuela globalizada —me dice Elizabeth Daley, la rectora de la USC—. Somos muy activos a la hora de reclutar a los estudiantes estadounidenses más diversos, procedentes de todas las minorías, y también buscamos en todo el mundo a los mejores estudiantes y profesionales extranjeros». Entre los estudiantes que recibe la USC están justamente los de la Whistling Woods International School que visité en Mumbai.

Estados Unidos se renueva gracias a la diversidad cultural interna y externa. A partir del momento en que han sido seleccionados por una universidad, los estudiantes extranjeros gozan de condiciones aceleradas para obtener un visado. Así se explica el elevado porcentaje de estudiantes internacionales en territorio estadounidense, del orden del 3,4 por ciento de todos los jóvenes matriculados (es decir, 573.000 estudiantes, de los cuales 356.000 proceden de Asia). Este porcentaje aumenta mucho si contabilizamos a los estudiantes estadounidenses nacidos en el extranjero (un 10 por ciento en los dos primeros ciclos y un 18 por ciento en el tercer ciclo). La proporción se incrementa aún más si consideramos a los estudiantes nacidos en el extranjero o cuyos padres han nacido en el extranjero (un 22 por ciento en los primeros ciclos y un 27 por ciento en el tercer ciclo). Son cifras sin parangón en el mundo.

Pero no se trata sólo de estadísticas. La diversidad cultural estadounidense es visible también en las películas de Hollywood, donde son incontables los directores y actores negros, latinos o asiáticos. Queda lejos la época de la comedia *Adivina quién viene esta noche*, en la que una estadounidense «caucásica» traía a su novio negro (Sydney Poitier) a casa de sus acomodados padres blancos (Spencer Tracy y Katharine Hepburn), provocando su estupefacción (cuando se estrenó la película, en 1967, los matrimonios interraciales aún estaban prohibidos en 17 estados norteamericanos). Hoy hay muchos actores de color, incluso en los *blockbusters* y las series televisivas. En cuanto a los directores de Hollywood, vienen de todo el mundo, desde el canadiense James Cameron al taiwanés Ang Lee. En todas partes, esa diversidad es un motor formidable de promoción e identificación con el cine estadounidense.

Y lo que es cierto en Hollywood también lo es en la industria de la música, de la edición y del teatro comercial. Estos últimos años, los autores más premiados de Broadway han sido el dramaturgo negro August Wilson (dos premios Pulitzer), el judío gay estadounidense Tony Kushner (19 premios Tony por *Angels in America* y *Carolina, or Change* y el premio Pulitzer), el sinoamericano David Henry Hwang (premio Tony por *M. Butterfly*) o el cubanoamericano Nilo Cruz (premio Pulitzer por *Anna in the Tropics*). Y, en Broadway, fue Denzel

Washington quien interpretó recientemente el papel de Bruto en *Julio César.*

En cuanto a los artistas extranjeros acogidos en Estados Unidos, son innumerables, a veces llegados ilegalmente, pero muy a menudo gracias a un procedimiento de visado acelerado. Para los profesionales de la cultura y el *entertainment,* la administración estadounidense concede en efecto cada año 44.000 visados especiales llamados O-1 (visado no válido para la inmigración y limitado a 3 años), que se otorgan en función del dosier de prensa, los premios internacionales, los contactos y los contratos en el sector de las industrias creativas. Los técnicos de esas industrias pueden gozar de un visado H-1B, y los inversores en estos sectores de un visado E-1 o E-2. Esta apertura real a los artistas extranjeros va acompañada sin embargo de un fuerte proteccionismo del mercado de trabajo que hace que el éxito sea infrecuente y más aleatorio aún para los candidatos al exilio. Todo el sistema cultural de Estados Unidos se basa, en efecto, en la protección de los empleos estadounidenses, en particular mediante la afiliación a los sindicatos de actores y a sociedades de directores y guionistas. Son precisos, pues, mucha perseverancia y mucho talento para triunfar en suelo estadounidense.

¿Filantropía estadounidense? Esta capacidad de acoger a los talentos extranjeros ofrece de hecho a Hollywood una ventaja excepcional sobre la competencia. «En Estados Unidos contratan a todos nuestros actores y directores. Es una suerte para ellos, pero esto seca completamente la creatividad aquí. Por eso los *blockbusters* de Hollywood funcionan bien en América Latina, pero las cinematografías nacionales, privadas de sus mejores actores y cineastas, son muy frágiles o han desaparecido totalmente», se lamenta Alejandro Ramírez Magaña, el director general de la principal red de salas mexicanas, Cinépolis, al que entrevisté en México.

«Los protagonistas de *América, América,* la película de Elia Kazan, hoy serían asiáticos o latinos; llegarían a Los Ángeles, y ya no a Nueva York», me explica Mark Valdez, un presentador del espacio comunitario Cornerstone en Los Ángeles. Al reunirme con él en la sede de la asociación, en *downtown* L. A., estoy en el centro de la ciudad que no tiene centro. También se dice de la ciudad que es una *minority majority city,* donde las minorías son la mayoría de la población.

En el oeste están las tiendas de discos de J-Pop del barrio japonés de Little Tokio; en el este, el barrio de la música reggaetón de Boyle Heights alrededor de la avenida César Chávez (ayer barrio judío, hoy un barrio 95 por ciento hispano); más al este, East Los Angeles, el barrio mexicano donde puedes encontrar cualquier DVD de las telenovelas de Televisa, y Diamond Bar, el barrio indio donde puedes comprar todos las películas de Bollywood por dos dólares; en el norte, decenas de galerías de arte y óperas populares en mandarín y cantonés de Chung King Road, el barrio chino *hip* de *downtown* LA; en el sudeste, Korea Town y sus tiendas de CD y de DVD que venden la K-Pop y los *dramas* coreanos; y en el sur empieza South Central Avenue, que conduce a los estudios hip hop del barrio negro de South Central y a los centenares de asociaciones comunitarias de Watts, ayer mayoritariamente negras y hoy cada vez más hispanas.

Aunque es cierto que Los Ángeles ha sustituido a Nueva York como primer punto de entrada de inmigrantes en Estados Unidos y que la ciudad es una ilustración viva de la diversidad artística, no es más que un ejemplo, entre otros, de una diversidad cultural en marcha que he visto en todas partes, tanto en los barrios de Houston como en Des Moines, en Jackson, en Denver, en Albuquerque o en Fort Apache. Hoy Los Ángeles es la ciudad coreana más grande del mundo después de Seúl, la mayor ciudad iraní después de Teherán, la mayor ciudad polaca después de Varsovia, una de las mayores ciudades vietnamitas o tailandesas del mundo, etcétera. Otras capitales regionales estadounidenses tienen un palmarés equivalente. Chicago es una de las mayores ciudades griegas del mundo y Newark una de las mayores ciudades portuguesas; Miami, una capital haitiana; Minneapolis, una importante ciudad somalí, y Colorado, la región del mundo donde viven más mongoles, después de Mongolia. En cambio, los árabes son poco numerosos en Estados Unidos y los musulmanes sólo constituyen el 0,55 por ciento de la población estadounidense; son originarios sobre todo del sudeste asiático y de Irán.

Estados Unidos no es simplemente un país, ni siquiera un continente; es el mundo, o por lo menos el mundo en miniatura. Ningún país tiene tanta diversidad y ninguno —ni siquiera la Europa de los veintisiete— puede pretender representar hasta este punto una nación universal. Este elemento es un factor importantísimo para explicar el dominio creciente de las industrias creativas estadounidenses, a la vez arte y *entertainment, mainstream* y nichos, en todo el mundo.

La americanización cultural del mundo se ha traducido en la segunda parte del siglo xx en ese monopolio creciente de las imágenes y los sueños. Hoy sufre la competencia y es cuestionado por nuevos países emergentes —China, India, Brasil, los países árabes—, pero también por «países viejos», como Japón, o por la «vieja Europa», que pretenden defender sus culturas y tal vez incluso luchar en igualdad de condiciones con Estados Unidos. Es toda una nueva geopolítica de los contenidos la que está naciendo ante nuestros ojos. Y el comienzo de las guerras culturales que se anuncian.

SEGUNDA PARTE

LA GUERRA CULTURAL MUNDIAL

9. *KUNG FU PANDA*: CHINA FRENTE A HOLLYWOOD

Estoy en el «valle», cerca de Hollywood, en Los Ángeles, en el despacho del vicepresidente de uno de los principales estudios. Mi interlocutor se esfuerza por pronunciar unas cuantas palabras en francés pero no acepta que lo cite. La conversación es relajada pero banal. Hablamos de los mercados internacionales de películas, de la nueva estrategia global de los estudios y de la globalización del cine estadounidense. No me dice nada nuevo que no haya leído ya decenas de veces en la prensa especializada. Sin embargo, hay algo que me intriga. Encima del escritorio de este jefe de Hollywood hay tres relojes: «Japan Time», «China Time» e «India Time». Los estudios estadounidenses tienen la mirada puesta en los horarios de Asia: ¿será ésta la nueva frontera para Hollywood?

Li Chow es la directora de Sony y Columbia en China. Tengo cita con ella en BookWorm, una librería-café estadounidense en el barrio de Chao Yang de Beijing (nueva transcripción literal de Pekín). Taiwanesa de origen, hija de diplomático, Li habla un inglés perfecto, lo cual no es frecuente en China. Sony Pictures abrió una oficina en Beijing en 1996 con el objetivo de facilitar la distribución de las películas de la *major* niponoamericana en el país. Luego aumentaron las ambiciones y llegó la producción. Sobre el papel, la estrategia china de Sony era perfecta. «Se trataba de hacer a la vez todo lo que fuera posible», me explica Li Chow. Pero la realidad fue más difícil.

En un mercado emergente de un país emergente, el potencial de la industria cinematográfica china parece a primera vista inagotable con 1.300 millones de habitantes. Desde hace una década sobre todo, paralelamente a un crecimiento económico excepcional (del 8-9 por ciento anual en 2008 y 2009), la taquilla conoce una progresión de dos dígitos cada año y actualmente en China se construye de media una nueva pantalla de multicine al día. Como la producción nacional real era insuficiente, alrededor de 100 películas al año, mucho menos de lo que proclama la propaganda oficial (que habla de 400), los estadounidenses vieron enseguida las oportunidades. Y concibieron unas esperanzas desmesuradas: 1.300 millones de chinos esperando una tarjeta de crédito del Bank of America, coches de General Motors, iPods y iPhones, *software* de Windows y, naturalmente, 2.600 millones de manos dispuestas a aplaudir las películas de Hollywood. Mirando hacia el oeste, y ya no hacia el este, América tomó conciencia de que era antes que nada una nación del Pacífico. Pero para las *majors* penetrar en ese mercado iba a resultar peligroso.

El primer obstáculo, y no menor, es la censura. Para comprender el sistema que los estadounidenses quieren conquistar, hay que recordar que, desde su llegada al poder en 1949, el Partido Comunista chino estableció un control férreo sobre todos los medios de comunicación. La «revolución cultural» no hizo más que endurecer esa censura, haciendo del cine un objeto de pura propaganda. Cada palabra publicada, cada información transmitida en la prensa, la radio o la televisión, cada libro editado, cada obra interpretada en el teatro, cada letra de canción en un disco son objeto de un control drástico. Esta vigilancia a priori es posible gracias a una inverosímil red laberíntica de decenas de miles de censores, agentes y policías que obedecen todos indirectamente al Ministerio de Propaganda que, a su vez, depende, no del poder ejecutivo, como los demás ministerios, sino curiosamente del Partido Comunista chino. El cine, considerado como un «sector estratégico», no es una excepción. Al contrario. Y lo que para un productor chino ya es difícil aún es más complejo para un extranjero.

Para distribuir una película en China, un estudio internacional debe obtener varias veces la luz verde de las autoridades chinas, en este caso de los distintos servicios de la oficina de la censura, otra emanación del Ministerio de Propaganda. La película se presenta, ya subtitulada, para recibir un visado de distribución. La censura es una mezcla compleja de control político, control pequeñoburgués de tipo victoriano y proteccionismo. El sexo, la violencia, la política, el islam, las «distorsiones» de la historia china y naturalmente cualquier alusión a los acontecimientos de la plaza de Tiananmen, al Dalai Lama, al Tíbet, a la independencia de Taiwán, a la secta Falun Gong, a la homosexualidad y en sentido más amplio a los derechos humanos son otros tantos temas tabú y pueden significar la prohibición inmediata de la película. Disney, por ejemplo, lo sufrió en carne propia al producir la película *Kundun* de Martin Scorsese, que rendía homenaje al combate no violento del Dalai Lama: el estudio estuvo a punto de que le prohibieran distribuir en China todo su catálogo y de que rechazaran durante años su proyecto de parque temático en Shangai. Ni hablar tampoco de criticar a un aliado de China como Rusia, Venezuela, Cuba o ciertas dictaduras de África. Ni de hacer apología de una potencia poco querida como Japón o India.

Al fin y al cabo y habida cuenta del amplio espectro de las prohibiciones, son muchas las películas que pueden tener alguna escena problemática. «En realidad, no hay verdaderas reglas para la censura —me explica Li Chow—. Una película fue rechazada porque mostraba tatuajes y a un actor con un *piercing*, otra porque la pobreza era demasiado explícita, una tercera por su carácter "nihilista", la cuarta porque había demasiado suspense. Y a menudo la censura ni siquiera da explicaciones». También se cita el caso de películas que han sido prohibidas por la censura y luego autorizadas cuando se han presentado con otro título. Isabelle Glachant, una productora independiente que conocí en Beijing, es más severa aún: «La censura es paranoica y la autocensura, permanente. Para las autoridades chinas, las cuestiones políticas de hecho son secundarias; lo único que importa es el patriotismo económico. El gobierno se esfuerza por que la recaudación de las películas chinas siga superando la taquilla del cine estadounidense. Para ello, está dispuesto a todo: a censurar películas que no debería, a erigir periodos de *blackout* total o, más frecuentemente todavía, a mentir acerca de las cifras».

Otras personas a las que he preguntado en China dan una respuesta más matizada sobre la censura. En Shangai, por ejemplo, Chen Sheng Lai, ex presidente de la radio (oficial) de la ciudad, defiende la idea de que China tiene derecho a tener cuotas de pantalla como otros muchos países. Para él, no hay duda de que China debe proteger su cultura nacional. Otras personas interrogadas en Beijing y Shangai comparten este punto de vista. Y lo que los occidentales llaman «censura» sería de hecho simplemente un sistema de reglas para la protección de los valores chinos, que son distintos de los occidentales, pero igualmente respetables. «Los valores de Occidente tal vez sean buenos, pero no son universales», me explica Hua Jian, un profesor universitario, director del Cultural Industry Research Center en el seno de la muy oficial Academy of Social Science de Shangai. «La libertad de asociación, la libertad de prensa, la libertad de opinión y de religión no son necesariamente universales —prosigue Hua Jian—. Y además —concluye astutamente—, la calidad artística de las películas nace a menudo de ese conflicto con la censura. La tensión entre la represión y la libertad aporta, como en el sistema de los estudios estadounidenses de la década de 1920, una gran creatividad en China y de esa tensión nace un cierto *glamour*».

La censura oficial no es sino uno de los numerosos obstáculos erigidos por los chinos para protegerse del cine extranjero. Cuando la película se autoriza, todavía falta que se distribuya. Todos los cines pertenecen al Estado y por lo tanto el monopolio de la distribución está en manos de China Film, la oficina cinematográfica que depende directamente también del Ministerio de Propaganda. Ahora bien, China Film sólo autoriza la circulación de una veintena de películas al año a través de un complejo sistema de cuotas. De hecho, los *blockbusters* hollywoodienses constituyen siempre el 50 por ciento de las películas distribuidas, ya que el sistema de cuotas paradójicamente favorece a las películas *mainstream* para el público más masivo.

Aquí tenemos un buen resumen del capitalismo de Estado chino, un capitalismo autoritario, también llamado, según una célebre fórmula heredada de los años de Deng Xiaoping, «economía socialista de mercado». Se trata de una combinación original de auténtica economía de mercado, dinámica e incluso salvaje, de pequeñas empresas bastante autónomas orientadas al consumo interior, y un sistema de mando en la cumbre, absolutamente leninista todavía, que ejerce un control político total. Este sistema ha contribuido a lo que no hay más remedio que denominar «el milagro económico chino».

Con la condición del anonimato, un responsable de un estudio estadounidense en China me explicó que las *majors* hollywoodienses se reparten los *blockbusters* antes de someterlos a la censura, contraviniendo las leyes más elementales de la competencia, unas leyes que justamente pretenden imponer a los chinos en el seno de la OMC. Este acuerdo ilegal tiene lugar en Washington bajo la égida de la MPAA, el *lobby* de Hollywood, y cada estudio elige dos películas al año antes de que las autoridades chinas generalmente validen esa elección.

¿Por qué lo permiten los chinos, cuando es evidente que están muy bien informados de las intenciones y los métodos contrarios a la competencia de los estadounidenses? «Porque sólo los *blockbusters* estadounidenses les reportan muchísimo dinero y les llenan las salas», me explica, también a condición de que no mencione su nombre, una responsable de Disney en China. Es por tanto muy difícil para un film estadounidense que no sea de un gran estudio, o para una película europea, entrar en esas cuotas. Cuando las autoridades chinas caen en su propia trampa por haber jugado demasiado al capitalismo con los estudios, sobre todo cuando el *box office* estadounidense amenaza con superar al *box office* chino, decretan unos periodos de *blackout* total en que todas las películas extranjeras son expulsadas de las salas. Durante las vacaciones de Navidad, el año nuevo chino o las vacaciones del 1 de mayo, sólo se proyectan las películas nacionales históricas y épicas. Sin embargo, los *blockbusters* estadounidenses, con sólo diez películas autorizadas anualmente, desde *Iron Man* a *Piratas del Caribe,* pasando por el éxito de la franquicia *Harry Potter* o, recientemente, *Transformers 2012* y *Avatar* (aunque *Batman. El caballero oscuro* fue prohibida), alcanzan cada año casi el 50 por ciento del *box office* chino. Una cifra astronómica habida cuenta de las cuotas y de la censura.

Luego está la censura financiera y las copias ilegales. Cuando una película se autoriza y se distribuye —cosa que en general ocurre sólo con los *blockbusters* familiares más inofensivos—, el productor extranjero cobra aproximadamente un 13 por ciento del *box office,* una suma ridículamente baja. El estudio DreamWorks Animation lo sufrió con *Kung Fu Panda:* la película fue recibida al principio con frialdad en China por las autoridades y los críticos, que reprochaban al estudio estadounidense haberles robado a la vez el tesoro nacional chino, el panda, y su deporte fetiche, el kung fu. Pese a las controversias, el público celebró la historia de ese panda con sobrepeso que quiere convertirse en maestro de kung fu y el éxito fue enorme. A pesar de ello, el estudio estadounidense de Jeffrey Katzenberg no pudo recoger el fruto del *box office,* pues se vio limitado por el porcentaje del 13 por ciento que les corresponde a los productores extranjeros. Por reducida que sea en dólares, la cuota de mercado de los estadounidenses en China está en fuerte expansión, teniendo en cuenta la progresión del *box office* chino, que cada tres años se multiplica por dos.

En cuanto a la piratería, está tan generalizada y es tan visible que resulta difícil entender por qué las autoridades chinas, pese a sus compromisos con la Organización Mundial de Comercio, no la sancionan. Casetes de audio piratas ayer, DVD piratas hoy y descargas ilegales en Internet (a pesar de las velocidades de conexión aún bastante malas en China), todos los medios son buenos para que el cine y la música sean gratuitos y estén al alcance de todos. Esta generalización de las copias ilegales es tanto mayor cuanto que la oferta cinematográfica es insuficiente, tanto en número de películas distribuidas como en número de salas, por no hablar de la censura, que naturalmente contribuye a multiplicar la demanda de DVD piratas. «Cuando se estrenó *Casino Royale* —me explica Li Chow en la sede de Sony en Beijing—, nos quedamos pasmados de que los chinos conocieran al personaje y se supieran de memoria la música del film, cuando era el primer James Bond que se autorizaba en China. Todos lo habían visto en DVD piratas. Eso facilitó mucho nuestro *marketing*. Y por primera vez vi la piratería como algo positivo».

Para tener una idea de lo que representa ese mercado negro, les pedí a mis interlocutores chinos que me indicasen la dirección de una fábrica ilegal donde se hacen esos CD y esos DVD piratas para poder visitarla. Primero me explicaron que había que ir a la región de Cantón, al sur de China, pero que sería complicado y quizás incluso peligroso. Mis contactos en los estudios estadounidenses me dijeron que ellos mismos habían intentado durante mucho tiempo comprender los secretos de ese mercado negro que tanto perjudica sus intereses en el cine y en la música. Al no obtener la dirección, me paseé por algunas de las miles de tiendas de CD y de DVD que hay en Beijing, en Shangai y en Hong Kong. Finalmente, hablando con un vendedor de CD y DVD en Shangai, entendí por qué los DVD piratas se parecían tanto a los verdaderos DVD: «No sea estúpido —me dijo el vendedor (con la condición del anonimato y traducido por mi intérprete)—. Las fábricas que producen los DVD legales y las que producen los DVD piratas son las mismas. Ocurre como con las estilográficas Montblanc y los relojes Rolex». Y en la tienda me mostró los DVD «auténticos» mezclados con los «falsos», y viceversa.

Los estadounidenses, por su parte, han comprendido esa artimaña y les ha parecido mucho menos graciosa que a mí. Incluso han constatado, con un pequeño ejercicio de espionaje, modificando algunas imágenes de una película para utilizarla como test, que los largometrajes que sometían a la censura china aparecían luego en el mercado negro incluso cuando eran rechazados, una desviación impresionante y muy elocuente en lo tocante al grado de corrupción que impera en la China comunista. De ahí que denunciasen a China ante la OMC por atentar contra las leyes internacionales del *copyright* y por su pasividad ante la piratería salvaje. (Algunos de mis interlocutores sostienen la hipótesis de que son los propios estadounidenses los que difunden deliberadamente sus películas en el mercado negro para acostumbrar a los chinos a los *blockbusters* puesto que no pueden distribuirlos legalmente). «No es posible acabar con la piratería —relativiza sin embargo en Hong Kong Gary Chan Chi Kwong, el director de East Asia Media, una de las discográficas más importantes de Asia—. La fábrica que hace los CD ilegales y los otros es la misma. Todos lo sabemos. Abrimos un ojo y cerramos el otro: intentamos luchar pero también dejamos hacer, porque es totalmente imposible acabar con las copias ilegales».

CERCA DE LA PLAZA DE TIANANMEN, EN EL CORAZÓN DE LA CENSURA CHINA

«Esto es el *wild wild East*». Refiriéndose a California, durante mucho tiempo tildada de *wild wild West*, Barbara Robinson resume con una fórmula el desafío que constituye para los estadounidenses el hecho de hacer cine en China. Desde el piso 32 de la célebre torre del Bank of China que diseñó el arquitecto I. M. Pei, Barbara contempla las colinas de Hong Kong, que le recuerdan a las de Hollywood. Esta estadounidense dirige la Columbia Pictures Film Production Asia, que también pertenece al grupo Sony. Si la distribución de las películas se gestiona desde Beijing, la capital donde están la censura y el poder político, la rama de producción de cine y sus redes audiovisuales las ha instalado Sony en Hong Kong. Lejos del poder chino, lejos de la censura.

«"Location, Location, Location" y "Cheap, Cheap, Cheap" son nuestros lemas para producir películas aquí», me explica Barbara

Robinson: las mejores localizaciones y las mejores tarifas. Y funciona. Sony produce unas cuatro películas al año desde Hong Kong, en lengua china (sobre todo en mandarín) y para un público esencialmente chino. Encima de su escritorio, veo el cartel del film *Tigre y dragón* de Ang Lee; su éxito internacional en el año 2000 ratificó la estrategia de Sony, que enseguida empezó a soñar con el mercado potencial de las películas chinas. «Para la gente de Sony en Hollywood, la razón principal de nuestra presencia aquí es permitir la distribución de las películas de Sony en China. En eso es en lo que piensa la gente de Sony. Pero por ahora eso no es posible. Entonces, esperamos. Todo el mundo sabe que China se abrirá: *Open up* es la expresión que todos tenemos en mente. Pero, por ahora, no se ha abierto. Por lo tanto estamos aquí, esperando».

Aquí, el mercado chino no es acogedor, ni siquiera para las películas rodadas localmente. Aunque produzca sus películas en China, en chino y con actores chinos, el simple hecho de que Sony, una *major* extranjera, tenga sede en Hong Kong le impide tener una distribución normal en China. De nuevo, la película entra en las cuotas. Para sortear este escollo (y obtener un porcentaje de la recaudación del orden del 40 por ciento, muy superior al que se concede a las películas extranjeras), Sony ha establecido partenariados con sociedades privadas chinas de Beijing que están habilitadas para coproducir películas. El objetivo de esas coproducciones no consiste en buscar fondos para redondear el presupuesto (que no es el problema de Sony), sino obviar la censura y las cuotas. Una vez más, el camino está lleno de trampas. El nuevo censor se llama esta vez China Film Coproduction Corporation, que en China es el paso obligado para cualquier coproducción. Decido, pues, ir a ver a los funcionarios para conocerlos más de cerca.

En un búnker protegido por el ejército «del pueblo» en Beijing, un poco al oeste de la plaza de Tian'anmen, tengo una cita con Zhang Xun, la presidenta de China Film Coproduction Corporation. Hace un frío glacial, un frío aumentado por un viento terrible, en el momento en que penetro en el *compound* oficial de la censura cinematográfica china. Me dan un permiso y se hace cargo de mí un guardia impasible. Pasamos por delante de los coches oficiales, con los cristales tintados y algunos con girofaros. Para ser un organismo cinematográfico, me parece extraño. En varias decenas de edificios están reunidas muchas cadenas de televisión como la famosa Central China Television (CCTV), la más oficial de las oficiales, y debemos caminar varios minutos hasta llegar a nuestro destino. Un abundante personal vegeta en unos despachos soporíferos; algunos guardias están literalmente dormidos, otros me miran como si viniera de otro planeta.

En la inmensa sala de reunión a la que me llevan con mi traductora han izado, al lado de un horroroso ramo de flores de plástico, una bandera china frente a una bandera francesa. Instintivamente, me siento en el lado francés. Tal vez Zhang Xun espera encontrarse con el cónsul de Francia.

Llega enseguida. La presidenta de la institución internacional que regula todas las coproducciones en China y negocia con los estudios del mundo entero no habla ni una palabra de inglés (y mucho menos de francés). Lanza una perorata, me dice que China es muy partidaria de las coproducciones, que el sistema cinematográfico chino es productivo con «más de 400 películas al año» (la cifra real, según me han dicho, es inferior a 100), que se trata de una industria más influyente todavía que Bollywood en la India (lo cual no es cierto ni por producción, ni por difusión nacional, ni por exportaciones), que la taquilla se ha multiplicado por dos en 2008 (pero no dice que apenas alcanza el 50 por ciento de la de Corea del Sur, muchísimo menos poblada), que el presidente de la República Popular de China, Hu Jintao, cree en el cine, y ya estoy esperando la cantinela de la «cooperación mutua, la amistad y el respeto entre Francia y China» cuando, en efecto, la cantinela llega. Me pellizco.

¿Cree realmente Zhang Xun todo lo que dice? Todas sus frases están vacías de sentido, todas las cifras son falsas, ¿lo sabe ella? Es la cara amable, casi sincera, de la censura. Habla con aplomo y tacto, brillantemente secundada por un traductor muy eficaz (pero mi propia traductora me dirá después de la entrevista que constantemente embellecía el discurso muy estereotipado y políticamente correcto de mi anfitriona burócrata). Cuando describe las «coproducciones» tal como ella se las imagina percibo que el uso del prefijo «co» es totalmente inapropiado; habla de producciones autorizadas por el régimen y que por tanto se convierten en chinas, en ningún caso de unas coproducciones por esencia binacionales. Le pregunto luego cómo hace para determinar la nacionalidad de una película, dado que las inversiones con frecuencia están cruzadas y corresponden a productores internacionales variados. Su respuesta me deja perplejo: ¡se fía del IMDb, el banco de datos cinematográfico estadounidense! Comprendo entonces que todo el sistema en su conjunto no está hecho tanto para defender unos valores o para proteger a las familias chinas, sino que sobre todo es un mecanismo de proteccionismo extremadamente poderoso. Esbozo pues una pregunta muy tímida y banal sobre la censura, en el corazón del edificio por excelencia de la censura china. «Cada país tiene su censura —responde delicadamente, sin sorprenderse lo más mínimo, Zhang Xun—. En Estados Unidos hay una fuerte censura, más dura aún que en China. Nosotros tenemos derecho a proteger a nuestros niños de la violencia y la pornografía».

Esa misma tarde, estoy en el hotel Konlun de Beijing, un palacio cuyo café circular del piso 29 y la vista impresionante sobre la capital china son por sí solos una atracción. Peter Loehr me espera allí; es el director de CAA para China. La Creative Artists Agency es una de las principales agencias de talentos estadounidenses que se dedican a «descubrir» actores de cine, pero también cineastas, guionistas, cantantes y escritores, todos chinos. Peter Loehr es sinólogo, vive en Asia desde hace veinte años y ya se ha pasado trece años en Beijing. Este estadounidense auténticamente apasionado por China está además casado con una china.

La estrategia de CAA es distinta de la de los estudios, para los cuales sin embargo trabaja la agencia, porque se concentra en las personas y no en el mercado chino. Peter Loehr está aquí para firmar contratos con el mayor número posible de talentos chinos, y se puede decir que lo ha conseguido, como sus colegas de William Morris, la otra agencia estadounidense, instalada en Shangai. Contrariamente a los estudios, que se han enfrentado con el sistema de producción chino y luego con la distribución y han topado con un muro, las agencias de talentos hacen *deals* con los talentos locales. Sortean la censura y las cuotas concentrándose en los individuos, que aceptan unirse a ellas en exclusiva a cambio de la esperanza de realizar una carrera más internacional y la promesa de unos contratos más jugosos (el célebre método del *packaging* de CAA permite que un actor cobre porcentajes sobre todos los productos derivados de una película). La agencia, a cambio, se embolsa el 10 por ciento de media de todos los contratos que firme el artista. En un mercado del que los europeos, los indios y los japoneses están ausentes, los estadounidenses han «fichado» año tras año a la mayoría de los artistas importantes de China. «Honradamente, no es muy complicado trabajar aquí», me comenta, jovial, Peter Loehr (y no dirá más *on the record*, no quiere que lo cite). En China las pocas agencias de *management* de artistas están a menudo ligadas a estudios o a discográficas, lo cual crea conflictos de intereses significativos cuyas primeras víctimas son los artistas. Ésta es una de las razones por las cuales los «talentos» chinos tienden a unirse a una agencia estadounidense.

El trabajo de CAA y William Morris, un trabajo de hormiguitas, es muy eficaz, ya que sus agentes peinan el terreno constantemente y preparan el mercado para el día en que China se abra. ¿Dónde están los europeos? No he visto ninguno.

Queda pues la producción local. Felice Bee, una taiwanesa bellísima que se crió en Indonesia, con una larga casaca negra que la protege del frío glacial que ha invadido Beijing, se lleva a los labios una refinada taza de té en el *coffee shop* donde me ha citado. ¿Por qué vino a China desde Taiwán? «Porque aquí es donde está el mercado —responde sin vacilar Felice Bee—. China es un sistema cultural nuevo, nada está parado, todo se mueve y todo es posible. Aquí es donde se está escribiendo el futuro». Hablamos de la estrategia de Disney en China, ya que ella ha trabajado mucho tiempo para Buena Vista International, la rama de distribución de Disney, pero yo quiero que me hable sobre todo de la producción local, pues trabaja para uno de los principales productores privados, el grupo Huayi Brothers Pictures. A priori, como se trata de un grupo chino instalado en Beijing, no está sometido a las cuotas reservadas a los extranjeros. «No —rectifica Felice Bee—, el control político sigue existiendo en todas las etapas de una película, incluso si es producida por una compañía china: hay que obtener un visado primero para el *script* y renovarlo tras cada modificación, acompañándolo por supuesto con todos los permisos de las ciudades donde se vaya a rodar». Hasta ahora, mis interlocutores estadounidenses me habían dado a entender que los productores chinos, si tenían buenos contactos con los funcionarios de Beijing, podían hacer lo que quisieran dentro del sistema neocapitalista chino. Ahora me doy cuenta de que toda la industria cinematográfica está controlada, puesto que el Ministerio de Propaganda la considera un sector estratégico.

Y el control, por definición, se ejerce sobre el argumento. «En un *script* —continúa Felice Bee— hay que procurar que un policía sea siempre bueno y que un gánster sea siempre malo. El primero no puede jamás ser un mal padre de familia y es impensable que el segundo sea un buen padre. Además, como no existe un *rating system,* como en Estados Unidos, se supone que todas las películas van dirigidas a todos los públicos, lo cual le va muy bien a la censura china y le permite prohibir cualquier escena de sexo o violencia».

¿Pueden asumirse riesgos controlados en materia de producción local? Universal y los hermanos Weinstein así lo creyeron. Estos últimos, desde los gloriosos años de Miramax, invirtieron en una oficina en Hong Kong para coproducir películas localmente y sobre todo para comprar los derechos de películas prometedoras. Bey Logan es quien dirige la oficina de la Weinstein Company en Asia. Divertido, echado para adelante y caricaturescamente estadounidense, aunque habla cantonés, nos encontramos debajo de su casa, en el café Lavando, en el bellísimo barrio de Prince Terrace de Hong Kong. «Harvey Weinstein tiene desde siempre un *love affair* con Asia», me dice Bey Logan. A partir de los éxitos en Estados Unidos de películas como *Tigre y dragón* de Ang Lee, *Juego sucio (Infernal Affairs)* de Andrew Lau y Alan Mak, o también de *Hero* y *La casa de las dagas voladoras* de Zhang Yimou, la estrategia de los hermanos Weinstein ha consistido en adquirir los derechos internacionales de numerosas películas chinas y, para financiar esas compras, han creado un fondo «Asia», gestionado por el banco Goldman Sachs. A partir de ese catálogo importante, escogen, según los públicos a los que se dirigen, estrenar las películas en Estados Unidos o limitarse al mercado regional donde tienen una buena red de distribución panasiática.

En la producción local, los hermanos Weinstein han tenido menos suerte. «El dinero no es el problema en China y en Hong Kong. El problema es descubrir los guiones de calidad capaces de llegar a un gran público, fichar a las estrellas de fuerte potencial, encontrar al buen coproductor local y finalmente llegar a trabajar con la censura de Beijing», suspira Bey Logan. Por ahora, los Weinstein se han limitado a producir la película *Shangai,* cuyo presupuesto es de 45 millones de dólares y cuya distribución es enteramente china, al igual que el director, y que debía rodarse en Shangai. Pero eso era no contar con la censura, que en el último momento les negó el certificado de coproducción, antes de invitar con firmeza al equipo de rodaje, que ya estaba allí, a abandonar China. La película se trasladó, pues, a Bangkok, a un decorado improvisado que supuestamente recuerda el Shangai de la década de 1940. «Harvey quedó escandalizado por el proceder de las autoridades chinas, estaba fuera de sí —me confirma Bey Logan—. Y perdimos 3,4 millones de dólares en ese asunto». El hombre de los hermanos Weinstein no se muestra amargado. Está dispuesto a emprender nuevos proyectos. «Todos los estudios estadounidenses, grandes y pequeños, vienen a China para tener una cuota de este inmenso mercado y con unas estrategias que sobre el papel parecen buenas, como la guerra de Vietnam o de Irak. Pero cuando estás sobre el terreno, las cosas son mucho más complejas. Sin embargo, el mercado es tan grande, y tan estratégico, que vamos a seguir intentándolo el tiempo que haga falta».

Otro pretendiente, Universal, aún ha tenido menos suerte. El estudio se lanzó a la producción de la película *Deseo, peligro* del director taiwanés Ang Lee, a través de su rama «independiente» Focus Features. Al principio, los funcionarios chinos vieron con buenos ojos el retorno a Asia de un director estrella de Hollywood, que había obtenido un Oso de Oro y varios Oscar por *El banquete de boda*, *Tigre y dragón* o más recientemente *Brokeback Mountain*. Las autorizaciones de rodaje fueron concedidas por la oficina de la censura, que se mostró poco quisquillosa con el *script* en gran parte porque los chinos estaban orgullosos del éxito mundial de *Tigre y dragón*. Por otra parte, el riesgo era limitado para la Universal, puesto que Ang Lee había designado a un productor local muy famoso que sabía cómo tratar a los «funcionarios». Pero en las altas esferas las cosas no transcurrieron tan fácilmente. Apenas autorizada, la película fue brutalmente prohibida por sus escenas de sexo excesivamente explícitas y unas alusiones consideradas «delicadas» acerca de los japoneses. A la actriz principal no se le permitió conceder entrevistas y la película fue censurada. Lo que tenía que ser la consagración de un hijo de Taiwán que volvía a China se convirtió finalmente, bajo los abucheos de la comunidad internacional, en una ilustración de la peor censura. Y provocó una vuelta de tuerca de las autoridades que los cineastas independientes todavía están pagando. «Fue un verdadero Tiananmen para la industria cinematográfica», concluye, fatalista, Felice Bee.

Pero aún se produjeron aventuras más desgraciadas en China que las de Columbia, Sony y Universal: se produjo el caso de libro de la Warner.

Hablando con Ellen Eliasoph, me digo que la Warner ha enviado a China a su mejor «sinojurista». La abogada Ellen Eliasoph, que es sinóloga, habla perfectamente mandarín y cantonés, tiene mucha experiencia y es especialista en el derecho del *copyright*, vive en China desde hace más de veinte años. Dirige las oficinas de Warner Bros en China, y su marido es un importante diplomático del Departamento de Estado norteamericano. Estamos en el piso 23 de una torre, en un complejo ultramoderno que alberga también el célebre Gran Hotel Hyatt de Beijing, cuya piscina zen y cuyo spa permiten a los que desean cargar pilas moverse entre un «cielo virtual» parecido a la Vía Láctea y una música submarina llamada «neotropical» (que de hecho está sacada simplemente, como ocurre con frecuencia en los hoteles de lujo asiáticos, de un disco del DJ Stéphane Pompougnac, *Hotel Costes).*

¿Cargar pilas? «Inicialmente, Time Warner era muy optimista en cuanto al mercado chino —me explica Ellen Eliasoph—. Nuestra estrategia consistía en invertir en las salas, distribuir en ellas nuestras películas, comercializar masivamente nuestros DVD y reinvertir todos los beneficios en nuevas películas coproducidas localmente. A priori, era una estrategia implacable». Un importante plan de instalación de cadenas de televisiones del grupo (CNN, HBO, las cadenas de cable Turner) y por supuesto la difusión de los *hits* de la mejor discográfica Warner, entonces todavía propiedad de Time Warner, que debía venir después.

La rama de producción local de Warner está instalada en Hong Kong y realiza aproximadamente una película anual desde hace diez años, esencialmente en mandarín. «No se puede producir una película china en China, ésa es la paradoja; entonces la producimos en Hong Kong», me explica Hsia Mia, una joven hongkonesa que ha estudiado en la Cornell University de Estados Unidos y que dirige actualmente Warner en Hong Kong. Hábilmente, la Warner está presente en varios mercados: el mercado hongkonés, moderno y occidental, si es una película de bajo presupuesto; el mercado taiwanés, si es más internacional y si se busca una mayor audiencia, panasiática, a partir de Taiwán; y por último, el mercado de la China continental, si Warner tiene un presupuesto mayor, un director conocido y actores estrella. «Son tres mercados chinos muy diferentes. Hoy

tienen tendencia a aproximarse y el objetivo de Warner, naturalmente, es llegar a los tres a la vez», me confirma Hsia Mia, durante
un desayuno en un restaurante *trendy* al pie de la torre HSBC de
Hong Kong.

Pero lo más interesante, y lo más peligroso, fue la estrategia de
Warner en la distribución en la China continental. En 1994, en un
momento en que China iniciaba el proceso de adhesión a la Organización Mundial de Comercio y parecía abrirse inexorablemente,
Time Warner, para no ser el rehén de las redes de cines oficiales, tuvo
la idea luminosa de invertir directamente en multicines. Se firmó un
acuerdo de partenariado con el organismo oficial China Film para
construir las salas. Y se creó una *joint venture,* con reparto del capital y
las inversiones, un 70 por ciento los estadounidenses y un 30 por ciento los chinos. Pero eso era tomar a los chinos por ingenuos.

Para empezar, los funcionarios de Beijing le explicaron a la Warner que podía construir si quería multicines en China, pero que no
podría proyectar en ellos sus películas. Habría que pasar por la censura y, naturalmente, por las cuotas. Primera ducha fría.

Luego, unos meses más tarde, el reparto del capital de las salas
construidas 70/30 entre los estadounidenses y los chinos se revisó a la
baja: 51/49 a favor de los estadounidenses. En Los Ángeles, a los directivos de la Warner les pareció raro. Pero, cegados por sus propias
ilusiones, se dijeron que era «cultural» ya que los contratos chinos
eran muy «vagos» y los de los estadounidenses muy «específicos»; y siguieron construyendo cines hasta llegar al octavo. De pronto, las autoridades chinas decidieron cambiar la ley y considerar que una empresa extranjera no podía poseer salas de cine, y el porcentaje del
capital se invirtió retroactivamente: 49/51, esta vez a favor del socio
chino.

«En Warner Brothers, en Los Ángeles, el director general se sintió literalmente *crushed* (aniquilado)», me confiesa Ellen Eliasoph,
que dirige las oficinas de Time Warner en la China continental. En
la cima de esa torre de Beijing donde estamos hablando desde hace
más de dos horas, se ha instalado un silencio bastante pesado. Esta
mujer fuerte, tranquila, hermosa, que me imagino que es particularmente temible en las negociaciones financieras, tiene lágrimas en
los ojos. «Lo hicimos todo: ideamos los multicines, hicimos el diseño, gastamos millones de dólares, formamos a los chinos para diri-
girlos y... ¡ellos cambiaron la ley! Todo eso para nada. Es como una

pesadilla. Los estudios de Hollywood fueron demasiado ingenuos con los chinos. Ellos fueron los más astutos, nos incitaron a abrírselo todo, a dárselo todo, y luego se lo quedaron todo. Fueron muy *smart*. Hoy no hay ninguna esperanza de penetrar en ese mercado». Un poco más tranquila, añade: «Usted no escribe un libro sobre el cine en China; es un libro sobre la corrupción del Partido Comunista chino lo que hay que escribir».

No habrá un noveno multicine de la Warner en China. En Hollywood, deciden retirarse del juego. Las demás *majors* estadounidenses que han seguido de cerca la aventura también están consternadas. El ejemplo les sirve de lección. La MPAA, el *lobby* de las *majors* en Washington, transmite el mensaje al Congreso. Enseguida Estados Unidos ataca a China ante la Organización Mundial de Comercio por poner trabas al mercado internacional.

Al separarme de Ellen Eliasoph, dejo a una mujer deshecha. «No odio a los chinos, son un pueblo formidable. Les he dedicado mi vida. Sólo siento mucha amargura con el poder». Al menos puede tener una satisfacción: al ser la primera que ha construido multicines en China, la Warner ha lanzado una moda que ha cambiado para siempre el paisaje cinematográfico en el país. Ahora, se inaugura una nueva pantalla de multicine cada día. ¿Un premio de consolación para la Warner?

Hong Kong, el Hollywood de Asia

«Tenemos 1.300 millones de chinos; tenemos el dinero; tenemos la economía más dinámica del mundo; tenemos experiencia. Vamos a conquistar los mercados internacionales y a competir con Hollywood. Seremos el Disney de China». En el piso 19 de la torre de cristal AIG, en el número 1 de Connaught Road en Hong Kong, me encuentro en unos salones privados, entre un mobiliario de gran lujo y cuadros de grandes pintores en todas las paredes, frente a un inmenso ventanal con vistas a Hong Kong y al delta del Río de las Perlas. Peter Lam, uno de los hombres más poderosos de Hong Kong, me recibe con tacto y profesionalidad. Habla claramente, articulando cada sílaba, como si hubiese aprendido inglés con las casetes de Berlitz.

Heredero de una gran familia de la ciudad, el señor Lam preside los destinos del grupo eSun, una inmensa sociedad muy activa en la industria del cine y de la música. Por muy hongkonés que sea, habla en nombre de China y luego me enteraré de que es miembro del CPPCC, uno de los componentes políticos más oficiales de la China comunista en Beijing (una especie de Senado chino).

Así que se muestra dispuesto a lanzarse al asalto de los mercados culturales occidentales. Su prioridad es defender los «contenidos chinos», retomando su expresión. «Hong Kong es el puerto por el cual la cultura china puede conquistar el mundo», me confirma. Conocido por sus buenas relaciones políticas en Beijing, Peter Lam tiene grandes ambiciones para su grupo y su país. Me conduce a una sala de cine interna en la cual me muestra una pequeña película de empresa para darme una idea del poderío económico de su grupo (el film es ridículo, de pura propaganda, pero eficaz). «Los estadounidenses ya no pueden desarrollarse. ¿Dónde pueden encontrar un crecimiento de dos dígitos? En ningún lugar salvo en China, y en China han fracasado. Nosotros lo conseguiremos». Lo que a Peter Lam se le olvida es que, por ahora, a las cinematografías chinas y hongkonesas les cuesta mucho llegar a un público no asiático y salir de los mercados chinos denominados «tradicionales» como Taiwán, Macao, Singapur y los países del sudeste asiático. Se lo señalo y me responde citando *Juego sucio (Infernal Affairs),* la trilogía que su grupo ha producido y que ha tenido cierto éxito internacional en 2002 y 2003 (pero olvida decir también que fue Martin Scorsese el que firmó el *remake, Infiltrados,* con Leonardo DiCaprio y Matt Damon, para la Warner, cuyo éxito fue abrumador cuatro años más tarde).

¿Está preocupado por la censura china que puede alcanzar a Hong Kong, ahora que la región se ha reintegrado a China? «En todas partes del mundo hay censura. Si quieres trabajar en China, debes aceptar las reglas», me explica simplemente, sin el menor titubeo ni la menor sonrisa, Lam. Le hago observar que Beijing obtuvo la retrocesión de Hong Kong a China en 1997 pero que la producción de Hong Kong sigue considerándose «extranjera», como si el territorio siguiera siendo independiente sólo para el cine. En vez de «un país, dos sistemas», como dicen, lo que hay es una política de «doble vara de medir». Peter Lam asiente ligeramente, sin entrar en la discusión sobre este punto.

Con importantes estudios que producen casi una decena de largometrajes al año, una rama de distribución y, en los centros comerciales, decenas de tiendas que venden DVD, el grupo eSun es un actor clave de la industria cinematográfica asiática. Pero también está presente en la música, con cuatro sellos, una agencia de *management* de artistas y una rama de producción de comedias musicales. «Hong Kong es la capital del *entertainment* en Asia —explica Gary Chan Chi Kwong, que dirige la rama de música y los cuatro sellos del grupo eSun—. Nuestro objetivo es que nuestros artistas triunfen aquí en Hong Kong, pues a partir de aquí pueden llegar a todo el sudeste asiático. Así alcanzan el mercado taiwanés, Malasia, Singapur, y sobre todo la China continental. Pero es más difícil llegar a Japón y casi imposible a India». Gary Chan Chi Kwong prosigue: «Hong Kong es un lugar donde se crean las modas, un *trendsetter* para Asia; si quieres tener éxito, tanto si eres chino como malasio, taiwanés o singapurense, vienes aquí a Hong Kong. Hong Kong es el Hollywood de Asia».

Es cierto que Hong Kong ha logrado mantener una cinematografía influyente que produce, con siete millones de habitantes, tantos largometrajes como China, que tiene 1.300. Es una ciudad-región diversa por su población y las lenguas que allí se hablan; son muchos los asiáticos de todas las nacionalidades que viven en ella sin visado (empezando por los taiwaneses, que deben transitar por Hong Kong para entrar en China). En Hong Kong la seguridad bancaria es real, la bolsa más fiable que las de Shangai o Shenzen, las normas jurídicas conformes con las normas internacionales, los aranceles y las regulaciones limitados, lo cual la convierte casi en una zona franca. A ello se añaden una red mediática capaz de generar un *buzz* panasiático y unas leyes sobre el *copyright* bastante estrictas, mientras que en China se violan continuamente los derechos. Por último, Hong Kong no ha sufrido, según dicen muchos profesionales con los que he hablado, un crecimiento significativo de la censura desde su retrocesión a China en 1997 (la autocensura en cambio parece que es mayor, sobre todo cuando el objetivo es llegar al público de la China continental, y de ahí la particularidad de las películas producidas localmente: tienen dos versiones, la versión para Hong Kong y la versión «continental»). Todo eso contribuye a hacer de esta ciudad singular una capital del *entertainment*. Hong Kong es Asia en miniatura, como Miami es América Latina en miniatura y El Cairo es el mundo árabe concentrado.

Es evidente que las ambiciones de los chinos y los hongkoneses en materia de producción de «contenidos» son inmensas. Escuchando a mis interlocutores del grupo eSun en Hong Kong, tuve la sensación de que era una cuestión de orgullo, de nacionalismo cultural tanto como un interés económico. La guerra cultural está declarada, pero nadie sabe demasiado bien en China cuáles son los objetivos. El cohete cultural chino ha despegado sin que el régimen autoritario le haya fijado una trayectoria. De momento va subiendo. Ya se verá cuál es su destino.

Es lo contrario de la estrategia de la competencia, también guerrera, de otro turbocapitalista: Rupert Murdoch.

DE CÓMO MURDOCH PERDIÓ MILLONES EN CHINA Y ENCONTRÓ UNA ESPOSA

«Just imagine». Parece el eslogan de Nike, «Just do it». Está grabado en letras de oro, a la americana, en una pared de cristal en el gran salón de recepción de la sede panasiática del grupo Star en el número 1 de Harbourfront, en Kowloon (Hong Kong). Por las luces, las estrellas «Stars» que centellean y las escaleras de cristal, uno tiene la impresión de estar en un plató de MTV. Desde el piso octavo de este edificio azul reflectante se tiene una vista magnífica sobre el Victoria Harbor y el mar de China. Me invitan a tomar asiento en una inmensa sala de reunión. Ante mí, siete pantallas planas gigantes y un gran mapamundi; me digo que Rupert Murdoch siempre ha querido dominar el mundo. «Just imagine».

El nuevo hombre fuerte de Murdoch en Asia, Paul Aiello, un banquero de Nueva York que vive en Hong Kong desde hace quince años, fue vicepresidente del banco First Boston, trabajó para Morgan Stanley y como asesor del Banco Mundial, me recibe en el cuartel general de Star TV del cual es director general desde 2006. Con cara preocupada delante de este francés que viene a hacer una encuesta sobre su empresa, manipulando de vez en cuando su BlackBerry Bold último modelo, está acompañado por Laureen Ong. De entrada, esa mujer me parece antipática, y la tomo por un cancerbero de los PR. Pero a lo largo de la conversación resulta ser encantadora y muy cooperativa; es una ex empleada de *National Geographic* que hizo el resto de su carrera en la televisión deportiva en Estados Unidos y ahora es el número dos del grupo Star.

Star son 60 cadenas de televisión en siete lenguas que desde Hong Kong irrigan toda Asia. «Podemos llegar potencialmente a 3.000 millones de personas en 53 países asiáticos, casi dos tercios de la población del planeta», me explica Paul Aiello, retomando una fórmula famosa de Murdoch (de hecho el grupo Star apenas llega, y potencialmente, a 300 millones de personas). Con base en Hong Kong, Star representa para Murdoch, el jefe globalizado de la multinacional News Corp, el equivalente asiático del grupo Sky en el Reino Unido o Fox en Estados Unidos. Y es una de las apuestas audiovisuales más audaces de los últimos veinte años.

Las aventuras chinas de Rupert Murdoch se remontan a principios de la década de 1990 y el objetivo era sencillo: poseer una televisión hertziana en China. El multimillonario australoamericano puso todos sus medios, todo su sentido pragmático de los negocios y toda su *guanxi* (palabra crucial en China para definir las buenas conexiones políticas dentro del Partido Comunista chino). Por el camino se dejó millones de dólares y finalmente fracasó. Pero en ese camino encontró una esposa, Wendi.

«Al fin y al cabo, el Partido Comunista chino ¿no es acaso la cámara de comercio más grande del mundo?». Estamos en 1997. Rupert Murdoch está orgulloso de su *joke,* que acaba de hacer su pequeño efecto, en una cena en Beijing. Seguro de sí mismo, ha invertido en China con un plan bien decidido: ganarles a los chinos, que desde Deng Xiaoping quieren «enriquecerse», en su propio juego de hacer dinero. Y dinero a Murdoch no le falta.

Muy pronto, Murdoch se fija en el grupo Star, cuyas iniciales significan Satellite Television for Asian Region. El grupo fue creado en Hong Kong en 1991 con cinco cadenas iniciales en inglés (entre ellas MTV Asia y la señal de BBC World Service). Star fue un éxito rápido en cuanto a calidad, pero un fracaso financiero. Murdoch acepta pues desembolsar en 1993 cerca de 525 millones de dólares para adquirir el grupo. ¿Las autoridades chinas se inquietan? Les da garantías y en 1994 acepta retirar BBC World Service de su plataforma por satélite, ya que Beijing opina, desde los acontecimientos de la plaza de Tiananmen, que la cadena británica no es lo bastante «justa, equilibrada y positiva» en su tratamiento de las cuestiones políticas chinas. Al cabo de poco, Murdoch va más lejos: incita también a Sky, su grupo británico, a ser más «equilibrado» cuando trate de China y a darle la palabra al gobierno chino cuando éste sea atacado para que pueda expresar su «punto de vista». Ya se acabó lo de mostrar en el Reino Unido, por ejemplo, las imágenes del *Tank Man,* el hombre que se enfrentó a los tanques en la plaza de Tiananmen, y del cual precisamente Sky pide noticias; a menos que se autorice a Beijing, por un afán de «equilibrio», a dar su propia versión de los hechos. No tarda Murdoch, para halagar al Partido Comunista, en criticar al Dalai Lama con una fórmula que se hizo famosa: «un viejo monje muy político que se pasea con zapatos de Gucci», y en denunciar a la sociedad tibetana como «autoritaria y medieval». Con ello, Murdoch muestra una faceta esencial de su personaje: su pragmatismo absoluto, cuando se trata de negocios, aunque tenga que sacrificar sus propios ideales políticos. En el fondo, está dispuesto a aceptar las regulaciones chinas y hasta el control político de sus periódicos y sus programas, a condición de que le dejen ganar dinero. Cultiva menos las ideas que los dólares, menos los conflictos que las ganancias. En el Reino Unido, a la prensa no le hacen gracia esos matices ni las ocurrencias llenas de segundas intenciones del multimillonario; sus palabras y sus decisiones escandalizan.

Pero a pesar de toda su prudencia, Murdoch pondrá en peligro su imperio por una sola frase. En 1993, durante una velada en Londres para promocionar una nueva oferta por cable de su grupo Sky, Murdoch, en un corto pasaje de su discurso y casi sin querer, hace la apología de las televisiones por satélite contra los regímenes totalitarios: «Los faxes permitieron a los disidentes eludir los medios escritos controlados por los Estados; las televisiones por satélite permitirán a las poblaciones de los países cerrados, ávidas de información, eludir las televisiones públicas oficiales». El mensaje, que iba dirigido al pequeño círculo de la élite de los medios británicos, inevitablemente da la vuelta al mundo en pocas horas, y Li Peng, el primer ministro chino, recibe a 8.000 kilómetros, en su *compound* de Beijing, el mensaje completo. Sabe mejor que nadie que los estudiantes de la plaza de Tiananmen utilizaron los faxes para fijar secretamente sus puntos de encuentro antes de la manifestación y, para que no quede ni una sombra de duda, se anticipa a los objetivos chinos del multimillonario. A partir de ese momento, se ocupará personalmente del caso Murdoch. Y frente a los medios financieros colosales de los que éste dispone, los chinos responden a su manera: con su armamento pesado. Para empezar, el primer ministro firma un decreto, apenas un mes después del discurso sobre los «faxes y los satélites» de Murdoch, que prohíbe las antenas parabólicas para captar las televisiones por satélite en todo el territorio chino. A partir de ahora, se preferirá el cable, y ya no el satélite, para la difusión de las cadenas de televisión en China. Y encarga al jefe de la oficina de propaganda de Beijing, que depende directamente del Partido Comunista chino, que elabore un «dosier Murdoch» y siga cada uno de los movimientos y proyectos del hombre de negocios en Hong Kong y en China. Objetivo: prevenir la *spiritual pollution* (en el lenguaje del partido, se trata de los valores antisocialistas que pueden amenazar la cultura china). Ese día, Murdoch, según sus propias palabras, pasa de la *watchlist* a la *blacklist*.

El dosier Murdoch se llena, pues el hombre tiene tantos medios como ambición. Ya ha financiado con muchísimo dinero un *new media center* en Beijing, y ha invitado a decenas de contactos oficiales privilegiados a visitar las infraestructuras de Fox en Nueva York o las de Sky en Londres para impresionarlos. Ahora compra un influyente diario en lengua inglesa en Hong Kong, financia estudios de cine en la ciudad de Tianjin e incluso hace publicar en Estados Unidos, para halagar a la familia presidencial, las memorias de Maomao, la hija menor de Deng Xiaoping (HarperCollins, la rama editorial del grupo News Corp, es la encargada de publicar el libro sin reparar en gastos, se dice que Maomao habría recibido un anticipo de un millón de dólares). La *tournée* de promoción que Murdoch organiza para Maomao en Estados Unidos recuerda la que la URSS organizó en su día para la llegada de André Gide, pero la prensa estadounidense no se deja impresionar. El *New York Times* ridiculiza la autobiografía cuando la publican: «Una obra de propaganda indigesta, con un estilo literario ampuloso».

Murdoch persigue metódicamente su objetivo. Ahora le toma afecto al hijo mayor de Deng Xiaoping, que es parapléjico. Financia su asociación, la federación china para personas parapléjicas, y lo invita con todos sus colaboradores a un crucero en su yate, con transporte gratuito en avión privado. Murdoch continúa con sus propósitos: en 1993, decide trasladarse con mujeres y niños a una de las mansiones más hermosas de Hong Kong (los Murdoch volverán a Los Ángeles al cabo de menos de seis semanas). En 1997, veta la publicación por parte de HarperCollins de las memorias críticas de Chris Patten, el ex gobernador de Hong Kong, para no desagradar a las autoridades de Beijing después del final del mandato británico en la isla y su retorno al seno de China.

Esa campaña de seducción a todos los niveles funciona durante un tiempo, pero cuando Deng Xiaoping es apartado del poder y Jiang

Zemin le sucede, Murdoch se encuentra sin *guanxi* (contactos políticos). Durante ese tiempo, los chinos han confiscado más de 500.000 antenas parabólicas, en su intento de limitar la influencia de las televisiones extranjeras en general, y de Star TV en particular.

La respuesta de Murdoch se producirá en tres tiempos. Primero, decide internacionalizar Star. Al no poder llegar a los chinos en el continente, se dirigirá a los asiáticos del mundo entero. Abre pues oficinas en toda Asia y en otros continentes. Por ejemplo, en Dubai me sorprendió descubrir, en el seno de la Dubai Knowledge City, una oficina de Star TV. «Star se ha implantado aquí en el Golfo para llegar a los inmigrantes chinos, indios y paquistaníes, que son muy numerosos. Nuestras cadenas emiten en hindi, en mandarín y en inglés, y habida cuenta del gran número de asiáticos expatriados tienen buenas audiencias. Pero no hacemos ningún programa en Dubai, sólo tenemos una *sale office* para la compra de espacios publicitarios. Es la apuesta de Murdoch aquí. Fue él quien quiso abrir una oficina en Dubai para que nos ocupásemos del Golfo», me explica Alis Terb, un asesor del director de Star TV en Dubai.

La segunda estrategia es la música, menos sensible que la información. Al lanzar Channel V, dentro de la plataforma Star, Murdoch quiere recrear en Asia un equivalente a MTV. La estrategia es hábil, jugando con los contenidos locales para seducir a públicos variados. Por ejemplo, hay una versión de Channel V destinada a la China continental, hecha en mandarín en Taiwán, con una programación muy local y con un control político estricto. Para el resto del mundo, Channel V crea una versión internacional, hecha en inglés en Hong Kong, a base de canto-pop y más libre en su expresión. Las distintas versiones tienen un éxito considerable.

La tercera respuesta de Murdoch, en 1996, es más ambiciosa y lleva un nombre significativo: Phoenix. Con Phoenix, Murdoch espera renacer de sus cenizas.

Desde el piso octavo de las oficinas de Star en Hong Kong, se puede subir por una hermosa escalera de cristal al piso noveno, donde están justamente los locales de Phoenix. Las dos cadenas, a través de esa escalera simbólica, intercambian contenidos, comparten estudios y prueban diferentes estrategias. El grupo Phoenix emite hoy por satélite desde Hong Kong tres cadenas en mandarín hacia China, fruto de una *joint venture* entre Murdoch y el hombre de negocios chino Liu Changle. Sus detractores ironizan hablando de esa *joint adventure*.

En 1996, la nueva estratagema de Murdoch ya está en marcha. Debe encontrar para Phoenix un socio bien conectado en Beijing, que le ayude a obtener las autorizaciones necesarias, a cambio de infraestructuras de satélite y dinero. Liu Changle es el hombre idóneo: por un lado, es el hijo de un *apparatchik* comunista y sirvió en el ejército chino, el famoso Ejército Popular de Liberación, en el que parece que es reservista con el grado de coronel; por otro, es un auténtico hombre de negocios, apasionado por los medios (fue periodista militar en la Radio Central del Pueblo de Beijing) y un temible negociador financiero que hizo su fortuna bastante misteriosamente con las refinerías de petróleo en Singapur y luego en el sector inmobiliario, las autopistas, los puertos y los hoteles en China continental. Liu Changle demuestra casi caricaturescamente que en la «economía socialista de mercado» china uno puede tener enormes posibilidades comerciales si dispone de buenas conexiones políticas. Bien decidido a enfrentarse con ese *Far-East*, Murdoch sabe el precio de esa red y conoce a los hombres. Percibe enseguida en Liu Changle la tensión que caracteriza a la nueva élite china: el ferviente budista y el magnate multimillonario, el hombre a la vez frustrado por el partido y leal al sistema comunista, el empresario sin escrúpulos y el que ha mandado a sus hijas a una universidad estadounidense, el *apparatchik* que existe gracias al régimen y el que promueve un periodismo que lo socava desde dentro, doble condición de su propio éxito personal. Si Murdoch se compromete a que Phoenix siga siendo «políticamente neutral», Liu Changle está dispuesto a crear con él la red privada Phoenix Satellite Television. Llegan a un acuerdo: Murdoch y Changle tienen cada uno un 45 por ciento de las acciones del nuevo grupo, que tiene su sede y cotiza en la bolsa de Hong Kong, y el 10 por ciento restante se regala, como garantía de buena voluntad respecto a Beijing, a CCTV, la televisión oficial comunista.

En 1996, Phoenix obtiene los permisos necesarios para emitir en China continental, por razones que no están totalmente claras, pero que probablemente tienen que ver con el retorno anticipado en 1997 de la región autónoma de Hong Kong al seno de la China comunista. En pocos meses, con varias cadenas en mandarín, Phoenix conoce un éxito considerable en Asia; la nueva televisión, con sus *talk shows*, sus *news live* y sus presentadores que hacen auténticas preguntas a unos invitados *on-air*, hace que los formatos polvorientos de las televisiones públicas chinas parezcan anticuados. *Good Morning China*, *Phoenix Afternoon Express* y *Newsline* son algunos de los programas de más éxito de la nueva cadena, un calco descarado de la cadena Fox de Murdoch en Estados Unidos.

Sin embargo, Beijing, de nuevo, trata de limitar los riesgos. La señal de Phoenix sólo está autorizada en China continental en los hoteles de tres estrellas (o más), las embajadas y algunos edificios gubernamentales. Sobre todo, Liu Changle vela por que Murdoch no pueda dirigir los programas ni la redacción de la cadena. Por primera vez en su vida, Murdoch se ve arrinconado a una posición de segundón y acepta infringir la regla que lo ha guiado en toda su carrera: no gestiones jamás un negocio que no controles al cien por cien.

Es el 11 de septiembre de 2001 el que va a convertir Phoenix en indispensable, un poco como la primera guerra del Golfo y la (segunda) guerra de Irak hicieron indispensable la CNN y luego Al Yazira. Mientras que las televisiones oficiales chinas se limitan a un corto anuncio sobre los atentados terroristas de Nueva York, a la espera de la posición oficial del partido y su luz verde para difundir imágenes —que tardarán más de 24 horas en llegar—, Phoenix retransmite inmediatamente las imágenes y cambia todos sus programas para estar en directo durante varios días desde Nueva York. Miles de chinos se agolpan en los hoteles para seguir los acontecimientos. Las compras de antenas parabólicas ilegales aumentan pese a la prohibición y se las ve por toda China, más numerosas a medida que uno se aleja de la capital política Beijing. Cuando realicé mi encuesta en China, pude constatar que era posible adquirir por unos 3.000 yuan RMB (unos 300 euros) un receptor bastante grande. Según mis diferentes contactos, millones de chinos tienen acceso a las televisiones extranjeras por satélite. A veces, se coloca una antena parabólica más ancha en lo alto de un edificio para abastecer a todas las viviendas del barrio, un fenómeno totalmente ilegal y visiblemente generalizado. A menudo, desafiando también la legalidad, las redes por cable locales, que sin embargo son públicas, recuperan incluso la señal de Phoenix por satélite y la ofrecen en su plataforma para incrementar su atractivo. Las autoridades de Beijing hacen la vista gorda, por ahora, y Phoenix tolera esa piratería sin pedir ninguna compensación con el fin de aumentar su audiencia y su influencia.

Con Phoenix, jugando con la descentralización, el comercio de las antenas parabólicas ilegales, las regulaciones obsoletas y el afán de lucro del «capitalismo de Estado» de Beijing, Murdoch ha ido ganando posiciones. Pero aún no ha ganado la guerra.

«Tenemos 180 millones de telespectadores diarios en China». El vicepresidente de Phoenix, Roger Uren, un australiano afable que me enseña los estudios de la cadena, en la sede de Hong Kong, acaba de revelarme, sin darle mayor importancia, medio calculador medio jugador, una cifra valiosísima. «180 millones»: es la primera vez que oigo pronunciar oficialmente un número tan preciso. ¿Es verdad? Nadie lo sabe y seguro que Roger Uren tampoco. Sin duda la dirección de Phoenix debe tener interés en exagerar su audiencia para dopar su mercado publicitario, pero también puede querer disminuirla para evitar medidas que endurezcan la censura. De todos modos, en esas arenas movedizas, la cifra resulta plausible. Oficialmente, claro está, Phoenix Television no llega más que a unos cientos de miles de turistas, diplomáticos y funcionarios, puesto que sólo puede verse en los hoteles. Esta ficción satisface a todo el mundo.

Al ver a los periodistas, a los presentadores, al personal de Phoenix, todos muy atareados en unos locales superpoblados, comprendo el éxito de la cadena. Phoenix es una televisión moderna y joven, innovadora y audaz, pese a los riesgos políticos que corre y a sus escasos medios financieros. Wang Ruolin, por ejemplo, se dispone a presentar un programa cuando me cruzo con él en la sala de maquillaje que hay frente a uno de los tres estudios de Phoenix. Tendrá unos veinticinco años, con una camiseta muy pegada y un corte de pelo que recuerda al de los presentadores hip hop de MTV, me dice que está especializado en el *infotainment;* Sally Wu, por su parte, contratada en Taiwán, es una presentadora de noticias especialmente telegénica, estilosa y sutil, tiene una voz suave que la hace increíblemente seductora y me dicen que millones de estudiantes chinos están enamorados de ella; finalmente, Dou, con quien me encuentro en un despacho en *open space,* me dice que es el asistente del primer *talk show* televisivo gay que jamás se ha producido en China. Estamos lejos de los bustos parlantes y del lenguaje estereotipado, monótono y austero de las cadenas oficiales que han hecho del «no sex, no violence, no news» su regla de oro. Pero la juventud y la libertad tienen sus límites.

«Hemos hecho muchas concesiones para no topar demasiado con la censura —reconoce Roger Uren, el vicepresidente de Phoenix—. Nos concentramos en los hechos. Al régimen no se le provoca, somos una cadena china. Y si Star es una cadena muy occidental, nosotros somos más locales». Estas concesiones tienen un precio: a veces, se ven programas en Phoenix que hacen la apología de las medidas económicas adoptadas en ciertas provincias (que sin embargo todo el mundo critica); cuentan la vida maravillosa de Deng Xiaoping; entrevistan a un ministro de Sanidad justo unos días antes de que sea cesado por haber disimulado la epidemia de SRAS; denuncian también al Dalai Lama; y jamás mencionan los acontecimientos de la plaza de Tiananmen. Los detractores de Rupert Murdoch ven en Phoenix una cadena cuya propaganda es simplemente más sutil que la de las cadenas oficiales chinas.

Por errática que sea, la estrategia de Murdoch es ilustrativa: con Star, el magnate de los medios de comunicación ha jugado una carta panasiática e intenta abrir desde el exterior los países a las influencias internacionales, tomándole a China la palabra cuando dice que aspira a la modernización; con Phoenix, ha jugado la carta prochina, y ha conseguido penetrar en el mercado interior aprovechando los resquicios y aumentando su audiencia en las *chinatowns* de todo el mundo, que prefieren Phoenix a las cadenas oficiales de la CCTV.

En los locales Star de Hong Kong, el director general del grupo no confesará, naturalmente, lo que el vicepresidente de Phoenix me ha reconocido un piso más arriba. Frente a mí, Paul Aiello, el presidente ejecutivo de Star, mide cuidadosamente sus palabras, para no decir ni demasiado poco ni demasiado: «Dado quienes somos y lo que representamos, sólo podemos actuar en China por la vía legal *[through the front door]*». En China se conoce como zona «gris» el espacio brumoso entre lo legal y lo ilegal, todo lo que las autoridades chinas toleran y que no está formalmente prohibido. Phoenix lo aprovecha y trata de desplazar las fronteras de lo «gris»; Star también, pero sin reconocerlo oficialmente (como si las antenas parabólicas permitieran acceder a Phoenix pero no a Star). Ninguna de las dos estrategias es realmente satisfactoria, claro está, pero tomando a China por los dos lados, por así decir, *in* y *out*, Murdoch ha conseguido más de lo que generalmente reconocen sus detractores. Y de paso y sobre todo ha encontrado una nueva esposa.

Wendi Deng, alta, atractiva y entusiasta, es en 1997 una joven china de 29 años con un diploma de MBA de Yale, que desde hace unos meses está haciendo prácticas en la sede de Star en Hong Kong. Habla perfectamente inglés y su lengua materna es el mandarín (mientras que la mayoría de los empleados de Star hablan cantonés, que es la lengua de Hong Kong). Por una serie de circunstancias, se convierte en la traductora de Rupert Murdoch. En esa época, el magnate de los medios está viviendo su segundo matrimonio, pero la relación se está tambaleando. Encuentra seductora a la joven china y enseguida le dice a su principal lugarteniente: «Me parece que cuando uno se hace viejo es vital rodearse de gente joven, de gente con ideas nuevas, llena de energía y de entusiasmo. Esto se te contagia y te revitaliza». Poco después, inicia una relación con Wendi, que muy pronto se convertirá en su tercera esposa.

Wendi Deng Murdoch tendrá una influencia decisiva sobre Murdoch y lo acompañará en su nueva —y última— aventura en China. Ésta lleva un nombre raro: ChinaByte. Con Internet es como el magnate de los medios espera ganar su batalla en China. De nuevo, Murdoch se ha adelantado a todo el mundo, empezando por los chinos. Más aún que las televisiones por satélite, Internet ha planteado muy pronto un problema considerable a las autoridades comunistas. El control absoluto del partido podría estar en peligro. Beijing, que inicialmente creyó que podría «prohibir la web», se dio cuenta de que las medidas técnicas y policiales para frenar su desarrollo y controlar sus contenidos eran poco eficaces. Las autoridades se encontraron sobre todo con un rompecabezas imposible, ya que frenar Internet equivalía a frenar la economía. Sin acceso a Internet, no hay economía capaz de luchar en igualdad de condiciones con Estados Unidos, Europa, India y Japón. Por primera vez, el control político y el desarrollo económico parecían inexorablemente antitéticos. Al cabo de una década, con doscientos millones de internautas y cincuenta millones de blogs, la tensión se mantiene.

Ésta es la contradicción que Murdoch explotaría con una astucia temible. En 1995, decide invertir en la web en China y lo hace a su manera, a través del *bluff*. Ahora que ha aprendido a tratarlos y a halagarlos, negocia con los responsables del diario oficial del Partido Comunista la creación de una *joint venture* para lanzar un sitio común asegurando a las autoridades que será a la vez ultramoderno a nivel técnico y fiable a nivel político. En estas condiciones, el gobierno chino le da luz verde, pero impone que el sitio de Murdoch pase por Chinanet, que es el proveedor oficial de servicios chino. En aquel entonces se calcula que los internautas en China son menos de 250.000. Murdoch se introduce por ese resquicio, pero no obtiene su conexión. Mientras tanto, en efecto, en enero de 1996, el primer ministro chino anuncia una prohibición completa de Internet. Motivo oficial: «luchar contra la pornografía» (parece que un «camarada» de la oficina de propaganda que había instalado Windows 95 en su casa dio con una página pornográfica). Los nuevos controles se multiplican y las sociedades de Internet deben obtener un nuevo permiso especial. Murdoch, tras varios meses de negociaciones, obtiene una licencia para lanzar el sitio chinabyte.com. Nueva ducha fría: el modelo económico de su proyecto se basa en la publicidad, pero su sociedad no obtiene permiso para comercializar espacios publicitarios, puesto que uno de los dos socios no es chino.

Durante el primer año de su creación este sitio web, finalmente autorizado sobre el papel, sigue sin conseguir la conexión de acceso a Internet. Nuevas negociaciones, y siete meses más tarde Murdoch obtiene una conexión de 28 K mediante una suscripción de 22.000 dólares al mes. Los detractores de Murdoch se burlan de sus desgracias, explicando que con una suma tan desorbitada está subvencionando el desarrollo de Internet en toda China.

En enero de 1997 chinabyte.com es lanzada oficialmente con la bendición del gobierno chino y una extraordinaria cobertura mediática internacional. En pocos meses, se convierte en el primer sitio web chino. Ahora respaldado por su nueva esposa, oficialmente encargada de Internet en el grupo Star, Murdoch multiplicará sus participaciones... y sus riesgos.

Más que nunca, cree en las sinergias dentro de su grupo, que ha construido enteramente según el modelo de la concentración vertical: una película adaptada de un libro de HarperCollins es producida por la 20th Century Fox, luego emitida por la cadena hertziana Fox en Estados Unidos, por Sky en Gran Bretaña y por Star en Asia, tiene una cobertura importante en el *Times* y el *Sun* en Londres, el *New York Post* en Estados Unidos y así sucesivamente en las decenas de medios y compañías que están reunidas bajo la enseña del grupo News Corp. El estreno de *Titanic,* a finales de 1997, es una jugada maestra de Murdoch; y en China, una jugada genial.

Con Wendi como hada madrina, Murdoch logra en efecto convencer al presidente chino Jiang Zemin para que asista a una proyección privada de *Titanic*, producida por sus estudios de la 20th Century Fox. El líder comunista se emociona con las aventuras de ese adolescente pobre que se enamora de una joven rica y muere por salvarla; le gustan los efectos especiales de *Titanic* y más aún el éxito comercial planetario de la película. Unos días después, en un gesto infrecuente, firma él mismo una crítica del film en el diario comunista oficial: «Invito a mis camaradas del buró político a ver la película, no para promover el capitalismo, sino para ayudarnos a triunfar. No creamos que somos los únicos que sabemos hacer propaganda». Si bien Murdoch se toma el texto como un cumplido, se trata de hecho del programa que Jiang Zemin les fija a los cuadros «culturales» del partido: China debe ponerse a trabajar, reconstruir sus industrias culturales obsoletas y vencer a Hollywood en su propio terreno. Mediante su crítica de la película, que tiene valor de decreto, el presidente chino está dando consignas para recoger el guante y construir un cine poderoso.

A rebufo del artículo del presidente chino, Murdoch organiza una serie de proyecciones para todo el buró político del Partido Comunista chino, no descuidando invitar a los responsables de la censura. Tres meses más tarde, obtiene el derecho de estrenar *Titanic* en China con un número importante de copias, lo cual habría sido imposible sin el artículo de Jiang Zemin. *Titanic* se convierte así en el mayor éxito cinematográfico extranjero de la historia en China.

Ahora Murdoch vuelve a gozar del favor de Beijing. Al menos eso cree. Y espera a cambio que levanten la prohibición de las antenas parabólicas en China y haya más libertad para Internet. Murdoch dice públicamente que de ahora en adelante Star, que ayer era una simple red de cadenas de pago, se convertirá en la primera plataforma multimedia asiática. Y pasa un pedido a Wendi y a su propio hijo, James Murdoch, que ahora es el responsable de Star en Hong Kong, de una veintena de sitios web chinos e indios, adquiridos por cerca de 150 millones de dólares.

De nuevo, Murdoch demuestra no conocer a los chinos cuando tratan con la competencia. Las autoridades comunistas autorizan efectivamente la distribución en la China continental de la versión en mandarín de Star, pero el canal propuesto es accesible en una red por cable de una provincia china remota cuyos habitantes hablan esencialmente cantonés. A cambio, Murdoch debe abrir el conjunto de sus redes por cable estadounidenses a la nueva cadena oficial de información continua en inglés, una especie de Voice of China. La oferta no es negociable.

Y, lo que es peor, Murdoch se da cuenta de que la mayor parte de los programas televisivos de éxito que ha lanzado en Star y Phoenix son literalmente clonados y reproducidos, a veces simplemente traducidos al mandarín violando todas las leyes sobre la copia ilegal en las televisiones nacionales, que los revenden a su vez compitiendo con la oferta de Star. En caso de proceso, los tribunales chinos siempre dan la razón a las televisiones gubernamentales. Un fenómeno similar es el que se produce con el sitio de Internet de Murdoch, calcado literalmente. Los sitios piratas son realizados por los mismos equipos contratados por el dueño de News Corp y en sus propios locales. De ahí que el sitio original alcance rápidamente un techo de varios cientos de miles de visitantes y en cambio el sitio clonado, y fuertemente promovido desde las televisiones y la prensa oficiales, supere pronto los millones. En parte por el estallido de la burbuja de Internet y en parte por las tensiones con los socios oficiales chinos de los demás sitios web, Murdoch decide finalmente retirarse de este mercado. Y poco después de China.

«Murdoch todavía nos llama con frecuencia —me dice Paul Aiello, el director general del grupo Star en Hong Kong—. A veces son las cuatro de la madrugada, porque desde Estados Unidos se ha equivocado con el desfase horario. Lo formidable de Murdoch es su entusiasmo. Jamás mira al pasado, ni a sus errores. Me dice: "What's next?". Internet es ahora su obsesión. Siempre piensa en el futuro. Nunca acepta el statu quo».

Sin embargo, lo que domina hoy para Star en China es justamente el statu quo. Rupert Murdoch, al que Paul Aiello me describe tan *hands-on*, tan directamente comprometido con los asuntos corrientes, parece haber abandonado su juguete chino y preferir ahora otros *challenges*, el *Wall Street Journal* o MySpace, adquiridos recientemente en Estados Unidos, y sobre todo India, que ahora compara favorablemente con China.

Actualmente, si bien el grupo Star tiene una influencia real en India, donde obtiene el 70 por ciento de su volumen de negocios, y en Taiwán, donde sus cadenas son dominantes, la penetración en el mercado chino está en mantillas. Con Star, Murdoch no ha logrado tener la cadena de televisión hertziana que soñaba; en cuanto a Phoenix, no tiene ni su control financiero ni su control editorial (por consiguiente ha vendido hace poco la mitad de sus acciones al operador telefónico público de China). «Si quiere hacerme decir que nuestra entrada en el mercado chino ha sido una decepción, pues sí, más bien ha sido una decepción», reconoce Paul Aiello. El propio Murdoch, en una conferencia, se muestra perplejo en cuanto a su balance en China: «No hemos tenido mucho éxito en China. Debemos ser muy humildes. Todo lo que puedo decir es que nadie —insisto, nadie—, ninguno de los grupos mediáticos estadounidenses o ingleses ha tenido hasta ahora el menor impacto en China. Es un mercado muy grande, pero es un mercado delicado, muy delicado. Es un mercado dificilísimo para los *outsiders*».

En agosto de 2009, en una decisión muy esperada, la Organización Mundial de Comercio (OMC), a instancias de Estados Unidos en 2007, consideró en Ginebra que China había violado las reglas del comercio internacional al limitar la importación de libros, medios, discos y películas. La permisividad china en materia de piratería y la falta de respeto a las leyes internacionales sobre el *copyright* también fueron sancionadas. Pero sean cuales sean las consecuencias de esa decisión —que China ha recurrido—, los estadounidenses parecen por ahora haber pasado página.

Estos últimos meses han cerrado las oficinas de la Warner en Beijing y de la Columbia en Hong Kong. Disney sigue esperando la luz verde de las autoridades chinas para construir su parque temático en Shangai. Google amenaza con retirarse de China. La antigua directora de Warner, Ellen Eliasoph, se ha convertido en abogada para una gran firma estadounidense y sigue viviendo en Beijing. Barbara Robinson ha abandonado Columbia y continúa viviendo en Hong Kong. Peter Loehr sigue «fichando» artistas locales a la espera de que China se abra. En cuanto a Paul Aiello, el director general de Star, acaba de anunciar que deja la presidencia de Star y que el grupo se repliega estratégicamente de Hong Kong para marchar a Mumbai.

Escaldados por sus repetidos fracasos en China, por la censura y las cuotas de Beijing y por ese capitalismo autoritario con «dos varas de medir», los estadounidenses tienen un nuevo plan: cambiar sus inversiones en el este de Asia por el sur de Asia. En otras palabras: abandonar China y enfrentarse con su rival, la India. En vez de un mercado de 1.300 millones de chinos, los estadounidenses están dispuestos a conformarse con un mercado de 1.200 millones de indios. Al fin y al cabo, también es un país, como dicen ellos, con una población que entra en la categoría del *billion* (los mil millones).

En marzo de 2009, la Motion Pictures Association abrió sus oficinas en India. Los estudios Disney, Warner Bros, 20th Century Fox y Paramount han abierto oficinas en Mumbai, y empiezan a producir películas localmente. MTV despega en India. Las series producidas por Colors, la cadena de Viacom, están dado mucho que hablar. Y en lugar de *Kung Fu Panda*, ¿por qué no hacer *Slumdog Millionaire*? Para los estadounidenses, siempre en busca de una nueva frontera y un nuevo mundo, la nueva China se llama India.

10. DE CÓMO BOLLYWOOD PARTE A LA CONQUISTA DEL MUNDO

«Si no se me ve en el hotel Marriott durante una semana, la gente piensa que ya no trabajo», bromea Uday Singh, el director de Sony India. «Cuando estoy en el BBC, uno de los cafés del Marriott, todo el mundo sabe que preparo una película y con qué actores y qué director la voy a hacer», me explica por su parte el productor indio Bobby Bedi.

En Bollywood, cada generación tiene su hotel. Después del Juhu Hotel, hoy muy destartalado, en la playa de Juhu, en Mumbai, capital del cine indio y nuevo nombre de Bombay, el «escenario» se desplazó al Sun-n-Sand, un lujoso hotel más al norte. Ahora la moda ha cambiado otra vez y los profesionales del cine para sus reuniones, las estrellas de Bollywood para sus fiestas y los periodistas para entrevistar a las estrellas, se citan en el Marriott, un hotel de cinco estrellas, superelegante y sin personalidad, en Juhu, entre el barrio de moda de Santa Cruz al sur y la Film City, los estudios de Bollywood, al norte de Mumbai. En los siete restaurantes y cafés del Marriott una multitud de productores, distribuidores, agentes y actores se agita para dar vida a los futuros *blockbusters* bollywoodienses. Todo el mundo habla inglés sobre un fondo de música *lounge* Buddha-Bar.

Lejos de las modas y las fiestas, Amit Khanna me ha citado en el Sun-n-Sand de Mumbai, al que permanece fiel. El antiguo templo bollywoodiense, cuya vista sobre la playa de Juhu es mucho más bella que la del Marriott, está obsoleto, anticuado, pero sigue siendo un valor seguro para las viejas familias de la ciudad. En el café del hotel donde lo espero, suena una y otra vez lo último de Coldplay. De pronto llega Khanna, con retraso y con dos teléfonos móviles a los que contesta sin parar en quince segundos para cada llamada. Vestido con un traje a la antigua usanza, calvo, serio, Amit Khanna habla con frases cortas y responde rápido, con autoridad, sin simpatía ni detalles. Sus palabras están contadas. «Aquí hay 1.200 millones de habitantes. Tenemos dinero. Tenemos experiencia. Junto con el sudeste asiático representamos una cuarta parte de la población mundial; con China, un tercio. Queremos desempeñar un papel central, política y económicamente, pero también culturalmente. Creemos en el mercado global y tenemos unos valores, unos valores indios, que promover. Vamos a enfrentarnos con Hollywood en su propio terreno. No sólo para ganar dinero, sino para afirmar nuestros valores. Y creo sinceramente que seremos capaces de triunfar. Habrá que contar con nosotros». Desde que estoy en India, nadie me había hablado así. Hasta ahora mis interlocutores habían dado pruebas de una cortesía extrema y a menudo, en parte por la diferencia de nivel de vida, de una especie de deferencia y de humildad que me incomodaban. Amit Khanna no tiene esas precauciones. Tiene una mirada emergente, la de quien observa al francés que soy como al representante de un pequeño pueblo en extinción, la mirada del dominante sobre el dominado, lo contrario, en suma, de los conductores de *rickshaws*, los barberos, los limpiabotas y los *chai wallahs* (servidores de té) con los que te cruzas en la India y que, intimidados, te dicen constantemente «yes, sir».

Amit Khanna es el director ejecutivo de Reliance Entertainment, una de las multinacionales indias más poderosas en el sector de las industrias creativas y los medios. El grupo pertenece al multimillonario Anil Ambani, de 50 años, que es la sexta fortuna del mundo y está especializado en la distribución de gas, electricidad y telecomunicaciones, mientras que su hermano Mukesh Ambani —con el cual está en guerra— ha recuperado en la herencia familiar la industria pesada, la petroquímica, las refinerías de petróleo y la gran distribución. Anil es el más «cultural» de los dos hermanos, es el amigo de la estrella Amitabh Bachchan y está casado con una actriz de Bollywood, desafiando así los códigos de su casta, que es la de los comerciantes, los banias.

«Nuestra estrategia consiste en construir un grupo panindio, integrado, de nueva generación —me explica Amit Khanna—. Esto significa que estaremos presentes en todas las pantallas a la vez, y en todos los sectores. Con Reliance Telecommunication, número uno indio del teléfono móvil y sus 60 millones de abonados, tenemos las pantallas más pequeñas y con nuestra red de multicines, una de las más desarrolladas de India, tenemos las más grandes. Podemos producir contenidos para todas esas pantallas. Además, somos proveedores de acceso a Internet en 20.000 ciudades y 450.000 pueblos indios: actualmente les podemos aportar música y cine. Hollywood corresponde a la industria cinematográfica del siglo XX; nosotros estamos construyendo la industria del siglo XXI».

Con uno de los principales estudios de cine de Bollywood, una red de 20 cadenas de televisión y 45 radios (Big TV, Big FM), una de las dos principales redes de multicines de India (Big Cinemas), una discográfica especializada en las canciones bollywoodienses y unos sitios web monopolísticos, Reliance ya es un gigante imprescindible en las industrias de contenidos y los medios. El grupo es conocido por su marca Big en India, y todo en ese país es en efecto «gigantesco». En primer lugar, el PIB. India es una de las economías más dinámicas del mundo, con un crecimiento de entre el 6 y el 8 por ciento anual. En el sector de las industrias creativas y del cine, el crecimiento aún es más espectacular y supera el 18 por ciento anual. «Nuestro futuro está abierto y somos el segundo país más poblado del mundo», insiste Amit Khanna, que quiere romper con la imagen del cine indio de las décadas de 1960 y 1970, apreciado por la crítica y los festivales internacionales como cine del tercer mundo, pero que nadie se tomaba en serio como industria y como mercado.

Por eso el grupo Reliance piensa *big*: como ya posee 240 salas de cine en Estados Unidos, en 2008 ha invertido 600 millones de dólares en el estudio DreamWorks SKG de Steven Spielberg para entrar en Hollywood por la puerta grande. Paralelamente, el grupo ha puesto sobre la mesa 600 millones más para producir una decena de películas de gran presupuesto con ocho productoras, entre ellas las de Brad Pitt, Jim Carrey, Nicolas Cage, Tom Hanks y George Clooney (estos *deals* han sido negociados por la oficina de Beijing de la agencia estadounidense Creative Artists Agency). Es la primera vez que un país emergente entra con tanto dinero en Hollywood. La inversión ha sido saludada por la prensa estadounidense y Bollywood ha acogido la noticia triunfalmente. «Los indios están dispuestos a pagar millones de dólares por un contrato que no les da gran cosa más que la ocasión de sentarse en el estreno con Steven Spielberg», relativiza no obstante un importante productor entrevistado en

Los Ángeles. Y yo me hago eco de este malvado comentario delante de mi anfitrión.

Amit Khanna sonríe. «Jamás hemos asistido a ningún estreno. No es el *glamour* lo que buscamos, sino la oportunidad económica. Somos socios como inversores financieros, pero también somos socios del proyecto artístico. Los estudios estadounidenses han envejecido, necesitan sangre nueva. Y nosotros tenemos esa sangre nueva. Les aportaremos una "nueva sensibilidad" invirtiendo directamente en hombres, en talentos, y para crear grandes películas. Nuestra fuerza es nuestro número, nuestra juventud, nuestra tradición cinematográfica, nuestra forma de contar las historias». ¿Harán películas indias en Hollywood? «En Reliance creemos que el *entertainment* es muy etnocéntrico. Si intentamos importar los valores indios, fracasaremos. En Bollywood, defendemos nuestros valores; en Hollywood, haremos un cine diferente para ser *mainstream*, haremos películas hollywoodienses para el gran público. Vamos a competir con Hollywood con diferentes tipos de contenidos, diferentes plataformas». Hace una pausa. «Al mismo tiempo, somos el primer país anglófono del mundo y tenemos la masa crítica necesaria para convertirnos en un gigante mundial mañana. Debemos seducir primero por la creatividad, y sólo después por nuestro modelo económico». Khanna ha dejado ahora sus teléfonos móviles, que naturalmente son del operador Reliance, y parece más calmado. Acepta hablar un poco de él, de su trayectoria. Me dice que vive en una casita cerca de la playa de Juhu en Mumbai y que no está casado. Su pasión es la composición musical, la lectura y la escritura. Varios indios que he conocido en Mumbai y Nueva Delhi lo describen como una «librería viviente», enteramente dedicado a su trabajo y a la lectura. «Trato de tener el máximo de conocimientos, y un día quizás escriba mis memorias», me dice. Fue cronista de los medios de comunicación en un gran periódico indio y ha firmado decenas de guiones para películas, ha producido muchos largometrajes y dirigido varias cadenas de televisión antes de fundar la rama de *entertainment* del grupo Reliance. También es presidente de la Asociación de Productores de Cine india.

«En general se me considera el inventor del término "Bollywood"», me dice Amit Khanna. Con unos 250 largometrajes al año, Bollywood no representa más que el cine producido en hindi en Mumbai. «Pero éste es el cine que cuenta en el *box office* indio y en el internacional. Es el cine *mainstream* indio». Cuando Khanna me habla de Bollywood, siento cómo crece el orgullo nacional. Sonríe (es la segunda vez). Ahora no hay quien lo pare; él que, según me había dicho su ayudante, tenía tan poco tiempo para la entrevista. Me cuenta la historia de Bollywood y de sus estrellas. Las que, cuando aparecen en una calle de Mumbai o en el pueblecito más remoto, despiertan una identificación histérica, una deificación y provocan auténticos tumultos: los actores Amitabh Bachchan, Shah Rukh Khan, Aamir Khan, Salman Khan, Saif Ali Khan, Akshay Kumar o Hrithik Roshan (los indios están dispuestos a todo para verlo y comprobar que efectivamente tiene seis dedos en una mano), las actrices Aishwarya Rai Bachchan, Kajol Devgan, Rani Mukerji, Kareena Kapoor, Preity Zinta y tantos otros. «Algunos de esos actores son musulmanes», añade Khanna, para insistir en la diversidad del cine indio. Defiende lo que él llama una especie de «Bollywood *massala*», que es lo contrario de Hollywood: en Estados Unidos para ser *mainstream* hay que adoptar el menor común denominador para llegar a todo el mundo; en Bollywood, hacen lo contrario, mezclando todos los géneros a la vez: drama, comedia, acción, musical, *thriller,* danza tradicional y danza contemporánea, para llegar a todos los miembros de la familia ampliada, a los gustos divergentes, pero que se encuentran en esa mezcla de ingredientes. El *mainstream* a través del *tutti frutti,* en cierto modo.

Khanna hace suya la mitología de Bollywood: la de los niños pobres que se saben de memoria las canciones y las cantan en los cines de una sola pantalla del barrio de chabolas de Dharavi; las mujeres de la limpieza que se levantan para bailar en la sala; el cine que tiene el poder de trascender las clases sociales y las castas y que une a todos los indios. «Bollywood desempeña un papel importantísimo de integración nacional, uniendo las regiones con la nación, uniendo la cultura popular y el arte, siendo la lengua común en un país de veintidós lenguas oficiales». Con ello, arrastrado por su discurso apasionado —y en el fondo muy bollywoodiense— Khanna pasa de puntillas por las zonas más problemáticas de la industria: los vínculos, notorios, entre el mundo del cine y la mafia (unos vínculos que me confirmará el viceministro de Cultura encargado del cine en Nueva Delhi); o sobre Bollywood como fábrica para blanquear dinero durante el régimen socializante de las décadas de 1950 a 1990. Amit Khanna aparta este debate de un manotazo, explicándome que, desde 1991, India ya no es socialista y que, desde 1998, el gobierno ha reconocido Bollywood como verdadera industria, abriéndole así un acceso legal a las financiaciones, a los créditos bancarios y a los seguros, así como a todo un ecosistema financiero que hace obsoletos sus lazos con la mafia.

Más que hablar del blanqueo de dinero, Khanna prefiere insistir en las canciones. Debe su fama personal a las cuatrocientas canciones de Bollywood que él ha firmado desde hace treinta años como compositor. Y en la actualidad tiene intención de construir sinergias entre el cine y la música dentro de Reliance. «La clave es que en Bollywood se es a la vez actor, bailarín y cantante, y hay que tener estas tres cualidades para triunfar. O al menos las dos primeras...», dice sin terminar la frase, dando a entender que los actores a menudo son doblados y que por lo tanto cantan en *playback*. Me dice que los indios emplean las canciones de Bollywood en las bodas, las fiestas y los entierros. Que utilizan frases de las películas en la vida diaria. Que todo el mundo, en el pueblo más remoto y el barrio de chabolas más pobre, se sabe las principales canciones de memoria. Amit Khanna está orgulloso de Bollywood y de su país.

¿Teme la competencia de los demás países emergentes? ¿Del Golfo? «Ellos sólo tienen el dinero, no tienen los talentos. Nosotros tenemos las dos cosas. Triunfaremos». ¿Y China? Amit Khanna hace una pausa. Titubea. «Seguimos lo que ocurre en China con muchísima atención».

Durante nuestra conversación en el café del hotel Sun-n-Sand, comprendo entonces que el verdadero rival de India no es, como el principio de nuestra conversación daba a entender, Estados Unidos, con quien Reliance ya está construyendo partenariados y una cooperación a largo plazo, sino China. De hecho, los indios necesitan a los estadounidenses para contrarrestar a China; y Estados Unidos necesita a la India para tener éxito en Asia puesto que en China ha fracasado. Amit Khanna no me ha descrito claramente esta nueva geopolítica del *entertainment,* pero me dice que le gusta mucho el cine estadounidense y que prefiere el desmadre indio y Bollywood al orden chino y a la rigidez de China Film. «India es una democracia, China no. India es un mercado en el que se puede invertir libremente cuando se es extranjero, China no. Nosotros no tememos a nadie. Los estadounidenses son bienvenidos si quieren invertir aquí». No se puede ser más claro. Lo que he comprendido en la playa de Mumbai es que, aliándose con Estados Unidos contra China, India ha realizado lo que en la diplomacia se conoce como un cambio de alianzas.

EL NUEVO BOLLYWOOD

Abandono la playa de Juhu en *rickshaw,* esos triciclos a motor negros y amarillos que permiten circular más rápidamente en Mumbai. Sagar, el conductor sobrexcitado, que por mis gestos ha comprendido que llegaba tarde, se cuela entre los coches a toda velocidad pese a la circulación endiablada y escuchando a todo volumen una magnífica banda sonora de Bollywood. En el subcontinente indio, el cine no es un arte elitista, sino una cultura popular de masas.

Dirección Santa Cruz, un barrio del centro de Mumbai. En el séptimo piso de un edificio sin florituras, tengo cita con Ritesh Sidhawani, el nuevo favorito de Bollywood. Acaba de producir la película *Rock on!!* (insiste en los dos signos de exclamación), una especie de comedia musical *juke-box,* que recuerda los *shows* de Broadway *Rent* o *Movin'Out* y va dirigido a los adolescentes.

«Los jóvenes están cambiando en India. Las películas clásicas de Bollywood, con los *songs & dances,* las canciones y los bailes, deben evolucionar. Los jóvenes cada vez están más educados, tienen acceso a Internet, tienen un teléfono móvil, ven la MTV, debemos cambiar con ellos». Ritesh Sidhawani encarna precisamente ese «nuevo Bollywood», más experimental, más rock, más dispuesto a asumir riesgos, y que se dirige a un público más «urbano». A sus apenas 35 años, de origen paquistaní, es uno de los jóvenes productores importantes de la escena cinematográfica local que aspira a convertirse en mundial. El presupuesto de *Rock on!!* se eleva a 6,5 millones de dólares, lo cual es considerable respecto a la media de los presupuestos de Bollywood.

Este aumento de los presupuestos es posible gracias al desarrollo de los multicines en todas las grandes ciudades, lo cual se traduce en un gran incremento del precio de las entradas (200 rupias para una película en un multicine, es decir unos 3 euros, frente a las 10-40 rupias en una sala normal, o sea menos de 50 céntimos). Por eso las películas para el público de las ciudades recaudan más dinero; el nuevo Bollywood se dirige a esa juventud dorada con películas de acción y con historias más modernas. Tras más de quince años de televisión por satélite, la liberalización de la economía, la emigración a Occidente que se desarrolla, el número cada vez mayor de jóvenes indios que estudian en universidades estadounidenses, y la generalización de Internet en el país, las expectativas del público, sobre todo del público joven, urbano y educado, cambian. Y Bollywood también debe cambiar.

«No me gusta demasiado el término Bollywood. Prefiero hablar simplemente de la industria del cine de Mumbai. Porque aquí efectivamente lo que tenemos es una industria. Y no tenemos ningún problema de financiación en India, ahora es muy fácil encontrar dinero», constata Ritesh Sidhawani. La mutación económica que se está produciendo en Bollywood es inaudita: ayer, este sector aislado y poco valorado, dejado en manos de la mafia, se basaba en una especie de capitalismo casero «paternalista» bajo un régimen socializante muy poco escrupuloso; los contratos eran orales, los *scripts* se improvisaban en el día a día y el *marketing* estaba en manos de las propias salas. Hoy, me confirma Sidhawani, Bollywood se ha convertido en una industria americanizada. Los productores y los directores de *marketing* se han formado en Los Ángeles; la profesionalización del sector se generaliza, el presupuesto de *marketing* de una película se incrementa considerablemente, los inversores externos se hacen indispensables y las agencias de talentos, los abogados y los directores financieros han puesto orden en las cuentas. Bollywood empieza a aprender el sentido de las palabras *accountability, pilot, green light, pitch* y *balance sheet*. A la americana.

Rock on!! apunta a un mercado mundial, primero indio, luego inglés, australiano, sudafricano, del Golfo, Pakistán y naturalmente Estados Unidos. «En el extranjero, nuestro público son sobre todo los indios expatriados. Para ellos, el cine es buscar la fantasía, los sueños, todo lo que les permite seguir en contacto con el país». Ritesh Sidhawani habla de forma desordenada en un pequeño despacho destartalado donde están apilados los periódicos, entre ellos varias ediciones indias de *Rolling Stone* (la cubierta del mes se refiere justamente a la película *Rock on!!*).

¿Cree de veras que puede entrar en el mercado estadounidense? Ritesh Sidhawani le da la vuelta a la pregunta: «Sí, no necesitamos a los estadounidenses para llegar a los indios que viven en Estados Unidos. Nos bastamos solos. En cambio, ellos sí que nos necesitan para llegar al público indio, pues sus películas aquí funcionan mal.

Saben que el cine indio está volviéndose global y quieren estar aquí para tener *a piece of the pie*, pero por ahora no lo están consiguiendo. Ni con la distribución, ni con las coproducciones locales».

¿Una parte del pastel? Sin cuotas ni censura ni regulaciones proteccionistas, el cine indio goza de buena salud en India. Alcanza más del 90-95 por ciento del *box office*, y los estadounidenses se contentan con una parte muy pequeña del pastel, de alrededor del 5 por ciento (algunos de mis interlocutores, y los dirigentes de Hollywood, me dicen que es más de un 10 por ciento, pero en India es difícil obtener estadísticas fiables). El caso es que esa resistencia de las películas indias, y en primer lugar de Bollywood frente a Hollywood, no deja de sorprender. En cuanto a espectadores, la comparación es asombrosa: 3.600 millones de entradas vendidas en todo el mundo para las películas indias frente a 2.600 millones para Hollywood. Pero la ventaja se detiene aquí: el total de la recaudación india en dólares —apenas 2.000 millones— es poco significativa comparada con la de Hollywood, de unos 38.000 millones de dólares (cifras de 2008). Y una película como *Piratas del Caribe* recaudó ella sola en 2006 la mitad del *box office* mundial del conjunto de las películas de Bollywood.

Para despistar, ahora los estadounidenses adoptan una nueva estrategia que consiste en producir películas indias en India. Warner, Disney, 20th Century Fox y Columbia ya se han puesto manos a la obra. Así que fui a interrogar a los responsables de esos cuatro estudios en India para comprender cuáles eran sus objetivos.

«Mi trabajo consiste en hacer seis películas indias al año. La estrategia de los estudios estadounidenses ahora es mundial. Ya no se trata para nosotros de distribuir nuestras películas en India, sino de producir todas las películas del mundo», me explica Uday Singh, el vicepresidente de Sony Pictures India, que supervisa la rama de producción de películas de Columbia. Me encuentro muy lejos, en el extremo norte de Mumbai, en una zona urbana ganada a las marismas, y donde surgen de la tierra toda una serie de edificios modernos que tienen, por ejemplo, como éste, en el vestíbulo un falso bosque de bambúes de plástico.

Unas 400 personas, muchas de ellas jóvenes, trabajan en sus *cubicles* con sus ordenadores Sony último modelo y su teléfono BlackBerry, cosa que contrasta con la inmensa pobreza de los barrios de chabolas que uno atraviesa para llegar a esta zona comercial un poco a trasmano. «Los contenidos locales son lo único que funciona —insiste Uday Singh—. Hemos fracasado con la distribución de las películas estadounidenses en India; debemos producir películas localmente, y si es posible películas que tengan un potencial mundial. Es nuestro único valor añadido: los indios no saben hacer películas globales. Nosotros tenemos los medios de *marketing* y la red de distribución internacional para transformar un éxito nacional en éxito mundial».

Para alcanzar un mercado único en el mundo en el que un *blockbuster* indio venda 33 millones de entradas en una semana, Uday Singh me explica que Sony lo ha intentado todo con sus *blockbusters* estadounidenses: han doblado las películas a 20 lenguas oficiales y varios centenares de lenguas regionales y dialectos (Warner, por su parte, ha doblado *Batman. El caballero oscuro* en 14 lenguas). Han añadido canciones en hindi a *Casino Royale*. Han hecho vídeos con grupos de rock locales para lanzar *Spiderman* y han hecho cinco campañas de *marketing* diferentes en cinco lenguas, entre ellas el hindi, el tamil y el telugu, para promocionarla. Todo ha sido inútil. Si *Spiderman* ha tenido un éxito significativo en India (17 millones de dólares de recaudación, lo cual es un *box office* histórico para Hollywood en India), no tiene nada que ver con el éxito que ha tenido en el resto del mundo. «Las películas de Bollywood son muy diferentes, en su concepción, en su estructura, de las estadounidenses. Y el público indio espera de una película que tenga sus *songs & dances*. Es esa mezcla de tradición y modernidad lo que es tan difícil de entender para los occidentales», concluye Uday Singh.

Unos despachos más allá, en el mismo complejo, Kunal Dasgupta dirige Sony Entertainment Network, la rama audiovisual del grupo en India. «Lo fascinante con los indios es que absorben todas las culturas, pero al final siguen siendo ellos mismos. Pueden gustarles las series estadounidenses, pero cuando se trata de casarse, aceptan los matrimonios arreglados por su familia». Sony tiene por tanto la intención de incrementar su producción local, aunque la serie *Indian Idol* no sea sino una adaptación de *American Idol*. «Nuestros contenidos serán cada vez más locales y menos estadounidenses», me confirma Kunal Dasgupta, que trabaja para Sony desde hace quince años.

La inversión de Sony en India no está desprovista de segundas intenciones. El cine y la televisión son una forma de promocionar la marca y, a partir de una imagen de *glamour*, vender televisores planos, ordenadores, teléfonos y cámaras digitales. «¡En India la gente cree que somos una cadena de televisión que fabrica productos electrónicos!», dice riéndose Kunal Dasgupta, que depende de la oficina de Sony en Los Ángeles y no de la sede social mundial en Japón. El productor Aditya Bhattacharya ironiza sobre esa voluntad estadounidense de conquistar el mercado indio: «En número de ojos, representamos el mercado más grande del mundo —dice señalando sus ojos con dos dedos—. Esto excita a los estadounidenses, sobre todo desde que han fracasado en China. Pero no sabrán penetrar en el mercado indio como no han sabido penetrar en el chino».

Este discurso también es el de Navin Shah, el joven director general del grupo multimedia Percept, con el que converso en Lower Parel, en el extremo sur de Mumbai. Habré necesitado dos horas en medio de los embotellamientos para reunirme con él porque Mumbai es una ciudad-mundo cuyo crecimiento urbano no ha sido planificado. En el trayecto, todo es caos, innumerables barrios de chabolas, la basura no se recoge, las aceras son tan peligrosas como saturadas están las avenidas, la seguridad alimentaria y sanitaria no existe, el agua estancada está por todas partes. Además, el agua de la ciudad no es potable. En la competición entre las dos grandes rivales que son India y China, la primera es mucho más pobre que la segunda, y mucho más caótica. Pero India tiene una ventaja: es un país joven, una democracia, y quiere cambiar.

«Queremos construir el nuevo Bollywood», me dice Navin Shah. A los 35 años, ya ha producido 45 películas para Bollywood. Estoy frente a un joven directivo de una sociedad joven, en un país joven, cosa que enseguida llama la atención del investigador, que viene de la «vieja Europa», donde el director general de un grupo de esa importancia (Percept tiene 2.000 empleados) tendría más de 50 años. Y en China sería un viejo funcionario del Partido Comunista.

«El nuevo Bollywood necesita nuevas historias, mejores *scripts,* un verdadero *storytelling,* actores más jóvenes. No se trata de abandonar los *songs & dances,* que son la marca de Bollywood, pero debemos rejuvenecer las películas porque el público está cambiando. Las películas deben ser un poco menos previsibles, pero el *happy end* sigue siendo algo obligado». Sobre todo, Navin Shah cree en las tecnologías, un sector en el cual los indios han tomado mucha delantera respecto a otros países emergentes, y con ellas es como el cine indio piensa progresar. «India es un país tan orgulloso de sus adelantos tecnológicos que aquí la gente cree que IT significa "Indian Technologies"», me dice con sentido del humor.

Navin Shah me muestra un documento que representa el *box office* actual en India: «Básicamente ahora el dinero procede de los multicines y del cine internacional, y ya no de los cines *one-screen* que existen en nuestros 600.000 pueblos. Estos cines son mucho más numerosos, pero ya no reportan nada. Nuestro único objetivo, por lo tanto, es el indio urbano que va a un multicine». Navin Shah se expresa en un inglés perfecto, y le felicito por su acento. Está orgulloso de él. En India, la lengua oficial en el ambiente cinematográfico es el inglés, y hasta los indios hablan inglés entre ellos, o al menos una especie de *hinglish,* una mezcla lingüística de inglés y de hindi. Le hago observar que, incluso en el sector del *entertainment,* los directivos que hablan inglés en Japón y en China son pocos. Noto que cada vez se siente más orgulloso pero luego, lúcido, Navin Shah añade, un poco enigmático: «Bollywood es una industria que ahora está dirigida por gentes que hablan inglés entre ellos, pero que hacen películas en hindi. Esto es el nuevo Bollywood, y éste es el problema».

En Star India en Nueva Delhi el discurso es un poco distinto. Y se entiende. Star India pertenece al grupo panasiático Star, cuya sede está en Hong Kong pero cuya casa madre, News Corp de Rupert Murdoch, está en Estados Unidos. Parul Sharma me recibe en la sede de Star India, en Nueva Delhi. «De hecho, los estadounidenses cada vez están más presentes en India, y cada vez tienen más éxito; el secreto es tener una buena estrategia». ¿Y cuál es esa estrategia? *«Localized contents* —me dice sin titubear Parul Sharma—. Nuestros contenidos deben ser cien por cien locales: o son formatos estadounidenses que "indianizamos" o son programas enteramente fabricados para la India». ¿Qué significa, según ella, esta «indianización»? «Debemos defender los valores indios en todos nuestros contenidos: el indio tiene unas obligaciones respecto a su familia, el matrimonio es un tema delicado y puede ser arreglado, el estatus de la mujer es especial, jamás se debe hablar de sexo, ni emplear palabras vulgares delante de los padres, no se pueden mostrar besos ni sugerir nada sexual, la forma de vestir delante de la familia no puede ser occidental, el respeto a los animales es sagrado, no se come buey, todo es muy *family oriented».*

Algunos de mis interlocutores en la India han descrito un proceso de lenta transformación de estos valores y me pregunto cómo afecta eso a los contenidos. Parul Sharma: «Sí, la India está cambiando, pero no necesariamente como querrían los occidentales. Los jóvenes indios son los agentes del cambio. En una serie televisiva, ahora se pueden ver matrimonios por amor, y no sólo matrimonios arreglados, hay divorcios, dobles vidas, los personajes visten a la occidental, e incluso aparecen gays en las series. Pero las cosas requieren su tiempo».

De forma incidental, le pregunto a Parul Sharma si el nuevo interés que muestra Star por la India es una reacción a los fracasos de las *majors* estadounidenses, y del grupo Star en particular, en China. Parul Sharma no responde: sólo me dice que no puedo citarla, y que no quiere decir nada sobre este tema *on the record*. Me dan ganas de preguntarle, como al final de la película *Slumdog Millionaire*: «¿Es ésta su última palabra?».

El ejemplo que me dará más tarde es justamente el del concurso televisivo *¿Quién quiere ser millonario?* El formato del concurso, que pertenece al grupo Sony, ha sido retomado en India por Star TV bajo el título indio *Kaun Banega Crorepati,* con el celebérrimo actor de cine Amitabh Bachchan en el papel de presentador (otra estrella, Shah Rukh Khan, lo sustituyó en la última temporada). Gracias a este concurso, Star se ha convertido en una de las cadenas más vistas del subcontinente indio.

La versión india de *¿Quién quiere ser millonario?* constituye el argumento de la película *Slumdog Millionaire* de Danny Boyle, que ganó ocho Oscar. Su éxito, por otra parte, se incrementó a causa del formato televisivo tan socorrido en el que se basaba el guión. El joven Jamal Malik (Dev Patel, un inglés de origen indio de 19 años) procede de un barrio de chabolas de Juhu en Mumbai y se convierte en millonario gracias al concurso, aunque se le acusa de hacer trampas. La película está sacada de una novela india de Vikas Swarup y fue rodada en India, principalmente en Mumbai. Sin embargo, no es una película india. Está firmada por un director inglés y ha sido producida por varios estudios estadounidenses e ingleses, sobre todo Pathé UK (la rama británica de la francesa Pathé), Fox Searchlight Pictures (del grupo de Murdoch) y Warner Bros. Fue distribuida por Pathé en todo el mundo y por Warner Independent Pictures en Norteamérica (en India la distribuyó Fox Star Studios, de nuevo Murdoch). *Slumdog Millionaire* es un caso parecido al de *Kung Fu Panda,* producida por los estadounidenses y no por los chinos, o *Bombay Dreams,* una comedia musical de Broadway montada por ingleses. Este ejemplo demuestra que los indios no son los que mejor pueden difundir en todo el mundo una cultura basada sin embargo en sus propias historias. Los estadounidenses se ocupan de ellos. Y como en *Slumdog Millionaire,* un niño puede decir, justo antes de comprender que su protector quiere convertirlo en ciego: «Se ocupa de nosotros, debe de ser un hombre bueno».

Otro día me reúno en el sur de Mumbai, cerca de la Puerta de la India, con el jefe de la Warner Bros India, Blaise Fernandez. Contrariamente a la mayoría de mis interlocutores en India, él confía en la penetración del cine estadounidense en el subcontinente. Pronostica incluso un aumento del *box office* para las películas estadounidenses hasta alcanzar el 50 por ciento del mercado en unos años «como en la mayor parte de los países» (cuando hoy está alrededor de un 5 por ciento). Pero con una condición, me dice: producir películas compatibles con «el espíritu de Bollywood».

Blaise Fernandez trabaja en Warner desde hace veinte años, pero el estudio estadounidense no empezó a producir películas en India hasta 2005, aumentando sus inversiones aquí a medida que se retiraba de China. «Apuntamos claramente a una audiencia *mainstream.* Pero en Bollywood no hay ninguna fórmula mágica. Lo único que sé es que debemos producir películas locales. Es un mercado local, pero gigantesco, y es un mercado muy abierto. Los indios quieren seguir siendo indios: quieren ver sus películas en hindi, con sus *songs & dances,* con sus melodramas *flashy* y extravagantes y con batallas campales. Quieren películas largas, a menudo de tres horas, y poder hablar en el entreacto, justo después de una escena de mucho suspense. Quieren que el bien triunfe siempre sobre el mal, que el malo siga siendo malo. A causa de la pobreza, del chabolismo, del analfabetismo, los indios quieren huir de la realidad. Quieren fantasía. Al mismo tiempo, en el film todo debe ser previsible, la noción de sorpresa no está permitida. Es así. Y no cambiará. Somos nosotros los que debemos adaptarnos. Un estudio como el nuestro, aunque sea estadounidense, debe producir aquí películas indias, no películas estadounidenses. Y eso es lo que vamos a hacer».

En India, China, Egipto, Turquía y Brasil, los que mejor me han explicado la globalización de la cultura son, paradójicamente, los representantes de los estudios y de las *majors* estadounidenses en esos países. Todos mis interlocutores están en contra de la idea de una uniformización de la cultura; no tanto porque quieran proteger sus intereses, sino por pragmatismo, porque cuando han apostado por contenidos estrictamente estadounidenses han fracasado. Los jefes de Warner India, de Disney India, de Condé Nast en India, de CNN Türk, de MTV France, de Warner China, de Fox en Egipto, de Universal en Brasil saben por experiencia que hay que ser «local» para existir en los mercados emergentes. «"Localize or die" (sé local o muere) es una fórmula famosa en India», me dirá uno de esos directivos. «Hacemos *bollyvogue* y cada vez somos más locales en cuanto a contenidos —me confirma por su parte Bandana Tewari, la redactora jefe de *Vogue India*—. Aquí se habla de las estrellas de Bollywood, no de las de Hollywood. Hay una verdadera "bollywoodización" de toda la cultura india, y debemos reflejarlo. Por eso nos interesamos poco por el resto del mundo en *Vogue India*, ni siquiera por Asia, porque la India ya es por sí sola un continente». Las revistas ilustradas occidentales han entendido la lección: en los quioscos indios son muchísimas las publicaciones estadounidenses o europeas, desde *GQ* a *Rolling Stone*, *People*, *Marie Claire*, *Cosmopolitan* o *Elle*, con publicidades globalizadas, pero que hablan únicamente de India. A menudo las venden por las calles indios pobres de 12 o 13 años que gritan desesperadamente «*Vogue*, madam?, *GQ*, sir?» a las ventanillas de los coches parados en los semáforos, niños casi siempre explotados por intermediarios que se embolsan casi todo lo que recaudan y les dan menos de un dólar al día.

Por ahora, los resultados de las *majors* estadounidenses en India no son muy halagüeños. En materia de producción local, incluso puede hablarse de fracaso. El primer intento de Columbia en 2007, el film *Saawarija (Beloved)*, se vio perjudicado en las salas porque *Om Shanti Om* de Farah Khan con la estrella Shah Rukh Khan en el papel principal se estrenó al mismo tiempo. La coproducción de Disney con los estudios Yash Raj para la película de animación *Roadside Romeo* en 2009 tampoco funcionó muy bien, y la experiencia de Warner con la película *Chandni Chowk to China* también fue un fracaso. En cuanto a las inversiones de DreamWorks para crear un estudio de animación en Bangalore, en partenariado con el estudio indio Paprikaas Interactive, aún no han dado sus frutos. A pesar de todo, los estadounidenses insisten: Warner tiene doce proyectos de películas en India; Disney, cuatro películas de animación en los *pipelines;* Sony-Columbia tiene previstos seis proyectos de películas al año; en cuanto a la 20th Century Fox, el estudio de Murdoch, tiene cuatro proyectos en producción y dos contratados. Los indios observan ese gran despliegue sin preocupación y sacan sus conclusiones.

Bollywood no representa más que una parte del cine indio. El resto se realiza fuera de Mumbai, en más de 20 lenguas y en diferentes regiones. «Las películas no bollywoodienses llegan raras veces a un público nacional, y más raras veces aún son un gran éxito», me explica Nina Gupta, que dirige en Mumbai la National Film & Development Corporation, el organismo público de promoción y desarrollo del cine. Las demás cinematografías indias, como el cine tamil en Chennai (nuevo nombre de Calcuta), o las de Nueva Delhi, Bangalore (en kannada) o Andhra Pradesh (en telugu), tienen «influencia en los críticos, en los cineclubs y los festivales de todo el mundo, pero llegan poco al público, incluso en India», prosigue Nina Gupta.

Bollywood representa una parte esencial del *box office* en India, y además también es el cine bollywoodiense el que más se exporta. Algunos de mis interlocutores han cifrado la penetración internacional en aproximadamente un 2,5 por ciento, lo cual sería un resultado mejor que el de los europeos, pero muy bajo respecto al de los estadounidenses, que tienen aproximadamente el 50 por ciento del mercado mundial. La cartografía de la difusión del cine de Bollywood, no obstante, es significativa y sus resultados van en aumento, especialmente por los indios que viven en el extranjero, los famosos NRI o Non Resident Indians. Están en primer lugar los mercados tradicionales de Bollywood: Bangladesh, Pakistán, Nepal, Sri Lanka, Afganistán, una parte del sudeste asiático (sobre todo Indonesia, Malasia y Singapur), pero ni China, ni Corea, ni Japón, donde el cine indio sencillamente no existe. Hay otros mercados igualmente importantes, a menudo por razones políticas, como Cuba, Rusia y las repúblicas de Asia Central de Turkmenistán o Kazajistán (en tiempos de la URSS, allí se prefería el cine de Bollywood en contra del de Hollywood, que estaba prohibido por razones políticas). El motor principal de la exportación de las películas de Bollywood hoy, comparado con el cine de Hollywood, es el precio. Ello explica, por una parte, su influencia en el Magreb, especialmente en Marruecos y varios países del África anglófona donde el cine indio es popular (Nigeria, Kenia, Sudáfrica).

Incluso en el África francófona me han hablado de Bollywood: «Los cameruneses quieren películas indias, porque se han criado con el cine bollywoodiense, y programarlas hoy nos sale mucho más barato que programar películas estadounidenses», me explica Sally Messio, la directora de los programas y presentadora estrella de la Televisión Nacional del Camerún (CRTV), cuando visito en Yaundé los locales de esa televisión estatal. «Además, el cine de Bollywood coincide con la cultura africana en el respeto a los ancianos y en los valores familiares; es un cine menos sexual y menos violento que las series o las películas estadounidenses, el ambiente es más fantasioso, como de cuento de hadas, de príncipe azul, hay un bueno y un malo, y eso es lo que a los africanos les gusta», añade Sally Messio.

Pero esos mercados evolucionan. En primer lugar, India, que ha tomado conciencia del peso del nuevo Bollywood en su economía emergente, ha encarecido sus derechos de difusión y está decidida a hacérselos pagar a los rusos y a los africanos, en tanto que anteriormente hacía la vista gorda y en cierto modo permitía la difusión no autorizada y el mercado de los vídeos piratas. Y en segundo lugar, Bollywood es víctima de la competencia de Hollywood; cuando el cine estadounidense estaba prohibido, como en la URSS, la comparación entre las dos cinematografías populares no era posible, pero hoy se hace a expensas de los indios. Los jóvenes rusos o marroquíes prefieren a menudo las películas de acción hollywoodienses de menos de dos horas a los largometrajes bollywoodienses empalagosos, con un argumento previsible, que duran tres horas. El declive de Bollywood en los países emergentes, en África y en los países del tercer mundo es algo anunciado.

La cuestión se plantea de forma un poco distinta en el Golfo y en Oriente Medio, un mercado a la vez antiguo y emergente. Los indios llaman curiosamente a esa región «West Asia», y Bollywood se desarrolla actualmente allí, ya sea porque los trabajadores indios emigrantes son muchos (superan el 20 por ciento de la población en Qatar y también son influyentes en Dubai y en Yemen), ya sea porque los valores indios de la familia, las mujeres y el sexo son compatibles con el islam tanto suní como chiita. «Actualmente el cine indio representa aquí el 10 por ciento del *box office*, pero representaba el 30 por ciento en la década de 1950 —me explica en Damasco Mohamad Al-Ahmad, director de la Oficina del Cine en el gobierno sirio—. Al público popular le gusta este cine, con sus músicas y sus bailes. Es el misterio "oriental" lo que nos gusta. Y además, en lo que se refiere a la familia, los valores, el cine indio comparte los mismos ideales que el pueblo árabe. Pero las clases superiores y los estudiantes prefieren el cine europeo, y sobre todo el estadounidense».

Quedan entonces los mercados occidentales. En Estados Unidos, en Canadá, en Inglaterra y en Alemania, a los NRI, esos indios expatriados, les gusta ver las películas de Bollywood, que les recuerdan la «casa». Se calcula que son al menos 20 millones repartidos por 120 países en todo el mundo, de los cuales hay casi 3 millones en Estados Unidos. Por otra parte, el gobierno indio ha creado recientemente un Ministry of Overseas Indian Affaires para ocuparse mejor de ellos.

En definitiva, lo que hace la fuerza del cine indio a domicilio —su carácter fuertemente identitario, sus *songs & dances*, su colorido, sus emociones fuertes— también puede constituir su debilidad a nivel internacional. «El debate está entre el *lassi* y la modernidad, la sensualidad y el sexo, las actrices *overkitsh* que repiten los prejuicios de sus castas y la liberación de la mujer, la película de Bollywood que te cuenta seis veces la misma historia y la película de acción que entusiasma al público con su ritmo y su velocidad», afirma el productor Pinaki Chatterjee en Mumbai. «Si Bollywood quiere ser global, no podrá seguir contando las historias que nos cuenta hoy», sentencia la crítica de cine Saibal Chatterjee, entrevistada en Nueva Delhi.

Otros son aún más críticos, como el productor y director Aditya Bhattacharya: «El problema de Bollywood hoy es que los NRI aún son más conservadores en sus gustos culturales que los habitantes del subcontinente indio. Quieren encontrar en el cine lo que han dejado en casa. No han evolucionado con el tiempo, contrariamente a las nuevas generaciones de indios. Desde el punto de vista de los valores, de la familia, de las castas, son muy reaccionarios y muy arcaicos. Quieren ver en la pantalla chicas, para saber qué aspecto tienen hoy en India, quieren ver bodas indias arregladas, quieren vestidos con mucho colorido. Pero, como son ellos los que producen una parte importante del *box office*, no tanto por su número como por los ingresos en dólares que generan, contribuyen a que Bollywood se estanque».

Si miramos con detalle los éxitos recientes de Bollywood en Estados Unidos, constataremos que lo esencial del *box office* se concentra en un número reducido de salas, alrededor de unas sesenta. Estos cines están todos situados en los barrios llamados *Little Indias* de ciudades y estados donde los indios son numerosos, como Nueva York, Chicago, Atlanta, Washington, California, Texas o Nueva Jersey. Por otra parte, en la película bollywoodiense *Kal Ho Na Ho* se afirma que en Nueva York una de cada cuatro personas es india (una de cada treinta y dos sería más exacto, pero de todas formas son muchas). Cuando se estrena una gran película de Bollywood, las salas de estas *Little Indias* se llenan, pero el público está casi exclusivamente compuesto por Non Resident Indians. Unas sesenta salas, aunque estén llenas, es poco comparado con el estreno en Estados Unidos de un *blockbuster* como *Batman* en 4.366 pantallas.

Entre tradición y modernidad, Bollywood está dudando. El éxito en 1995, y durante más de trece años en los cines indios, de la película *The Brave Heart Will Take the Bride [El corazón valiente se llevará a la novia]* (con las estrellas Shah Rukh Khan y Kajol Devgan), que trata del amor de dos indios de segunda generación que viven en el Reino Unido, pero a los que un matrimonio arreglado está esperando en India —el *happy end* es a favor del matrimonio por amor—, demostró cuáles eran los retos de esa modernización al estilo indio. En definitiva, el futuro se dibuja a través de las expectativas del público, y especialmente de los emigrantes, que también cambian. «La primera generación de NRI quiere encontrar en Bollywood el *sound of home* (el recuerdo del país) —me dice el crítico Jerry Pinto en el BBC, uno de los cafés del hotel Marriott—. Pero para la segunda generación, Bollywood es el *sound of their parents,* la cultura de sus padres, no la suya. En cuanto a la tercera generación, pasa totalmente. Para ellos es el *sound of nothing*». Si esta hipótesis se confirma, la industria del cine en India tendría que ir desengañándose en cuanto a sus perspectivas de desarrollarse en los mercados occidentales.

¿Conseguirá la India imponerse en el mundo a través de su cine y sus canciones bollywoodienses y crear contenidos globales? La mayoría de los productores con los que hablé en el hotel Marriott de la playa de Juhu, todos los jefes de los estudios que vi en la Film City de Mumbai, todos los directivos que entrevisté en Nueva Delhi, están convencidos de ello. Pero cada uno tiene su estrategia para hacer películas *mainstream,* entre un cine más identitario y etnocéntrico (el *storytelling* indio puede conquistar el mundo), y un cine más globalizado, cuya indianidad quedase un tanto neutralizada (para seducir, Bollywood debe aprender a hacer películas como los estadouinidenses). Pero estas dos visiones probablemente son incompatibles. Por su parte, ¿conseguirán los estadounidenses imponerse en India con sus *blockbusters* o gracias a la producción de contenidos locales? Todos los directivos de estudios estadounidenses a los que entrevisté en India o en Los Ángeles lo creen, y lo creen ciegamente porque se trata de un mercado de 1.200 millones de habitantes, que aún no está saturado y ni siquiera maduro. Un mercado tan grande y un país tan descentralizado que debería hablarse de él como de los «Estados Unidos de la India».

¿Quién tiene razón? Los primeros, por ahora, pues India ha sabido proteger su industria y conservar casi el 95 por ciento del *box office* para sus películas nacionales. Pero los segundos saben que la americanización de la India está en marcha y que lleva un nombre temible: «indianización». Al adaptar a la mentalidad india las series y las películas estadounidenses, los indios han firmado algunos de sus mayores éxitos. Pero son contenidos estadounidenses que de esta forma van penetrando lentamente en el subcontinente indio. Ahora ya, una vez abandonado su sistema económico socializante, los indios parten a la conquista de Hollywood comprando productoras en Estados Unidos o produciendo sus propios *blockbusters*. Están emergiendo. Sin garantía de éxito, pues por ahora Bollywood, que mira de reojo hacia Hollywood, unas veces con amargura y otras con envidia, no ha sabido lanzar un solo *blockbuster* mundial ni un *global hit,* como dicen los estadounidenses. Ambos países se miden en un cara a cara decisivo, que el nombre de «Bollywood» resume bien. Raras veces una expresión habrá sido tan imprecisa. Pero raras veces una palabra habrá sido tan eficaz.

En el piso 52 del Park Hyatt Hotel en el barrio de Shinjuku, en To-kio, empecé mi encuesta sobre los flujos de música en Asia esperando durante toda una tarde a un productor de J-Pop que al final no se pre-sentó. Afortunadamente, el sitio es espectacular con una de las vistas más impresionantes sobre Tokio. Parece ser que mi anfitrión —luego me enteré— me estaba esperando en otro café en el piso 38. Premio de consolación: el New York Bar del piso 52 es el lugar en el que Bill Murray y Scarlett Johansson se encuentran en la película *Lost in Trans-lation*. Y esta cuestión de la traducción es justamente la determinante para la circulación de los contenidos cuando hablamos de Asia.

La música contemporánea japonesa se llama hoy J-Pop (por Ja-pan Pop). También se habla del K-Pop para designar al pop surco-reano, del «canto-pop» para el pop chino producido en Hong Kong y, a veces, del «mandarin-pop» (o pop continental) para el pop can-tado en mandarín pero producido con frecuencia en Taiwán. Estos flujos culturales pop en Asia son complejos: dibujan una nueva car-tografía de las industrias creativas asiáticas que es interesante anali-zar de Tokio a Beijing, de Shangai a Seúl y de Bangkok a Yakarta. He decidido seguir la música J-Pop, el K-Pop y el canto-pop a través de una decena de países de Asia para saber si existe una cultura asiática común. Sin embargo, la música no funciona como el cine; a pesar de estar en el mismo continente, me enfrento a unos intercambios culturales muy distintos.

«Hay dos clases de mercados internacionales para el J-Pop —me explica en Tokio Ichiro Asatsuma, el presidente de la Music Publishers Association of Japan, en la sede de ese importante *lobby* de la música—. Hay un mercado más bien asiático donde el J-Pop se exporta como música; y hay un mercado europeo y estadounidense donde el J-Pop se exporta como producto de acompañamiento para los dibujos animados, las películas de animación, los videojuegos y las series de televisión. Son dos mercados distintos».

En Asia, el J-Pop es poderoso en Corea del Sur, en los países agrupados bajo las siglas SEA (South-East Asia o sudeste asiático), pero no existe en absoluto en India, pues el subcontinente indio tiene una frontera casi hermética para los intercambios de contenidos culturales con Asia oriental. Queda China: «El J-Pop penetra en China, pero dando un rodeo», me explica Masaru Komai, el presidente de Fuji Pacific Music, al que entrevisto en Tokio. «Dando un rodeo»: el mensaje es un poco sibilino.

Tras pasar dos meses en una decena de países asiáticos para realizar esta encuesta, entiendo lo que significa «dando un rodeo». En el sentido propio, se trata naturalmente de la piratería, que en Asia está muy extendida y que en China roza, para la música y el cine, el 95 por ciento (esta cifra, por supuesto, es imposible de comprobar, pero es la que me han dado casi todos mis interlocutores en Japón, Corea, sudeste asiático y la misma China). Pero «dando un rodeo» puede significar algo más sutil: el rodeo puede pasar por los *cover songs*. El J-Pop es más fascinante de lo que parece. Como a menudo ocurre con el *entertainment,* las estrategias, el *marketing* y la difusión de los productos culturales son más interesantes que los mismos contenidos.

COOL JAPAN

«Lo esencial es que desde hace unos diez años Japón ha vuelto a ser *cool* en Asia y eso se debe en gran parte a la música J-Pop», me explica Tatsumi Yoda, el director general de DreamMusic en Tokio (los coreanos me dirán exactamente lo mismo a propósito de sus *dramas*). «Durante mucho tiempo —prosigue Tatsumi Yoda—, Japón sólo se interesaba por su mercado interior y no tenía ni ambición regional ni global. Nos sentíamos acomplejados, no queríamos parecer imperialistas. Hoy esta aprensión ha desaparecido: queremos difundir nuestros contenidos culturales a escala regional e internacional por todos los medios posibles».

Japón tiene la particularidad de ser un país industrializado y un país que no pertenece a «Occidente». Moderno y *non western;* durante mucho tiempo fue un caso de libro. Al mismo tiempo, Japón, desde la Segunda Guerra Mundial, refrenó sus veleidades de conquista cultural hasta el punto de que, introvertido durante mucho tiempo, dio la impresión de haberse encerrado en su propia cultura. Orgulloso de esa homogeneidad y poco favorable a la inmigración, el país pasó de un «gran imperialismo» a una especie de «pequeño nacionalismo». Japón sigue siendo uno de los países más herméticos a las demás culturas, y para empezar uno de los que mejor resisten, sin cuotas ni censura, a la cultura estadounidense. Como en India, cuando importan un producto cultural estadounidense, enseguida lo «japonizan».

La otra cara de la moneda: Japón es un país que, en el pasado, exportó poco su cultura y sus contenidos. Vendió sus *walkmans,* sus teléfonos móviles, sus ordenadores, sus televisores de pantalla plana y sus Play Station 1, 2 y 3, pero hasta la década de 1990 exportó poco su cine, su música y su literatura. Las estadísticas de la OMC y del Banco Mundial lo colocan aún en el puesto número doce de los países exportadores de películas, programas de televisión y música, detrás de Corea, Rusia e incluso China. Los productos manufacturados de la electrónica sin identidad cultural se vendían bien, pero no los contenidos japoneses fuertemente identitarios. El *hardware* sí, pero el *software* menos. Naturalmente hay excepciones: los dibujos animados de la década de 1970 (*Goldorak* o *Candy,* por ejemplo), los mangas desde la década de 1980, algunas películas de animación (*Akira,* también adaptada de un manga), y los videojuegos (los primeros juegos de Nintendo, Sega y Sony). En estos sectores muy ligados a la imagen Japón exporta desde hace tiempo mucho más de lo que importa. Pero con razón o sin ella los japoneses han tenido durante mucho tiempo un complejo de inferioridad y se han sentido culturalmente dominados por el «Oeste». Eso no significa, obviamente, que la cultura japonesa sea débil o frágil; al contrario. Gracias a una demanda interior importante y a unas industrias creativas autosuficientes (por la fuerza del yen, el mercado interior japonés es hoy el segundo mercado televisivo del mundo y el segundo mercado de la industria de la música tras Estados Unidos), la cultura japonesa ha vivido bien en Japón, pero se ha exportado poco.

La globalización cultural ha transformado esta situación. Al erosionar la distinción entre el mercado interior y el mercado exterior, gracias al desarrollo de las tecnologías y a la aceleración de la velocidad de los intercambios de flujos culturales entre países, la globalización ha permitido que Japón se abriera. En pocos años, ha recuperado su retraso, a pesar de que sus exportaciones de contenidos culturales aún son deficitarias respecto a las importaciones, tanto en cine y en edición como en música, excepto los videojuegos y los mangas.

Con la revolución económica asiática, la cartografía de los intercambios culturales se ha visto muy modificada en ese continente desde la década de 1990: los países emergentes (China, Indonesia) o ya capitalistas (Corea del Sur, Hong Kong, Singapur y Taiwán) le han abierto amplias perspectivas comerciales a Japón. China, que próximamente destronará a Japón como segunda potencia económica mundial, se ha convertido en su primer socio económico, por delante ya de Estados Unidos. En todas partes, la liberalización del audiovisual ha incrementado la demanda de contenidos. Los japoneses han tomado conciencia de que no podían seguir aislados en sus islas (la misma conclusión a la que han llegado los surcoreanos que, habida cuenta de la frontera hermética con Corea del Norte, también comparten esa sensación de ser una isla).

La tentación de replegarse en sí mismo ha existido. Habría podido ser la opción elegida. Pero Japón ha constatado que su mercado interior estaba saturado y que debía invertir e innovar para desarrollarse, toda vez que su economía estaba estancada, su deuda pública aumentaba y su población envejecía (el 21 por ciento de sus habitantes tiene más de 65 años, lo cual convierte a Japón en el país más viejo del mundo). Adoptó pues, a comienzos de la década de 1990, una nueva estrategia consistente en reafirmar su identidad asiática, una estrategia llamada: «Retorno a Asia».

Políticamente primero. El famoso METI, el Ministerio de Economía, Comercio e Industria japonés, aceptó reconocer por primera vez la importancia de las industrias creativas para la economía del país, especialmente tras el éxito del juego *Pokémon* de Nintendo y de las películas *La princesa Mononoke* y *El viaje de Chihiro* del genial Hayao Miyazaki. Y luego llegaron las subvenciones. «Nuestro primer objetivo es Asia —me explica Keisuke Murakami, uno de los directores del METI en Tokio—, y nuestro objetivo final es China. Éstas son nuestras prioridades». Pronunciado por un funcionario de alto rango del gobierno japonés, el mensaje no es nada ambiguo.

A medida que la globalización abría posibilidades para el comercio, Japón tuvo tendencia a acercarse a los países críticos con el imperialismo estadounidense, un discurso que ayer mantenían los jefes de gobierno Lee Kuan-Yew en Singapur y Mahathir Mohamad en Malasia. Con estos países, y por otras razones más de tipo económico con China, Japón quiso defender los «valores asiáticos» frente a la moral occidental decadente. Poco a poco, tomó conciencia, o al menos asumió, su «asianidad», lo cual queda muy bien resumido en uno de los eslóganes japoneses más famosos de principios de la década de 1990: «Datsuo nyua» («huir del Oeste», entrar en Asia).

Con ello los japoneses descubrieron una cosa que no habían sospechado: la modernidad de sus vecinos. En Seúl, Taiwán, Singapur y ya también en Shangai, los japoneses encontraron unas economías tan desarrolladas como la suya, con unas clases medias muy educadas y unas tecnologías punteras. Ya no se trataba de ir de «misioneros» a Asia ni de «civilizar» Asia. Japón no estaba tan adelantado como creía.

Ese «retorno a Asia», que también fue un retorno a la tierra, se tradujo por una nueva diplomacia nipona respecto a los países asiáticos, en adelante considerados como socios, alrededor de unos intercambios culturales recíprocos (lo que se llama «la doctrina Fukuda»). Esta estrategia diplomática, que también es una política comercial encubierta, se aplicó primero respecto a Corea del Sur, luego con los países del sudeste asiático y finalmente con el este de Asia, y por supuesto con China, con la cual Japón entró en un proceso de reconocimiento mutuo de su poderío económico. Incluso Australia estaba en el punto de mira de los japoneses, ya que esa gran isla poco poblada también declaró en ese mismo momento su voluntad de «asianizarse».

Afirmar su poder: los japoneses comprendieron que eso pasaba ahora por los contenidos culturales y los medios, y ya no sólo por la electrónica. Era preciso, pues, inspirarse en el modelo del *entertainment* estadounidense y a la vez romper con él. No es casual que en aquel momento, alrededor de 1990, Sony y Matsushita comprasen los estudios norteamericanos Columbia y Universal, confirmando la estrategia de la época, la llamada de las «sinergias» entre el *hardware* y el *software* en el audiovisual, es decir, entre los aparatos y los contenidos. Los japoneses se dan cuenta entonces de que el verdadero poseedor del poder es el que posee a la vez los medios de distribuir los productos culturales y el que fabrica las imágenes y los sueños. Lo *hard* pero también lo *soft*. Hay que competir con el monopolio de los americanos sobre las industrias de los contenidos. Ahora los japoneses quieren enfrentarse a los estadounidenses en su propio terreno.

En esta nueva estrategia global, esta especie de defensa del *soft power* al estilo asiático —no ya hacer la guerra, no ya inspirar miedo, sino difundir imágenes, ser *cool*—, Japón llevaba ventaja en un campo muy particular: el de los mangas, un ejemplo ilustrativo de la reconquista japonesa de Asia y, muy pronto, del resto del mundo.

LOS MANGAS, UN MEDIO GLOBAL

Estoy en el barrio de Iidabashi en Tokio, en la sede del grupo Kadokawa, uno de los principales editores de mangas de Japón. De entrada, Shin'ichiro Inouye, el presidente de Kadokawa, sienta las bases de nuestro intercambio: «Usted debe saber que la cultura japonesa está abierta al mundo, que quiere desarrollarse en los mercados internacionales, pero al mismo tiempo es muy identitaria y siempre seguirá siendo profundamente japonesa». ¿Y eso qué quiere decir? «Quiere decir que nosotros difundimos nuestros productos tal cual a nivel internacional. No tratamos de adaptarlos, como los estadounidenses, a los gustos del público mundial. Ésta es nuestra fuerza: Japón es *cool* sin dejar de ser él mismo, es decir, de ser muy japonés».

Por muy japonés que sea, el grupo Kadokawa ha decidido lanzarse a una ofensiva internacional sometiendo a sus mangas a la estrategia de adaptar los contenidos a diversos formatos, para saturar todos los mercados. En la sede social del grupo en Tokio, constato por otra parte que Keroro, uno de los personajes de manga más conocidos del grupo, de color enteramente verde, está omnipresente, en los ascensores, los vestíbulos de los edificios, los videojuegos y, naturalmente, como personaje de peluche *kawai* encima de las mesas de los 300 dibujantes y escritores que trabajan en estos locales. «Un manga siempre son dos personas: un dibujante y un escritor», me confirma Shin'ichiro Inouye.

La fuerza de Japón en el mercado de los mangas es indudable y es internacional. Con algunas excepciones: el Reino Unido, que es un mercado muy poco receptivo a los mangas, mientras que el mercado francés ya está muy maduro; Alemania y Estados Unidos, que están muy retrasados, pero progresan rápidamente; y América Latina, reticente durante mucho tiempo, pero donde desde hace algunos años los mangas triunfan.

En gran parte, el éxito del grupo se explica por esa variedad de formatos y soportes de los mangas, una estrategia que hoy la digitalización, el teléfono móvil y las series de televisión permiten incrementar. Es lo que Shin'ichiro Inouye llama el *media mix* (en Occidente hablamos de *versioning* o *media global*).

Esta convergencia de los contenidos y las tecnologías, tan bien mezclados en el caso de los mangas, es una de las claves del éxito de Japón. Shubei Yoshida, el director general de Sony Computer Entertainment Worldwide Studios, al que entrevisto en una de las torres de Sony en Tokio, confirma el poder de esa técnica: «Con el dibujo animado, la película de animación, el videojuego, los mangas, el *comic book*, y a menudo las series de televisión, hemos construido un nuevo ecosistema muy particular en Japón, que mezcla estos diferentes sectores. Aquí con la Play Station tenemos una buena ilustración de esa estrategia, pues versionamos nuestros contenidos en numerosos juegos». (Pero Yoshida no dice que esos contenidos y videojuegos para la Play Station 3 a menudo son desarrollados por estudios europeos o estadounidenses y fabricados en China).

La exportación no siempre es fácil. Y la competencia es dura. A causa de los malos recuerdos dejados por el «imperio japonés» antes de la guerra, la cultura *made in Japan* estuvo prohibida durante mucho tiempo por Taipei y Seúl (hasta 1993 para los productos televisivos en Taiwán, hasta 1998 para todos los productos culturales en Corea). Por lo demás, el gobierno de Corea del Sur tiende a preferir la cultura estadounidense a la cultura japonesa, considerada como más imperialista y más peligrosa para el pueblo coreano.

Para ese gran «retorno a Asia», Japón tenía que ser un buen estratega. La guerra de los contenidos fue lanzada con el pretexto de resucitar una cultura panasiática, en realidad «japonizante». Y hoy se libra en el sector de los formatos televisivos, de las series y los *idols,* esas estrellas de la música que se disputan japoneses y coreanos.

Yoyo es la mánager del gran rockero chino Cui Jian. Tomamos un té en un hotel de Beijing. Jian ha vendido 50 millones de copias en todo el mundo (tiene contrato con EMI, la *major* británica). Yoyo me explica cómo, a pesar de la censura, Cui Jian ha logrado hacerse famoso en China. «Antes de él, los cantantes chinos hacían música de propaganda. Estaban marcados por el folklore y cantaban en *play-back*. Cui Jian ha hecho rock, ha hablado de los problemas de la sociedad china y ha cantado en un escenario en vivo». Tras una época en que estuvo prohibido, por haber actuado en concierto en la plaza de Tiananmen «a petición de los estudiantes» (puntualiza Yoyo), Cui Jian volvió a gozar del favor del régimen. Las autoridades lo toleran porque jamás se pasa: su éxito popular, que es inmenso, lo protege, sobre todo porque sus ataques contra el sistema musical chino (su combate contra el *play-back* especialmente) son mesurados. Sus palabras, sometidas a la censura previa, como en el caso de todos los artistas chinos, ya no causan problemas. Por otra parte, no se le ocurriría, como al grupo británico Radiohead, desplegar una bandera tibetana en el escenario, ni como a la cantante islandesa Björk gritar «Tíbet, Tíbet» al final de uno de sus conciertos en Shangai. Como Cui Jian se porta bien, pudo actuar de telonero de los Rolling Stones cuando dieron su importante concierto en China, mientras que a REM, a U2 y a Oasis no se les permite entrar en China a causa de sus declaraciones a favor del Dalai Lama. «Contrariamente al cine, la música no es un sector estratégico para el gobierno chino, y por tanto está mucho menos regulada —me explica Yoyo—. Y si el rock, sobre todo alternativo, a veces puede ser censurado, el pop en mandarín no se ve muy afectado, porque es bastante edulcorado e inofensivo. Como los *boys band,* los adolescentes inocentes y un poco alucinados que lo hacen. Ese pop *mainstream* no preocupaba a Beijing. Y esto explica su difusión y su éxito».

La música pop que se escucha en China, aunque se cante en cantonés o en mandarín, no es necesariamente china. Muchas veces es importada, pero los chinos no lo saben. Para hacerse una idea de la influencia del «pop» transasiático en China, basta pasearse por una de las miles de tiendas de CD y de DVD que hay en Beijing, Shangai y Hong Kong. A menudo se venden millones de copias de un álbum, aunque las cifras de difusión sean mucho mayores teniendo en cuenta que la piratería está generalizada y es imposible distinguir unas copias de otras. La mayor parte de las veces, los chinos no saben que esos discos, muchos de ellos piratas, se han hecho en fábricas del sur de China a partir de canciones grabadas fuera de China.

El canto-pop de Hong Kong (en cantonés) y el pop en mandarín (falsamente llamado «continental») constituyen lo esencial de la música popular de los jóvenes chinos. En ambos casos, ese pop de origen extranjero se ha formateado para el público chino en Hong Kong o en Taiwán, verdaderas plataformas para la circulación de la música popular china. Los artistas son allí más libres, la diversidad étnica es mayor, las casas de discos son más fiables (apoyadas por bancos internacionales y agencias de talentos estadounidenses) y el *copyright* está (un poco) mejor protegido. «También es por Hong Kong y Taiwán por donde entran las músicas asiáticas en China. Eso es cierto en particular para el importante pop japonés, que generalmente se reelabora, se traduce al mandarín, se reempaqueta y se redistribuye en la China continental. Son *cover songs*», me explica Yoyo.

¡*Cover songs!* Así es como el J-Pop, el K-Pop y el canto-pop se difunden en Asia y en China. Es el caso de la rolliza Jolin, por ejemplo, que manipula los éxitos estadounidenses y los canta, adoptando el acento «continental» mandarín, en los estudios de Taiwán para el público chino.

También es el caso de BoA, la superstar surcoreana que canta en coreano para el público coreano, en japonés para los jóvenes de Tokio (ella es bilingüe), en inglés para los singapurenses y los hongkoneses, y que ha aprendido a cantar en mandarín para conquistar a la juventud de Taipei. A partir de Taiwán, sus discos se distribuyen en China, donde es una estrella, de Shangai a Shenzhen. BoA, que es una especie de Janet Jackson asiática, también tiene muchísimo éxito en Estados Unidos desde 2008, sobre todo entre las comunidades asiáticas (hay 13 millones de asiáticos en Estados Unidos). Para seducirlos, ha transformado su imagen de adolescente, sexy y *kawai* (mona), haciéndose más madura y más feminista. En la versión internacional de sus álbumes, BoA vuelve a grabar títulos en inglés y en mandarín (como su éxito *Girls on Top* en su quinto álbum en coreano). BoA es hoy una de las grandes cantantes transasiáticas y a nadie le parece raro que una coreana, bilingüe en japonés, cante de repente en mandarín. Al contrario, a los chinos les parece *cool*.

Pero hay otro caso más emblemático aún: Super Junior, un grupo de trece chicos coreanos cuya particularidad es que han sido seleccionados por su discográfica para seducir a todos los mercados asiáticos a la vez. Cada uno de estos chicos, jóvenes y atractivos, con sus largos cabellos a la coreana, canta en varias lenguas. Por eso el grupo se divide en «unidades» más pequeñas para adaptarse a los países donde actúa: en China, la unidad china «Super Junior M» canta en mandarín, en Japón «Super Junior J» da sus conciertos en japonés y en Corea actúa la unidad «Super Junior K». Con estas distintas combinaciones, el grupo es capaz de actuar en casi toda Asia en un idioma nacional que el público entiende.

Existen otros ejemplos, como las *boy bands* SMAP (cinco chicos japoneses que se han hecho famosos en Channel V, la cadena panasiática), U2K (dos japoneses y un surcoreano), TVXQ! (cinco chicos coreanos que cantan en mandarín y que son famosísimos en Japón), Dreams Come True (un trío taiwanés distribuido por Sony) o HOT (un grupo coreano que canta en japonés y en chino). Los grupos de chicas no les van a la zaga; Girls' Generation (Corea), SES (un trío coreano, con una coreana, una japonesa y una estadounidense) y Perfume (Japón). También hay cantantes en solitario que han adoptado esos formatos camaleónicos: Rain, un joven coreano, se ha convertido en una especie de Michael Jackson asiático gracias a sus álbumes hechos especialmente para los japoneses; Dick Lee es una estrella singapurense que canta desde hace mucho tiempo en inglés y en mandarín; Stefanie Sun es una singapurense que canta en mandarín y en diversos dialectos chinos, lo cual le ha abierto los mercados chinos de Taiwán y de la China continental; y finalmente Jay Chou es un célebre taiwanés que tiene contrato con Sony y actúa en la película *La ciudad prohibida* de Zhang Yimou y que canta en mandarín y se viste de *cowboy* para gustar a toda Asia.

A menudo estos cantantes retoman canciones anglosajonas famosas, como el éxito *YMCA* de Village People que, cantadas en mandarín o en cantonés, obtienen un inmenso éxito local. El público chino se entusiasma por esos *hits* que, disfrazados de mandarín, parecen nacionales; nadie sabe realmente que han sido producidos por los japoneses, los coreanos o los taiwaneses (a veces por los japoneses en Taiwán para el sello Sony Music Taiwan). Vemos que, merced a ese juego con los idiomas, la globalización cultural se desarrolla a través de un doble filtro: la música estadounidense es recuperada por los japoneses o los coreanos antes de que una *boy band* o un *idol* la vuelvan a grabar en mandarín.

El grupo que produce a BoA, Super Junior, HOT, SES y TVXQ! en Corea se llama SM Entertainment (pero no tiene nada que ver con el sadomasoquismo). Lee Soo-Man, el director ejecutivo de SM, me recibe en Seúl: «La estrategia de nuestro grupo se basa en la lengua. Fabricamos *boy bands* a partir de *castings* eligiendo chicos que hablen diferentes lenguas como hicimos con los miembros de Super Junior, todos de nacionalidades diferentes. En algunos casos, les hacemos seguir cursos de idiomas, como a la cantante BoA; en cuanto la contratamos, cuando tenía 11 años, le hicimos aprender japonés, inglés y luego mandarín. En general, nuestras *boy bands* son capaces de cantar en cuatro lenguas, coreano, inglés, japonés y mandarín, y a veces más. Luego, organizamos una intensa campaña de *marketing* cuya particularidad es ser completamente local; la promoción, los productos, los programas de tele, todo está formateado localmente. Además, nuestros artistas son *multi-purpose stars,* lo cual significa que están formados para cantar, bailar, actuar en series de televisión y ser modelos. Son muy polivalentes. Y con esta receta es como hemos lanzado la moda de las *boy bands* coreanas».

Como ocurre a menudo con el K-Pop y el J-Pop, la mayoría de las estrellas de SM Entertainment son *idols* (en japonés *aidoru):* se les contrató a una edad muy precoz, con frecuencia entre los 11 y los 15 años, y por su físico tanto como por su voz. «En Asia la belleza es uno de los valores que mejor se exporta de un medio a otro y de un país a otro», me confirma, sin ironía, Lee Soo-Man.

Otros grupos tienen lógicas *cross* medias equivalentes, empezando por Sony, que tiene su cuartel general para Asia en Hong Kong (esa oficina panasiática depende directamente de Sony en Estados Unidos, excepto Japón, que depende de Tokio). En Asia, que es la región de la fusión en la alimentación por excelencia, descubro la fusión en los medios y en los idiomas. «Localización» y «mediafusión»: ésta es la doble estrategia sofisticada de las discográficas japonesas o coreanas para llegar al público asiático. Y después descubriría que en las series televisivas el procedimiento es el mismo.

Glocalization: desde la década de 1990, he oído con frecuencia esta palabra (también se dice *global localization*). A decir verdad, siempre he desconfiado un poco de ese tipo de conceptos, supuestamente empresariales, cuyos símbolos son el McFelafels de McDonald's en Egipto, el McLuks con salmón en Finlandia o el McHuevos con un huevo en Uruguay. Pero ahora estaba en Asia, y con BoA y Super Junior estaba dándome cuenta de la dimensión local y regional de la música pop. Contrariamente al cine, donde los intercambios regionales son escasos, la música lleva mucha ventaja.

Lo que los japoneses y los coreanos han comprendido, con pragmatismo, es que para exportar su música y sus series televisivas a China y a toda Asia no había que imponer un producto estandarizado ni defender su lengua. Se trata de una estrategia más refinada que la de los estadounidenses. Han inventado la cultura Sushi, más «glocalizada» aún que la cultura McDonald's; un producto complejo, aleatorio y nunca idéntico, pero que en todas partes evoca el Japón, sea cual sea el idioma que se hable. Y esa técnica de «relocalización» se hace mediante los *cover songs,* un artificio eficaz y un fenómeno más extendido de lo que yo creía. Encontramos la misma receta en el éxito de diferenciación de Channel V (la cadena musical del grupo Star TV con sede en Hong Kong) respecto a la cadena americanizada MTV Asia (con sede en Singapur). Channel V, que es muy activa en el J-Pop, el K-Pop y la música en mandarín formateada en Taiwán, ha instalado sus estudios en Taiwán, donde justamente se habla mandarín, y se ha especializado en contenidos locales, panasiáticos, y menos estadounidenses. Gracias a esa «asianidad», la cadena de Murdoch ha superado a su competidora del grupo Viacom. Después, MTV Asia rectificó el tiro, especialmente gracias al programa *JK Hits* en *prime time,* que difunde los *hits* del J-Pop y el K-Pop. En Singapur, AXN, la cadena musical de Sony, también se inscribe en esa dinámica.

Jugando al ratón y al gato, los coreanos han promocionado a sus artistas de K-Pop en japonés en Japón y así han aventajado a los japoneses que, inicialmente, no querían ceder en lo relativo a su idioma: el J-Pop estuvo a punto de sufrir las consecuencias. Pero los japoneses reaccionaron a su vez con sus propias armas. Concursos de *idols,* series televisivas, telefonía móvil, videojuegos y, de nuevo, los mangas.

Asia Bagus! (Asia es formidable), ésta fue la primera reacción japonesa: se trata de un concurso de *idols,* ideado por la televisión japonesa Fuji TV, grabado en Singapur (para darle un toque más transasiático) y organizado simultáneamente en Corea del Sur y en una decena de países del sudeste asiático para reconquistar esos mercados. Sony Music Japan ha fabricado un programa similar, *La voz de Asia*, para identificar a la nueva estrella pop panasiática y eso le ha permitido, por ejemplo, descubrir a la cantante filipina Maribeth, que desde entonces se ha convertido en una estrella en Indonesia, gracias al *marketing* japonés. En cuanto a las agencias de talentos japonesas, Amuse y HoriPro Entertainment Group, también han multiplicado los concursos en China para descubrir, entre decenas de miles de candidatos, a la futura estrella en mandarín. A su manera, los japoneses funcionan en Asia exactamente igual que los estadounidenses en el resto del mundo. Es más, son una especie de filtro que traduce la cultura «occidental» para toda Asia. Si han tenido más éxito que Estados Unidos, sobre todo en China, es porque se han concentrado en el sector de los juegos y la música, mucho menos delicados políticamente que el cine. Con ello, la cultura japonesa pierde en definitiva mucho de su carácter específicamente japonés.

Otra estrategia para difundir el J-Pop son los *dramas*. La música japonesa se ha asociado a los contenidos de las series televisivas de éxito; como ocurre en India con los *songs & dances* de las películas de Bollywood, la omnipresencia de las *boy bands* en los *dramas* japoneses ha permitido que se hagan famosas las canciones en los países de Asia a medida que se van emitiendo las series. Finalmente, los japoneses lo han logrado más aún gracias a las tecnologías. El J-Pop ha invadido los teléfonos móviles, en particular gracias a los Ring Back Tones, los timbres de espera (que no hay que confundir con los timbres de llamada); en lugar de oír la tonalidad, oyes un extracto de una canción de J-Pop. Por no hablar del muy apreciado Color Call Tone, un fragmento de J-Pop que se oye como fondo sonoro durante la conversación. En cuanto a las carátulas de los álbumes, naturalmente se transforman en fondo de pantalla del teléfono móvil. Estos inventos japoneses, y ahora también coreanos, causan furor en Corea, en Indonesia, en Taiwán y por toda Asia, que vuelve a estar expuesta a la influencia japonesa.

En todos los casos es sorprendente constatar que la música en Asia es nacional o transasiática, pero generalmente muy poco estadounidense: en Japón, se estima que la música japonesa representa el 80 por ciento de las ventas frente al 20 por ciento de la música anglosajona; en Corea, el K-Pop representa el 80 por ciento del mer cado nacional; en Hong Kong, el canto-pop alcanza el 70 por ciento de las ventas, y la música asiática nacional también es dominante en Indonesia. Es posible que la realidad de la música «escuchada», y no sólo «comprada», sea un poco más favorable a los estadounidenses a causa del mercado negro, las descargas ilegales y la televisión, pero no en proporciones fundamentalmente muy distintas. Porque la piratería también afecta al J-Pop y al K-Pop, no sólo a los productos estadounidenses. En China, en Indonesia y en los países más pobres del sudeste asiático, como Vietnam, los CD y los DVD piratas ofrecen a las series coreanas, al J-Pop y a las películas estadounidenses una difusión mayor de lo que el mercado oficial tolera.

Pero hay una excepción: Singapur. En la ciudad-Estado, la música anglosajona domina: representa el 80 por ciento de las ventas. Y sin embargo, cuando preguntas a los directivos de las industrias creativas de la ciudad, compruebas que el debate sobre la identidad cultural amenazada no existe, cuando en China, Japón e incluso Corea del Sur parece ser algo tan esencial. Los singapurenses, un país multiculturalista y muy comunitarista, importan sin escrúpulos todos los contenidos que vienen del exterior y ni siquiera intentan adaptarlos. No hay ni filtro como en Japón, ni censura antioccidental como en China, ni fusión como en Tailandia; los singapurenses, muchos de los cuales hablan mandarín e inglés, acogen con los brazos abiertos los productos culturales estadounidenses, a expensas a veces de los productos asiáticos (a la gente del sudeste asiático le gusta mucho ir a Singapur a hacer turismo para tener la impresión de estar «en Occidente»). Es un país muy diverso, una Asia en miniatura, hasta el punto de que, al desembarcar en Singapur, me dije que en cierto modo aquello era un «Asia para principiantes». Y a pesar de todo, la ciudad Estado es la quintaesencia de una forma de modernización que no es ni la occidentalización ni la americanización, sino una especie de singapurización donde se valoran todas las culturas de todas las minorías. Después de inventar, según dicen, el «capitalismo al estilo asiático», y convencidos hoy de que los valores de Asia son superiores a los del «Oeste», los singapurenses quizás estén imaginando una nueva cultura transasiática. Si esta hipótesis es correcta, lo probable es que no apunte tanto a los productos y los contenidos como a los servicios y, como en Hong Kong y Taiwán, busque acercarse como sea a Beijing. Porque los singapurenses también son chinos.

En el cine, como en la música, los estadounidenses no siempre ganan en Asia. Ya pasó la época —la década de 1950— en que eran aclamados por los asiáticos por haber inventado la olla eléctrica para cocer el arroz, símbolo del *american way of life* que llega a Asia. Al querer difundir por todas partes del mundo unos contenidos *mainstream* idénticos, y en inglés, los directivos estadounidenses no han tenido la sutileza de los coreanos, los taiwaneses, los singapurenses y los hongkoneses, que, para que sus productos se conviertan en *mainstream*, aceptan prescindir de su singularidad nacional y su idioma. Y en esos flujos culturales interasiáticos, siempre sacan algo aunque pierdan —*lost in translation*— su identidad.

Y además están los *dramas*, que es como se llaman las series televisivas en Asia. Aquí empieza otra batalla cultural, distinta del cine y de la música. El *mainstream* tiene unas reglas que cambian según los continentes y según los sectores. Y esta vez, la guerra no es regional sino planetaria.

12. GEOPOLÍTICA DE LOS *DRAMAS*, CULEBRONES DEL RAMADÁN Y OTRAS TELENOVELAS

En toda Asia los llaman los F4. Son los cuatro chicos de la serie televisiva *Boys Over Flowers,* porque la F significa «flores» pero también «bonito» en el lenguaje de los adolescentes. Una chica pobre, cuyos padres tienen una lavandería automática, consigue entrar en un colegio de élite en Corea y allí se enfrenta a la dominación de cuatro chicos ricos, seductores pero arrogantes, que tienen aterrorizados a los alumnos más frágiles. La joven empieza a proteger a las víctimas más débiles, injustamente maltratadas por los F4, pero se enamora de uno de ellos. La serie, que es una especie de *Sexo en Nueva York* en masculino, tiene 24 episodios y es muy adictiva, con sus múltiples historias que se ramifican y se entremezclan, su escritura muy rápida con analepsis y sus golpes de efecto que, detrás de un argumento falsamente simplista, dejan traslucir unas diferencias sociales muy profundas. Y además está la música, omnipresente y eficaz, que, desde antes de que se emitiese la serie, sirvió de *premarketing* y, desde que se emite, ha contribuido a que la banda original alcance récords de ventas en toda Asia.

La historia se basa en un manga japonés famosísimo de la década de 1990, lo que se llama un *shojo manga* porque va dirigido a un público de chicas de 10 a 18 años. Inicialmente, en 2001, *Boys Over Flowers* fue una serie de televisión taiwanesa, luego japonesa en 2005, y por último coreana en 2008, y ahora se anuncian nuevos *remakes* en Filipinas y China, e incluso tal vez una película y una comedia musical. Cada una de esas adaptaciones, a partir del formato taiwanés, ha sido un gran éxito en toda Asia, incluidos los países donde la versión taiwanesa ya había funcionado bien. Los fans —millones de adolescentes, mayoritariamente chicas— analizan las versiones, comparan las familias de los dos bandos (se trata de una especie de *West Side Story* asiática), y discuten hasta la saciedad comparando la belleza de los cuatro chicos (mi preferido es Kim Hyun-Joong, pero a las chicas en general les gustan más Lee Min Ho o Kim Sang Bum). La versión coreana, que sin embargo es un tercer *remake,* fue un éxito en *prime time* en la cadena KBS, la televisión pública coreana primero, y luego casi en todas partes, en Japón, Indonesia, Vietnam, Tailandia, Taiwán, y gracias al mercado negro, en DVD en China, lo cual la convirtió en el fenómeno asiático del año 2009. En Corea, vista su importancia, no se habla de series televisivas; se habla simplemente (y usando la palabra original en inglés) de *dramas.*

La batalla de los formatos

«*Boys Over Flowers* es un auténtico fenómeno social en Asia», me explica BJ Song. BJ Song, un personaje de culto en Corea, es un famoso productor de música y el presidente del Group8, una gran empresa sociedad audiovisual que produce música K-Pop, comedias musicales y sobre todo célebres *dramas* coreanos, entre los cuales está justamente *Boys Over Flowers.* Su despacho da a una enorme terraza con vistas al barrio *hip* de Itaewon, en Seúl. Lleva unas gafas de cristales gruesos, una barbita blanca y habla bien inglés. «En la versión coreana de *Boys Over Flowers,* hemos conservado la velocidad original del manga, sus *cliffhangers,* que son la clave del suspense, y la experiencia del colegio se ha trabajado para que incluso las personas mayores puedan identificarse con los F4 recordando su propia adolescencia». Le pregunto qué es lo que caracteriza las *soap operas* coreanas. BJ Song casi se muere de la risa: «¡No son *soaps!* ¡Son *dramas!* Son verdaderos folletines con un argumento y un tema. Una *soap* siempre carece de focus, está hecha para pasar el rato. Nosotros hemos creado la *Hal-lyu*». Si en Europa la *Hal-lyu* (literalmente la *nouvelle vague* coreana) se asocia con las películas de arte y ensayo coreanas, localmente la expresión se emplea sobre todo para hablar del éxito de los *dramas.* La *nouvelle vague* coreana no fue un fenómeno de festivales y cineclubs, sino que fue un fenómeno masivo de *entertainment* para el gran público. Fue *mainstream.*

BJ Song tamborilea sobre uno de sus ordenadores Samsung (estamos en Corea). El nombre que lleva es acertado, pues se trata de un músico autor de las bandas originales de decenas de series televisivas y películas famosas en toda Asia. No me atrevo a preguntarle si es su nombre de verdad o si es un seudónimo. Tras una larga pausa, BJ Song continúa: «Nuestras series deben respetar los valores asiáticos. Y esto se explica por el confucianismo, que en Corea es muy fuerte, no tanto como religión sino como cultura. Esto significa que hay que respetar a los mayores, que la familia es el pilar de la sociedad y que la ley de la sangre tiene prioridad sobre las demás leyes; en Corea, los hermanos y hermanas son importantísimos y lo que diga el padre o el hermano mayor no se discute. Y luego está todo lo que atañe al matrimonio: el amor es una responsabilidad y algo que compromete, uno no puede por lo tanto casarse con alguien que la familia no acepte y hay que plegarse al código coreano del *seon*, una especie de matrimonio arreglado por los padres, sobre todo si uno a los 30 años aún no está casado. Nuestros *dramas* deben reflejar esta mentalidad definida como un código ético muy rígido. Al mismo tiempo, si respetamos el código como telón de fondo, hay muchas cosas que se pueden mostrar en pantalla». ¿Qué, por ejemplo? BJ Song: «Primero, la risa. Un *drama* también tiene que ser *fun*. Luego, hay que hablar de la realidad, pues un *drama* coreano es muy real, los actores interpretan su papel normalmente sin sobreactuar como en las series japonesas, y esto es lo interesante. En nuestras series no hay sexo, pero sí que se ven besos: ¡no estamos en Bollywood! Y, como en la vida cotidiana, hay adulterios, prostitución y gays. Podemos tratar estos temas y lo hacemos».

Algo que me ha llamado la atención en los *dramas* coreanos es la omnipresencia de actores jóvenes y guapos. ¿Por qué? «La belleza física es el criterio esencial en un *drama* coreano, y en particular la de los chicos, porque el público de las series televisivas son sobre todo amas de casa y chicas. En Corea, por ejemplo, hemos audicionado a 400 actores para cada personaje de *Boys Over Flowers*. Y, como nuestras series están destinadas a la exportación, las doblamos: lo que importa más por lo tanto no es la voz o la dicción del actor, sino su *look*. Y a menudo en Asia se considera que los jóvenes coreanos son la quintaesencia de la belleza asiática, el tipo del *top model*. Y eso también lo exportamos».

La exportación de los *dramas* coreanos es una auténtica industria. Jung-Sook Huh, en la dirección de la cadena MBC en Seúl, me confirma la importancia de ese mercado. «Somos el primer productor de *dramas* coreanos. Los vendemos en toda Asia pero también vendemos "formatos", lo cual es igualmente importante». Un formato, que tiene *copyright*, es más que una idea y menos que un *drama:* al adquirir los derechos, un productor puede volver a hacer la serie, aprovechar el argumento y los personajes, pero con la libertad, bien definida en el contrato, de adaptarlos localmente para hacerlos compatibles con los valores locales, y con actores nacionales que hablen el idioma del país.

La guerra del audiovisual en Asia oriental, entre Japón y Corea, entre Corea y Taiwán, y entre Taiwán y China, es en realidad una batalla de formatos, tanto como una batalla de programas. Se habla, por otra parte, de *format trade,* es decir del «mercado de los formatos».

Los coreanos, después de los japoneses, se han convertido en poderosos exportadores de formatos de *dramas.* Su lengua se habla poco en Asia, y por lo tanto les interesa comercializar conceptos más que productos acabados. Y así lo hacen: Corea vende el doble de formatos que de series llave en mano. Y lo más fascinante es la globalización de esos formatos y su mercado.

La venta de las series o de los formatos coreanos está en expansión en Asia; primero, hacia Japón, que constituye por razones económicas el primer mercado. Luego, hacia Taiwán, Hong Kong y Singapur, es decir, los mercados «chinos», con vistas a toda la problemática de penetración en la China continental. «China es para nosotros un mercado difícil de ocupar directamente. Allí lo que vendemos sobre todo son formatos. O bien pasamos por coproducciones con Shanghai Media Group y otras sociedades públicas chinas que nos sirven de intermediarios. Cuando esta vía no funciona, priorizamos la venta de los formatos a Taiwán o Singapur, que son los que se ocupan de transferirlos a China», me comenta Jung-Sook Huh. En otras palabras, los coreanos tienen los ojos puestos en China, y ha sido al constatar que la producción de Hong Kong para las series de televisión continentales ha bajado cuando han decidido entrar por esa brecha. Una vez más, la censura china tolera esas series de adolescentes inofensivas que no amenazan su soberanía. Pero si su éxito aumentara demasiado, es posible que la censura interviniera por proteccionismo económico.

La estrategia de Corea del Sur también consiste en posicionarse en los segundos mercados, los que interesan menos a los estadounidenses y a los japoneses. Tailandia, por ejemplo, es un mercado esencial para los coreanos, igual que Indonesia, que tiene casi 250 millones de habitantes. Todo el sudeste asiático, Filipinas, Malasia e incluso Vietnam, pese a su poco poder adquisitivo, pertenecen a esta categoría. Y la estrategia de los coreanos es inundar esos espacios económicos con series baratas, aunque pierdan dinero, como en Vietnam, para acostumbrar a los espectadores a la cultura coreana y poder luego sacar beneficios políticos y financieros. Los *dramas* y el K-Pop son para Corea una herramienta del *soft power*.

Otro mercado del que están muy pendientes es el de los coreanos que viven fuera de Corea del Sur, especialmente los 1,3 millones de coreanos que viven en Estados Unidos. «Los coreanos estadounidenses son la clave de nuestro éxito en Norteamérica, sobre todo gracias a las cadenas especializadas por cable», me explica Jung-Sook Huh. Pero otro mercado muy sensible también aquí es el de Corea del Norte. En el sur, se piensa en él constantemente aunque no se diga. Aquí, la cuestión del dinero importa poco, el objetivo es político. En Corea del Sur, todo el mundo me ha dado a entender que la difusión de los *dramas* al norte de la zona desmilitarizada que sirve de frontera es una prioridad inconfesada. Como esta frontera es infranqueable, los coreanos del sur tienen una estrategia que consiste en difundir sus series a través del mercado negro y la China continental. En las ciudades fronterizas entre China y Corea del Norte, los *dramas* coreanos y el K-Pop son fácilmente accesibles, sobre todo porque esas provincias están pobladas por muchos chinos de origen coreano y las relaciones comerciales sino-norcoreanas están actualmente en expansión. Los chinos venden a los norcoreanos sus lectores de CD obsoletos y sus VCR pasados de moda, sin que la policía norcoreana, pese a estar obsesionada por el control de los productos culturales estadounidenses o surcoreanos, sea capaz de frenar el movimiento. Pues bajo la dictadura comunista de Kim Jong-il se esconde en realidad un mercado negro generalizado que de hecho es un capitalismo exacerbado y subterráneo que no se reconoce como tal (la economía surcoreana es unas 50 veces más rica que la del norte, para una población que sólo es el doble). «Hace unos años, que te pescaran con un disco surcoreano te llevaba directamente a la cárcel. Hoy, los policías norcoreanos lo máximo que hacen es requisarte los productos culturales para su propio uso», me explica en Seúl un importante profesional del comercio con China (que se niega a ser citado para no poner en peligro su empresa).

Y luego está, en materia de exportación de *dramas* coreanos, el mundo musulmán. «Vendemos muchos *dramas* en Oriente Medio, pues las mujeres musulmanas se identifican totalmente con las protagonistas coreanas —me confirma Jung-Sook Huh, en la dirección de la cadena MBC de Seúl—. Nuestras ideas sobre la familia y el puesto que ocupa la mujer son bastante compatibles. Nuestra serie *Jewel in the Palace* en 54 episodios, por ejemplo, ha tenido un éxito enorme en Irán y en Afganistán. El Golfo también es un mercado que está creciendo mucho. Al mismo tiempo, hay una tensión difícil de resolver entre las expectativas muy conservadoras del público de los países musulmanes y de la censura china, que quieren historias muy románticas, fantasía, personajes que se identifiquen claramente como "buenos" y "malos", y las expectativas mucho más posmodernas, por decirlo así, del público japonés o de los coreanos estadounidenses, que quieren historias más actuales, más inesperadas y menos respetuosas con los códigos. Debemos hacer un cierto equilibrismo entre esos mercados, y por eso producimos diferentes formatos. Por una parte, *Jewel in the Palace*, con la estrella mundial Lee Young-Ae, una joven pobre que se convierte en la cocinera de un rey y cuya historia transcurre hace quinientos años; y por otra, *Coffee Prince*, una miniserie muy *gay friendly* en la que el protagonista no quiere seguir las consignas de su familia y abre un café en un barrio *hip* de Seúl para el cual únicamente contrata a chicos guapos como camareros y se enamora de un travesti que resultará ser una mujer de verdad…». Posmoderno, en efecto.

En un barrio apartado pero elegante de Seúl, conozco al día siguiente a Kim Jong Sik, el presidente ejecutivo de Pan Entertainment, una importante empresa productora de *dramas*. Le acompaña una productora de televisión y, como ninguno de los dos habla inglés y yo ese día no tengo a mi traductora, hace venir a uno de los actores jóvenes más prometedores de la casa, Yoo Dong-hyuk, que es bilingüe. «Los *dramas* coreanos son muy atípicos. En ellos hay deseo, pasión, amor puro y grande. Por eso tiene éxito en toda Asia nuestra serie *Sonata de invierno*». Kim Jong Sik insiste en que la música es muy importante en los *dramas* y contribuye a dar a conocer a cantantes del K-Pop en toda Asia. Las dos industrias, como en Bollywood, van de la mano.

Kim Jong Sik se detiene y no logro comprender lo que me quiere decir. El joven Yoo Dong-hyuk tampoco consigue traducírmelo. Kim

Jong Sik saca una máquina de traducir Samsung y busca la palabra. Y la máquina dice: «confucianismo». Es la segunda vez que emplean esta palabra delante de mí en Seúl. Kim Jong Sik continúa: «La China comunista ha rechazado el confucianismo, Japón no lo ha adoptado, sólo los *dramas* coreanos han conservado el espíritu de Confucio y esto es lo que explica el éxito de nuestras series en Asia. Esto es lo que los chinos esperan conscientemente y los japoneses buscan inconscientemente. En cuanto a los coreanos, que hoy son mayoritariamente cristianos, no dejan de estar muy influidos por el espíritu del confucianismo». No quedo muy convencido por este análisis seudorreligioso, pero no desecho la idea.

Más tarde, en el café Starbucks de la esquina, prosigo la conversación con Yoo Dong-hyuk, que ha sido mi traductor improvisado. *Top model*, 26 años, camisa blanca, una chaqueta negra larga, unos vaqueros de marca y los cabellos despeinados como los actores de *Boys Over Flowers*. Le pregunto cómo se llama este corte de pelo tan frecuente entre los jóvenes ídolos: «A la coreana», me responde simplemente Yoo Dong-hyuk. Y añade: «Este corte es el que nos hace *sweet*, a las chicas les encanta». El joven, según me ha dicho el jefe del grupo Pan Entertainment que lo tiene contratado, ya ha rodado seis *dramas* y es una estrella en Estados Unidos para los coreanos estadounidenses. ¿Por qué habla tan bien inglés? «He actuado en Estados Unidos —me responde—, y estoy fascinado por la cultura televisiva estadounidense, la forma de interpretar de los actores de *Friends*, y por supuesto de Wentworth Miller en *Prison Break*». Y luego dice: «Me gustaría ser una especie de Yunjin Kim en chico» (esta actriz de Seúl actuó en la famosa película coreana *Shiri* antes de ser contratada para la serie televisiva estadounidense *Perdidos*). ¿Cómo se hace para convertirse en estrella en Corea? «Es cuestión de suerte, de *timing*, y hay que ser guapo, esto es lo más importante». Interrogo al ídolo sobre su contrato para saber en qué régimen trabaja para la productora: «No puedo contestar, esto se lo tiene usted que preguntar a mi agente, él es quien se ocupa».

Lo que me llama la atención en Corea y en Japón es lo jóvenes que son los actores. En Bollywood y en Hong Kong, las estrellas son actores maduros y que se han hecho famosos con los años, los Amitabh Bachchan, Shah Rukh Khan, Jackie Chan, Andy Lau. En Corea, la mayoría de los actores son jovencísimos y a menudo no tienen ni 20 años. Es una cultura exacerbada del *teen pop:* lo que quieren los adolescentes determina lo que el conjunto de la población consumirá. Me digo que ese fenómeno es una inversión de lo que fue la cultura durante siglos en Europa, pero también en Asia, la del *Ramayana* o el *Mahabharata*, la de Akira Kurosawa, Kenzaburo Oe o Yukio Mishima. Actualmente, en su lugar, son las *boy bands* japonesas, los jóvenes actores de los *dramas* con su pelo largo cortado «a la coreana», las estrellas del rap *thai* y las jóvenes cantantes de Taiwán los que dan el tono de la cultura asiática globalizada.

Existe una fuerte polémica en Corea sobre las presiones que ejercen los estadounidenses para liberalizar la industria audiovisual y el cine a fin de abrir el mercado de los contenidos a los estudios hollywoodienses. Por un acuerdo bilateral de librecambio del 30 de junio de 2007 firmado en Washington, los coreanos han aceptado flexibilizar sus cuotas de pantalla para el cine. Las organizaciones oficiales de defensa del cine coreano y los activistas de la Coalition for Cultural Diversity in Moving Images de Seúl me dieron a entender que Estados Unidos había amenazado con retirar sus tropas de Corea si se mantenían las cuotas contra las películas estadounidenses. ¿Retirar al ejército estadounidense de Corea? Me parece un poco exagerado. Probablemente no ha existido nunca esta presión de la cual, por cierto, los estadounidenses, que no habrían cambiado *hard power* por *soft power,* habrían sido las primeras víctimas. Pero que los estadounidenses se han aprovechado de la relación de fuerzas y han hecho todo lo que han podido para suprimir esas cuotas de pantalla es evidente.

En la embajada de Estados Unidos en Seúl, superprotegida por los marines, me recibe el ministro consejero, un diplomático con mucha experiencia que tiene el título de agregado comercial (no tengo derecho a dar su nombre). Niega de plano toda presión. «Corea es un mercado clave en las industrias de contenidos para los estadounidenses, junto con Japón, uno de los principales para nosotros en Asia. Esto es un hecho. Pero las cuotas en el cine son los propios coreanos los que han aceptado bajarlas porque tenían otros intereses económicos que defender, más importantes para ellos. Esto no ha sido nunca un prerrequisito, como se ha dicho. Puedo asegurárselo, porque fui yo quien negoció este acuerdo. Y francamente, si hubiera habido una condición sine qua non por nuestra parte, no habría sido la del cine. Los coreanos tenían también por su parte muchas exigencias, especialmente en lo tocante a la agricultura, y por lo tanto fue una negociación. Una negociación difícil, pero una negociación como muchas que llevamos a cabo en muchos países para firmar acuerdos comerciales bilaterales. Los coreanos tenían mucho empeño en firmar este acuerdo, que es esencial para su industria electrónica y su agricultura, y aceptaron sacrificar el cine. Eligieron Samsung antes que las películas. Fue su elección».

El sistema coreano de cuotas es original. Durante cierto número de días al año, el cine nacional debe ser el único que se proyecta, y cada sala de cine es libre de elegir los días en que prescinde del cine extranjero. Hasta 2007, 146 días del año quedaban así reservados para el cine coreano, es decir, en torno al 40 por ciento; esta cuota bajó a 73 días tras el acuerdo coreano-estadounidense, es decir al 20 por ciento. El resultado no se hizo esperar. El cine estadounidense representaba el 40 por ciento del *box office* coreano antes del acuerdo comercial bilateral de 2007 (60 por ciento el cine coreano), y desde entonces ha subido al 50 por ciento (y el cine coreano ha caído al 49 por ciento). «La disminución de las cuotas no es la única explicación del desplome del cine coreano, aunque haya contribuido —corrige Mark Siegmund de la Seoul Film Commission—. El problema es que nuestra industria produce menos películas, y cada vez menos películas para un público *mainstream*. Nuestro cine sigue gozando de buena salud en los festivales de arte y ensayo de Europa, pero ya no atrae a los jóvenes coreanos. Éste es nuestro problema, no sólo la cuestión de las cuotas». Si bien en el Korean Film Council, que es el brazo gubernamental para proteger la industria cinematográfica, se defiende firmemente este sistema de cuotas, la mayoría de mis interlocutores de la industria del cine en Seúl, y sobre todo entre los distribuidores, tienen más dudas. Algunos incluso consideran que las cuotas son contraproducentes y defienden su supresión: «Estas cuotas han debilitado las salas de cine. Como los jóvenes coreanos quieren ver películas estadounidenses sobre todo, se han distanciado de las salas y se les ha incitado a comprar DVD o a piratear las películas en Internet. Además, es un sistema indiferenciado que sanciona tanto el cine japonés, taiwanés o francés como el cine estadounidense. Y la verdad es que hacía ya mucho tiempo que los propios distribuidores no respetaban las cuotas. De hecho, en vez de este sistema arcaico, lo que necesitamos es una producción nacional fuerte, de calidad y para el gran público. Y ésta es la única solución», me explica el responsable de una red de multicines (que no desea que lo cite por miedo a las reacciones de la profesión). «En realidad, hay que reconocer que, como en México, la MPA ha luchado ferozmente contra el sistema de las cuotas coreanas concentrando su acción de *lobby* en los distribuidores locales. Convencidos de que los *blockbusters* hollywoodienses eran lo que deseaba el gran público, y sobre todo la juventud coreana, los distribuidores han sido los mejores aliados de los estadounidenses para reclamar la supresión de las cuotas, esperando así ver aumentar sus beneficios», me comenta Alejandro Ramírez Magaña, el célebre propietario de la red de salas mexicanas Cinépolis, que invierte mucho en Asia (y con el cual converso en México). Para los distribuidores, el resultado sin embargo no parece haber sido muy bueno.

Sea como fuere, con cuotas o sin ellas, Corea del Sur aparece desde la guerra de Corea como el estado estadounidense número 51. Habida cuenta de la frontera hermética con Corea del Norte, es una isla, y un verdadero buque de guerra estadounidense. En las calles de Itaewon, no lejos de una base estadounidense, vemos patrullar a los militares y, por la noche, los bares de mala nota están llenos de soldados. Estados Unidos es el país donde hay más coreanos fuera de Corea. Todo eso cuenta en los intercambios culturales entre los dos países.

Pero en esta relación especial con Estados Unidos también interviene un problema más complejo para los coreanos, que se combina con una necesidad de reconocimiento y una búsqueda de identidad. Contrariamente a Japón, que quiere preservar su singularidad, o Singapur, que no tiene esa pretensión, Corea intenta recuperar una identidad. Una identidad compleja que perdió con la guerra de Corea y la separación con el Norte. Hay odio hacia esa Corea del Norte, pero también una fascinación un poco envidiosa por la pureza nacionalista «coreana» que encarna todavía, siendo así que Corea del Sur se ha globalizado. Existe una relación compleja con los estadounidenses, que aceptaron morir por una Corea del Sur libre pero que en Corea hoy son omnipresentes militarmente y pesan como una losa. Finalmente, hay un sentimiento de insularidad que constriñe a Corea del Sur entre Japón, el colonizador de ayer, y China, que ahora es una amenaza económica y quién sabe si militar. No es fácil hoy en día ser surcoreano.

A una hora en coche al oeste de El Cairo, cerca de las pirámides, se hallan los estudios de cine y televisión egipcios, una verdadera ciudad conocida con el nombre de Media City. En realidad, esa ciudad nueva, enteramente construida en el desierto, se llama «6th October City» (en referencia a la guerra del Yom Kipur de 1973 que los egipcios dicen que ganaron).

Aquí es donde se producen los *mousalsalets*, es decir, los culebrones televisivos del ramadán. Inventados por los egipcios, estas *soap operas* son populares en todo el mundo árabe. Duran una media de 50 minutos por folletín (o sea, con la publicidad, una hora de programa televisivo), cada serie se compone de 30 episodios y se difunden cada día durante el ramadán, y luego se vuelven a emitir hasta la saciedad durante todo el año. En Media City se ruedan unas veinte series completas cada año.

«El éxito de los *mousalsalets* está estrechamente ligado al ramadán —me explica Youssef Cherif Rizkallah, que dirige el departamento internacional de Media City—. Las familias se pasan un mes encerradas en casa durante todo el día y por lo tanto ven la televisión constantemente. Ni siquiera los jóvenes pueden ir al cine, salvo por la noche». El modelo es bastante sencillo: se trata de un entretenimiento para el gran público, ligero y comprensible para todos. Si bien abordan las cuestiones de la vida cotidiana, los problemas conyugales o sociales, son ante todo folletines morales. «Es un entretenimiento con valores y principios», subraya Youssef Osman, el director de la producción de los culebrones en Media City. Y añade, lúcido: «Estos valores, totalmente conformes con la religión musulmana, son lo que explican el éxito de los culebrones del ramadán en el mundo árabe, pero también su fracaso fuera de ese mundo».

Este entretenimiento popular egipcio conoce sus límites, incluso a domicilio. «Los jóvenes quieren más acción y menos melodrama —prosigue Youssef Osman—. Por eso empezamos a hacer series de 15 episodios en vez de 30, para acelerar la historia. Los jóvenes también quieren ver chicas más guapas, sin velo, algo ligeras de ropa». ¿Los jóvenes quieren más sexo? «Yo no diría que quieren sexo, pero quieren al menos que el chico pueda besar a la chica. Y ahora ya dejamos que de vez en cuando los chicos besen a las chicas». Estas grabaciones, más libres, son bien toleradas hoy en Egipto, Marruecos, Túnez,

Líbano, Siria o Palestina, pero todas las escenas de besos, o de un poco de destape, son sistemáticamente cortadas en los países del Golfo y en Arabia Saudí. «Creo que el éxito en todo el mundo árabe del cine egipcio en general y en particular de los *mousalsalets* es debido al hecho de que nosotros somos más libres y estamos más liberados que el resto de los países musulmanes —puntualiza Youssef Osman—. Nuestras películas abren un espacio de libertad, un imaginario, a los jóvenes árabes, y les gustan la belleza de nuestras mujeres y el atractivo de nuestros hombres». ¿El recrudecimiento islamista puede hacer cambiar las cosas? Youssef Osman se reclina un poco en su sillón, bajo el retrato del presidente Hosni Mubarak: «Ya veremos. La televisión y el cine egipcios cada vez están más controlados por los capitales de los países del Golfo. Y esto tendrá consecuencias. Hay actrices que no llevaban velo y ahora se lo ponen para responder al mercado y llegar a un público más amplio, sobre todo en el Golfo. No cabe duda de que tenemos más mujeres con velo que hace veinte años. También aumentan otras formas rampantes de islamización en el audiovisual egipcio. Esto también tendrá consecuencias. Globalización contra islamización: éste es el debate hoy aquí».

Verdadera Cinecittà de Oriente Medio, especie de Hollywood oriental, Media City es un complejo cinematográfico de alto nivel, uno de los más modernos de la zona árabe. Sus estudios, construidos en el desierto, no tienen parangón, aparte tal vez de la Media City de Dubai. El complejo cinematográfico, que es una zona franca con condiciones de rodaje muy ventajosas, fue creado por el Ministerio de Información egipcio en 1998 con capitales mitad públicos mitad privados. Se inauguró en 2002 y ofrece unas infraestructuras, unos equipos técnicos, un personal y unas competencias muy amplias, además de permisos para rodar en el desierto o delante de las pirámides. «Si un productor necesita 1.000 figurantes, yo se los encuentro en un par de horas», me explica Youssef Cherif Rizkallah. Con dos inmensos estudios de cine, 75 platós de decorados, 50 estudios de televisión y 15 zonas de rodaje exterior en decorados naturales, el lugar, que visito detenidamente, es fascinante. Si necesitas una pirámide (de cemento, con la fachada nada más), una estación ferroviaria, una calle antigua de El Cairo, un campamento beduino, un río o un bosque tropical, e incluso un campo minado con soldados israelíes de plástico, ahí lo tienes, preparado y a punto.

Por eso vienen a rodar a Media City desde toda la zona árabe, desde los países del Golfo sobre todo, pero también del Líbano, de Siria y de Irak, pues los *mousalsalets* iraquíes actualmente se ruedan en los estudios de October City. Los responsables de Media City esperan atraer también rodajes de Europa; me hacen la propaganda de sus equipamientos sin darse cuenta de que las reglas de rodaje, la cuestión del velo islamista y la prohibición total del alcohol pueden disuadir a los productores occidentales. De nuevo, lo que hace la fuerza de Egipto respecto al conjunto de los países árabes también hace su debilidad frente al resto del mundo.

No obstante, al final de la visita, tengo una impresión rara, como si el lugar encarnase una megalomanía de otros tiempos, no tanto el Egipto de los faraones como la Rumanía de Ceaucescu, en versión Hosni Mubarak. Unas fuentes inmensas de las que no sale agua; unas avenidas desiertas que no llevan a ninguna parte; unas montañas artificiales constituidas de escombros; pálidas copias de esculturas egipcias; por todas partes, y hasta en el Master Control Room, hombres echándose la siesta. El mismo edificio central —que lleva el nombre de «complejo Mubarak A»— está enteramente construido con la forma de la letra H. Pregunto por qué. «H de Hosni», me responde Youssef Cherif Rizkallah.

«Los culebrones del ramadán que hacen los egipcios ya no son nada modernos. Estos *mousalsalets* son demasiado históricos, demasiado rodados en estudio y tratan los mismos temas desde hace cuarenta años. El público árabe no los soportará durante mucho tiempo más y los jóvenes ya huyen de ellos». En Damasco, unos meses más tarde, Firas Dehni, un célebre director de culebrones televisivos y ex director del departamento de producción de la televisión nacional siria, emite dudas sobre el modelo egipcio.

En Siria, las series televisivas van viento en popa. El cine nacional está por los suelos, pero los culebrones gozan de muchísima salud. «Encarnan el *infitah,* la apertura actual del país», me explica Firas Dehni, con el cual me he reunido en un restaurante de la ciudad vieja de Damasco, durante una pausa que hace su equipo en el rodaje. Y añade: «Aquí, filmamos en la calle, en el exterior, y abordamos todos los temas tabú, como la corrupción, la sexualidad, el aborto, la droga, las relaciones sexuales fuera del matrimonio e incluso la transexualidad. Pero, claro está, hay una línea roja que no se puede cruzar» (Firas Dehni, que trabaja para la televisión oficial, no me dirá cuál es, pero yo sé que toda crítica política o religiosa, toda distancia respecto a los principios musulmanes, toda defensa de los derechos humanos o de la libertad de asociación, toda apología de Israel, toda crítica del presidente Bachar al-Asad, te conducen directamente a la cárcel, como me confirmó el responsable de una ONG que entrevisté en Damasco y que acababa de pasar dos años en prisión por defender los derechos humanos).

Los culebrones sirios están fabricados según el modelo de las series estadounidenses: cada episodio contiene una historia completa con un principio y un final, y por lo tanto no es necesario verlos cada día para entender el argumento. Es su fuerza respecto a los *mousalsalets* egipcios, donde los episodios tienen una continuidad durante toda una temporada, en particular durante el ramadán.

Makram Hannoush, un libanés que produce en Damasco numerosas series de televisión, está sentado a la mesa de un hotel del centro histórico de Damasco y se interroga acerca de ese boom actual de la industria audiovisual en Siria. «Hay que relativizar las cosas. Se utiliza el argot, se graba en exteriores, se es un poco más libre. Todo esto es cierto. Pero aunque nuestras series son muy inventivas, tenemos menos libertades cuando llega el ramadán. Entonces, tenemos que volver a los formatos tradicionales muy rígidos, como los egipcios, y adoptamos de nuevo el formato de 30 episodios de 45 minutos, es decir, 22 horas 50 minutos en total. Ni un minuto más. Esto es el ramadán».

El famoso actor sirio Jihad Saad, que ha actuado en muchos culebrones del ramadán, defiende más el sistema y se muestra un poco perplejo en cuanto a la mutación que se está produciendo: «¿Qué es la apertura siria? ¿Abrirse a los estadounidenses? ¿Hacer lo que hacen los estadounidenses?».

Siria, que es una recién llegada a la producción audiovisual árabe, aparece como contrincante de Egipto con sus cincuenta series de televisión anuales. Juega la carta de la audacia, pues a pesar de las reglas drásticas de la dictadura siria, sabe que sólo puede afirmarse tratando temas de actualidad, con rodajes en exteriores y asumiendo riesgos. El régimen la deja hacer. El éxito económico en la exportación de esa industria creativa que está conquistando cuotas de mercado en el mundo árabe no es ajeno probablemente a esa libertad bien encuadrada, pero no presagia nada respecto al futuro. Por ahora, a falta de democracia política y de libertad de los medios, la modernización de Siria, el rival de Egipto, pasa por las series televisivas. ¿Hasta cuándo?

Las telenovelas a la conquista de América
(del Norte y del Sur)

Estoy en un restaurante indio con dulces de plástico, una actriz envuelta en un sari, una camarera que repite varias veces la escena a petición de un director que parece algo impaciente. La escena es decisiva: se comprende que la actriz se ha enamorado de un intocable cuando su familia ya había organizado la boda arreglada. En el exterior, se ha construido una calle de Jaipur, la ciudad del Rajastán, con sus lavaderos, un templo indio e incluso un cine en el que proyectan, según reza el cartel, *Jodhaa Akbar*, una película reciente de Bollywood con su estrella Aishwarya Rai Bachchan. Por necesidades del rodaje de la serie de televisión *Camino de las Indias*, el director incluso ha pedido que construyan un trozo del Ganges; centenares de obreros se han puesto manos a la obra. Y el Ganges está aquí, en el decorado. Como si el Ganges pasara por Jaipur.

La única particularidad de este rodaje es que en el plató se habla portugués. Porque estoy en Río de Janeiro, en Brasil, en los estudios de TV Globo. *Camino de las Indias (Caminho das Indias)* es una telenovela que están escribiendo y rodando y que millones de brasileños ya siguen con fervor cada noche de la semana. Esperando un nuevo episodio, como el que están rodando delante de mí. Y cuyo tema es la India.

Situados a una hora de coche al sudoeste de Río, los estudios del Projac (el nombre oficial es Central Globo de Produção) se inauguraron en 1995 y comprenden, en una superficie de 130 hectáreas, 10 estudios de los cuales 4 están totalmente dedicados a las telenovelas brasileñas. Con 2.500 horas de programación rodadas cada año, estos estudios pertenecen al gigante TV Globo, una de las cuatro cadenas más poderosas del mundo. Estamos en el corazón de la industria brasileña del *entertainment*.

«Si quieren saber cómo eran los estudios estadounidenses de la edad de oro de Hollywood, miren lo que hacemos aquí», me dice con cierta ironía Guel Arraes, el director de telenovelas, guionista de éxito y actual director de la unidad *fiction* de los estudios de

TV Globo. Él mismo, como la mayoría de los técnicos y los actores de telenovelas, es un asalariado. Para Globo se trabaja con un salario anual, y no con un contrato para una telenovela concreta. Como en el Hollywood de la década de 1930.

Durante un día, recorro los estudios de TV Globo, a bordo de un *carro elétrico* (un *golf cart* en brasileño), pilotado por Edson Pimental, el director ejecutivo de los estudios Projac. En los lugares de rodaje, veo una falsa favela, una pista para helicópteros, una iglesia con cada fachada de un estilo diferente (gótico, barroco y románico), un cuartel de bomberos (éste es real), un decorado de Fez y otro de Miami, y naturalmente una calle de Jaipur a orillas del Ganges. La mayor parte de estos decorados están montados sobre ruedas para poder desplazarlos, cambiarlos de posición y guardarlos. Estoy en una verdadera fábrica de sueños, una fábrica sobre ruedas. Más tarde, visito el taller de costura donde se guardan 65.000 trajes, cada uno con un código de barras, alineados durante varios kilómetros.

TV Globo emite 6 episodios de cada telenovela por semana, y hasta 5 telenovelas al día, de las cuales 3 son inéditas, a las 18 horas, a las 19 horas, a las 21 horas, y miniseries hacia las 22 horas. Cada día hacia las 14 horas se vuelven a emitir telenovelas de las temporadas anteriores. «Aquí tenemos que producir por lo tanto unos veinte episodios por semana. Es matemático», me dice Edson Pimental. Y añade: «Y los emitimos al cabo de una semana de haberlos rodado. La telenovela es un producto fresco».

¿Un producto fresco? Sin duda. Pero también un producto que es objeto de constantes adaptaciones porque el género ha sufrido toda clase de remiendos y necesita cambiar. Guel Arraes recapitula: «En Brasil la telenovela es una institución. En el campo como en las favelas, todo el mundo ve la telenovela de la noche, la más popular, la de las 21 horas, después del *Jornal nacional* de las 20 horas, que es el que todavía ven la mayoría de los brasileños». ¿Cuál es el tema? «A grandes rasgos, la historia de una pareja que quiere besarse pero que el guionista ha decidido, en casi 200 episodios, que no puedan hacerlo. Se comprende la impaciencia de la pareja, y de los telespectadores. Mientras, hay una infinidad de intrigas secundarias que mantienen el suspense, que es un elemento decisivo en la telenovela». Éste era el modelo. Pero está en plena transformación. Guel Arraes continúa: «Pero los tiempos cambian. Para la exportación, ahora reducimos el número de episodios a 50 o 60, suprimiendo a menudo las intrigas secundarias, para conservar sólo la *main story line*» (Arraes emplea la expresión en inglés, el «argumento central»). Le hago observar que 60 episodios para besarse resultan un poco excesivos.

Las telenovelas varían mucho de un país a otro, tanto en estilo como en espíritu. «La telenovela brasileña es menos melodramática que la de los demás países de América Latina —prosigue Guel Arraes—. Nosotros queremos ser más realistas y los actores interpretan exagerando menos y no sobreactúan tanto. No necesariamente aparece de pronto una mujer un poco gorda levantando los brazos en una escalinata a la entrada de la casa, símbolo de la opulencia y de la diferencia social, gritando "¡Dios mío!"».

Brasil fue el primer país que puso las telenovelas en *prime time*, cuando en los demás países de América Latina se emitían siempre por la tarde, para un público de amas de casa. Y el resultado fue espectacular, además con una importante audiencia masculina. «En México, las telenovelas son más tradicionales, más melodramáticas y por tanto más conservadoras: la protagonista es pura, es blanca, siempre es buena, sufre, es una santa. En Venezuela, las telenovelas son un mero *entertainment* y paradójicamente, en el país de Chávez, son más liberales. En Colombia, se basan en hechos reales para hacer telenovelas policiacas o fantásticas. En Argentina, la protagonista también sufre, pero puede resultar perversa, jugar un doble juego y al final ser mala. Se atreven a abordar temas controvertidos. Rompen un poco los esquemas que uno esperaría», resume Víctor Tevah, director adjunto de una importante sociedad de producción de telenovelas argentinas, Pol-Ka, con sede en el barrio *hip* de Palermo, en Buenos Aires.

En Brasil, se rueda mucho en exteriores, al menos el 40 por ciento de la serie, a menudo también en el extranjero, mientras que, por ejemplo en México, las telenovelas se hacen sobre todo en estudio. Los costes son más elevados, pero se pueden ofrecer imágenes más coloristas y más creíbles. «La especificidad de nuestras telenovelas es que se ruedan sobre la marcha, lo cual nos permite modificar la historia en función de las reacciones del público y de la audiencia. Y sobre todo, la historia continúa, no es como una serie televisiva estadounidense donde cada episodio cuenta una historia; en Brasil, hay que ver los 180 episodios para conocer toda la historia, la audiencia es más fiel y más leal», me explica Edson Pimental, el director ejecutivo de los estudios de TV Globo.

Las telenovelas brasileñas son por lo tanto más largas, generalmente tienen entre 170 y 180 episodios en TV Globo, 250 en Record TV, y si el éxito la acompaña, la telenovela puede prolongarse indefinidamente (el máximo hasta ahora ha sido de 596 episodios). Tanto si son comedias, dramas o sobre todo melodramas, los temas que abordan son muy variados, con frecuencia ligados a problemas personales y sociales: disfunciones familiares, dificultades de pareja, revelación de un hijo ilegítimo. También abordan la vida en las favelas, la droga, el alcoholismo y la corrupción. Como el mercado publicitario está concentrado en las capitales de São Paulo y Río, éste influye en el contenido: «Como el público de las grandes ciudades es más abierto respecto a las cuestiones sociales, la sexualidad, la homosexualidad, las telenovelas brasileñas son más modernas, más *edgy*. Es así de sencillo», confirma Luigi Baricelli, una estrella a quien entrevisto en el restaurante de la cadena y que presenta en directo cada día el programa *Vídeo Show* de TV Globo.

TV Globo no es el único actor de la telenovela en Brasil, aunque la cadena privada brasileña domine el mercado. Otro día, conozco al célebre guionista Tiago Santiago, que dirige las telenovelas de Record TV, la cadena competidora de Globo, próxima a los evangelistas y financiada sobre todo por Televisa, el gigante mexicano. «Como todo el mundo, yo procedo de TV Globo. Pero la competencia es sana: la próxima temporada produciremos tres telenovelas diarias». Como guionista, Tiago Santiago coordina un equipo de ocho coautores: «Escribimos juntos según un *planning* diario muy bien rodado; yo escribo temprano por la mañana la escena que vamos a rodar ese día, inspirándome en los sucesos que he leído en el periódico; luego lo mando por *e-mail* a mis colaboradores, que trabajan en su casa. Nos repartimos el trabajo, cada uno escribe su parte. A mediodía, todo el equipo me envía lo que ha escrito. Unificamos el argumento, corregimos, y al final del día tenemos unas cincuenta páginas preparadas, con sus emociones máximas y sus minifaldas. La escena que escribimos esta semana se rodará la semana que viene y se emitirá dentro de dos semanas. Eso nos permite estar totalmente pegados a la actualidad y a las expectativas del público». Tiago Santiago me explica, por otra parte, que sus ingresos dependen de la audiencia de la telenovela, su sueldo base aumenta según sean los resultados de la serie. «Al final del día, el éxito se mide de una forma muy sencilla: ¿has sido capaz de crear unas novelas que la gente tenga ganas de ver?».

A la entrada, hay un mapamundi inmenso con una televisión dentro. Es el logo de TV Globo. Estoy en la sede histórica del grupo, muy lejos de los estudios, cerca del jardín botánico de Río. Luiz Cláudio Latgé, uno de los directores de Globo, que actualmente es el responsable de la cadena de noticias, se muestra entusiasmado: «Las telenovelas de TV Globo contribuyen a unir al país lingüística y socialmente. Toda la familia, todas las clases sociales se reúnen alrededor de la telenovela de la noche. Brasil tiene casi 200 millones de habitantes, es un gigante, el único de América junto a Estados Unidos. En Brasil hay 120 estaciones que emiten nuestra señal y vendemos nuestras telenovelas a unos cien países. Es un éxito espectacular sobre todo teniendo en cuenta que hablamos portugués, que es una lengua poco utilizada en el mundo».

En realidad, Brasil es un recién llegado al mercado de los intercambios culturales internacionales. Todavía es un país emergente en lo que atañe al audiovisual, pues aunque ya hace tiempo que se venden las telenovelas brasileñas, lo cierto es que hasta hace poco no eran rentables. «Aún somos un mercado joven en el *entertainment*», me confirma Luiz Cláudio Latgé. En Brasil el público que tiene un poder adquisitivo importante y que es el que interesa a los anunciantes no supera los 6 millones de personas. Por consiguiente no es un mercado maduro. Pero si tomamos el ejemplo de los teléfonos móviles —90 millones de brasileños, es decir la mitad de la población, lo tienen—, las perspectivas de crecimiento son claras. «Las personas con un poder adquisitivo importante deberían pasar pronto de 6 millones a 100 millones. Vamos a convertirnos en una formidable potencia económica y los recursos del *entertainment* y de los medios se multiplicarán. Muy pronto Brasil dejará de ser un país emergente, ya habremos emergido», concluye, sonriente, Luiz Cláudio Latgé.

Los mercados de las telenovelas brasileñas son muchos. Primero están los hispanos, y las series ya se ruedan de entrada en dos versiones: la portuguesa para Brasil y la española para la exportación al resto de América Latina (y un poco a España, donde las telenovelas brasileñas no se venden mucho). El principal mercado hispano en esta zona sigue siendo México, por su tamaño. Argentina es un mercado más limitado, pero prescriptor, ya que es un buen test para los demás países. El mercado lusófono se limita a Portugal, pero es un cliente fiel, importante simbólicamente para TV Globo, aunque económicamente poco significativo. Además de los países de América Central y América del Sur, intermitentes consumidores de telenovelas brasileñas en función de sus propias producciones, está el mercado latino de Estados Unidos. En este sector, México tiene la ventaja del número y del estilo; TV Globo, sin embargo, ha firmado un importante acuerdo de cinco años con la cadena estadounidense Telemundo para emitir sus productos doblados al español.

Luego están los países de Europa Central y Oriental, que son grandes consumidores de telenovelas. Rumanía, por ejemplo, tiene una cadena, Acasa TV («la televisión en casa»), dedicada en buena parte a las telenovelas sudamericanas. Los productos brasileños, colombianos y venezolanos son los que mejor funcionan en Rumanía. ¿Por qué? «En Rumanía las telenovelas aparecieron justo después de 1989, como una especie de exorcismo de aquel primer *reality show* que fue la revolución de nuestro país —me explica el crítico de cine rumano Alex-Leo Serban—. Estas telenovelas tienen en Rumanía un público mayoritariamente femenino, no muy culto. Hay madres adictas a las telenovelas que incluso han bautizado a sus hijos con los nombres de los protagonistas. Sin duda el hecho de que Rumanía sea un país latino, con una lengua próxima al italiano, facilita esta identificación. Pero es un hecho que las telenovelas brasileñas también funcionan en Rusia, Polonia, Serbia y la República Checa, lo cual confirma la extensión del fenómeno. «Los países del Este y Rusia representan hoy el 70 por ciento de nuestras ventas —me confirma en Buenos Aires Michelle Wasserman, que comercializa las telenovelas argentinas de la cadena Telefe—. Los rusos prefieren nuestras telenovelas por razones ideológicas, porque no son estadounidenses, y porque nuestros actores son más "blancos", parecen más europeos que los de las series mexicanas o brasileñas, y es más fácil para los rusos identificarse con ellos. Esto es lo que hace nuestra fuerza en Europa, y a veces también en América Latina, porque los hispanos adoran a las actrices rubias de ojos azules».

El éxito de las telenovelas brasileñas también es considerable en Oriente Medio y en el Magreb, de una forma bastante similar a los *dramas* coreanos. Algunas telenovelas se han rodado en Marruecos, lo cual ha constituido sin duda un atractivo para el público árabe. Estos últimos años se han incorporado muchos ingredientes extranjeros, y especialmente árabes, a las telenovelas brasileñas, y esto también ha facilitado su difusión. Pero la clave del éxito comercial de las telenovelas en cuanto a la exportación es el precio. Globo vende sus telenovelas rebajadas; respecto a las series estadounidenses, se podría hablar incluso de *hard discount*. «Preferimos comprar telenovelas brasileñas antes que estadounidenses por el precio», me dice Sally Messio, la directora de los programas y presentadora estrella de la Televisión Nacional de Camerún (CRTV), cuando visito los locales de esa cadena estatal. «No compramos estos programas directamente a Brasil, sino a través de distribuidoras instaladas en Abiyán o en Dakar», añade. El Discop de Dakar es un salón especializado donde los países africanos se abastecen de series televisivas, como el Discop de Budapest para Europa Central y Oriental o el BCWW en Corea del Sur, el ATF en Singapur y naturalmente el MIP-TV de Cannes para los mercados europeos clásicos. «Hay muchos lugares exóticos, con frecuencia salones profesionales, donde se compran y venden esas series de televisión. Es un mercado verdaderamente internacional. Pero la mayor parte de las compras se realizan cada año en Estados Unidos, en los LA Screenings de Los Ángeles y en el NATPE de Las Vegas», me explica Michelle Wasserman, la directora de ventas internacionales de Telefe en Buenos Aires. En total, según las cifras de TV Globo, 104 países compran telenovelas brasileñas producidas por Globo. Es la primera exportación cultural de Brasil.

Al abandonar Río, me sorprende ver que el taxista, mientras conduce, mira con frecuencia una pantalla digital que tiene a la derecha del salpicadero de su vehículo. Me pregunto si eso es compatible con la seguridad, pero los conductores brasileños no tienen miedo a nada. El hombre se gira para hablarme mientras conduce, y me dice que le gusta mucho la telenovela que están dando. Le pregunto qué es, y me responde: *Camino de las Indias*.

Unos meses más tarde, estoy en México, en la sede de Televisa. Para entrar en ese imperio del *entertainment*, tienes que pasar por una pequeña puerta al pie de una autopista. Fuera, en la fachada, está el logo reconocible de Televisa, un inmenso sol amarillo. Dentro, lo que hay es una fábrica. Todo es tan inmenso y tan rápido que, según me dice Rodrigo Arteaga, el director adjunto de Televisa, «los actores no tienen tiempo de aprenderse el texto ni de conocer su papel, aquí utilizan pinganillos para que les apunten las réplicas». Asisto al rodaje de la telenovela *Atrévete a soñar;* el actor, una estrella mexicana al que las masas adoran, está en la cama en pijama. Me ponen uno de esos pinganillos y oigo al apuntador. «¿Voy a morir después de esta escena?», pregunta de repente el actor al director. Ya no recuerda el *script* de la telenovela en la que está actuando, pues no para de rodar escenas de distintas telenovelas que se filman sin seguir un orden lineal. Más tarde ese mismo día visito el Centro de Educación Artística de Televisa; es la escuela de actores que está dentro de los estudios, y allí asisto a algunas clases con los estudiantes. Durante tres años, nueve horas al día, aprenden a bailar, cantar y actuar. La formación se basa en una cultura física muy exigente y de 7.000 candidatos salen sólo 25 diplomados que han superado una selección rigurosísima. Estoy fascinado de que Televisa se tome tan en serio la formación de sus actores. Por la noche, al ver en la televisión un episodio de la telenovela que he estado viendo rodar, veo que continuamente la interrumpen con anuncios publicitarios. Me doy cuenta de que Televisa es una cadena *mainstream* de anuncios, entreverados con culebrones.

El mercado internacional de las telenovelas es actualmente el escenario de una guerra cultural entre la mayor parte de los países de América Latina, y los contendientes son grupos mediáticos muy poderosos. La competencia es tanto más feroz cuanto que aquí no hay ninguna cadena que sea común a todos los países de América Latina, como Star TV en Asia o Al Yazira en el mundo árabe. El gigante brasileño TV Globo se enfrenta con el gigante mexicano del *entertainment* Televisa, pero también con Telefe de Argentina, RCN de Colombia o Venevisión de Venezuela (que tiene la particularidad de producir sus telenovelas en Miami con su socia la estadounidense Univisión). Todos esos grupos compiten además en el mercado más rentable, que es el de los latinos que viven en Estados Unidos a los que las cadenas estadounidenses en español con sede en Miami, Telemundo y Univisión, también tratan de seducir.

Con 45 millones de hispanos en territorio estadounidense, sin contar los 10 o 15 millones de inmigrantes ilegales, mayoritariamente mexicanos, Estados Unidos es hoy el tercer país de lengua española del mundo, después de México y España. El mercado «latino» de

Estados Unidos es esencial para todos los productores de telenovelas. Es una audiencia potencial mucho mayor que la de la mayoría de los países latinoamericanos, salvo México y Brasil. Se trata sobre todo de una diana ideal para la publicidad por su gran poder adquisitivo. Todos los actores de esa industria tienen por tanto la mirada puesta en Miami y Los Ángeles, capitales exógenas de América Latina.

Por ahora, el líder del mercado es sin duda alguna Univisión, cuya sede social está en Nueva York, pero cuyos estudios están en Miami. La cadena se lleva el 90 por ciento de la audiencia latinoamericana, sobre todo en la costa Oeste y en el sur de Estados Unidos, gracias a las telenovelas que compra al gigante mexicano Televisa, que es su socio privilegiado para Estados Unidos. Con las tres cuartas partes de su programación dedicadas a las telenovelas, Univisión se dirige sobre todo a los mexicanoamericanos, que se calcula que son más de 29 millones en suelo estadounidense (sin contar los ilegales, estimados al menos en 11 millones, es decir 40 millones de telespectadores potenciales en total). La cadena apunta en particular a los inmigrantes recientes, a los que todavía conservan la cultura del país de origen, y a sus hijos, la primera generación de mexicanoamericanos, es decir, la comunidad más significativa numéricamente. En los estudios de Univisión en Miami es donde se graban cada semana los célebres *talk shows* de la cubanoamericana Cristina Saralegui, una especie de Oprah Winfrey latina, así como el programa de variedades *Sábado Gigante,* todos ellos retransmitidos luego por muchas redes televisivas latinas de Estados Unidos y de Latinoamérica en *syndication*.

Pero la competencia es dura: Telemundo, que pertenece a NBC-Universal desde 2002 y sólo tiene un 10 por ciento de audiencia, está progresando mucho en la costa Este. Contrariamente a su competidora, Telemundo apunta al público hispano en su diversidad, y en particular a los jóvenes latinos bilingües de segunda y tercera generación. Obsesionada por la idea de conquistar cuotas de mercado frente al líder Univisión, Telemundo lo ha probado todo desde hace diez años para recuperar su retraso: primero se puso a hacer *remakes* de series estadounidenses famosas, como *Starsky y Hutch* y *Los ángeles de Charlie* en español, convencida de que los latinos estaban lo bastante americanizados como para querer series estadounidenses y eran lo bastante hispanos como para quererlas en español. La audiencia cayó en picado. El segundo intento de Telemundo fue comprar telenovelas originales a las cadenas brasileñas como TV Globo, argentinas como Telefe o colombianas como RCN, y por supuesto a la competidora de Televisa-Univisión en México, TV Azteca. La audiencia cubana, puertorriqueña o colombiana esta vez respondió, pero no los mexicanoamericanos, que son el único mercado que cuenta. Éstos seguían prefiriendo masivamente la otra cadena. Segundo fracaso. Más recientemente, Telemundo ha adoptado una nueva estrategia, cuya financiación ha costado mucho dinero a NBC: producir telenovelas originales en sus propios estudios de Miami con el fin de privilegiar las temáticas preferidas por los mexicanoamericanos, pero añadiendo una dimensión de su propia vida en Estados Unidos (cosa que no pueden hacer las telenovelas mexicanas de Televisa emitidas por Univisión). Las músicas se han encargado a grupos mexicanoamericanos, el acento latino de los actores es más neutro y aparecen temas específicos, como el racismo antihispano o la inmigración ilegal en Estados Unidos. El éxito de este nuevo formato es modesto, pero la audiencia va creciendo de forma prometedora. Más recientemente aún, en un rapto digno de una telenovela, Telemundo y su poderoso propietario NBC han logrado romper parcialmente el acuerdo exclusivo entre Univisión y Televisa: el aspirante puede por tanto comprar a partir de ahora las series mexicanas de Televisa para la audiencia latina de Estados Unidos, pero también vender algunas de sus telenovelas rodadas en Miami en el mercado mexicano. Evidentemente, las perspectivas son buenas para ambas cadenas estadounidenses teniendo en cuenta la demografía: la población latina continúa creciendo en Estados Unidos y es seguro que el mercado hispano se consolidará.

Este potencial no se le escapa a nadie. Y la competencia no se limita a esos dos protagonistas, en guerra abierta desde hace diez años. En competencia con estas cadenas estadounidenses, también la brasileña TV Globo consigue vender sus formatos en Estados Unidos, igual que la argentina Telefe. E incluso las *majors* Disney, CBS y Time Warner han empezado hace poco a producir sus telenovelas en Miami para el público latinoamericano. «A grandes rasgos, podemos decir que el mercado de la televisión en América Latina son audiencias mexicanas y brasileñas, formatos imaginados en Río y Buenos Aires, dinero mexicano, directivos en Miami y un mercado jugoso en Estados Unidos», resume Mariano Kon, director general de la productora argentina Cuatro Cabezas.

Su colega de la productora Pol-Ka, también de Buenos Aires, se encarga justamente de la adaptación «latina» de *Mujeres desesperadas,* la serie estadounidense de éxito de Disney y ABC. «No hacemos una adaptación, sino cinco versiones: una para Brasil en portugués, tres para Colombia, Argentina y Ecuador, y una versión "telemundo" para la cadena del mismo nombre dirigida a la vez a los mexicanos y a todos los hispanos que viven en Estados Unidos», me explica Pablo Romero Sulla, el director de contenidos de Sogecable, la rama audiovisual del grupo Prisa, entrevistado en Madrid. «De una serie a otra, el fondo no cambia, lo que se modifica es la forma —añade Tevah—. Para cada versión latina, mantenemos el mismo marco, el mismo decorado, rodado en las afueras de Buenos Aires; en cambio, el interior de las casas sí cambia de una versión a otra. Se modifican detalles menores, como el vestuario de los personajes o los platos que comen. Cambiamos, por ejemplo, la profesión de determinados personajes: en la serie argentina, el fontanero se convierte en el dueño de una empresa de fontanería, porque aquí, contrariamente a Estados Unidos, es inimaginable que un fontanero viva en un barrio lujoso. En la serie para Telemundo, el inmigrante mexicano se convierte en inmigrante venezolano». En definitiva, y aunque en la serie original ya hay muchas mujeres al borde de un ataque de nervios, las productoras transforman la versión estadounidense en una verdadera telenovela. Y el nombre en español, un poco almodovariano, es *Esposas desesperadas.*

En América Latina, la cuestión de la adaptación local y el acento son importantes. Contrariamente a lo que a veces se cree, no todos los latinoamericanos hispanófonos se entienden fácilmente entre sí. «En general se piensa que el acento más típico es el de los mexicanos —me explica Mariano César, el director de programas de la cadena argentina ISAT, entrevistado en Buenos Aires—. El acento colombiano también es bastante típico. Pero los acentos cubano, argentino, uruguayo y venezolano son muy distintos. Para ser una cadena común de todos los hispanos, nosotros tratamos de emplear un español "neutro", un español indiferenciado y un poco simplificado, o subtitular nuestras telenovelas y nuestros contenidos al máximo. Pero incluso los subtítulos deben hacerse en diferentes variedades, por ejemplo no se escribe igual para los españoles de España que para los argentinos. Si no, corremos el riesgo de que no sigan nuestros programas».

Mariano Kon, de la productora Cuatro Cabezas en Buenos Aires, no está muy convencido: «Hubo una época en la que creímos que el español "neutro" era la solución; es el español que se inventó para el doblaje, un español televisivo. Pero es muy artificial. Es el español con el que soñaban los estudios de Hollywood. Era una ilusión». Por su parte, Michelle Wasserman, directora de ventas de Telefe, la primera cadena argentina, me confirma en Buenos Aires: «El mercado de las telenovelas nos impone el doblaje. Porque incluso cuando vendemos nuestras telenovelas a países de habla hispana, tenemos que doblarlas; es impensable una serie francesa con acento quebequés; pues en América Latina es lo mismo».

En la sede de Canal 9 en Buenos Aires, una de las principales cadenas argentinas, el director general Carlos Gaustein, en competencia frontal con Telefe, hace un análisis bastante parecido al de su colega. Pero destaca el estrecho vínculo que existe entre los países productores de telenovelas y su economía, con el auge que están teniendo los países emergentes, incluso en el audiovisual. «La producción de telenovelas y la importancia de los mercados están estrechamente relacionadas con el poder económico. Ahora México progresa, el crecimiento de Brasil es espectacular, nosotros estamos estancados y Venezuela decae. El éxito depende mucho del mercado interior: los países emergentes salen mejor parados que los otros en la producción, y en las exportaciones se nota. Venezuela, por ejemplo, era un gran exportador de telenovelas. Pero el presidente Hugo Chávez ha debilitado el sistema de producción privado y los contenidos se han desplomado. En la actualidad, la cadena venezolana Venevisión se ve obligada a producir sus telenovelas en Miami con la cadena estadounidense Univisión». Las industrias creativas son tan industrias como las demás.

En Caracas, Marcel Granier, el director general de RCTV, una cadena hertziana que Chávez ha prohibido, pero que sigue emitiendo sus programas por cable y satélite, me confirma: «La economía está arruinada y la censura de los medios es total. Antes de Chávez, Venezuela era el segundo productor de telenovelas, después de México. Hoy apenas somos el quinto y tenemos que comprar series a los mexicanos de Televisa y a los colombianos de RCN». Su principal competidor, Venevisión, que ayer era muy contrario a Chávez pero que ahora se ha moderado por temor a perder el permiso de emitir, ha construido una segunda línea de producción de telenovelas en Miami «para tener más libertad, reagrupar sus tropas y preparar el futuro por si hay dificultades en Caracas» (según uno de sus responsables que prefiere mantener el anonimato). ¿Cuáles son las razones de este hundimiento? Germán Pérez Nahím, el director general de Televen, una importante cadena privada venezolana, se muestra prudente, pues no se puede permitir, me dice, tener una relación polémica con el gobierno de Chávez: «Las reglas jurídicas cambian con frecuencia. El mercado publicitario se ha desplomado. La reciente instauración de un doble tipo de cambio es arbitraria. La inflación está desbocada, las devaluaciones se suceden y el paro aumenta. Las tecnologías no están al día. Y se ha desatado la inseguridad económica. El hundimiento de la economía es lo que mata el mercado de las telenovelas. Sin olvidar que hoy Venezuela es el país con la tasa de criminalidad más alta de América Latina, lo cual debilita todos los proyectos». Su familia vive en Miami. Él mismo va con escolta.

La vicepresidenta de RCTV, Inés Bacalao de Peña, añade en Caracas otro elemento: el de la cultura y la lengua. «Las telenovelas venezolanas sufren porque están entre dos estilos. Nuestras historias no son ni clásicas, tradicionales e históricas como en México —con la chica pobre que encuentra el amor y el dinero y actúa con trajes de época—, ni contemporáneas y directamente relacionadas con la vida cotidiana de la gente, como en Brasil, donde las series hablan de las favelas, la droga y los gays. No somos tan libres en cuanto a costumbres como Río, pero sí más que México. Y además, está el problema del acento. El acento español de los mexicanos o de los colombianos es bien aceptado en América Latina. El de los argentinos y el nuestro no es tan bien recibido. Si queremos difundir nuestras telenovelas en América del Sur, debemos doblarlas».

Quizás lo más fascinante en esta geopolítica de las series televisivas es la cuestión del doblaje respecto al subtitulado. Éste es un punto esencial en lo tocante al papel que desempeñan las culturas locales en la globalización. Incluso se puede clasificar los países en tres categorías. Primero están aquéllos, a menudo pequeños, que aceptan que las series extranjeras se emitan en la lengua original; en este caso, se subtitulan para que el público local las entienda. Es el caso de los países nórdicos, Países Bajos, Dinamarca, Finlandia, la Bélgica flamenca, pero también de Portugal, Israel, Islandia, Rumanía, Malasia y todos los países árabes que subtitulan y no doblan. Luego están aquéllos que, muchas veces por nacionalismo, por razones sindicales o porque la población aún es parcialmente analfabeta, no subtitulan las series y prefieren el doblaje. Es el caso de Hungría, República Checa, Vietnam, Canadá (sobre todo Quebec), Francia, la Bélgica francófona, Italia (donde los sindicatos prohíben el subtitulado para proteger los puestos de trabajo de los actores que se dedican al doblaje) e incluso España, que hasta dobla con acento castellano algunas telenovelas latinoamericanas. Y luego hay un sistema mixto, menos frecuente, que es el empleado por los rusos o los polacos, y es el denominado *voice-over*: uno o dos narradores describen lo que está ocurriendo en la pantalla, pero los actores se expresan en su lengua original; es una forma de relato, de cuento, heredada de la censura soviética.

En Estados Unidos, en cambio, no les gusta ni lo uno ni lo otro. Como decía Jean Baudrillard: «América es la versión original de la modernidad y Europa la versión doblada o subtitulada». Así pues, en Estados Unidos prefieren las series y las películas originales, en inglés, y apenas importan series extranjeras. «Es más descansado —me explica con ironía Chris Clark, el director del Saint-Louis Film Festival, al que entrevisté en Misuri—. Con los subtítulos es menos *entertaining*. Uno abandona la cultura *mainstream* y entra en la de los nichos».

La guerra mundial de las series y de los formatos televisivos no ha hecho más que empezar. Como en una buena telenovela, este mercado despierta la codicia, la resistencia, provoca cambios de alianzas y muchas veces celos. Corea del Norte procura que los *dramas* surcoreanos no atraviesen la frontera; los chinos desconfían del éxito de los *dramas* taiwaneses; los japoneses multiplican los esfuerzos para vencer a los surcoreanos, que a su vez se esfuerzan por vencer a los japoneses; los sirios y los libaneses quieren recuperar el mercado de los culebrones del ramadán, secuestrado por Egipto, con los países del Golfo como emboscada; el gigante brasileño TV Globo combate al gigante mexicano Televisa, aunque para ello tenga que aliarse con los imperialistas estadounidenses de Telemundo; y Hugo Chávez querría que Venevisión, la cadena venezolana, produjese sus telenovelas localmente (ahora las crea en Miami, cosa que le exaspera). Es una verdadera guerra cultural la que se está librando ante nuestros ojos, y en nuestras pantallas.

Sin embargo, contrariamente al cine o a la música, por no hablar de los dibujos animados y los videojuegos, las series televisivas viajan poco, a menudo distancias cortas, a escala continental, raras veces a escala planetaria. El mercado de la televisión es un mercado muy local, aunque los formatos puedan ser mundiales. Únicamente los estadounidenses sacan tajada, multiplicando los programas para el gran público y logrando a veces, o en todo caso más que los demás países, hablarle a todo el mundo. Para comprender este éxito, hay que ir a la capital de la América Latina *mainstream:* Miami.

13. MIAMI, LA CAPITAL POP DE AMÉRICA LATINA

Lincoln Road, en Miami Beach, es una pequeña arteria que atraviesa la península de oeste a este. En un extremo, a orillas del Atlántico, una playa célebre a la que se asoma el hotel Ritz-Carlton, es la quintaesencia de lo que South Beach, es decir, el sur de Miami Beach que empieza allí, representa en el imaginario estadounidense. El sol todo el año, la arquitectura art déco, Shakira, los cigarros La Gloria Cubana, el español como lengua oficiosa, la residencia secundaria de Madonna, *Corrupción en Miami*, la diversidad étnica y sobre todo la música «latina».

«En América Latina no hay latinos. Los latinos están aquí», dice en tono provocador José Tillan, vicepresidente de MTV Latin America, cuando voy a verlo al número 1111 de Lincoln Road en Miami Beach. «Todas las *majors* del disco, las agencias de talentos, las cadenas de televisión musicales y sus *shows* especializados, las radios latinas, las sociedades de derechos de autor, las revistas musicales como *Billboard* o las del *entertainment* como *Variety* tienen una oficina en Lincoln Road o en las calles adyacentes. Hasta el punto de que a esos bloques los llaman "Silicon Beach" o "Hollywood Latin America"».

José Tillan es cubano, como mucha de la gente que conoceré en la industria del disco en Miami. Pero sus colegas de MTV Latin America (que a veces también llaman MTV Latin o simplemente MTV Latino) son españoles, argentinos, venezolanos, colombianos y sobre todo mexicanos. «Esto es el cuartel general de MTV para toda América Latina. Tenemos empleados de todos los orígenes hispanos. Históricamente, Miami era muy cubana. Poco a poco, se ha convertido en una ciudad más mestiza, con hispanos de todas las nacionalidades y todas las razas. También es una ciudad muy mixta, donde las minorías viven menos en guetos que en otros lugares de Estados Unidos. Es un concentrado de América Latina. Pero nuestro principal mercado ahora es México», resume Tillan. La oficina regional de MTV en Miami está especializada en música latina, como la de Nashville lo está en música country. «También nos ocupamos del mercado "latino" para Estados Unidos, que está en expansión», puntualiza Tillan.

Desde finales de la década de 1990, MTV ya no es homogénea: la cadena se adapta a cada país, en su lengua y con sus programas locales. «Es lo que resume nuestro eslogan: «I want my MTV". Tenemos señales diferentes en América Latina: existe una cadena para los latinos que viven en Estados Unidos, una para México, una para Argentina, y MTV Brazil, que tiene su propia señal en portugués». Mientras escucho a José Tillan, pienso en el metro de Miami, cuyos anuncios y paneles están todos traducidos a tres lenguas: inglés, español y portugués.

Al día siguiente tengo una cita con Gabriela Martínez, la vicepresidenta de Warner Music Latin America, en la sede del grupo en Washington Street, una calle perpendicular a Lincoln Road, en Miami Beach. Como MTV, Warner ha instalado su cuartel general «latino» en Miami, una antena regional de la que dependen unas diez oficinas en Estados Unidos y Latinoamérica. En total, cerca de 250 empleados de Warner se ocupan de música «latina», lo cual demuestra que es una prioridad para la *major* de Nueva York. Gabriela Martínez es mexicana y, como todo el mundo en Miami, se mueve constantemente entre Miami, México y Latinoamérica. «Hace unos años teníamos la sede en Nueva York, pero en 2001 hemos trasladado nuestro cuartel general latino aquí a Miami, la capital de América Latina en Estados Unidos», me dice Martínez. «Florida no es el mercado más importante, pero Miami es el símbolo de este mercado, también es la ciudad más diversa y la que, geográficamente, permite desplazarse más fácilmente a todas partes», añade. Desde Miami, toda América Latina está a tiro de avión.

Jorge Fonseca es director artístico de Sony Norte, el sello «latino» de Sony en Miami: «Estoy constantemente sobre el terreno —me explica Fonseca—. Voy a México para escuchar a grupos en estudio, a Puerto Rico para asistir a conciertos, a Miami para participar en las noches *open-mic* de la Universidad de Miami. Descubro tanto a autores como a cantantes, compositores y músicos. Y la mejor visión de conjunto de ese mercado la tienes desde Miami».

«Viva La Habana, viva Cuba, vivan los Estados Unidos, viva Miami, viva Nueva York y viva Washington». Con estas palabras en español terminó su concierto en Miami el cantante Juanes, en septiembre de 2009, en la plaza de la República de La Habana, ante un millón de personas, una cifra increíble.

Miami también es la capital exógena de Cuba. La música cubana vendida en todo el mundo la producen y la difunden muchas veces los cubanos de Miami, como me explica Rafael Artero, el vicepresidente de BMG Music Publishing en Miami (BMG es la rama musical *publishing* del gigante alemán Bertelsmann, ahora autónomo de Sony). «Los europeos, muy amantes de la música cubana, no lo saben, pero la música cubana que escuchan a menudo está hecha en Estados Unidos. Es una música de cubanos de Miami. La verdadera música cubana es difícil de exportar: no está lo suficientemente abierta a los nuevos estilos para conocer un amplio éxito comercial en todo el mundo. No es *mainstream*. Al mismo tiempo, también es más pura». Otros responsables entrevistados en Miami me explican, en cambio, que de hecho trabajan en Cuba, «bajo cuerda», según la expresión de Iván Álvarez, vicepresidente de Universal Music Publishing en Miami. Y añade: «Tenemos relaciones con Cuba, eso forma parte de nuestro oficio. En nuestro catálogo hay mucha música cubana, aunque lo cierto es que se trata de una música que aún está en evolución, un poco anticuada, fuera de las tendencias actuales. Pero eso también le da un carácter *vintage*. Y sobre todo estamos preparados para el día en que Cuba sea libre». Mientras, Iván Álvarez mira menos hacia Cuba que hacia Puerto Rico. Porque es ahí donde ha nacido el género de música del que todo el mundo habla en Miami: el reggaetón.

«EL REGGAETÓN UNIFICA A LAS MASAS LATINAS»

«El reggaetón es el hip hop de los latinos», resume con una frase Rafael Artero. «Es una música urbana, es otro nombre para el rap latino», añade Artero. En Latino 96.3 en Los Ángeles, Mega 97.9 en Nueva York, KLOL en Houston y varias emisoras de Univisión y Clear Channel en Miami, el reggaetón se convierte en la música dominante hacia 2005-2006. Al principio, esa música —un rap en español sobre ritmos sincopados derivados de músicas del Caribe— viene de Puerto Rico, un territorio que pertenece a Estados Unidos. Es la comunidad puertorriqueña de Nueva York y de Orlando, en Florida, pronto imitada por los jamaicanos, la que la importa y la difunde en Estados Unidos. El género se extiende luego de una región a otra, gracias a los millones de latinos que viven en Estados Unidos, revolucionando la cartografía tradicional de la música latina hasta entonces muy compartimentada en nichos: músicas inspiradas en el Caribe en la costa Este (tropicalismo, salsa, merengue, bachata); músicas influenciadas o derivadas de los géneros mexicanos en California y en los estados del sur (especialmente la *regional mexican,* una especie de country mexicano, sobre todo banda, ranchera, mariachi, norteña); y una música muy cubana en Florida. Cantado en español, el reggaetón también se vuelve más mixto a medida que va siendo más *mainstream,* con muchas expresiones en *spanglish,* medio españolas medio inglesas.

De hecho, el éxito del reggaetón se explica porque conecta por primera vez a la segunda y la tercera generación de hispanos que viven en Estados Unidos con sus orígenes, los de sus padres: el estilo urbano del hip hop representa el país donde viven y el ritmo caribeño sus raíces. El joven latino ya no tiene que optar entre su familia y la cultura pop estadounidense, entre la tradición y lo *cool.* Lo que Daddy Yankee, un puertorriqueño de 28 años que se convierte en la estrella del género, resume con una fórmula muy bonita: «La música permite a la segunda generación sentirse latina. El reggaetón unifica a las masas latinas».

A partir del momento en que el reggaetón despega en Estados Unidos, las *majors* del disco, que hasta entonces lo habían ignorado con el pretexto de que era «hip hop con veinte años de retraso» (según la fórmula de un directivo de una *major,* citado por el *New Yorker),* se apoderan de él. Hay que tener en cuenta que a principios de la década de 2000 la comunidad hispana se convierte en la primera minoría estadounidense, por delante de los negros. Como el número de hispanos aumenta tres veces más deprisa que el resto de la población estadounidense (hoy son 45 millones, es decir el 15 por ciento de la población de Estados Unidos, la mitad de ellos con menos de 29 años), las discográficas se concentran en este mercado latino potencialmente ilimitado. Extrapolando el número posible de ventas de álbumes a partir de ese porcentaje creciente de latinos, los jefes de las *majors* creen haber encontrado el oro *brown*. Y ahora, con los ojos puestos todos los miércoles por la mañana en las cifras de Nielsen (que transmite a sus abonados las ventas detalladas de la semana anterior por géneros y ciudades, en Estados Unidos y Canadá), se apasionan por la *Hurban music*, una fusión de *Hispanic* y *Urban*, que designa al hip hop latino y al reggaetón. Su primer disco de oro se lo da justamente Daddy Yankee, que vende un millón de copias de *Barrio fino* en 2004 (con el sello de Universal), gracias a su *hit* *Gasolina*. El clip habla de una chica a la que le gusta ligar con chicos en coche y por lo tanto necesita «gasolina», lo cual significa velocidad, alcohol de contrabando, esperma y, por supuesto, carburante. «Los *tits & ass* (literalmente «tetas y culos») son la clave de este negocio», me dirá, muy serio, el veterano de la música latina Henry Stone, de 89 años, al que entrevisto en su residencia de Coconut Grove en el sur de Miami. Agresivamente sexual por tanto, especialmente cuando se baila cuerpo a cuerpo en los *dance floors*, el reggaetón es un gangsta rap latino sin complejos, pues según sus defensores el español le permite ser más audaz que el inglés en suelo estadounidense.

El ecosistema particular de Miami explica, en gran parte, el hecho de que Miami Beach se haya convertido en la capital del reggaetón y en general de la música latina. En Downtown Miami, al otro lado de la bahía, a 5 kilómetros de Miami Beach, están los bancos más ricos de toda Latinoamérica. Allí es donde las estrellas de México, los exiliados cubanos, los venezolanos anti-Chávez y otros mafiosos brasileños o uruguayos colocan su dinero, más o menos a buen recaudo.

En Miami también hay estudios de grabación de gran calidad, heredados de la era del Miami Sound, el soul y el rock local de la década de 1970, que atraen a los músicos, y no sólo de música «latina». Muchos grupos estadounidenses de R&B o de rap, y con frecuencia británicos que quieren grabar con calma lejos de Londres, se dan cita en los estudios de Miami. También están las ramas de las *majors* especializadas en la distribución de CD y DVD, que hoy pasan grandes apuros, pero siguen estructuradas en Miami.

«Y luego está todo el trabajo jurídico que en Miami se hace según las normas estadounidenses, mientras que en América Latina es muy poco fiable —me explica Rafael Artero—. Por ejemplo, las negociaciones de los derechos, la gestión del *copyright,* la redacción de los contratos internacionales, que son extremadamente complejos. Ésta es la fuerza de Estados Unidos y lo que explica el papel importantísimo de Miami para toda Latinoamérica». También hay una serie de ayudas públicas, menos conocidas, que en Miami se ofrecen a las industrias del *entertainment,* sobre todo créditos de impuestos y un sistema de *zoning* que facilita el subarriendo en Miami Beach de empresas estadounidenses o extranjeras. En Universal Miami, Iván Álvarez me confirma estas hipótesis: «En Venezuela, no hay estabilidad política ni económica y hay mucha criminalidad; en Colombia, no puedes estar seguro de tu banco; en México, el *copyright* no está protegido y el CD que envías por Amazon puede no llegar nunca; en Argentina, los tipos de cambio son artificiales; en Brasil, hay una gran tensión social y mucha corrupción; en todas partes, faltan redes televisivas, agencias de talentos, prensa musical y páginas en Internet capaces de generar un *buzz* internacional. Sólo Miami responde a nuestras necesidades. Miami es América Latina sin criminalidad y sin corrupción». (Quizás, pero cabe recordar que el modisto Gianni Versace, que vivía en Ocean Drive en Miami, fue asesinado por un gigoló asesino en serie en la playa de South Beach; no estoy seguro de que Miami tenga todas las cualidades y los países de Latinoamérica todos los defectos; también se trata de prejuicios que remiten al pasado de América Latina, y no necesariamente a su presente —salvo Venezuela— cuando México y Brasil son países emergentes poderosos y Colombia es perfectamente capaz de hacer funcionar sus bancos).

Jorge Fonseca, representante de Sony en Miami, añade un elemento, determinante según él, que es el de la diversidad étnica: «Miami es América Latina en miniatura. Sólo en Miami puedes encontrar esta mezcla étnica. En ninguna capital, ni en Buenos Aires, ni en México, ni en Río y São Paulo, tienes semejante diversidad. Incluso los negros están bastante bien integrados aquí. Y además Miami es una capital gay asumida y visible, lo cual es un factor determinante para que los artistas se sientan bien aquí. Miami se ha convertido en la capital de América Latina para la música, porque es la ciudad de la diversidad latina globalizada».

Si a este ecosistema tan particular le añadimos los grupos de publicidad y de *marketing* —todas las grandes agencias tienen una dele-

gación en Miami—, el número impresionante de clubes, discotecas
y sobre todo lugares donde los grupos pequeños pueden hacer un
showcase en la trastienda de un restaurante en la Washington Avenue
de South Beach, se comprende el interés de los artistas por instalarse en Miami. Y también están las radios. «Las radios son las que han
hecho de Miami una plaza imprescindible para la música latina, incluidas las numerosas radios ilegales de baja frecuencia», me explica
Bo Crane, el presidente del sello independiente latino Pandisc. Miami tiene la masa crítica de un continente concentrada en una sola
ciudad.

L. A., *LATIN AMERICA*

Visto desde América Latina, este dominio de Miami despierta in-
credulidad, amargura o celos. Varios responsables de la industria
musical interrogados en Buenos Aires, México, Caracas, Porto Alegre o Río critican la pretensión de los *gringos* de Miami de erigirse
en capital exógena de América Latina. Pero todos reconocen el dominio de Lincoln Road y, a través de esa famosa calle de Miami Beach,
de Estados Unidos.

En Argentina, los patrones de la industria musical subrayan, con
razón, la buena salud de las ventas de los géneros locales, como la
salsa y el tango (en Brasil hablan de samba y bossa nova, una música
más negra). Todos se ven obligados a reconocer, sin embargo, que
cuando se trata de pop transnacional, común a los distintos países
latinoamericanos, sólo les vienen a la mente los nombres de latinos
americanizados o «miamizados».

Para muchos jóvenes sudamericanos, la música pop latina lleva los
nombres de Juanes, Shakira o Gloria Estefan, a veces de Jennifer Lopez o Ricky Martin. Éstas son las estrellas de la América Latina globalizada, y todas hoy son estadounidenses o están americanizadas.

Juanes es colombiano y, si bien continúa cantando en español (y
hasta a veces exhibe en Estados Unidos su famosa camiseta *se habla
español* por militancia), tiene contrato con Universal en Miami donde
posee una casa. Está orgulloso de sus orígenes colombianos y disimula su americanización. Shakira, por el contrario, una estrella liba-
nocolombiana que cantaba en español ha optado deliberadamente
por aprender inglés y se ha puesto a cantar en este idioma; ya era

conocida en Colombia, pero el inglés es el que le ha permitido, gracias a la productora de Miami y a teñirse de rubio, hacerse famosa internacionalmente. Y hoy saca álbumes en las dos lenguas, una versión US y una versión latina. Juanes y Shakira son autores, compositores e intérpretes, lo cual también les ha permitido mantenerse más tiempo en el candelero.

Con siete premios Grammy y 90 millones de copias vendidas en el mundo, una cuarta parte de ellas en Estados Unidos, Gloria Estefan es la mayor estrella cubana del *entertainment* latino contemporáneo. Su familia se exilió a Miami durante la revolución cubana, ya que su padre era uno de los guardaespaldas del presidente Batista. A los 25 años, empezó allí su carrera, dentro del grupo Miami Sound Machine. Al revés que Shakira, y asesorada por su marido, el productor cubanoamericano de origen libanés Emilio Estefan (que es el mánager de las dos), empezó cantando en inglés y sólo más tarde recuperó sus raíces y grabó en español. Vive en Miami Beach.

Las carreras de Jennifer Lopez y Ricky Martin —ambos con contrato en Sony Music Entertainment— aún son más estadounidenses. La primera es una *nuyorican* (neologismo que se aplica a los neoyorquinos de origen puertorriqueño): nació en el Bronx en el seno de la comunidad puertorriqueña, aunque muchas veces le reprochan que ni siquiera habla correctamente el español (cosa que ha querido remediar, sin convencer realmente, con *Una noche más*, la versión latina de su célebre *Waiting for Tonight*). El segundo nació en Puerto Rico, un territorio de Estados Unidos. Ambos han integrado los ritmos del reggaetón en sus canciones para parecer más «latinos». Pero si Jennifer Lopez canta en inglés, Ricky Martin ha seguido la misma trayectoria que Shakira: empezó su carrera en una *boy band* latina, antes de sacar sus álbumes en solitario en español, y luego se pasó al inglés (el célebre *Livin' la vida loca*, con un título en español, pero el texto en inglés, que marca la transición). La estrategia de Ricky Martin consistía entonces en salir del nicho de la música latina, cruzar los diferentes *hit parades* y, llegando a un público más amplio en Estados Unidos, convertirse en *mainstream*. Y funcionó, tanto para Jennifer Lopez como para Ricky Martin: al acentuar su americanización, los dos artistas se han convertido en estrellas globales. La otra cara de la moneda es que en Latinoamérica se les ha criticado por abandonar sus raíces, pero sus ventas siguen siendo importantes incluso en América del Sur. Ahora, los *hits* de todos estos cantantes están clasificados, salvo para Juanes, dentro de los *charts pop* y no ya *latin,* puesto que cantan en inglés. Tal vez se han vuelto *mainstream,* pero han abandonado la música hispana.

A 30 minutos en coche de Río de Janeiro, en un parque tropical de árboles centenarios cerca del lago Tijuca, entre las colinas y el océano, visito la sede de Universal Music Brasil. Afable, sonriente, Jose Antonio Eboli, el director general de Universal, me recibe en vaqueros y camiseta, en el segundo piso de un inmenso edificio neocorbusieriano en ese marco paradisiaco. Encima de la mesita baja, tiene toda la colección de la revista *Billboard* y parece sabérsela de memoria. En las paredes hay carteles de Mariah Carey, Eminem y Caetano Veloso, que es el gran artista de Universal Brasil. «Aquí, coordinamos las actividades de Universal para todo Brasil y yo dependo del director general de Universal Latin America, que tiene su sede en Miami», me explica de entrada Jose Eboli. La estrategia de *marketing* para fabricar una estrella latina en Universal es bastante lineal. Eboli la describe sin rodeos: «Para empezar, tienes que "break your own market first", triunfar localmente. Tener esa base local es la clave, en Colombia para Juanes o incluso para Shakira, en Puerto Rico para Daddy Yankee o incluso para Ricky Martin. Tienes que haber tenido éxito en tu comunidad y gozar de una popularidad para transmitirla, una historia de éxito que puedas contar. Luego "you have to get the US latino market"». Jose Eboli insiste en esta expresión en inglés. ¿Y cómo conquistar justamente el mercado de los latinos en Estados Unidos? «Esto sólo se puede hacer en Los Ángeles o en Miami —prosigue Eboli—. Allí es donde te conviertes en "latino". La colombiana Shakira se transformó en cantante mundial en Miami, y desde entonces la conocen hasta en Japón; y lo mismo para Juanes. No habrían podido llegar jamás a Japón sin pasar por la casilla de Miami. A partir de Miami, si tienes suerte, llegas primero al mercado latino de Estados Unidos, un mercado complejo y compartimentado en nichos. Los latinos allí se consideran como hispanos pero a la vez también como estadounidenses; su ascensión social pasa en gran parte por la negación de su cultura de origen, sobre todo a partir de la segunda generación. Es por tanto un público complicado que muchas veces prefiere a Madonna antes que a Ivete Sangalo». Jose Eboli añade: «Luego, debes enfrentarte al mercado mexicano; después, si el plan funciona, el resto de América Latina ya viene solo. Éste es casi siempre el orden que hay que seguir. Sólo a partir de ahí un artista puede cruzar las fronteras y volverse *hot* en América Latina y luego en el resto del mundo. El paso obligado de esta estrategia es la casilla Miami».

Después está Brasil. Jose Eboli titubea antes de darme una respuesta: «La mayor parte de las veces es un mercado aparte, como si no estuviéramos en América Latina. Brasil es una isla y, a causa del portugués, los *hits* hispanos penetran con más dificultad. Juanes, por ejemplo, que es un artista Universal y una estrella inmensa entre todos los latinos, nunca ha sido muy famoso en Brasil. Claro que tratamos de hacer que cante en portugués, pero a los brasileños no les gustan las estrellas que cantan en portugués de forma artificial. ¡Más valdría incluso que cantara en inglés! Por consiguiente, la mejor manera de ser *big* aquí es participar en una telenovela de TV Globo». A mí me gustan los álbumes de Juanes y, de todos esos artistas, es el que me parece más auténtico, en el fondo sigue siendo muy colombiano. ¿Cómo pueden existir estos cantantes en Europa? Jose Eboli: «El lugar de paso obligado es Madrid, o Ibiza en verano. Lisboa desempeña un poco el mismo papel para la música brasileña, pero es mucho más marginal. En todos los casos, la circulación de la música tiene un solo sentido, va de América Latina a Europa y no al revés. Durante mucho tiempo, las capitales de América Latina eran Madrid y Lisboa, pero Miami las ha suplantado. La influencia de Portugal en Brasil y de España en los países hispanoamericanos ahora es casi marginal: esto se explica por el tamaño de los países, la diferencia económica y sobre todo por la población». Brasil, por ejemplo, tiene actualmente 20 veces más habitantes que Portugal; es miembro del G20 con un PIB que es casi 5 veces superior al de Portugal. «Brasil se ha convertido en un gigante y Portugal en un enano», concluye Jose Eboli.

Finalmente, ¿qué debe hacer un artista brasileño para ser «global»? Ni Jose Eboli ni el productor brasileño Leninha Brandão al que conocí poco después quisieron decirme que el hecho de tener contrato con una gran *major* localmente casi nunca te lleva a un éxito mundial. La oficina de Universal en Río, por ejemplo, nunca servirá para que un artista brasileño se convierta en «global». Tan sólo gestiona un mercado nacional, con pocas latitudes o influencias en el mercado internacional. Por otra parte, en los pocos casos en que hay artistas locales lo bastante *mainstream* como para ser exportados, generalmente es la dirección de la *major* en Miami o Los Ángeles la que se encarga de ellos.

En toda América Latina he sentido una amargura justificada ante el robo musical que Estados Unidos ha cometido al producir la música latina. Pero mis interlocutores más lúcidos han visto que el problema era mucho más grave: si bien hay músicas nacionales ricas y poderosas, y géneros típicamente sudamericanos que atraviesan las fronteras sin tener necesidad de Miami, como la salsa, la bossa nova, el tango o la cumbia, además de otras muchas, ya no existe una cultura pop común entre los países de América Latina que no sea la cultura *mainstream* norteamericana.

«Estados Unidos se impone culturalmente en América Latina a causa de la división de los países latinos», me explica José Zimerman, uno de los directores de TV Brasil, la televisión pública brasileña. Y lo que es cierto para la música también lo es para el cine, como me confirma subjetivamente Steve Solot, un estadounidense al que entrevisté en Río y que trabaja para los estudios de Hollywood: «América Latina es una agregación de países muy nacionalistas que rechazan cada uno a sus vecinos. Los brasileños, que tienen ellos solos el mismo poder económico que todo el resto de América Latina, miran hacia Asia y África, dentro de una lógica sur-sur, más que hacia Sudamérica; los argentinos, con la mirada puesta en Europa, miran a los brasileños por encima del hombro; México, Colombia y Chile están más pendientes de Estados Unidos que de los demás países latinos; los venezolanos se aíslan y critican a todo el mundo. Esta guerra fratricida es la que explica que no haya una cultura común, ni un cine latino: las películas brasileñas no funcionan en México; las argentinas son un fracaso en Brasil. El único lugar donde gustan y se muestran casi todas las cinematografías latinas es, paradójicamente, Estados Unidos. Por eso en América Latina, los estadounidenses tenemos vía libre para exportar nuestros *blockbusters*. Las películas estadounidenses son el único cine común de todos los latinos». Steve Solot olvida el éxito de películas como *Diarios de motocicleta* (sobre el Che Guevara) del brasileño Walter Salles, con dos actores mexicanos y un guión coescrito por un argentino, o también de la película mexicana *Y tu mamá también,* pero es verdad que se trata de excepciones (y esta última película fue lanzada en Estados Unidos en tres salas de arte y ensayo de Nueva York y en 50 salas latinas en Los Ángeles, con un *marketing* muy hábil, que combinaba la élite artística y el público latino, antes de convertirse en éxito en América Latina).

Los estadounidenses saben recuperar y explotar la sensibilidad latina cuando es posible: «La fuerza de Juanes, Shakira, Ricky Martin o Jennifer Lopez es que son artistas estadounidenses con un *spanish flavor*, un perfume latino», me explica el crítico Diego Lerer, del gran periódico *Clarín* de Buenos Aires. «Este pop latinizado y americanizado ha reducido el espacio latino», lamenta por su parte el productor Daniel Grinbank cuando hablo con él en la sede central de su compañía en el barrio de Palermo de Buenos Aires. Grinbank es hoy uno de los principales organizadores de conciertos de América Latina: organizó el concierto gratuito de los Rolling Stones en Copacabana (Río) y montó las once actuaciones de Madonna en América del Sur. Prosigue: «Los artistas son colombianos, cubanos o mexicanos, pero viven en Estados Unidos. La señal "latina" emite desde Miami, y el público la recibe en México y en Brasil. Esto es hoy la música latina, y es estadounidense».

La nostalgia de una época en que los países de América Latina dialogaban entre ellos aún la siente más profundamente André Midani, el veterano de la bossa nova que, a sus 78 años, me recibe en plena forma en su casa de madera y vidrio, una proeza arquitectónica, en las colinas de Río de Janeiro. «Cada país de América Latina libra su pequeña guerra de independencia cultural y musical. Cada uno lucha contra todos los demás como un pequeño rey feudal —suspira Midani—. Por eso la música latina no funciona entre los países de Latinoamérica, como no funciona el Mercosur». (Midani se refiere al fracaso del Mercosur, el mercado interior creado en 1991 entre Brasil, Argentina, Paraguay y Uruguay). Y el célebre productor de bossa nova continúa: «Los únicos que le hablan a todo el mundo son los estadounidenses, y en particular los cantantes como Ricky Martin o Jennifer Lopez, que asumen sus orígenes». Me hace observar que hay toreros y bailadoras de flamenco, al estilo de Carmen, en los clips en inglés de Jennifer Lopez (por ejemplo en su *hit Ain't It Funny)*. «Quizás sean clichés latinos, pero estamos hablando de un mercado de 50 millones de personas en Estados Unidos —prosigue André Midani—. Para Brasil, el problema aún es mayor, pues nosotros no tenemos una verdadera comunidad brasileña en Estados Unidos. Por eso los estadounidenses no nos conocen, porque no nos ven. Y nuestra música no se vende en Estados Unidos, salvo en nichos muy pequeños. ¿Por qué un cubano de Miami, un mexicano de Albuquerque o un puertorriqueño de Nueva York iba a escuchar a un artista brasileño que ni siquiera habla español? Miami tal vez sea la capital exógena para Cuba o México, pero no para Brasil». (En Estados Unidos viven 346.000 brasileños aproximadamente, o sea, apenas un 0,1 por ciento de la población estadounidense, lo cual es poco comparado con los 29 millones de mexicanoamericanos, aunque en Miami hay una comunidad brasileña muy activa).

Unos meses antes, tras un concierto en Juan-les-Pins, donde actuó con mucha energía y humor a sus 67 años, entrevisté a Gilberto Gil, el célebre cantante de bossa nova y luego del tropicalismo, que entonces era ministro de Cultura de Brasil en el gobierno de Lula (ocupó dicho cargo de 2003 a 2008). «La política del presidente Lula trata de reanudar los lazos con la mayor parte de los países de América Latina, un poco como ha hecho Japón con Asia», me dice tranquilamente sentado en su camerino, y en francés, Gilberto Gil. Y prosigue: «Nuestra prioridad es construir industrias de contenidos fuertes. Creo en la cultura como un arte, pero también como una industria. Y para nuestros jóvenes de las favelas creo en el desarrollo económico a través de la cultura. He creído en eso toda mi vida». En su camerino, Gil no tiene prisa. Me cuenta que en 1967, cuando empezó a utilizar guitarras eléctricas en un festival de São Paulo, lo abuchearon y lo acusaron de ser un agente del imperialismo estadounidense por tratar de imponer influencias occidentales en la música brasileña pura. «Lo único que pasaba era que nos gustaban el rock anglosajón y la cultura pop», exclama Gilberto Gil. Lo metieron en la cárcel y se exilió.

Gilberto Gil se atreve a comparar aquella batalla homérica por el rock y la que se está librando hoy en torno a Internet. Él, como músico, defiende los derechos de autor pero, como ministro, se ha empeñado en fomentar una difusión libre de la música —me dice que él mismo es un *hacker*—, sobre todo mediante las licencias *creative commons*. Piensa en el joven negro que fue, que se crió en el Brasil pobre, y se siente investido de una misión a favor de los jóvenes de las favelas a los que quiere ayudar a comunicarse gracias a la cultura digital. Gilberto Gil, la noche de nuestra entrevista, cantó *On the Internet*, cuyo texto dice: «Quiero estar en la web/ promover un debate/ reunir en Internet/ a un grupo de fans de Connecticut/ Quiero estar en la web para reunir/ las casas del Nepal y los bares de Gabón».

Durante mi encuesta me han citado varias veces la frase de George W. Bush, entonces presidente de Estados Unidos, cuando llegó a América Latina y se excusó delante del público en un mitin: «Sorry, I don't speak latin» (disculpen, pero no hablo latín). Auténtica o no, la frase es divertida, pero lo esencial no es esto: los latinos tampoco hablan «latín». Y éste es el problema.

Contrariamente a lo que yo creía, no existe una cultura común que trascienda la de todos los países hispánicos y lusófonos. El sueño de Simón Bolívar de una América Latina unida es un espejismo en materia cultural, en particular en el *entertainment*. Sí es cierto que existe un mercado de 350 a 450 millones de personas con una gran homogeneidad lingüística —el español—, pero sólo las *majors* estadounidenses del cine y de la música son capaces de acceder a él. Esta «diversidad estandarizada», formateada sobre todo en Estados Unidos, une hoy a los pueblos latinoamericanos, en particular mediante cantantes superestrellas, un pop latino híbrido, unos *blockbusters* en el cine, unos formatos de *talk shows* televisivos y unos *best sellers* literarios, empezando por Paulo Coelho, el autor de la novela planetaria *El alquimista,* publicada primero en una pequeña editorial brasileña y hoy difundida en Estados Unidos por HarperCollins, la editorial perteneciente a News Corp de Rupert Murdoch, y en todo el mundo por una agencia con sede en España. Queda lejos la época en que autores como Jorge Luis Borges, Julio Cortázar, Octavio Paz, Gabriel García Márquez y Mario Vargas Llosa eran considerados como embajadores culturales de su país y de América Latina. En la actualidad, el *soft power* se mide más por el *entertainment* que por la cultura de élite. Sólo las telenovelas escapan a esa uniformización, pero ellas mismas son el producto de una comercialización a ultranza y de una competencia salvaje entre los propios países latinoamericanos y también de éstos con las televisiones estadounidenses.

Hoy la separación entre Norteamérica y Sudamérica queda atenuada y difuminada por la globalización. Y en cierta medida, excepto las telenovelas, muchas veces es la cultura pop estadounidense, o americanizada, la que hoy sirve de cultura común en América Latina por lo que al *entertainment mainstream* se refiere.

Desde que realicé esta encuesta, la crisis económica ha modificado el paisaje de Miami. MTV Latin America ha conservado su principal plataforma en Miami, pero ha «regionalizado» más sus oficinas de México y Buenos Aires para estar más cerca de su público, beneficiarse del tipo de cambio favorable entre el dólar y el peso y competir, en Buenos Aires, con Much Music TV. En televisión, Disney, por su parte, ha ampliado sus oficinas de Buenos Aires y ha cerrado las de Miami; CNN Español sigue en Atlanta. HBO, en cambio, ha reforzado HBO Latin America en Miami. En cuanto al cine y al audiovisual, Miami acusa la competencia de Los Ángeles, Buenos Aires, Río y México; para la música, sin embargo, Miami conserva la ventaja.

«Cada vez que hay una crisis económica en Estados Unidos, la industria del disco abandona Miami; pero cada vez que hay una crisis política importante en América Latina, repatrían todos sus equipos a Miami. Esperamos la próxima crisis para hacer las maletas. Posiblemente será cuando Cuba se abra, y entonces Miami se convertirá en absolutamente imprescindible», resume Rafael Artero.

Luego está la demografía, que es como siempre una de las claves del éxito o el fracaso de las industrias creativas en todo el mundo. Y en primer lugar, la demografía de Estados Unidos, que sigue siendo el corazón de este mercado: «La amenaza principal que pesa sobre el mercado latino en Norteamérica, a largo plazo, es la asimilación. Hoy tenemos a *mom* y *dad* que ven las telenovelas en una habitación y escuchan música latina, y en su dormitorio están los hijos que ven una serie estadounidense y escuchan hip hop», me explica un directivo de televisión que entrevisto en Los Ángeles. Por su parte, Mariano Kon, de la productora Cuatro Cabezas en Buenos Aires, se muestra más crítico todavía: «En una época, se creyó que lo latino existía, pero es un elefante blanco. Es la ilusión de que todos los hispanos son lo mismo. Es una visión estadounidense. Los estudios de Hollywood sueñan con un "mercado latino", pero es algo artificial. Y Miami es en efecto la capital de este mundo artificial». Luiz Cláudio Latgé, uno de los directivos del grupo TV Globo, es más explícito aún: «Los mismos estadounidenses saben que ya no pueden dirigir América Latina desde Miami».

Otros son más optimistas y creen que América Latina puede despertar: «Brasil ahora es un gigante económico, pero en Europa aún lo ven a través de las favelas, la miseria y la violencia. En cuanto a los estadounidenses, ni siquiera saben que existimos y que hablamos portugués. ¡Nos confunden con Venezuela! Cuando quieran darse cuenta de su error, seremos una potencia con la que tendrán que contar, incluso en el *entertainment*», me explica José Zimerman, uno de los directores de TV Brasil, la televisión pública brasileña.

José Tillan, vicepresidente de MTV Latin America, también subraya que los pronósticos sobre la americanización de los hispanoamericanos son erróneos: «No tenemos nada en contra de los húngaros o los italianos, cuya aculturación se ha vuelto total a medida que se han ido americanizando. Pero los latinos seguirán siendo latinos en Estados Unidos porque son muchos, porque hoy existen unos medios de comunicación modernos, por la proximidad geográfica y sobre todo porque cambiaremos profundamente Estados Unidos». Y Tillan concluye: «Estamos realizando la "latinoamericanización" de la cultura estadounidense».

14. DE CÓMO AL YAZIRA SE HA CONVERTIDO EN LA CADENA *MAINSTREAM* DEL MUNDO ÁRABE

Un sábado hacia las 16 horas, una hermosa tarde de julio de 1997, calurosa y húmeda, las familias saudíes estaban viendo tranquilamente un programa educativo destinado a los niños en Canal France International, un banco de programas francés, filial del grupo France Télévisions. La retransmisión se hacía a través del satélite ArabSat, lanzado en 1985 por 21 países árabes y cuya señal principal se emitía desde Riad en Arabia Saudí. De pronto, un error de manipulación de las retransmisiones satélites por Télédiffusion de France tuvo como consecuencia inesperada que CFI y el canal de pago Canal+ se invirtieron. El incidente no habría tenido más consecuencias de no ser porque Canal+ aquel día emitía *Club privé au Portugal,* una película porno.

Sentado en un amplio sillón, en la Place des Ailes, en Boulogne-Billancourt, al oeste de París, donde están la mayoría de las televisiones francesas, Philippe Baudillon no se altera. En aquella época, dirigía la cadena Canal France International (hoy es presidente de Clear Channel France, una filial del gigante estadounidense de la publicidad urbana, en cuya sede me recibe): «Le puedo decir que fue la prueba más dura de toda mi carrera. La audiencia de los programas franceses, a través de Canal France International, estaba subiendo mucho en el Golfo. Y aquel error acabó con toda nuestra estrategia de desarrollo». La difusión del porno de Canal+ duró unos treinta minutos hasta que los técnicos parisinos se dieron cuenta del patinazo que habían cometido (la película estaba destinada a una cadena de pago del Pacífico). Según los datos de la época, el porno debió de llegar a una veintena de países árabes y a un público potencial de 33 millones de personas. «Fue espantoso. Se llevó por delante la presencia francesa en el Golfo. Y nos borraron del mapa», lamenta Philippe Baudillon.

Interrogado hoy en Riad, capital de Arabia Saudí, Ahmed H. M. Al Kilani es más crítico: «Yo entonces era el representante de CFI en Arabia Saudí. Lo recuerdo perfectamente. Fue horrible. Intentamos parar el programa inmediatamente, pero en CFI no contestaba nadie. Por otra parte, no era la primera alerta: CFI ya había emitido un espectáculo olé olé del Lido. Los de CFI eran muy incompetentes: no entendían nada de los valores árabes».

En París la versión oficial, que hasta ahora no se ha demostrado, es que aquel incidente, que fue real, sirvió de pretexto para echar a los franceses del satélite ArabSat. «Es plausible», me explica Saud Al Arifi, el presidente del importante grupo mediático de los satélites saudíes Salam Media Cast, también entrevistado en Riad y cuya especialidad es gestionar la integración de los contenidos en el satélite ArabSat. Y continúa: «Las películas pornográficas existen en Arabia Saudí para los abonados. Por supuesto que están codificadas, pero mucha gente las descodifica ilegalmente. El furor de los saudíes era pues proporcional a las ganas que tenían de deshacerse de los franceses». Para aclarar las cosas, Al Arifi descuelga el teléfono y, delante de mí, llama a un representante de ArabSat en Jordania y le pregunta directamente: «¿Tú crees que fue un pretexto para echar a los franceses?». Oigo la respuesta del hombre en árabe desde Ammán. Saud Al Arifi cuelga y me traduce al inglés: «En ArabSat me confirman que no fue un pretexto, la película realmente los indignó».

¿Fue una escenificación? ¿Un pretexto? El caso es que el asunto de la película porno de Canal+ emitida por la tarde cuando las familias saudíes y las de otros países árabes estaban viendo la televisión hizo que CFI fuese inmediatamente expulsado del satélite ArabSat. Los saudíes se declararon ultrajados por el error «técnico» de los franceses y, pese a las presiones diplomáticas de París, decidieron vetar a CFI. El canal que quedó liberado por esa expulsión fue adjudicado a una joven cadena que hacía tiempo que intentaba aumentar su audiencia en los países árabes emitiendo a través de ArabSat y que aspiraba a convertirse en *mainstream:* Al Yazira.

A las 21.30 horas exactamente, la imagen de Mohamed Krichen aparece en todas las pantallas de la *control room*. Alrededor de mí, ocho hombres se afanan delante de 36 pantallas de televisión y una veintena de ordenadores último modelo. Cuatro de ellos llevan la *dishdasha*, la hermosísima túnica blanca de los países del Golfo, y se cubren con un *keffieh* igualmente blanco. Estoy en Doha, la capital de Qatar, en la sede de Al Yazira. Acaba de empezar uno de los *talk shows* más famosos de la cadena, *Ma war'a al khabar* (Entre líneas).

El cuartel general de Al Yazira (que en árabe significa «la península») es un búnker ultraprotegido, a unos veinte minutos del centro de la ciudad de Doha, en medio de la arena. Fuera hay unos hombres armados y unas garitas; dentro, un césped (importado, según me dicen, en placas enteras). Tengo que pasar dos controles de policía antes de entrar, pero luego circulo bastante libremente por todo el recinto. Me sorprende inmediatamente la gran diversidad: hay mujeres con velo, muchas, otras sin velo, también muchas. Hombres con *dishdasha*, y muchos con vaqueros. Un ambiente mixto.

En la cafetería donde me reúno con Mohamed Krichen, me llama la atención la pluralidad de las nacionalidades y las religiones. Me presenta a drusos, libaneses chiitas, palestinos suníes, saudíes laicos, británicos islamistas, de todo, salvo qataríes, poco numerosos entre los periodistas, y poco numerosos en general.

«La esfera de influencia islamista es fuerte en el mundo árabe. Es normal que también exista dentro de Al Yazira. Al mismo tiempo, se puede ser islamista y buen periodista», puntualiza de entrada, en francés, Mohamed Krichen. El presentador estrella de Al Yazira, que empezó su carrera en la BBC y fue uno de los fundadores de la cadena qatarí, no es islamista. Dentro del comité editorial de la cadena, más bien se le considera un nacionalista panárabe y también dicen que tiene sus discrepancias con el actual director de Al Yazira. Krichen se niega a entrar en este debate y echa balones fuera: «Yo defiendo los valores y la integridad del periodismo, eso es lo único que me interesa, mi única línea de conducta». Más claramente, le pregunto qué piensa de Wadah Khanfar, el actual director de Al Yazira, muy criticado por su afinidad con los islamistas (y de quien sé que Krichen es uno de los principales oponentes internos): «Su nombramiento fue una decisión política del emir de Qatar, no me corresponde a mí pronunciarme sobre esta decisión. Pero tratándose de Al Yazira, no hay que juzgarla precipitadamente. Se cometen errores, qué duda cabe, una cadena como la nuestra no puede ser siempre ideal e irreprochable. Pero el pluralismo se mide por el conjunto de la programación, y lo que le puedo decir es que todas las tendencias árabes están representadas en Al Yazira».

Al comienzo de la guerra de Afganistán, Krichen estaba sobre el terreno. Luego fue él quien entrevistó a Simon Peres, el presidente israelí, durante la guerra de Gaza, lo cual era todo un reto para una cadena árabe. También ha entrevistado a Bachar al-Asad, a Mahmoud Abbas y a Hugo Chávez. En toda la red de Al Yazira, Krichen es alabado por su seriedad y su profesionalidad. Presenta habitualmente las noticias de la noche y, tres veces por semana, también el programa *Entre líneas,* uno de los programas políticos más populares del mundo árabe. «Es el *show* número uno de la cadena árabe número uno», dice a modo de resumen y con algo de fanfarronería Nazar Daw, el productor del programa en directo, al que entrevisto al final del mismo. Krichen se muestra algo más serio y más modesto: «Nuestro éxito se debe a que damos más importancia a la información que a los comentarios, tratamos de explicar la realidad más que de dar nuestra opinión». Sobre todo, el *news show* habla de las informaciones más candentes. Elige los temas esa misma tarde y el productor me confirma que a veces los cambian hasta treinta minutos antes de que empiece la emisión. «Sin duda es el programa más *mainstream* de Al Yazira —sentencia Nazar Daw—, porque se emite en *prime time* y está muy pegado a la realidad inmediata. De hecho, es una especie de editorial de la cadena». Desde este desierto de Qatar en el que me encuentro, tengo la impresión de que las voces como la de Krichen y el eco de libertad de los medios árabes que simboliza Al Yazira llegan muy lejos.

Al Yazira fue inaugurada el 1 de noviembre de 1996 por la voluntad de un solo hombre: el emir de Qatar. Qatar es un micro-Estado de 800.000 habitantes, la mayoría de los cuales son inmigrantes de Pakistán, India o Irán. Durante mucho tiempo fue uno de los países más pobres de Oriente Medio; en menos de veinte años, gracias al descubrimiento de reservas de gas (las mayores del mundo después de Rusia e Irán), se convirtió en uno de los más ricos. La «crisis del petróleo» aquí se llama el *«boom* del petróleo». El emir, al que ayer nadie conocía, hoy ha entrado en la corte de los grandes. Y habla con todo el mundo. Parece ser que inicialmente el emir era proárabe pero que desde 2001 ha evolucionado y acepta el diálogo con los islamistas (algunos dicen que se ha pasado de la órbita de la Liga Árabe a la de la Organización de la Conferencia Islámica, pero otros lo niegan). En todo caso, Qatar es hoy un país pivote en la construcción de un nuevo eje fuerte con Siria e Irán, más que con Egipto y Arabia Saudí. Esta diplomacia implica a veces vaivenes complejos e indescifrables. Qatar tiene una política diplomática no alineada respecto al mundo árabe, hecha de visibilidad internacional y de independencia regional: el diálogo de las culturas, la mediación entre Oriente y Occidente, la desconfianza hacia el gran hermano saudí, la pacificación del Líbano a través de la negociación con Hezbolá y, en todas partes, una diplomacia basada en el talonario. Pero Qatar también sabe nadar y guardar la ropa: se aproxima a Irán pero conserva en su territorio la importante base militar estadounidense de Al-Udeid (a partir de la cual se lanzó la guerra de Irak en 2003); trata a la vez con George W. Bush y con Bachar al-Asad; autoriza a los israelíes a abrir una oficina «comercial» en Doha, con estatus diplomático, no lejos de la residencia de Khaled Meshal, líder de Hamás, que se encuentra en Qatar como exiliado protegido.

Esta política diplomática sutil o chapucera, según los puntos de vista, se refleja inevitablemente en la línea editorial de Al Yazira. La cadena se alinea más o menos con las variaciones de la política diplomática de Qatar. «Al Yazira es la política exterior de Qatar, es un producto de exportación, es una embajada de Qatar», me explica Ahmad Kamel, un ex director de Al Yazira. «No es una embajada —corrige Atef Dalgamuni, uno de los fundadores y principales dirigentes de Al Yazira en Doha—. Es el Ministerio de Asuntos Exteriores de Qatar».

En diciembre de 1998, con su nueva y potente señal en el canal que ha dejado vacante Canal France International, es cuando Al Yazira despega realmente: es la única televisión que puede mostrar las imágenes de la operación Zorro del Desierto, el ataque aéreo estadounidense en Irak. Estas imágenes exclusivas constituyen el principio de su reconocimiento internacional y del incremento de su audiencia, igual que la segunda intifada palestina a partir de 2000, los vídeos de Osama Bin Laden y la guerra de Afganistán en 2001, la guerra de Irak en 2003 y luego la guerra de Gaza en 2008 la harán imprescindible en el mundo entero.

Cadena árabe, pues, pero cuyas relaciones con los países musulmanes son erráticas. Al Yazira está prohibida en Túnez, Marruecos, Argelia e Irak; de vez en cuando algunos Estados árabes amenazan con prohibirla, como Arabia Saudí hasta 2007 o más recientemente la Autoridad Palestina. También es el caso de India. De todas formas, prohibida o no, basta con una antena parabólica de menos de 100 euros para captarla en cualquier lugar del Próximo o del Medio Oriente.

Paradójicamente, la cadena amenazada por los talibanes y los chiitas radicales también ha sido violentamente criticada y amenazada por la administración Bush en Estados Unidos (una discusión entre George W. Bush y Tony Blair, relatada en una nota británica confidencial, da a entender que George Bush tenía la intención de bombardear la sede de la cadena en Doha, pero la veracidad del documento no está demostrada). Al Yazira acusa incluso a la administración Bush de haber presionado a los principales operadores de cable para eliminarla de los hogares de Estados Unidos; la acusación tampoco está probada, pero es cierto que Al Yazira, por razones políticas o comerciales, está poco presente en el cable estadounidense. El caso es que hay una paradoja: Estados Unidos se ha comportado en cuanto a censura y limitación de la libertad de información respecto a Al Yazira como las dictaduras árabes, siendo así que, como dicen sus defensores, la cadena hacía simplemente el trabajo periodístico sobre el terreno que CNN no quiso o no supo hacer.

Los años que van de 1996 a 2001 fueron los años estelares de Al Yazira. La cadena rompió los tabúes del mundo árabe, especialmente en lo que a las mujeres y la sexualidad se refiere. Abrió una oficina en Israel y dio la palabra, por primera vez en un medio árabe, a los representantes del Estado hebreo (a menudo sin cortes y sin desnaturalizar sus palabras). Muchos telespectadores árabes vieron así por primera vez a un israelí defender su punto de vista en una cadena árabe. Desde 2001, parece sin embargo que la cadena ha cambiado su línea.

Hossein Abdel Ghani dirige la oficina de Al Yazira en El Cairo. Para encontrarse con él, hace falta tanta tenacidad como sentido de la orientación. Los locales de Al Yazira están en un edificio viejo, a orillas del Nilo, sin ninguna señalización aparente ni ninguna indicación. El ascensor no funciona y nadie ha barrido las escaleras desde hace meses. Hay polvo por todas partes. En el quinto piso, ni timbre, ni rótulo, ni recepción. Tampoco medidas de seguridad. Al Yazira ha instalado uno de sus principales centros neurálgicos mundiales en El Cairo en un lugar inaccesible y desconocido (casi) por todo el mundo. Dentro, muchos periodistas y cámaras atareados, mujeres sin velo y con camisetas muy ceñidas coloreadas al estilo American Apparel trabajando, relajadas, igual que los hombres. Decenas de cámaras digitales sobre las mesas, y también aparatos Sony. Un camarero me trae café. Por las paredes, el logo de Al Yazira bien visible —su nombre, caligrafiado en caracteres árabes dorados, parece una llama—, bien reconocible y, debajo, en árabe o en inglés, el lema: «Un punto de vista y su contrario».

Hossein Abdel Ghani me recibe en vaqueros y zapatillas deportivas, a la americana. En virtud de reglas estrictas de comunicación de la cadena, él es el único habilitado para hablar, cosa que hace de forma sorprendentemente espontánea y natural. «En Egipto, somos muy controvertidos. Es difícil trabajar aquí. Pagamos el precio de nuestra libertad y nuestra independencia», me dice confirmándome lo que he leído en los periódicos, es decir, que acaba de pasar dos días en la cárcel en Egipto. Está al frente de un equipo de 25 personas y dirige una oficina problemática en un país problemático.

Hossein Abdel Ghani habla inglés con un acento perfecto. Como casi 120 periodistas de Al Yazira, empezó trabajando en Londres en la cadena Arabic BBC News, una *joint venture* entre BBC World Service y la sociedad saudí Orbit. Cuando en 1996 cerró esa cadena por desacuerdos entre los ingleses y los saudíes, fue el momento de lanzar Al Yazira. Hossein Abdel Ghani se encargó en 1997 de abrir la oficina egipcia de Al Yazira, un año después de que la cadena empezase en Doha. El Cairo es, junto con Ramala y Bagdad, una de las principales sedes. Desde dos estudios precariamente equipados, pero muy bien situados, los periodistas realizan sus *flashes* delante de un decorado natural impresionante: los ventanales dan al Nilo y a la inmensa ciudad de El Cairo.

«Hacemos periodismo según las reglas internacionales, y eso es lo que nos reprochan en los países árabes… y en Estados Unidos», me explica Hossein Abdel Ghani, que me enseña las decenas de diplomas y medallas internacionales, símbolos de la independencia de la prensa, que ha recibido y que ocupan la mayor parte de los espacios del despacho. En El Cairo, también hay un equipo dedicado a la cadena deportiva de Al Yazira, así como periodistas capaces de hacer documentales culturales o *talk shows*. «Nuestro éxito se debe a una mezcla sutil de información y *entertainment*. Esta combinación resulta muy atractiva para millones de personas que nos siguen fielmente en todo el mundo. Nos interesamos por todo lo que afecta a la gente, a la gente en general, no a la élite. Nuestros programas y nuestros telediarios, nuestros *talk shows* sobre todo, son por tanto esenciales: los *fatwa talk shows* presentados por los *satellite sheiks,* por ejemplo, tienen un éxito enorme».

¡Unos *fatwa talk shows!* ¡Jeques por satélite! Abdul Hamid Tawfik, al que entrevisto unos días después en Siria, no es de los que hacen bromas y no aprecia mucho el sentido del humor de su colega egipcio. Ex director político de la televisión oficial siria, Abdul Hamid Tawfik es actualmente el jefe de la oficina de Al Yazira en Damasco. Bigotito, gafitas, pelo ligeramente gris, habla deprisa, se extiende y no acepta apenas preguntas. Como no domina el inglés, mi traductor en Siria nos ayuda. La oficina siria de Al Yazira está situada encima de un Columbus Café, en East Mazeh, un barrio rico de las afueras al oeste de Damasco. En la calle, el logo de la cadena es pequeño pero bien visible. En el primer piso, en cuatro o cinco despachos, hay unas quince personas. Hay cámaras por el suelo. «Ésta es una cadena popular en Siria —dice satisfecho Abdul Hamid Tawfik—. La gente más politizada mira Al Yazira o la cadena de Hezbolá, Al Manar, que se considera la cadena de la resistencia. Por lo demás, para distraerse, muchos sirios miran LBC, la cadena libanesa, o las cadenas saudíes de MBC». ¿Cómo se pueden saber las cifras de audiencia? «No se pueden saber. No hay estadísticas sobre el audiovisual en Siria, y tampoco Audimat en los países árabes —suspira Abdul Hamid Tawfik—. Ni el gobierno ni el sector privado saben cuál es la situación. Sólo se pueden hacer hipótesis» (según diferentes fuentes, la audiencia de Al Yazira superaría los 50 millones de hogares diarios). Un camarero nos ofrece un té turco. Hablamos durante bastante rato sin que me entere de gran cosa respecto al tema que me ha traído hasta aquí: ¿cómo se ha convertido Al Yazira en una cadena *mainstream?* Alrededor de la habitación, hay cortinajes rojos que transforman este despacho en un espacio sofocante donde uno tiene sensación de claustrofobia. Al salir, Abdul Hamid Tawfik me muestra una copia del Corán, pintada a mano, magnífica, que preside la entrada de su despacho. Ya en la puerta, me hago eco de los rumores según los cuales Al Yazira estaría en Siria próxima al poder, y doy a entender que, para abrir una oficina en Damasco quizás haya habido que hacer concesiones. El jefe de Al Yazira en Damasco me mira con calma. En ese momento oigo, emitida por unos altavoces modernos y ruidosos desde un minarete, la llamada a la oración del almuecín. «No estamos sometidos al poder; trabajamos respetando la ley siria y la deontología periodística de Al Yazira», se justifica hábilmente Abdul Hamid Tawfik.

Unos días antes, había preparado la entrevista con uno de los fundadores de Al Yazira en Londres, que también ha dirigido varias antenas de Al Yazira, antes de dimitir finalmente. «La oficina de Al Yazira en Damasco está muy ligada al Estado sirio y difunde la información oficial», me había advertido (este ex directivo desea conservar el anonimato por respeto a sus colegas y para poder hablarme con más libertad).

Cabe decir que, durante varios años, Siria, como la mayoría de los demás países árabes, prohibió Al Yazira en su territorio rechazando todas las peticiones de visado de sus periodistas; abrir una oficina en Damasco era por lo tanto algo muy improbable. Se puede formular la hipótesis de que su apertura reciente fue negociada en las altas esferas, para propiciar un acercamiento diplomático entre Qatar y Siria a partir de la segunda guerra del Líbano en 2006 y las negociaciones para acabar con el conflicto que llevó a cabo Doha (en 2008 el emir de Qatar le ofreció como regalo personal un Airbus al presidente sirio Bachar al-Asad).

El caso es que el fundador de Al Yazira, al que entrevisto en Londres, critica el tipo de periodismo que realiza Al Yazira en Siria y, más globalmente, la evolución de la cadena. Según él, ha habido una «reislamización muy clara de Al Yazira desde 2001», cuyos efectos son especialmente perceptibles en Siria y en Líbano. Mi contacto se lanza a un análisis pormenorizado y me cuenta cómo interpreta él el modo en que ha evolucionado la cadena: «Antes de 2001, era más bien una cadena nacionalista, digamos laica, en la tradición del nacionalismo árabe, del panarabismo y del socialismo árabe, encarnado por la Liga Árabe, de la cual Qatar forma parte. La idea subyacente era la modernización de los países árabes y el espíritu de apertura árabe, la denominada *infitah*. A partir del 11 de septiembre de 2001, la cadena ha evolucionado hacia una islamización cada vez mayor. Poco a poco, ha ido eligiendo Siria frente a Egipto, los Hermanos Musulmanes frente a la Liga Árabe, Hamás frente a Al Fatah. Emiten los vídeos de Osama Bin Laden, pero más como propaganda que como información o para ganar audiencia. Las palabras también tienen su importancia: hablan del "presidente" Sadam Hussein y no del "dictador", como los occidentales; de los "resistentes" para referirse a los "rebeldes" iraquíes; de las "fuerzas de invasión" norteamericanas y no de las "fuerzas de la coalición"». En 2003, Wadah Khanfar, un palestino que ha estudiado en Jordania, se convierte en el director de Al Yazira. Tiene 34 años. Coordinaba la oficina de Bagdad en el momento en que fue derrocado Sadam Hussein, lo cual le permitió hacerse un nombre, aunque, según mi interlocutor, «tenía una experiencia periodística más bien limitada». El antiguo fundador de Al Yazira, al que entrevisto en Londres, continúa: «Desde que Wadah Khanfar se ha instalado en Doha, Al Yazira se ha vuelto partidaria de la resistencia iraquí. Ahora están contra los chiitas de Irak, pero a favor de los chiitas de Irán, de Líbano y de Siria. Apoyan a Al Qaeda en Afganistán, defienden la memoria de Sadam Hussein, son pro-Hezbolá y pro-Ahmadineyad. ¡Y hasta defienden al antiestadounidense Hugo Chávez de Venezuela y al islamista Erdogan de Turquía! Es un cambio de rumbo total respecto a la objetividad de Al Yazira en sus inicios y respecto a su afán de neutralidad. Entonces fue cuando dimití».

Lo dejé hablar. Conoce la historia desde dentro, es legítimo y fiable, aunque tenga su propia lectura de los hechos. Naturalmente ésta no es compartida por otros interlocutores míos que consideran que Al Yazira es «una cadena como cualquier otra». Algunos me hacen observar que hay muchas libertades y diferencias dentro de la red. Al fin y al cabo, me dicen en Doha, el hecho de que la cadena defienda valores árabes no le impide hacer periodismo, y no tiene por qué ser más problemático que el hecho de que CNN defienda el punto de vista de Estados Unidos y los valores estadounidenses. También me señalan que si bien algunas oficinas de Al Yazira efectivamente están «a la escucha» de Hezbolá y de Hamás en función de las situaciones locales, la oficina de Ramala, por ejemplo, sigue siendo más bien laica y está «a la escucha» de Al Fatah. «Yo sería la primera que abandonaría la cadena si Al Yazira se volviese proiraní e islamista», afirma Dima Khatib, la jefa de la oficina de Al Yazira en Venezuela, una palestina a la que entrevisté en Caracas. En cambio, el director de una oficina de Al Yazira que acaba de ser despedido me confirma que, en las manifestaciones de la oposición iraní en 2008, apareció la verdadera cara de Al Yazira: «La cadena fue totalmente pro-Ahmadineyad durante esos acontecimientos. Hasta ahora, defendían a la población y a la democracia; en Irán, acaban de defender a una dictadura». Este mismo responsable de la cadena afirma que «los lazos entre Al Yazira y Hamás se han estrechado desde la llegada de Wadah Khanfar a la dirección». Son varios los contactos que me han confirmado esta información.

Otros explican que los medios audiovisuales han sido privatizados en muchos países árabes, como Siria, gracias a Al Yazira, y que los efectos a largo plazo de la existencia de la cadena serán decisivos para la modernización del mundo árabe. Sobre todo, Mohamed Krichen en Doha me explica que «la oposición entre chiita y suní no es pertinente para analizar el tratamiento que hace Al Yazira de la información». Ahmad Kamel, ex director de la oficina de Al Yazira en Bruselas, explica que los cambios de la cadena son a la vez ideológicos y comerciales: teniendo en cuenta su éxito, Al Yazira ha querido responder a las expectativas de la «calle árabe» y automáticamente se ha ido haciendo más islamista a medida que los Estados Unidos de George W. Bush se hacían más antiárabes. «Al Yazira es una cadena privada que quiere tener audiencia y obtener beneficios», me explica Labib Fahmy, su colega, que es el nuevo jefe de la oficina de Al Yazira en Bruselas. «Lo que mueve a la cadena es en efecto la presión de la calle —me confirma Mohamed Krichen—. Estamos sometidos constantemente a la presión de la opinión pública árabe. Pero yo me pregunto si realmente reflejamos esa opinión árabe o si la padecemos».

Justo al lado de un famoso restaurante gay, no lejos de la cadena competidora Future, la sede de Al Yazira, en la calle Hamra, en el sector Kantari de Beirut (Líbano), también es más bien discreta. Hay cámaras alrededor del edificio amarillo y rosa El Mina, en el que se ha instalado Al Yazira y, una vez más, pocas indicaciones visibles en el exterior permiten adivinar que en el primer piso tiene su sede una cadena de televisión. Sólo una decena de antenas parabólicas en el tejado pueden llamar la atención del transeúnte un poco observador. En el interior, una inmensa redacción en *open space*. En una pared veo la enorme llama, el logo de Al Yazira, pero también una foto de Tarek Ayoub, el corresponsal de Al Yazira muerto en abril de 2003, cuando dispararon un misil estadounidense contra la sede de la cadena en Bagdad.

El jefe de la oficina de Al Yazira en Beirut se llama Ghassan Ben Jeddou. Él es quien presenta todas las semanas el *talk show Debate abierto* en Al Yazira desde Beirut. Su padre es un tunecino suní y su madre una cristiana, está casado con una chiita y es un personaje que suscita controversias y despierta fascinación. En el mundo árabe, es conocido sobre todo porque fue el único periodista que en julio de 2006 entrevistó a Hassan Nasrallah, el secretario general de Hezbolá, en pleno conflicto israelo-libanés. Ghassan Ben Jeddou también grabó los túneles secretos entre Gaza y Egipto, circulando bajo tierra con su cámara. (Durante mi estancia en Beirut no pude entrevistarlo; el motivo oficial fue que aquella semana estaba grabando su *show* en el sur del Líbano.)

Una vez más, las opiniones en lo que se refiere a la noción del periodismo que encarna Ghassan Ben Jeddou son divergentes. «Al Yazira está contra la democracia en Líbano y la oficina, incluido su jefe, es pro-Hezbolá, partidaria de los iraníes y del emir de Qatar», defiende Ahmad Kamel, un antiguo de Al Yazira que hoy es el jefe de la oficina de la BBC en Damasco. Otros consideran que entrevistar al líder de Hezbolá Hassan Nasrallah es un éxito periodístico que incluso a la CNN le habría encantado: «Eso confirma su profesionalidad como periodista, no que esté conchabado con Hezbolá», afirma un responsable de Al Yazira en Doha. (Recordemos que Ghassan Ben Jeddou fue conducido con los ojos vendados y en un *blind bus,* un vehículo con los cristales tintados, hasta un lugar desconocido para realizar esa entrevista con Hassan Nasrallah, uno de los hombres más buscados por Israel, que lo considera como «uno de los principales terroristas del mundo»; lo más significativo es que cuando Ben Jeddou le preguntó en antena a Nasrallah dónde estaban, éste le respondió que él tampoco lo sabía, porque también a él lo habían llevado allí con los ojos vendados).

Un formato *News & Entertainment*

Además de la política, esencial en este caso, ¿qué pasa con las formas periodísticas y los formatos de televisión? Siempre intento comprender las razones que han permitido a Al Yazira convertirse en una cadena *mainstream*. «El éxito de Al Yazira se debe a sus *talk shows*», me explica Labib Fahmy, el director de la oficina de Al Yazira en Bélgica. Nos reunimos en un pequeño café del centro de Bruselas. No quiere que le cite en lo referente a los aspectos políticos (no está autorizado a hablar de estos temas), pero acepta hablar de la manera como Al Yazira se ha convertido en *mainstream*.

El secreto de Al Yazira es su programación. Gracias a una programación diversificada, ofrece su *talk show* a cada una de las sensibilidades del mundo árabe. Para los liberales, tiene el programa político *Más de una opinión,* que se hace en Londres, con el presentador estrella Sami Haddad, lo mismo que *Sólo para las mujeres,* un programa de 90 minutos sobre cuestiones femeninas, un *show* dirigido por la siria Luna Shebel, que despierta ya sea odio ya sea adoración entre los árabes que he entrevistado durante mi encuesta (pero hace poco han suspendido el programa). Los nacionalistas tienen su emisión estrella en *La opinión contraria,* inspirada en el modelo del *Crossfire* de la CNN, presentada desde Doha por un druso sirio, Faisal al-Qazem, que no vacila en discutir de los temas tabú, en «desmitificar los mitos», según sus propias palabras, y en criticar a los Estados. El programa político *Entre líneas* de Mohamed Krichen también seduce a esa audiencia fiel al nacionalismo panárabe más que a los islamistas. En cuanto a los islamistas suníes, tienen *Sin fronteras* del flemático Ahmed Mansur, que se emite desde El Cairo (un egipcio que según dicen simpatiza con los Hermanos Musulmanes). Y tienen sobre todo *La sharia y la vida,* emitida desde Doha cada domingo a las 21.05 (hora de La Meca). En este programa es donde interviene regularmente, y no como presentador sino como invitado, la superestrella de la telepredicación islamista, el jeque Yusuf al-Qaradawi (un exiliado egipcio que también es simpatizante de los Hermanos Musulmanes).

En este programa, el *satellite sheik* (así llamado porque este jefe religioso musulmán predica vía satélite) responde a las preguntas concretas que le hacen los musulmanes para vivir en la modernidad sin dejar de ser buenos creyentes. Millones de personas están influenciadas por sus opiniones y sus *fatwas.* Gran defensor de los palestinos autores de atentados suicidas, enemigo de Estados Unidos a causa de la invasión de Irak, pero crítico con Al Qaeda, a la que denunció por sus atentados «contraproducentes» del 11 de septiembre, el jeque Yusuf al-Qaradawi sería, según sus defensores, más bien el intérprete de un islam progresista, sobre todo en lo que respecta a las mujeres. Otros le reprochan su llamamiento a la yihad contra Francia a causa de la prohibición del velo islámico en las escuelas públicas. Cuando un telespectador le pregunta si el Corán permite grabarse haciendo el amor con su mujer, el telepredicador responde que sí. Y su defensa de la felación como una práctica compatible con los valores del islam es sin duda una de las intervenciones más debatidas de toda la historia de la televisión árabe.

«Es un *talk show* como *La opinión contraria* lo que ha hecho que Al Yazira se convirtiera en *mainstream*. Hoy es probablemente el *show* más célebre del mundo árabe, y Faisal al-Qazem es una estrella mundial. Es la libertad del tono y el hecho de que la gente discuta con brillantez y a veces hasta con violencia lo que explica su éxito. El mundo árabe está muy dividido, y eso es lo que explica que este tipo de programas siempre acaben encontrando un equilibrio y la audiencia lo aplauda. No son tanto los informativos, son los *news shows* y el *entertainment* los que nos han permitido ser lo que somos», me confirma Labib Fahmy, el director de la oficina de Bruselas.

Al comienzo, el formato de Al Yazira tenía que ser el de los *news & entertainment* —lo que también se denomina el *infotainment*—, pero después de visionar los *pilots,* el emir de Qatar decidió dar preferencia a la información. El *entertainment,* sin embargo, no ha desaparecido de la programación ni mucho menos, y hasta ha aumentado mediante la multiplicación de los formatos de *talk show* (que a veces técnicamente son *news shows* pero con un fuerte componente de *entertainment*). «Inicialmente, los *talk shows* duraban hora y media y poco a poco los redujimos a 50 minutos —me explica Mohamed Krichen—. Nuestros *talk shows* son los que han contribuido a modernizar el mundo árabe. Al principio, eran chocantes, increíbles, para muchos telespectadores. Desde entonces, nos hemos ido habituando a nuestra propia audacia y el público ha evolucionado con nosotros».

La dimensión interactiva, naturalmente, vino después: ahora son muchas las emisiones que hacen participar a los telespectadores a través de preguntas por teléfono que salen en antena, con público que interviene en el plató o utilizando la web para dar cuenta de las preguntas y reacciones de la calle. Al Yazira da la palabra al pueblo, cosa que ningún medio árabe había hecho antes. «Cada vez más, nos piden que "personifiquemos" el debate, que contemos historias, que escenifiquemos "historias palpables", testimonios, vivencias», me confirma Labib Fahmy en Bruselas.

En noviembre de 2006 se produce el lanzamiento de Al Yazira en inglés. Esta nueva decisión del emir de Qatar tiene varios objetivos. Se trata en primer lugar de convertir Al Yazira en un medio global: en esa época se inauguran varias cadenas deportivas de pago así como importantes sitios web (la mujer del emir también inaugura una cadena para los niños, Al Jazeera Children, aunque no tiene lazos estructurales con el grupo Al Yazira). Para aumentar su influencia, es preciso que Al Yazira sepa dirigirse a Occidente. «Para invertir el flujo de las informaciones que vienen del oeste hacia el este y del norte hacia el sur, queremos hacer reportajes desde los países árabes para Occidente. Con nuestras propias imágenes, podremos invertir el sentido de los flujos audiovisuales. Nos hemos vuelto *mainstream* mostrando las verdaderas imágenes de la guerra de Irak, de Afganistán o de Gaza, y todo el mundo se ha puesto a ver nuestras imágenes, incluso los que no comprendían el árabe. Era el momento por lo tanto de empezar a hablar en inglés», me dice Atef Dalgamuni, un jordano de nacionalidad estadounidense, que es uno de los fundadores de Al Jazeera English, al que entrevisté en la sede de la cadena en Doha. Al Yazira recluta, pues, a golpe de talonario, a periodistas, *hosts* y *anchors* (según el modelo estadounidense, no se habla de presentadoras en Al Yazira, sino de *anchors*) de CNN, ABC o, como hizo en sus orígenes, de la BBC. La cadena qatarí no ha conseguido, claro está, tener a las verdaderas estrellas de CNN —los Larry King, Anderson Cooper, Wolf Blitzer, Lou Dobbs, Christiane Amanpour o Fareed Zakaria—, pero éstos son los modelos y en Doha se les imita.

Al Yazira en árabe y su hermana menor Al Jazeera English son entidades distintas, y los periodistas de la primera no trabajan más que ocasionalmente para la segunda. «La cadena internacional toma más precauciones, quiere dar una buena imagen del mundo árabe», me da a entender un director de una oficina de Al Yazira.

Esta nueva estrategia en lengua inglesa también está destinada a aumentar la audiencia de Al Yazira entre los musulmanes que no hablan árabe, como los de Indonesia, India, Pakistán, Irán, el África anglófona, y las jóvenes generaciones de árabes de Europa. En

Yakarta, la capital de Indonesia, entrevisto a Stephanie Vaessen, la corresponsal de Al Jazeera English. Es rubia, holandesa, no tiene exactamente el perfil de la periodista de Al Yazira que me esperaba encontrar en el país musulmán más poblado del mundo. «La oficina de Al Yazira en Yakarta depende de la sede regional de Kuala Lumpur en Malasia, que es el cuartel general del grupo para toda el Asia musulmana», me dice. Los corresponsales de Al Yazira en China, India, Tailandia y Filipinas dependen de ella. Según diferentes fuentes locales, Al Yazira no tiene un impacto muy importante en Indonesia. Asia es un mercado emergente para Al Yazira, pero el grupo está desplegando allí importantes medios, produciendo por ejemplo un programa asiático especial: *One on One East* (recuerda el formato de *Asian Uncut* de Star World en Hong Kong, que a su vez imita el formato del *talk show Jimmy Kimmel Live!* de ABC en Estados Unidos).

Actualmente el grupo Al Yazira va viento en popa. Y la dimensión del entretenimiento *mainstream* es su nueva prioridad, además de la información. En noviembre de 2009 compra por 650 millones de dólares varias cadenas deportivas por satélite al vecino grupo saudí ART, con los derechos deportivos que ello comporta. Gracias a esta operación decisiva, Al Jazeera Sport Channels (JSC) obtiene todos los partidos de fútbol de las ligas argelinas, marroquíes, sirias, jordanas y egipcias, así como los derechos de otros muchos programas deportivos como los Juegos Olímpicos y, sobre todo, los de la Copa Mundial de Fútbol de 2010 y 2014. Al Yazira tendrá a partir de ahora casi el monopolio del deporte en el mundo árabe, aunque su competidora, Abu Dhabi Television, le haya arrebatado los derechos de la liga inglesa por 330 millones de dólares. Poco a poco, con el deporte como base de su inversión en *entertainment,* Al Yazira se va convirtiendo en un grupo mediático global, uno de los más importantes del mundo árabe. Además, combina televisiones gratuitas con televisiones de pago según una dosificación sutil: las cadenas de información gratuitas atraen al público hacia las de pago. Ahora posee dos cadenas de información continua en árabe y en inglés, una docena de cadenas deportivas, siete gratuitas y cinco de pago, una cadena infantil (independiente) y numerosos proyectos en desarrollo. «Después de la información, el deporte es el eje más importante de Al Yazira», me confirma Madjid Botamine, el presentador estrella de la emisión *El noticiario de los deportes* en Al Yazira, entrevistado en el *newsroom* de la cadena en Doha. El grupo ha entrado pues masivamente en el *entertainment* para el gran público. «Nuestra voluntad es llegar primero a todos los árabes, luego a todos los musulmanes y después a todo el mundo», me explica en Doha uno de los hombres clave de Al Yazira, el jordanoamericano Atef Dalgamuni. ¿Y cómo lograr llegar al este y al oeste? «Aquí, en Al Yazira, no hablamos del este y del oeste. Hablamos del norte y del sur. Y vamos a llegar a todo el mundo a través de la información y el *entertainment*. Queremos ser un grupo *mainstream*. Al Yazira mira desde el sur al norte», concluye Dalgamuni.

En la actualidad existen más de 500 cadenas de televisión en el mundo árabe. Eso reduce la audiencia y el mercado publicitario que Al Yazira puede captar. Pero curiosamente no ha alterado la singularidad de la cadena qatarí y su influencia como modelo en el mundo árabe y fuera de él. Entre las cadenas árabes más influyentes están Nile News TV, la cadena de información egipcia afín al presidente Hosni Mubarak; Abu Dhabi TV desde el Golfo; Arab News Network, una cadena con sede en Londres que pertenece al sobrino del presidente Bachar al-Asad y naturalmente está al servicio de los intereses sirios; Al-Aqsa TV, la cadena palestina de Hamás; Al Manar, la cadena de Hezbolá; y también Al Arabiya, la cadena árabe de información con sede en Dubai Media City, que pertenece a un grupo saudí. He visitado la mayor parte de esas cadenas, en Dubai, Riad, Damasco, Beirut, Londres y El Cairo, para tratar de comprender cómo se sitúan respecto a Al Yazira y por qué ninguna de ellas —salvo quizás Al Arabiya— ha logrado convertirse realmente en una cadena global tan *mainstream* como Al Yazira.

La guerra de las imágenes

«Bienvenido. De veras que es usted bienvenido al servicio de prensa de Hezbolá». Una mujer joven, con velo, la señora Rana, jefa del servicio de prensa, me recibe muy amablemente en un francés perfecto. Me levanto y le tiendo la mano. Me mira, un poco sorprendida, y sonríe. «Aquí, entre los chiitas, los hombres no están autorizados a tocar la mano de las mujeres», me dice muy tranquila, evitando mi mano. Yo me deshago en excusas. «No se disculpe, no tiene importancia, los occidentales no están acostumbrados. Está usted perdonado».

Haret Hreik es el feudo de Hezbolá en Beirut sur. Estoy en el distrito de Dahieh, el barrio chiita de Beirut, llamado más corrientemente «el barrio sur». Estamos a veinte minutos nada más del barrio cristiano de Ashrafieh donde vivo, pero el chófer del taxi que me ha traído hasta aquí ha vacilado antes de aceptar la carrera; todos mis interlocutores libaneses me han desaconsejado también que viniera, por razones de seguridad, ya que los occidentales y los cristianos corren peligro aquí. El ejército israelí bombardeó estas calles en 2006. Muchos edificios destruidos o destripados todavía conservan las huellas. Algunas ruinas datan incluso de la guerra del Líbano de 1982 y siguen a la espera de ser demolidas.

El servicio de prensa de Hezbolá se encuentra en la arteria principal de Haret Hreik y no goza de ninguna protección especial, al menos aparentemente. A la entrada del edificio, un rótulo «Media Relation of Hizbollah» es la prueba de que ahora Hezbolá quiere ser una organización respetable. El partido chiita pretende «libanizarse» para ganar las elecciones (consiguió dos ministros en el gobierno de unión nacional de noviembre de 2009). En el primer piso, me hacen pasar a un pequeño despacho y me dicen que espere. En la pared está la bandera de Hezbolá, verde sobre fondo amarillo; lleva en el centro un fusil de asalto del tipo AK-47 con un extracto del Corán escrito en rojo encima, y debajo se puede leer otra frase que significa: «Resistencia islámica en Líbano». Delante de mí, hay un televisor encendido: es Al Manar. Debo entregar mi pasaporte y un documento de prensa, que son inmediatamente fotocopiados en una máquina polvorienta que funciona muy despacio. Recibo a cambio una acreditación de prensa de Hezbolá, es decir, un pase que me autoriza a visitar la cadena de Hezbolá, Al Manar, su radio, Al Nur, pero que me prohíbe sacar fotos, describir el sitio donde se encuentran los estudios o entrevistar a un responsable sin autorización (no me dejo engañar, sé que no visitaré los estudios oficiales, que de todas formas hay varios estudios, dado que Al Manar está amenazada por la aviación israelí; también sé por experiencia que nadie aceptará hablarme sin el permiso de este despacho donde me encuentro).

Lo más impresionante de este recibimiento tan amable es que el servicio de prensa de Hezbolá es capaz de recibir a los periodistas extranjeros, y son pocos los que llegan hasta aquí, en diecisiete lenguas. La señora Rana, jefa del servicio de prensa, me explica que

Líbano es un país libre, que puedo ir donde quiera y que sí, de veras, soy muy bienvenido en Haret Hreik.

La cadena de televisión Al Manar («El faro») se creó en 1991. Es una cadena hertziana del sur del Líbano y una cadena por satélite para Oriente Próximo y el resto del mundo. Al Manar tiene como «accionista principal» (me dicen) a Hezbolá, que obtiene una parte de sus fondos directamente de Irán y, según una encuesta de referencia del *New Yorker*, de un complejo sistema opaco de células autónomas de *fundraising* instaladas en el Golfo, el Asia musulmana, América Latina y hasta Estados Unidos. Parece que Al Manar es vista cada día por 10 millones de telespectadores en Líbano y en la región (como no existe un Audimat árabe, esta cifra que se cita a menudo no se puede comprobar).

En Haret Hreik, en Beirut sur y, más lejos, en el sur del Líbano, Al Manar, según varios interlocutores, tendría diferentes oficinas y estudios, algunos instalados en sótanos con fuertes medidas de seguridad, sobre todo cuando Hassan Nasrallah, el jefe de Hezbolá, hace declaraciones. No es posible comprobar estas informaciones. Pero un edificio de Al Manar me consta que es accesible.

Los portavoces de Al Manar defienden su ética profesional. Niegan que Al Yazira sea neutral porque da la palabra a los israelíes y «cubre tanto a las víctimas como a los agresores». Al contrario que su hermana panárabe, Al Manar reconoce que toma partido a favor de los chiitas libaneses y los palestinos víctimas de la ocupación israelí. Citado en el estudio del *New Yorker*, Hassan Fadlallah, el director de Al Manar (al que no he visto), explicó en 2002: «Nuestro objetivo no es entrevistar a Ariel Sharon. Si tratamos de acercarnos al máximo a él no es para entrevistarlo, sino para matarlo».

¿Cómo ha podido la cadena de Hezbolá tener tanto éxito en Beirut sur, en el sur del Líbano y entre los palestinos, cuando está prohibida en muchos países del mundo (en Francia, por ejemplo), a causa de sus declaraciones negacionistas sobre la Shoah? Para los chiitas libaneses a los que pregunté, Al Manar es un símbolo, el símbolo de la resistencia. «Miramos Al Manar, escuchamos Al Nur (la radio de Hezbolá) y nos sentimos orgullosos», me dice Salim, un estudiante al que entrevisté en el barrio de Haret Hreik. Lo que más le gusta, dice, son «los misiles Qassam que Hezbolá lanza de vez en cuando sobre Israel». Más significativa es la posición de los palestinos de Líbano, de Cisjordania o de Gaza, que están orgullosos de Hezbolá y de su portavoz Al Manar, aunque sea chiita (ellos son suníes) a causa de su «victoria» en el sur del Líbano, de donde Hezbolá «expulsó al ejército israelí».

Para sus detractores cristianos o suníes moderados, con los que también hablé en Líbano, Al Manar tiene como meta principal animar a los palestinos a morir mediante atentados suicidas y su éxito se explica por lo tanto por esa dimensión de propaganda. Otros sospechan que Al Manar es una correa de transmisión de las informaciones de Hezbolá desde Líbano a los responsables de Hamás. Incluso para los críticos más moderados, Al Manar, así como sus patrocinadores iraníes, sigue siendo un vector importante de la radicalización islamista y prochiita de la región. Son, pues, la propaganda, la fe y la resistencia las que explican el éxito de la cadena y las que le han permitido convertirse en *mainstream* entre los palestinos, los chiitas libaneses e incluso los suníes de Siria.

Durante la tarde, siempre provisto de mi pase de Hezbolá, parto en busca de las tiendas de CD y de DVD piratas en Haret Hreik. Karam, un joven chiita al que he conocido en un cibercafé del barrio, acepta acompañarme. En las esquinas, hay fotografías gigantes de los «mártires», de esos militantes de Hezbolá muertos durante la ofensiva israelí de 2006. A veces veo un retrato del ayatolá Jomeini, el guía espiritual chiita de la revolución iraní. Me cruzo con mujeres con velo, algunas llevan burka, pero otras van sin velo y parecen muy cómodas con sus vaqueros y sus zapatillas de deportes, como si pasearan por las calles cristianas de Beirut. Entramos juntos, Karam y yo, en varias tiendas en una calle que se llama Hassan Nasrallah Street, y especialmente en una especie de *gift shop* de Hezbolá donde venden banderas verdes y amarillas, fotos de Hassan Nasrallah y CD de música de las fuerzas militares chiitas. Un poco más allá, Karam me lleva a un *media store* donde descubro miles de CD y DVD piratas, la mayoría árabes y estadounidenses. Las películas árabes son mayoritariamente egipcias y hay algunos films de Bollywood o de kung fu hongkoneses. Pero los productos más visibles son los estadounidenses. Innumerables películas de Disney, todos los *blockbusters* recientes de Hollywood, los últimos álbumes de 50 Cent, Lil Wayne y Kanye West y muchas películas de acción. «Las películas violentas estadounidenses son para nosotros un ejemplo a seguir», me dice Karam, muy en serio (me dice que lo que más le gusta son las linternas Maglite de la LAPD, la policía de Los Ángeles, y que le encantaría tener una). Encima de la caja, un retrato gigante, el de Hassan Nasrallah, otra vez, el secretario general de Hezbolá, que es uno de los hombres más populares del mundo árabe musulmán.

«Todas esas películas son piratas —me dice Karam—. Aquí se fabrican los CD y los DVD grabados a partir de un ordenador. Y se fotocopia en color la carátula de los DVD para que el producto sea bonito». La responsable de la tienda, una chica muy guapa, sin velo, con vaqueros y camiseta, a la que Karam por lo visto conoce, asiente con la cabeza. Más tarde, me dirá que le gusta mucho esa chica, que intenta ligársela «un poco», pero que es «difícil»; las chicas más «fáciles» se encuentran en Beirut, y él los fines de semana va al barrio cristiano, según me dice, «a buscar chicas». Le pregunto a Karam, que tiene menos de 25 años, por quién votó en las últimas elecciones libanesas. Me contesta: «Voté por Hezbolá». Le pregunto por qué. Me mira y me dice sin vacilar: «Porque defienden a nuestro país».

«Contrariamente a lo que ustedes creen en Europa, los chiitas no votan por Hezbolá porque sea un movimiento violento; votan por Hezbolá porque es un movimiento pacífico y protector», me explica, unos días más tarde, todavía en Beirut sur, el intelectual Loqman Slim, que dirige un importante centro cultural independiente en medio de los chiitas. Insiste en los servicios sociales y educativos que Hezbolá ha creado en el barrio sur de Beirut («gracias sobre todo al dinero iraní»). Loqman Slim continúa: «Hezbolá ha invertido mucho en el *entertainment* y en los medios. Ayer supo coreografiar la violencia, conoce el valor de la estética en política, y ahora apuesta por la *resistance pop culture*». ¿Y eso qué significa? Loqman Slim: «Significa que actualmente Hezbolá da prioridad tanto a la *pop culture* como a las armas, y defiende una cultura del combate, de la movilización y de la resistencia a través de las imágenes, los libros y los discos».

En las calles de Haret Hreik, he visto decenas de cafés y de cibercafés, pero ningún cine. «Hezbolá no quiere salas de cine, y en teoría es hostil a la música, como en Irán. Pero estamos en Beirut, y sabe que tiene que hacer concesiones. Autoriza los cafés a condición de que sólo los frecuenten los hombres. En muchos temas, los funcionarios chiitas son más liberales aún: no quieren aparecer como censores, ni ser demasiado ortodoxos en cuanto a los derechos de la mujer, ni entrar en conflicto con las ganas de divertirse de los jóvenes chiitas libaneses. Hezbolá no pretende defender las posiciones morales de Irán o de Siria: sabe que necesita "libanizarse" si quiere triunfar. Por eso, por ejemplo, hace la vista gorda en lo que atañe al mercado negro de los CD y los DVD», me explica Loqman Slim. Y añade: «Los árabes también persiguen otro sueño, el de la modernidad. Pero quieren volverse modernos ellos solos, sin los occidentales, sin los estadounidenses».

Al día siguiente, voy a los campos de refugiados palestinos de Sabra y Chatila en el barrio oeste de Beirut. Esta vez estoy en zona suní, un barrio tanto más pobre cuanto que Líbano nunca ha querido integrar a esos palestinos que sin embargo viven allí desde 1948. Aunque hayan nacido en el Líbano, a veces desde hace tres generaciones, los palestinos no tienen derecho al voto, no tienen pasaporte, hay muchas profesiones liberales que les están vedadas, tampoco pueden comprarse una casa y por lo tanto están condenados a seguir viviendo en los campos.

En la gran calle peatonal de Sabra, transformada en mercado, Hassan, un palestino que vende CD de música árabe —reconozco a Elissa, Amr Diab, Majid, Latifa— en un pequeño puesto improvisado, acepta mostrarme algunas tiendas de DVD. Dejando el puesto al cuidado de su hermano pequeño, me conduce a una tienda que hay en una callejuela perpendicular que todavía lleva, como me enseña, las marcas de las balas de la matanza de Sabra y Chatila de 1982. Allí encuentro DVD de películas árabes, bastante clásicas (egipcias y sirias sobre todo). Tras discutir en árabe con el vendedor, Hassan me toma de la mano y me hace pasar por una puertecita que tiene un gran candado y que conduce al sótano. Allí descubro estupefacto cuatro inmensas salas muy modernas, que nada tienen que ver con la pobreza de la calle Sabra, donde hay miles de CD y de DVD. Numerosos clientes se pasean por ese sótano enorme. Aquí está toda la producción estadounidense, incluidas las películas estrenadas la semana pasada. «Ésta es la sección de películas antiguas», me dice Hassan. Miro, intentando entender a qué clásicos se refiere, ¡y veo *Spiderman!*

Todas las películas están clasificadas minuciosamente por géneros, y luego por orden alfabético de actores (Tom Cruise, Matt Damon, Leonardo DiCaprio, Harrison Ford, Brad Pitt, Arnold Schwarzenegger, Will Smith, etcétera). También están disponibles muchas series de televisión estadounidenses. Como en el barrio chiita, el vendedor me explica en inglés que los DVD se fabrican en China, pero que se descargan aquí, en Sabra y Chatila, desde Internet (no quiere decirme dónde está el taller clandestino en el que se abastece). Hay una sección de programas piratas de sistemas Windows, una sección de videojuegos, pero también los discursos de Hassan Nasrallah en CD y todo un departamento islamista. Entre los DVD veo *Vals con Bashir*. Sabiendo que esta excelente película de animación israelí sobre la matanza de Sabra y Chatila ha sido censurada en Líbano, como todas las películas israelíes, y que su difusión es totalmente ilegal y puede ser perseguida, interrogo al vendedor para saber por qué la vende. «No es una película judía, es una película árabe, cómprala, es muy buena», pretende el vendedor que no tiene ni 16 años (me darán exactamente la misma respuesta unos días más tarde en el barrio de Bahsa, en Damasco, donde venden miles de DVD piratas estadounidenses por las calles y donde la película *Vals con Bashir* también es fácil de encontrar).

Sin salir del sótano de esa tienda palestina, Hassan me lleva ahora a otra sala que, según él, me puede interesar. Me quedo absolutamente perplejo ante lo que veo: hay una sección, muy frecuentada, llena de películas pornográficas. Películas estadounidenses, asiáticas y hasta árabes. En las fundas de los DVD se ven mujeres veladas cuyo velo se detiene en la cintura y que de cintura para abajo están desnudas, o chicas veladas con ropa interior parpadeante. No me atrevo a preguntar si también tienen películas pornográficas gays.

Visitaré tres tiendas de este tipo en Sabra y Chatila que, sin dar directamente a la calle, son muy fáciles de identificar y, si las autoridades quisieran, de cerrar. Parece seguro que todo el mundo —los imanes del campo, los responsables políticos suníes, los funcionarios palestinos y las autoridades libanesas— permite, con total conocimiento de causa, esta difusión masiva de *entertainment* hollywoodiense, de culebrones estadounidenses y de películas porno. «También puede usted encontrar películas porno entre los chiitas de Haret Hreik», me dice el vendedor palestino suní de una de las tiendas cercanas a la calle Sabra. Comprendo por sus palabras que esta declaración improvisada lo tranquiliza.

A unos diez kilómetros de Dubai, en la carretera de Abu Dabi, la Dubai Media City es como un espejismo en el desierto. Hace cinco años, la ciudad de los medios del emirato árabe no existía. Hoy hay un rótulo que anuncia orgullosamente: «The largest media production zone in the world» (la zona de producción mediática más grande del mundo). Autopistas gigantescas conducen hasta allí pero se detienen en el desierto como si estuvieran cubiertas de arena y no llevasen a ninguna parte; 1.300 empresas audiovisuales, de prensa y de Internet han crecido como setas (como si las setas crecieran en el desierto); un centenar de rascacielos se alzan hacia las estrellas pero se han parado de golpe, con sus megagrúas estáticas, a causa de la crisis inmobiliaria de 2008 y la casi bancarrota de otoño de 2009; a lo lejos, dos torres gemelas que evocan el Empire State Building, como una fotocopia. Y en Dubai, el emirato de la exuberancia impía, el espectáculo preferido por los emiratíes son las carreras de camellos con un robot en vez del jinete (se ha prohibido que monten los niños para no dañarles la columna vertebral). «No son camellos —me corrige Mazen Hayek—, son dromedarios. Aquí no tenemos camellos».

En la sede del grupo MBC en el corazón de la Dubai Media City, donde la cadena Al Arabiya tiene su cuartel general, me recibe Mazen Hayek. Este libanés cordial, al que conocí en París, es el portavoz del grupo y habla muy bien francés. «Somos un grupo saudí con sede en los Emiratos», me explica de entrada Hayek para evitar toda confusión. Lo mismo que Al Yazira, la cadena del vecino Qatar que es una competidora a la que odia, MBC empezó su programación en Londres en 1991 para dirigirse a los árabes expatriados. Desde 2002, el grupo está instalado en Dubai. «Contrariamente a Al Yazira, nosotros tenemos una lógica comercial. Somos la única empresa entre los grupos mediáticos árabes que da beneficios. Queremos defender la modernidad, damos prioridad al *edutainment* y defendemos los valores árabes», resume Hayek. El término de *edutainment* es una palabra que he oído muchas veces al estudiar la industria de la televisión árabe. Es una mezcla de enseñanza y *entertainment* y se puede traducir como «enseñar deleitando». «Es entretenimiento inteligente», me explica Mazen Hayek. Para él, como para mis otros interlocutores árabes, es una palabra que, de hecho, tiene una función política cómoda: permite distinguir el *edutainment* árabe del *entertainment* estadounidense, que se supone que es embrutecedor y poco conforme a los valores del islam. También es una precaución lingüística frente a los religiosos. Cosa que Mazen reconoce: «Concitamos el odio de los islamistas radicales, los talibanes, Al Qaeda, los religiosos iraníes, Hezbolá: todos ellos rechazan el *entertainment,* porque en el islam radical no hay lugar para la distracción. El enemigo del *entertainment* son los islamistas». Varias series de televisión árabes construidas según los formatos occidentales (*Loft Story* en Bahrein, *Star Academy* en Kuwait, en Líbano y en Arabia Saudí, *Super Star* en Líbano y en Siria) han dado lugar a *fatwas* emitidas por los religiosos o suscitado manifestaciones de hostilidad que estigmatizaban la *Satan Academy.*

¿Cuál es el público del grupo? «Nos dirigimos a los 350 millones de árabes que hay en el mundo y a los 1.500 millones de musulmanes. Pero si bien sabemos hablar a los árabes, hablar a los musulmanes es mucho más difícil: los iraníes, los indios y los indonesios tal vez sean musulmanes como nosotros, pero tienen unos valores a veces muy distintos de los nuestros y, obviamente, no hablan árabe».

Mofeed Alnowaisir es el responsable de los nuevos medios en MBC. Voy a verlo a su despacho en la sede del grupo en Riad y me sorprenden su juventud y su dinamismo. Va vestido con una larga *thobe* blanca, el traje tradicional saudí, pero veo una chaqueta FCUK colgada del respaldo de su silla. ¿Será que sólo se pone la túnica para trabajar, y el traje occidentalizado para salir a los *shopping malls* con sus amigos de Riad? No me atrevo a preguntárselo. El joven príncipe me explica la estrategia de su grupo en Internet. «Nuestra estrategia es llegar a todo el mundo en la zona árabe, a diferencia de Al Yazira que apunta a un nicho o de Rotana que sólo se interesa por el mercado de los jóvenes. Nuestro modelo y nuestro *business plan* son distintos. Y lograremos nuestros objetivos gracias al digital». Con su vocabulario de emprendedor, me recuerda a un empresario treintañero de una *start up* de Silicon Valley. Él también habla de los musulmanes, sobre todo de los iraníes y los indonesios. Da a entender que con Internet será posible llegar a todo el mundo. En *off,* otro responsable de MBC en Arabia Saudí me dirá que uno de los objetivos del grupo es emitir sus programas en dirección a Irán; pero como está prohibido emitir desde Riad o Dubai en persa, MBC se salta las reglas difundiendo sus programas para Irán en árabe, pero subtitulándolos en persa.

¿Por qué emitir para Irán desde Dubai? Primero por los fortísimos lazos que existen entre Irán y Dubai, donde viven decenas de miles de iraníes —quizás 100.000—, especialmente trabajadores inmigrantes que van y vienen, y exiliados que han huido del régimen islamista desde 1979, a menudo artistas, intelectuales o comerciantes del zoco de Teherán. Luego por razones demográficas: la población iraní es muy joven y allí el *entertainment* está destinado a progresar. Existen, pues, unas perspectivas comerciales ilimitadas en esa zona donde la demanda es fuerte y la oferta está censurada. Y finalmente por razones políticas: los países del Golfo, y en particular Arabia Saudí, mantienen una guerra fría con Irán y, en su intento por «frenar» al régimen, utilizan los medios de comunicación en esta batalla de las ideas y las imágenes. Todo contribuye a que Dubai se convierta en la plataforma comercial estratégica para la transmisión de los flujos de información y contenidos culturales entre Irán y el resto del mundo. Voice of America y la BBC en persa, las cadenas musicales iraníes, como Persian Music Channel, están instaladas allí y actúan de vínculo entre Irán y Occidente. Estas redes en el Golfo se apoyan con frecuencia en la importante comunidad iraní instalada en Los Ángeles, que es la que establece el vínculo con Estados Unidos. Dubai es actualmente, por lo tanto, una capital de las industrias de contenidos, una especie de Hong Kong, de Miami o de Singapur para el mundo árabe en general y para el mundo persa iraní en particular.

Al visitar los locales de Al Arabiya en Dubai, paseando por los platós, asistiendo a las emisiones, me llaman la atención la libertad de las mujeres, que casi nunca llevan velo, y el diálogo relajado entre los sexos. Si el grupo MBC ha instalado su cadena Al Arabiya en el seno de la Dubai Media City y si la mayor parte de sus medios de producción televisivos están concentrados allí, es porque esta *free zone* es libre, en todos los sentidos de la palabra. Es naturalmente una zona franca a nivel económico, en que las empresas no pagan impuestos ni aranceles. También existe, como en Suiza, el secreto bancario, que facilita las transferencias de divisas de Irán, los movimientos de capitales entre países enemigos, y sin duda el blanqueo de dinero. Y, lo que es más importante, Dubai es un mercado publicitario donde las agencias de comunicación compran sus espacios publicitarios para el conjunto del mundo árabe. Si el sector de la televisión árabe es muy competitivo, con más de 500 cadenas actualmente, el de la publicidad está muy concentrado: «El 50 por ciento de la publicidad para las televisiones por satélite gratuitas está en manos de unas diez cadenas», reconoce Dania Ismail, la directora de la estrategia de MBC. Con la crisis de 2009, ¿está Dubai amenazada? Dania Ismail: «Mire usted, generalmente se dice que el mercado publicitario oscila entre Beirut y el Golfo. Cada vez que hay una crisis en Dubai, los anunciantes se van a Beirut. Pero cada vez que hay guerra en Beirut, o que Hezbolá entra en el gobierno del Líbano, vuelven a Dubai. Si se van, esperaremos a que vuelvan».

Por último, Dubai es una zona libre en lo que a los medios, a Internet y a las costumbres se refiere. «Aquí no hay ninguna censura, ningún control», se congratula Mazen Hayek, el portavoz de MBC. Pero añade: «En nuestros *talk shows* somos muy libres, hablamos de todo, de las mujeres que se niegan a llevar el velo, de los gays. Pero al mismo tiempo no estamos para *disjoncter* la sociedad árabe (emplea la palabra en francés). Todos nuestros *talk shows* son grabados y, si es preciso, editados. Tenemos reglas muy precisas: por ejemplo, no se permiten las palabras malsonantes. Nunca hay improvisación, ni accidentes. Si los hay, cortamos». La estrella Lojain Ahmed Omran, una saudí muy atractiva, que presenta el tramo matinal de MBC 1 y se dirige a millones de árabes todos los días, confirma: «Siempre estamos haciendo equilibrios. Yo no llevo velo en la pantalla, lo cual es raro en una mujer saudí, pero me pongo un pañuelo para no provocar. Hacemos sobre todo *edutainment*. Yo hablo de todo, pero debo educar y ser diplomática. Si animara a las mujeres a ser lesbianas, ¡cerrarían inmediatamente la cadena!». En lo tocante a las libertades, otro de mis interlocutores dentro de MBC, que prefiere conservar el anonimato por razones evidentes, me dice sin embargo que «la libertad es muy relativa en Dubai: no se puede beber, no se puede blasfemar, no se puede mostrar a una chica desnuda o en traje de baño, e incluso los gestos de afecto entre hombres y mujeres deben reducirse al mínimo. No es Arabia Saudí, pero sigue siendo un "islam del desierto", de los beduinos, en el fondo más tolerante pero también más arcaico». El rodaje de una versión árabe de la serie *Sexo en Nueva York*, que debía realizarse en Dubai, fue rechazado por el emirato que, a pesar de todo, se rige por la ley coránica. Por eso los estudios son usados casi exclusivamente por los países árabes y a veces por Bollywood. Jamás por los occidentales. De hecho, los programas más «liberales» de MBC se ruedan, no en Dubai, sino en Beirut, El Cairo y tal vez pronto en Abu Dabi.

Durante mucho tiempo, entre los Emiratos Árabes Unidos, se había establecido un reparto en la industria audiovisual: Abu Dabi financiaba y Dubai producía. La primera capital tenía los bancos y la segunda los estudios. Recientemente, Abu Dabi ha creado su propia Media City y, ante los errores financieros y especulativos de la capital del emirato vecino, quiere aprovechar su riqueza para atraer algo del *buzz* del *entertainment* árabe. A la megalomanía de Dubai le sucede la locura de los banqueros de Abu Dabi, bien decididos a poner bajo tutela al emirato arruinado y a recuperar algo de su *glamour*. Pero los cánones morales de Abu Dabi parecen más rígidos aún que los de Dubai. Sobre todo, los dos emiratos tienen ambos unas infraestructuras y unos medios importantes pero pocos contenidos: poco poblados y sin clases creativas, siempre se ven obligados a recurrir a los artistas, directores, técnicos especializados y guionistas de Líbano, Egipto o Siria, lo cual frena su desarrollo. El futuro dirá si esas dos ciudades hermanas van a ser capaces de convertirse en capitales duraderas del *entertainment* árabe. O si sólo habrán sido un espejismo en el desierto.

Queda un último tema cuando se habla de Al Arabiya, como competidora frontal de Al Yazira: el papel de los estadounidenses en sus orígenes. Varios interlocutores en Palestina, Siria, Qatar y Dubai me insinuaron que Al Arabiya estaba en manos de los estadounidenses. Es una hipótesis plausible, pero no está demostrada. Pregunto sobre este tema a Abdul Rahman al-Rashed, el presidente de Al Arabiya, que naturalmente niega de forma categórica cualquier relación. Según él, los saudíes de MBC de todas formas no necesitan el dinero estadounidense, «pues realmente los medios financieros no son problema en Al Arabiya». Con ello, Rahman al-Rashed me da dos informaciones esenciales y en principio confidenciales, a saber: que el presupuesto de Al Arabiya es de «alrededor de 120 millones al año, o sea, el 50 por ciento del de Al Yazira en árabe» (evidentemente no es posible comprobar estas dos cifras clave). El especialista de los medios saudíes, Saud Al Arifi, entrevistado en Riad, es más prudente: «¿Reciben dinero estadounidense por vías indirectas? ¿A través de la CIA? Tal vez. O tal vez no. Lo dudo». Los expertos interrogados confirman también la ausencia de vínculos estructurales, y hasta de intercambios financieros, entre Estados Unidos y la cadena saudí, pero subrayan la posibilidad de que haya «convergencia de intereses». Uno de ellos puntualiza, exigiéndome el anonimato: «Los estadounidenses, como los saudíes, tienen interés en que exista un competidor serio de Al Yazira, el vínculo se reduce a esto». Un diplomático occidental destinado en Riad por su parte me lo confirma: «Al Arabiya quiere ser la voz del mundo árabe, antes que ser la voz del mundo musulmán. Al contrario que Al Yazira, en el fondo. MBC, que es la propietaria de la cadena, es un grupo pantalla que refleja la posición del régimen saudí, como Al Yazira refleja la de Qatar. En algunos temas, como Irán, Hezbolá o Siria, la cadena puede estar cercana a los intereses estadounidenses, pero el vínculo con Estados Unidos es muy poco probable. El rey Abdallah de Arabia Saudí, que ha entrado en una lógica de guerra fría con los chiitas, tiene su propia diplomacia en cuanto a los medios». No deja de ser cierto, sin embargo, que las alianzas comerciales con los estadounidenses son muchas, MBC ha firmado por ejemplo hace poco un acuerdo exclusivo de tres años con Paramount para alimentar con películas de Hollywood sus cadenas de cine. Existen otros acuerdos con Disney y Warner, según me han confirmado varios interlocutores en Los Ángeles.

Abandono Dubai un poco desorientado. En este pequeño emirato, no he visto casi a los autóctonos, los emiratíes, esos ociosos privilegiados. He visto sobre todo a libaneses y a inmigrantes de Pakistán, de Bangladesh y de India (Mumbai sólo está a 2 horas y 50 minutos de avión de Dubai). Mientras me lleva al aeropuerto, el taxista, indio, un poco perdido por esas carreteras que se han convertido en calles sin salida en la Dubai Media City, pregunta varias veces sin mayor dificultad a trabajadores indios en hindi. Pasamos por delante de un inmenso centro comercial y me dice, ahora en inglés: «Esto es el Dubai Mall. El *shopping mall* más grande del mundo, con el hotel internacional más grande y el multicine más grande del planeta». Está visiblemente maravillado. De repente, me señala algo: «Mire allí, eso es el Burj Dubai, la torre más alta del mundo. No se lo creerá, pero mide casi un kilómetro de alto».

EL RÍO DE LA VERDAD

Hala Hashish es una estrella en Egipto. No lleva velo, contrariamente a sus ayudantes, sino gafas negras: «Es mi forma personal de llevar el velo —me dice sonriendo—. No, es broma, en realidad las

llevo porque no he tenido tiempo de maquillarme esta mañana».
Me reúno con Hala Hashish varias veces en El Cairo en la gran casa
redonda de la radiotelevisión nacional donde trabajan más de 40.000
egipcios. Como en París, Yaundé o Shangai, tienes la impresión de
que todos los edificios oficiales de las radios y las televisiones públicas nacionales son redondos, y en El Cairo, con un personal pletóri-
co que parece que vaya dando vueltas.

Hala Hashish dirige la CNN egipcia, una cadena de televisión nacional de información continua, Nile News TV (Egypt News Channel). Fue presentadora del *hit parade* de música egipcia *At your Re-
quest* y de *Arabic Chart,* un concurso de música árabe que se hizo muy
famoso desde Beirut hasta Túnez, en el cual el público participaba
votando por teléfono o enviando unos SMS carísimos (que financia-
ban el *show).* Por lo tanto, conoce perfectamente las técnicas mediáticas populares; y además, como también ha trabajado para el gobierno egipcio en la agencia oficial de información, maneja con
soltura el lenguaje estereotipado típico de los políticos.

El eslogan de su cadena, y no por casualidad, es el siguiente:
«The River of Truth» (El río de la verdad). Encima de su escritorio,
un inmenso retrato de Hosni Mubarak nos vigila. «Soy una mujer
fuerte», me dice reclamando con firmeza que un camarero le traiga
café y su bolso. Por lo demás, mientras charlamos, el despacho de
esta mujer efectivamente fuerte es un desfile continuo de camareros, asesores, periodistas (incluidos los de la odiada competidora Al
Yazira). Me contaron que había mandado instalar la fotocopiadora
de Nile News TV en su despacho para poder controlar ella misma a
quienes la utilizaban. Y no era un rumor: veo en efecto la fotocopiadora y a todos los que vienen a sacar sus fotocopias desfilando también por ese despacho.

La CNN egipcia, cuyo objetivo inconfesado es competir con la cadena Al Yazira, funciona 24 horas al día en árabe. La cadena representa al gobierno egipcio y quiere ser un medio «moderado», lo mismo
que Egipto quiere ser un «Estado moderado», me explica Hala Hashish. Y añade: «Al Yazira es una cadena más negativa, más crítica, nosotros somos positivos». ¿Cuál es el modelo? «Nuestra receta es a la
vez la información y el entretenimiento. Nosotros inventamos el formato *news & entertainment»,* pretende Hala Hashish, sin darse cuenta
de que ésta es la receta de Al Yazira y de muchas cadenas de televisión
estadounidenses desde hace más de veinte años. Se lo digo. «Tiene

usted razón, esta receta la tomamos de Al Yazira: la mezcla de las noticias y el entretenimiento es lo que les ha dado el éxito». Como todo el mundo, pues, la jefa de la cadena pública egipcia multiplica los *talk shows live* para mezclar la cultura, las variedades y el deporte con la información. Todas las noches, el célebre programa *Live from Cairo* usa y abusa de este formato. «La información forma parte del *entertainment*», concluye Hala Hashish.

LA TELEVISIÓN DEL SUR

Al cabo de unos meses, me hallo en Caracas, en Venezuela, en la oficina de Andrés Izarra, el todopoderoso presidente de Telesur. Joven, musculoso, moreno, con vaqueros y zapatillas deportivas, Izarra me da la impresión de ser un gay de West Hollywood recién salido del gimnasio. Se lo digo. «Trato de hacer deporte todos los días, y mi gimnasio está a pocos metros del despacho. Pero, mire usted, desde que soy el hombre de Hugo Chávez en los medios, tengo una vida social muy limitada. No puedo salir sin que me critiquen y me señalen con el dedo. Entonces, me paso el día trabajando aquí o con mi mujer y mis dos hijos». Andrés Izarra coge su móvil, que acaba de hacer un *bip*. Responde tecleando unas palabras. Y me dice: «Era un SMS de Chávez».

No sé si es un farol. En todo caso, Izarra ya ha sido dos veces, a sus 35 años, ministro de Comunicación de Chávez, el presidente venezolano autoproclamado líder del «socialismo del siglo XXI». Me dice que antes trabajó como corresponsal de CNN, de NBC y de la televisión venezolana. Habla inglés, alemán y francés. También fue agregado de prensa en la embajada de Venezuela en Estados Unidos. Desde hace dos años ha sido nombrado por el hombre fuerte de Venezuela jefe de una de las cadenas de información más importantes de América Latina, Telesur. Emite las 24 horas y sus innumerables adversarios la llaman «Tele Chávez».

Telesur fue abierta en 2005 por Venezuela con el respaldo financiero o logístico de seis países «hermanos»: Cuba, Bolivia, Ecuador, Nicaragua, Uruguay y Argentina (pero ni Brasil, con quien Venezuela sin embargo dialoga, ni México, ni Perú, ni Chile, enemigos jurados, ni sobre todo Colombia, que Chávez considera, a causa de su proximidad con los estadounidenses, como el «Israel de América Latina»).

«No somos una cadena propagandística. Tenemos un punto de vista, el punto de vista de la izquierda. Y defendemos América Latina. Cuando el golpe de Estado de Honduras, la CNN Español no hablaba sino de la muerte de Michael Jackson. Nosotros hablamos de la región. Nos preocupamos de América Latina. A CNN Español se la suda. Nosotros amamos Sudamérica. Sinceramente. Queremos darle una voz al sur», me explica Izarra, con tacto y profesionalidad. Detrás de él, hay una inmensa obra de arte que representa a Fidel Castro; encima de su escritorio, una fotografía de Castro con una gorra de Telesur; y un poco más allá, en una mesa cargada de libros, una foto de él con su hijo y con Chávez. No puedo dejar de pensar que sólo faltan Simón Bolívar y el Che Guevara.

El golpe de Estado en Honduras fue lo que dio a conocer Telesur, como pasó un poco, salvadas las distancias, con Al Yazira, que se hizo famosa en todo el mundo cuando el ataque aéreo de Estados Unidos contra Irak. Mientras que CNN Español, que emite desde Atlanta, generalmente no habla de las guerrillas de extrema izquierda o marginaliza en sus informaciones a Bolivia y Ecuador, Telesur da cuenta de cualquier acontecimiento, siempre en directo. La cadena dispone también de un equipo importante en Cuba, y las imágenes se las cede gratuitamente la oficina de Telesur en La Habana, financiada por Raúl Castro.

Me pregunto por el presupuesto del que dispone Izarra para su televisión neoguevarista. «Tengo 50 millones de dólares al año», me responde con aparente sinceridad. Teniendo en cuenta los 400 empleados de la cadena, sus 12 oficinas en el extranjero, las antenas que tiene previsto abrir en Puerto Rico, Madrid y Londres en 2010, sin contar las inversiones importantes en lo digital y en la difusión por satélite, sé que esta cantidad es falsa. Y cuando Izarra me dice que Chávez no interviene jamás en la línea editorial de Telesur, sé que me está mintiendo. El presidente militar es famoso por su programa *Aló, Presidente* en la televisión del régimen: cada domingo conversa con el «pueblo» durante cuatro o cinco horas y basta que el presidente lo pida para que el programa se retransmita por todas las cadenas del país. «Chávez quiere estar en Telesur todo el tiempo, no respeta la independencia de los medios, ni siquiera la de la cadena menos independiente de Venezuela», ironiza el jefe de una cadena de la competencia.

La mayoría de mis interlocutores en México, Brasil y Argentina han insistido en el fracaso del proyecto de Telesur y en su audiencia ridícula. Le pregunto sobre eso a Izarra: «Estamos muy satisfechos de nuestra audiencia. En Venezuela, somos líderes en la información. En otros países, estamos progresando. Telesur es una cadena joven todavía, emitimos desde hace cuatro años. La batalla se libra en los medios, y todos ellos en Latinoamérica son de derechas. Pero la revolución bolivariana de Venezuela ha abierto un futuro, una nueva vía para la democracia. Hay un nuevo actor frente a las élites: los pobres. La democracia crece. Los éxitos de la revolución de Chávez son considerables, objetivamente. Los que han sido excluidos por los ricos, por los monopolios, por los conservadores, han tomado el poder. Telesur es su cadena». Andrés Izarra habla deprisa, menos como un guerrillero que como un mánager estadounidense. Es nervioso, rápido, terriblemente eficaz, mueve las manos, juguetea con uno de sus tres teléfonos móviles, un iPhone y una BlackBerry, echa una ojeada a su iMac. Y continúa: «Lo que es innegable es que está habiendo una revolución en los medios de este país. La democratización de la información es necesaria. Es una guerra. Cada uno debe elegir su bando. La oposición seguirá hostigándonos y nosotros seguiremos protegiendo la revolución. Los prohibiremos si hace falta, porque una cadena de mierda como Globovisión merece ser expulsada, tampoco en Francia la autorizarían. RCTV era una cadena monopolista. Noticias 24 es la voz de los estadounidenses en Colombia. Nosotros hemos roto el monopolio de CNN Español. Hemos devuelto una voz al sur. Nuestro eslogan es "Nuestro norte es el sur". Somos el equivalente de Al Yazira para América Latina». Izarra se levanta de pronto y pasea la mirada, con ternura, por las colinas cercanas al barrio Boleíta Norte de Caracas, donde está el barrio Petare, una de las favelas más grandes de América Latina (en Venezuela las favelas se llaman *barrios)*.

Al Yazira. El nombre mágico ha sido pronunciado. Andrés Izarra no quiere entrar en los detalles, pero yo sé que existe un importante acuerdo de cooperación, poco conocido, entre Telesur y Al Yazira. «Intercambiamos imágenes», me dice simplemente. Más tarde, en el *newsroom* de Telesur, observo cómo los periodistas traducen algunos programas de Al Yazira, fácilmente reconocibles por la llama dorada. Al despedirnos, Andrés Izarra me hace un regalo: una biografía de Simón Bolívar en español, publicada por las ediciones de la presidencia de la «República Socialista Bolivariana de Venezuela». En el pasillo, mientras le doy las gracias, tropiezo con una foto colgada en la pared: el célebre retrato del Che Guevara por Korda. Bolívar, Guevara, Chávez y Castro: es la cuadratura del círculo del pensamiento socialista que se lleva hoy en Caracas.

«Con Telesur queremos construir un puente entre América Latina y el mundo árabe», me explica esa misma tarde, en un pequeño café de un barrio elegante de Caracas, Dima Khatib. Dima dirige la oficina de Al Yazira en Venezuela y, según me han dicho, simpatiza mucho con Andrés Izarra y con Chávez. «Chávez quería crear una Al Yazira en América Latina y yo trabajé con Andrés para diseñar Telesur. Chávez quiere hacer de Telesur el primer medio de comunicación de América Latina y se inspira mucho en Al Yazira, que ha logrado ser el primer medio del mundo árabe».

Dima Khatib, una palestina nacida en un campo de Siria, es intérprete de formación y habla perfectamente árabe, español, inglés y francés. Trabaja para la cadena de Qatar desde sus orígenes. Es una de las figuras conocidas de Al Yazira y ha decidido instalarse en Venezuela para abrir en América Latina la oficina regional de la cadena. «Desde Caracas cubrimos toda América del Sur. Tenemos una pequeña oficina en inglés en Buenos Aires y un corresponsal en Brasil, pero la mayor parte del trabajo lo hacemos aquí, en Venezuela. Yo soy la única corresponsal extranjera que viaja con Chávez. Nos conocemos bien. Nosotros queremos despertar al mundo árabe y Chávez quiere revolucionar América Latina. Nos comprendemos. Es el eje sur-sur», me explica Khatib.

Con el acuerdo confidencial que ha firmado con Al Yazira (y que me han descrito en detalle dos de mis contactos en Doha y en Beirut), Telesur puede obtener gratuitamente todas las imágenes que quiera a partir de los programas de la cadena qatarí. Según informaciones confidenciales, también abrirá en 2010 una oficina en Doha y otra en Damasco, con el apoyo de Al Yazira. A cambio, los corresponsales de Al Yazira en Caracas disponen de los estudios de Telesur y de todos los medios técnicos que quieran. ¿Van más lejos las dos cadenas? ¿Se intercambian información? Sin duda. ¿Facilidades en cuanto a satélites? Probablemente. ¿Dinero? No, me dicen mis informadores (tanto Qatar como Venezuela son países ricos). Pero, según el representante del Congreso estadounidense Connie Mack IV, un republicado elegido por Florida, esto no es óbice para que «esta nueva alianza entre Telesur y Al Yazira pretenda crear una red televisiva mundial al servicio de los terroristas y los enemigos de la libertad».

¿Una red al servicio de los terroristas? No exageremos. Pero una guerra de los medios y las imágenes, sin duda alguna. Basta interrogar a los opositores de Chávez, en Venezuela mismo, para oír otra canción. Marcel Granier forma parte de esos opositores. Al presidente de RCTV, una importante cadena hertziana venezolana, especializada en la información, el *entertainment* y sobre todo las telenovelas, el ministro de Comunicación de Chávez le ha retirado el permiso para emitir. «El futuro de RCTV depende del futuro de Venezuela», comenta resignado Marcel Granier en un lujoso salón de la sede superprotegida de RCTV, en el antiguo edificio histórico de Radio Caracas. «¿Usted cree que esto es una democracia?», me pregunta educadamente Granier para ver cómo respiro. Yo evito pronunciarme, pero decidimos ser francos y hablar libremente. Él sabe que está en terreno amigo hablando con un francés. Y habla sabiendo que voy a citar sus palabras: «Estamos frente a una dictadura militar. La censura es total, arbitraria. Es una censura política, pero también comercial. Por ejemplo, secan el mercado publicitario para matar a las televisiones privadas sin tener que cerrarlas por la fuerza. Atacan nuestra vida personal, nuestra seguridad física. Yo temo por mi familia, temo por mi vida». ¿Ha pensado en exiliarse? «Yo soy venezolano. Éste es mi país. Mi familia ya está en Miami. Pero mis empleados están aquí, estoy amenazado, denunciado. Yo amo a mi país. Debo quedarme aquí». Le pregunto qué piensa de Telesur y de su director Andrés Izarra. «Dice que ha trabajado en CNN, pero nadie lo recuerda. Mi cadena ha sido prohibida por su ministerio. Yo no lo conozco personalmente. Pero Telesur es una cadena muy perversa, mucho más peligrosa que Al Yazira, porque tiene una agenda y no respeta las prácticas periodísticas. Aquí en Venezuela Telesur no puede hacer mucho más daño del que ya ha hecho Chávez arruinando la economía, destruyendo la democracia y asfixiando el Estado de derecho. En Brasil o en Argentina la cadena también es bastante inofensiva: son grandes países que no se dejan engañar. En cambio, en los países más pequeños, Telesur es muy peligrosa. En Paraguay, Bolivia, Honduras y Guatemala, la cadena está haciendo una guerrilla política de extrema izquierda. Poco importa su audiencia, es un instrumento estratégico. Es una cadena mucho más eficaz de lo que la gente cree. Literalmente está haciendo la guerra».

Para ir a Ramala desde Jerusalén tomo el Sherut (taxi colectivo) número 18. Es la segunda vez que voy a la capital de Palestina, y no noto nada extraño, todo sigue igual. Me pongo en contacto con varios palestinos que conozco, encuentro un hotel cualquiera y mientras espero a la periodista Amira Hass doy una vuelta por el café Star & Bucks de Ramala. Esta copia que no es franquicia del famoso grupo estadounidense es un sitio raro; el café *latte* cuesta 10 shekels israelíes (casi dos euros). Hay grupos de muchachos fumando el narguile, entre ellos uno que exhibe una camiseta del NYPD (New York Police Department). En una inmensa pantalla de plasma se ven clips con chicas muy ligeras de ropa de la cadena saudí Rotana. Delante del café, en la avenida, los mismos que venden CD piratas de Rotana venden retratos del Che Guevara. De repente, pasa una furgoneta con hombres armados de Al Fatah disparando al aire con balas reales. Me siento seguro.

Poco después, envío *e-mails* desde un cibercafé. Me sorprende la cantidad de cibercafés que se han abierto desde mi último viaje al centro de la ciudad de Ramala. La velocidad de conexión es rápida y mi vecino habla por Skype con uno de sus hermanos que vive en Estados Unidos. Otros clientes consultan páginas israelíes o ligan con chicas en webs de contactos en árabe. Uno de los chicos con los que hablo me pide permiso para usar mi iPod, que le fascina. Se pone el casco y me dice enseguida, al dar por casualidad con un fragmento de *El rey león* (resulta sorprendente que este título esté en mi iPod): «Es Simba». Se sabe la película de memoria y su vecino también. No la han visto en la televisión, y menos en el cine, sino «en el ordenador», me dicen. La falsa leyenda africana americanizada *(simba* significa «león» en swahili) funciona incluso en Palestina.

Al cabo de un rato llega Amira Hass, sola. Pelo negro, con un mechón en la frente, lleva un pañuelo verde y azul flojo alrededor del cuello. Sonríe, habla con calma, con una amabilidad muy perceptible que disimula una rebeldía intacta. Me ha citado delante de un hotel lejos del centro de Ramala. Tiene el parabrisas agujereado, en el lado izquierdo, por impactos de bala: «Yo no estaba dentro del coche cuando hubo ese tiroteo entre Hamás y Al Fatah», me explica. También ella lleva colgada del retrovisor una medalla del Che

Guevara. Amira Hass está catalogada como de extrema izquierda en el espectro político israelí. Hemos previsto recorrer durante todo un día Palestina, sus *check points*, sus medios de comunicación y su cultura.

Poco después de arrancar, encontramos el primer *check point* a la salida de Ramala. Ingenuamente, creo que es que estamos entrando de nuevo en Israel. «Error —me dice Amira Hass—. Esto es lo que el ejército israelí quiere hacer creer. De hecho, hay *check points* por todas partes dentro de Palestina. El ejército israelí dice que es por motivos de seguridad, pero en realidad es para crear lo que yo llamo *designated territories*, para marcar el territorio israelí».

Amira Hass es una de las periodistas más famosas de Oriente Próximo (y una de las más premiadas internacionalmente). Israelí, es la corresponsal permanente en Cisjordania del diario de Tel Aviv *Haaretz*. Es la única periodista judía israelí que vive permanentemente en territorio palestino (primero en Gaza a partir de 1993 y luego en Ramala desde 1997). Hija de supervivientes de la Shoah, nació en Jerusalén en 1956. Sus reportajes son generalmente favorables a los palestinos y se ha especializado en el análisis minucioso, casi científico, de la colonización israelí en marcha en los territorios. Los lectores de *Haaretz* piden que la echen en cientos de cartas al periódico. Pero también ha tenido muchos altercados con la Autoridad Palestina, incluidos Yasir Arafat y Al Fatah, de quienes ha denunciado muchas veces la dejadez, la mala gestión y la corrupción. «También soy muy crítica con los palestinos. No se puede decir que todo sea culpa de los israelíes», considera Amira Hass.

Viajando con ella, observo cómo trabaja. En cada *check point,* en cada punto de abastecimiento de agua, cada vez que una carretera es declarada «estéril» (palabra oficial israelí para decir que los palestinos no pueden circular por ella aunque estemos en Palestina), cada vez que una tierra es confiscada o cuando cruzamos el muro (en un lugar leo: «Stop the Wall», en inglés), Amira Hass escribe. Mira el mapa, compara el trazado de las carreteras, constata la aparición de vallas electrificadas («que ponen a los palestinos en una jaula», dice), sigue minuciosamente los desplazamientos de la «frontera» —su tema principal— y va tomando notas a toda velocidad en su ordenador Dell. «Soy muy *fact-checking*, no soy emotiva ni afectiva, "I go by the numbers"», dice, para insistir en su descripción meticulosa de los números, los hechos, los mapas, las carreteras, los túneles, los puentes y las desviaciones. En Tel Aviv, su redactor jefe la encuentra un poco obsesiva.

En los barrios palestinos, muchas veces en venta en las aceras como en todas partes, descubro miles de CD y de DVD piratas. Muchos son estadounidenses. «Los palestinos odian a los americanos, pero es un antiamericanismo afectivo, romántico, no ideológico. Escuchan la música estadounidense y ven las películas de Hollywood como todo el mundo», me explica Amira Hass. Me sorprende, en efecto, encontrar la mayor parte de los últimos *blockbusters* hollywoodienses en las calles de Ramala y en las otras ciudades de Palestina. «La paradoja es que los jóvenes palestinos de Cisjordania están en general mucho más americanizados que los jóvenes de los demás países árabes; y esto se explica por la proximidad a Israel», me confirma Hass.

En definitiva, esta afición a las películas estadounidenses es un punto que tienen en común los jóvenes israelíes y los jóvenes palestinos. Pero Benny Ziffer, el redactor jefe del periódico israelí *Haaretz* (el día que lo entrevisté en Tel Aviv, el señor Ziffer llevaba irónicamente una camiseta en la cual ponía: «Visite Israel antes de que Israel le visite a usted»), relativiza ese parecido: «Entre los palestinos, se trata de un americanismo superficial, el de las marcas y la moda, el de la música popular, los *blockbusters* e Internet. Pero en cuanto entras en la cultura real, la cultura de casa, ves que es una cultura muy islámica. Por ejemplo, la cultura televisiva es muy musulmana; las series sirias, egipcias y actualmente sobre todo las series turcas tienen mucho éxito en Palestina. El éxito de esas series turcas es muy revelador, porque son a la vez musulmanas y más modernas que en el mundo árabe; en el fondo, este filtro turco es una forma indirecta de americanización. Pero por ahora todavía es una cultura muy islámica». Gael Pinto, el crítico de cine del mismo periódico, al que también entrevisté en la sede de *Haaretz* en Tel Aviv, constata por su parte que en Israel no existe debate sobre Estados Unidos: «Contrariamente a Palestina, aquí no hay debate sobre el imperialismo estadounidense o sobre el dominio de Estados Unidos: es un hecho. Estamos tan americanizados que ya no es un tema de debate». Uno de sus colegas del mismo diario, el famoso historiador Tom Segev, ha escrito un libro sobre esa americanización cultural de Israel, que cuenta cómo el Estado hebreo ha ido abandonando poco a poco el modelo sionista, el de los kibutz y el socialismo de Ben Gurión, para adoptar los valores del pragmatismo y el individualismo estadounidenses. Lo demuestra, me dice, el hecho de que Israel sea hoy una *start up nation* y que su dinamismo económico se explique porque aquí hay más *start ups* que en Japón, China, India o Reino Unido. El título del libro de Tom Segev, que me regala, es sintomático: *Elvis in Jerusalem*.

Cuando, un poco antes, fui a investigar a Gaza y en particular al campo de Jabaliya, pude observar que Al Yazira se veía en la mayor parte de casas palestinas, en las oficinas a las que iba y en los hogares donde me recibían. Al principio no me lo podía creer, por la extrema pobreza de esos campos palestinos. Y luego comprendí que lo que veía en Gaza, como en Ramala o Belén, en Damasco como en Attaba Square (el mercado del centro de El Cairo donde está lo que los egipcios llaman *Cell Phone Street*, la calle de los teléfonos móviles), era una regla transnacional: en todas partes es fácil encontrar decenas de miles de antenas parabólicas y descodificadores, todos vendidos en el mercado negro. Por el equivalente de 25 euros tienes un descodificador; por 12 euros una pequeña parabólica. Se estima que en Palestina sólo un 2 por ciento de los habitantes tiene un abono al satélite legal, a causa del precio, pero que el 80 por ciento de la población de las ciudades tiene acceso a estos servicios de forma colectiva e ilegal. En la dirección de los grandes grupos mediáticos árabes, MBC, ART y Rotana en Riad y Dubai, todos mis interlocutores me han confirmado que, según sus estudios, la casi totalidad de la población árabe, incluso en las zonas más desheredadas, tiene acceso a una antena parabólica y que el porcentaje de penetración de la televisión por satélite es casi total. Todos recordamos las imágenes de beduinos en el desierto, con su dromedario y su parabólica. «Aquí se mide la riqueza de las familias por el tamaño de la antena parabólica —me dijo bromeando Ayman, un estudiante de Gaza, en el campo de Jabaliya—. A menudo no hay agua y quitan la luz en las calles después de las diez de la noche, pero la televisión siempre está encendida. Y cuanto mayor es la antena, más cadenas capta». En su casa, su familia me recibe como a un amigo: me dan de comer, me tratan como a un invitado de postín. En un mapa, Ayman me muestra «su pueblo», Hulda, en tierra israelí. «Yo procedo de allí», me dice (de hecho, el que procede de allí es su abuelo, y desde 1948 la familia no ha vuelto). En la pared, una foto: «Es Said —me dice—, mi hermano mayor al que mató el Tsahal». En una pantalla de televisión de la sala de estar, veo las imágenes de Al Yazira pasando durante todo el día.

En la sede de *Haaretz,* en Tel Aviv, el periodista Benny Ziffer me lo confirma: «En cuanto un miembro de la familia o del clan tiene una parabólica, todo el barrio recibe la televisión por satélite gratuitamente. Los palestinos están al corriente de todo; están muy bien informados gracias a las parabólicas, que son fundamentales hoy día para su cultura y su información. Se las ve en todas partes, en los pueblos más remotos y en los campos palestinos más pobres. Palestina está muy enclavada geográficamente, pero por eso mismo está muy abierta y muy "conectada" desde el punto de vista mediático. La gente está en una especie de cárcel donde la información es incontrolada e ilimitada. Ésta es la paradoja: la separación y el muro con Israel por un lado, y el acceso total a los medios por el otro. Y ya nadie puede parar esta liberación de las imágenes en el mundo árabe, ahora ya sin muro ninguno».

Según un sondeo del Palestinian Central Bureau of Statistics, el 75 por ciento de los palestinos de Gaza y Cisjordania tienen Al Yazira como primera fuente de información. La segunda cadena sería Al Manar, la de Hezbolá, que muestra con frecuencia los bombardeos y las víctimas civiles palestinas. Al abandonar la franja de Gaza, tengo la impresión absurda de una guerra de nunca acabar en la cual el ejército israelí se pasa la vida destruyendo, con bombas sufragadas por los estadounidenses, unas instalaciones palestinas sufragadas por los europeos.

En Ramala, el jefe de la oficina de Al Yazira se llama Walid al-Omary. Es una verdadera estrella en la cadena Al Yazira y también en Palestina. Gracias a la red de periodistas corresponsales oficiales (una treintena) y a los innumerables corresponsales oficiosos, tiene informaciones muy precisas de lo que pasa en todo el territorio palestino. Este árabe israelí, nacido en Israel cerca de Nazaret, que ha estudiado en la universidad de Tel Aviv y ocupa uno de los cargos más peligrosos del mundo, no abandona jamás sus tres teléfonos móviles (un número palestino ampliamente distribuido entre sus contactos en los territorios ocupados, un número israelí y un número internacional). Su popularidad se debe al hecho de que cubrió la segunda intifada en Palestina a partir de septiembre de 2000 (cuando la visita

de Ariel Sharon a la Explanada de las Mezquitas) y, más recientemente, a la guerra de Gaza (2008-2009), en la que tenía a seis reporteros sobre el terreno cuando la CNN, ABC, CBS y la BBC no tenían
ninguno, a causa de las restricciones a los medios impuestas por el
ejército israelí. Por eso Al Yazira se mantuvo *live* durante veintidós
días para describir la situación de Gaza. No pude ver a Walid al-
Omary cuando estuve en Palestina, pero mucha gente me habló de
él. Gracias a sus reportajes, hizo que la resistencia palestina estuviera presente día tras día, en imágenes, y la hizo global y *mainstream*
para todo el mundo árabe.

Al mismo tiempo, Walid al-Omary ha denunciado muchas veces,
lo mismo que Amira Hass, las derivas de la Autoridad Palestina, lo
cual le ha valido ser duramente amenazado por el poder constituido
en Ramala. Siendo árabe israelí (por lo cual está acreditado por Israel con un carné de prensa que le permite cruzar los *check points* en
los territorios ocupados), tiene la posibilidad de comprobar todos
los hechos de los que se entera con las autoridades israelíes y con sus
colegas los periodistas judíos, según el principio del *fact-checking* estadounidense, lo cual le ha permitido ser respetado por su deontología, incluso en Israel. «Walid es un gran periodista. Es muy equilibrado y muy serio, es un modelo», me explica el presentador estrella
de Al Yazira, Mohamed Krichen, cuando lo entrevisto en Doha. Por
su parte, la palestina Dima Khatib, que dirige la oficina de Al Yazira
en Caracas, es más explícita aún: «Walid es un gigante, un fenómeno. Él solo es nuestra escuela de periodismo. Tiene problemas con
todo el mundo, pero todo el mundo habla de él. Representa las voces liberadas de Al Yazira y de Palestina a la vez: nos ha mostrado
una Palestina que no conocíamos. Y se la ha mostrado al mundo».

Durante la jornada que pasé con Amira Hass en Cisjordania entramos en varias colonias judías, esos campamentos de pioneros
israelíes que, como en la época de los primeros kibutz, plantan oli-
vos, eucaliptos y tomates en el desierto. Una bandera israelí ondea
al viento sobre el *settlement* (también los llaman *outpost*). Una grúa
Caterpillar. Un colono judío nos recibe, con sus manazas de trabaja-
dor. Hay varios ventiladores que hacen un ruido continuo en su despacho de capataz y una estación de radio CB conectada con el ejército israelí. Escuchando al colono tengo la impresión de hallarme
en Colorado entre los evangelistas religiosos estadounidenses, con
además una mentalidad de sitiador sitiado. Pero contrariamente a lo

que cabría pensar, Amira Hass tiene unas relaciones bastante buenas con los colonos, y éste de hoy es incluso uno de sus informadores. Anónimo.

Al volver a Jerusalén veo a jóvenes palestinos saltando el muro. Si el ejército israelí los ve, los matará. «Saltan porque si no tienen que hacer varios kilómetros para pasar por un *check point*. Y el muro separa dos barrios del mismo pueblo, a veces pasa incluso entre las casas de una misma familia», me dice Amira Hass.

Al atardecer, en las calles de la ciudad vieja de Jerusalén vuelvo a oír un fragmento de música árabe que me ha llamado la atención en Cisjordania y del cual no sé el título. Las pequeñas tiendas de comestibles, los comerciantes de ropa, todo el mundo parece escuchar esta música tan alegre difundida a gran volumen por los altavoces colgados en los escaparates de las tiendas. El sonido resuena en las calles adoquinadas de Jerusalén, igual que resonaba en Ramala, en Belén, en Hebrón y en Gaza.

Le pido a uno de los comerciantes, Hazem, un palestino de Jericó, que me busque ese tema. Por unos pocos shekels, me vende el CD que he escuchado en todas partes y que involuntariamente se me ha pegado. La carátula está en árabe. Más tarde me enteraré de que es el último álbum de Amr Diab, distribuido por la discográfica Rotana. La revolución que Al Yazira ha representado para la información en el mundo árabe, Rotana la está logrando para el *entertainment*.

15. EL PRÍNCIPE DE LOS MEDIOS EN EL DESIERTO

A las dos en punto de la tarde de un sábado —primer día de la semana en Arabia Saudí— llega el príncipe Al Waleed. Su puntualidad legendaria me impresiona. Desde hace varios minutos, reinaba una agitación perceptible en la cual se adivinaba que el príncipe estaba al llegar: en el ascensor, las armas de los guardaespaldas eran visibles bajo su larga túnica blanca y las chicas de la recepción, verdaderas *top models,* sin velo ni burka, con pantalones ceñidos y tacones de aguja, andaban muy atareadas. «Aquí no lo llamamos el "príncipe". Lo llamamos el *chairman»,* me corrige Shadi Sanbar, su colaborador más íntimo.

En el centro del vestíbulo gigantesco, un inmenso logo Rotana: un mapamundi verde, el color del islam, atravesado por una letra árabe estilizada. El mensaje es límpido. Estoy en el reino de Al Waleed, en el piso 58 de la Kingdom Tower, uno de los símbolos de Riad, capital de Arabia Saudí. Esta torre de cristal de 99 pisos que posee el príncipe parece un feo abrebotellas: es la sede de la Kingdom Holding Company, la multinacional financiera del príncipe. Al Waleed bin Talal bin Abdul Aziz Al Saud es el nombre completo de este príncipe, miembro de la familia real de Arabia Saudí. Nacido en 1955, es uno de los 37 nietos del fundador de Arabia Saudí, el rey Abdul Aziz Al Saud, de quien lleva el nombre como manda la tradición. Por lo tanto, es sobrino del rey actual, Abdallah, y por parte de madre es nieto del primer jefe de gobierno del Líbano moderno, país del cual también tiene la nacionalidad. Empresario y hombre de negocios, ha hecho su fortuna en las finanzas internacionales y las inversiones inmobiliarias, también en la construcción, convirtiéndose en uno de los hombres más ricos del mundo. Ha invertido su fortuna en una multitud de sociedades y es uno de los principales accionistas de News Corp, CityBank, AOL, Apple, Walt Disney, eBay, Pepsico y EuroDisney. Al Waleed controla igualmente varios periódicos panárabes influyentes en la región, en particular *Al-Hayat*. También es filántropo y fomenta los estudios islámicos, por ejemplo en la Universidad de Harvard, o las artes islámicas, por ejemplo en el Museo del Louvre. Precisamente un mes después del 11 de septiembre, viajó a Nueva York para rendir homenaje a las víctimas del World Trade Center, con un cheque de diez millones de dólares como regalo para el fondo de ayuda a las víctimas de los atentados, y todas las televisiones del mundo lo mostraron caminando por las ruinas de la zona cero junto al alcalde de la ciudad (pero un comunicado de prensa en el cual Al Waleed criticaba la política estadounidense respecto a los palestinos no gustó, y el alcalde de Nueva York finalmente rechazó sin rodeos el cheque).

«Al Waleed es un hombre extraordinariamente atípico, iconoclasta. Forma parte de la élite, pero no es sólo un heredero: su padre era demasiado liberal y no lo bastante rico, lo llamaban "El Príncipe Rojo". Eso le dio a Al Waleed unos determinados contactos y un estatus, pero su fortuna la hizo casi solo. Estudió en Estados Unidos y hoy lleva sus negocios "a la americana", aunque lo que más valora personalmente es la cultura de los beduinos. Es un nómada de los negocios, no un capitalista sedentario que acumula. Y a veces se va a dormir a su tienda, en el desierto, con los beduinos, para recobrar la calma y para meditar antes de tomar una decisión importante. El desierto no miente. El desierto no lo engaña», me explica un poco inflamado su brazo derecho, Shadi Sanbar.

Al Waleed es el icono progresista del régimen. El rey Abdallah lo protege pero jamás ha pensado en hacerlo su heredero. Lo máximo que ha hecho ha sido autorizar en 2008 al banco real a avalar sus deudas, en el momento álgido de la crisis financiera mundial, en la que Al Waleed parece que se dejó miles de millones de dólares. Sí, he escrito «miles de millones» (en torno a 21.000 millones de pérdidas en 2008 según distintos analistas, lo cual lo hizo descender del puesto 5 al 22 en la lista de los hombres más ricos del mundo).

Rodeado de una nube de asesores y de guardaespaldas, Al Waleed llega por fin. Va vestido con una *thobe,* la túnica blanca tradicional en Arabia Saudí, y se toca con el *shmaikh*, una especie de *keffieh* de cuadros rojos. Lleva bigote, unas gafas grandes y le cuesta disimular sus tics, pero le rodea un aura que el ceremonial del que se acompaña su llegada no hace más que aumentar. Todos los sábados, cuando no viaja al extranjero, llega hacia mediodía a la torre de su propiedad, reza, preside reuniones, trabaja con sus banqueros, sus abogados y sus asesores financieros hasta las dos de la madrugada y luego duerme durante toda la mañana, como hacen con frecuencia los príncipes reales saudíes. En el piso 66 está la sede de la multinacional, la sociedad madre; en el 58, Rotana. Por eso los sábados a las dos de la tarde el príncipe baja de su despacho y va con su corte y sus escoltas al piso 58 para presidir el consejo de administración de su grupo mediático, Rotana. Helo aquí. Lo veo sentarse a la cabecera de la mesa, entronizado más que presidiendo, rodeado de todos sus directores. Se hace el silencio. Empieza la sesión. Jamás la expresión «su real voluntad» me había parecido tan justificada.

Rotana fue fundada en 1987. Es el grupo mediático y de *entertainment* de Al Waleed. «El príncipe posee el 95 por ciento de la empresa madre, Kingdom Holding Company, una sociedad parcialmente cotizada, pero Rotana le pertenece por completo, es una compañía privada, es su dinero personal. Al príncipe los medios siempre le han fascinado», me explica en el piso 66 de la torre Shadi Sanbar, el director financiero y verdadero número dos de la multinacional.

Al Waleed es el magnate de los medios árabes. Murdoch, el multimillonario australoamericano, por cierto, acaba de invertir varias decenas de millones de dólares en Rotana, con lo cual ahora posee el 20 por ciento del capital del grupo saudí. «El príncipe ha invertido en News Corp a través de su Holding Company, y ahora Murdoch invierte en Rotana: son unas tomas de participación cruzadas inteligentes. Para nosotros, es una inversión puramente financiera; pero para Murdoch es más estratégica y geopolítica. Eso le permitirá llegar a 350 millones de árabes», comenta Sanbar. Los estadounidenses de Sony Corporation of America también acaban de firmar, en junio de 2008, un contrato exclusivo con Rotana para la distribución de películas de Sony, Columbia, Metro-Goldwyn-Mayer y discos de Sony Music, CBS, Arista y Epic para el conjunto del mundo árabe.

Rotana está organizada en seis divisiones. La dirección general y financiera del grupo está en Riad, pero sus actividades se realizan en varios cuarteles generales: la rama del cine está en El Cairo, la música y el *management* de los artistas en Beirut, las televisiones y las radios emiten desde el Golfo y la división de Internet está repartida por la mayoría de los países árabes, desde Marruecos a Siria. El grupo, fragmentado así en todo el mundo árabe, es un vasto imperio. Y con esta herramienta Al Waleed se propone la reconquista del mundo musulmán.

Rotana posee estudios de cine en El Cairo y esto le daría el control del 50 por ciento del catálogo cinematográfico árabe. En la música, el dominio aún es mayor: casi el 90 por ciento de la música *mainstream* comercializada en el mundo árabe, desde Marruecos a Siria, estaría en manos de Rotana. «Es cierto que tenemos un monopolio en la música», me confirma Shadi Sanbar. Rotana actúa a la vez como organizadora de giras y agencia de talentos, y se ha especializado en dos sectores paralelos que contribuyen a este monopolio. Primero, Internet: el grupo ha invertido millones de dólares en sitios ultramodernos y en la IPTV, la televisión por Internet. «Pensamos que la cultura y la información, la música, las películas, la televisión y los libros serán totalmente digitales. Todo cambiará radicalmente. Es lo que se llama el *telecotainment*, la mezcla de telecomunicaciones y *entertainment*. Ya no habrá discos, ni libros, ni periódicos, ni televisiones, sólo pantallas conectadas a Internet. Para nosotros, esto no es una amenaza, sino una oportunidad. Vamos a aprovechar todas esas oportunidades porque tenemos los medios para hacerlo. Tenemos los derechos de todos nuestros contenidos de *entertainment* y de medios, de todas las plataformas y para todos los países. Por eso estamos preparando el porvenir. Yo soy aquí el hombre de la cultura árabe del futuro», se justifica Yusef Mugharbil, el director encargado de los «nuevos medios» en Rotana (luego me enteraré de que este saudí, que lleva una corbata verde y no lleva *thobe*, ha estudiado ingeniería en la Universidad de Colorado y ha trabajado durante 30 años para el gigante norteamericano de las telecomunicaciones AT & T en Estados Unidos).

Finalmente, la televisión. Rotana posee más de una veintena de cadenas difundidas esencialmente vía satélite. Oficialmente, estas cadenas están prohibidas en varios países, entre ellos Arabia Saudí (sólo hay dos cadenas hertzianas públicas, Saudi 1 y Saudi 2, oficialmente autorizadas por Riad), pero son accesibles gracias a las pequeñas antenas parabólicas que no cuestan casi nada en todos los países árabes y en Irán. Son fundamentalmente cadenas de cine árabe y cadenas musicales en las que los artistas de Rotana van actuando sin parar. La prioridad de Rotana es el entretenimiento *mainstream:* Al Waleed sabe que los principales programas de *entertainment* y los formatos de series de éxito en los países árabes son los que se importan de Estados Unidos. La versión árabe de *¿Quién quiere ser millonario?*, por ejemplo, presentada por una *sex symbol* libanesa, tiene una audiencia panárabe gigantesca con su famosa *catchphrase* «Jawaab nihaa'i?» (como en todas partes: «¿Es ésa su última respuesta?»). Al Waleed quiere romper ese monopolio estadounidense. En Egipto, creó muy pronto una cadena de cine en *joint venture* con Rupert Murdoch para sondear el mercado y engatusar al multimillonario: lo que hace sobre todo Fox Movie es emitir las 24 horas en versión original subtitulada las películas de su estudio de Hollywood 20th Century Fox. Según confiesan los propios egipcios que la dirigen para Rotana desde El Cairo, donde los he entrevistado, se trata esencialmente para ellos «de meter anuncios en medio de las películas que nos manda Murdoch». Pero esto no era más que el principio de una estrategia panárabe y panmedia excepcionalmente ambiciosa y compleja. Desde entonces, el príncipe ha añadido varias joyas a su corona: posee, a título personal, además de Rotana, la cadena libanesa por satélite LBC, especializada en los *talk shows* populares, según el modelo estadounidense, y una cadena en inglés, poco conocida, Al Reselah, destinada a los musulmanes de todo el mundo. «También estamos trabajando en un proyecto de cadena de información continua, pero es probable que el príncipe la financie con su dinero personal, aparte de Rotana», me confiesa finalmente, después de muchas preguntas a las que no me ha contestado, Fahad Mohammed Ali, el director general de Rotana (es el único hombre del entorno inmediato del príncipe en Riad que lleva *thobe*).

«La especialidad de Rotana es el *entertainment* —me explica Shadi Sanbar, el hombre de confianza de Al Waleed—. Rotana en la actualidad es un grupo totalmente digital que está creciendo y se está internacionalizando. Primero, en el mundo árabe, y luego… *the sky is the limit* (las posibilidades son ilimitadas)». Rotana es un grupo global, mundial. El nuevo mundo no tiene fronteras. «Permita que se lo repita, para que quede claro —continúa—. Rotana se desarrollará en todo el mundo». Me asombra este objetivo que va más allá del mundo árabe. Shadi Sanbar: «Nuestra filosofía es defender los valores árabes. Nuestro objetivo es panárabe. El príncipe cree en la demografía, que es clave en el sector del *entertainment*. Los jóvenes menores de 25 años representan el 60 por ciento de la población en Arabia Saudí, y los de menos de 15 años cerca del 40 por ciento. La mayoría de los países árabes tienen estadísticas parecidas. Estos jóvenes consumen —y consumirán— prioritariamente *entertainment*, más que *news*. Exactamente lo que hace Rotana. Tenemos mucho porvenir. En el mundo árabe, pero también fuera de él», sentencia Sanbar. Y no me dirá más.

Sin embargo, hay algo que no cuadra. Desde que estoy en Arabia Saudí, hay una paradoja que me llama la atención. Los saudíes están omnipresentes en los medios, pero los medios están ausentes de Arabia Saudí. Los grupos más importantes del audiovisual árabe —Rotana, Orbit, ART, MBC— tienen su sede social en Riad, o sus capitales proceden de Riad, pero no hay ninguna cadena que emita desde Arabia Saudí. Esto me recuerda las radios «periféricas» francesas que emitían desde Mónaco, Alemania o Luxemburgo, porque el monopolio estatal de las radios no les dejaba hacerlo desde territorio francés. Pero aquí, las regulaciones estatales llevan aparejadas además la cuestión política, la religión y las costumbres. Y la paradoja es considerable: en la sede de Rotana en Riad, estoy en el corazón de uno de los principales grupos mediáticos árabes, especializado en cine, música y televisión, pero en Arabia Saudí no hay salas de concierto, ya que las películas, la música no religiosa y las televisiones no oficiales están prohibidas. «Éste es un reino a la vez medieval y posmoderno», me explica el director Ahmed Dakhilallah, al que entrevisto en su casa bajo una tienda en Riad, asombrado yo mismo de estar descalzo sobre unas alfombras comiendo dátiles en presencia de un cineasta en un país que no tiene cine. «Arabia Saudí tiene la inteligencia de rechazar en su casa lo que difunde fuera de ella», me dice al día siguiente con una fórmula enigmática la realizadora estrella de la televisión nacional saudí, Hiyam Kilani (una mujer sin velo y soltera, que me recibe en su casa vestida con unos vaqueros y en presencia de su hermano). Más circunspecto, el hermano, Ahmed H. M. Al Kilani, ex representante de televisiones occidentales en Riad, lanza otra hipótesis, en un francés perfecto: «El riesgo aquí no es tanto volver atrás, a unas cadenas retrógradas, como una evolución a la americana: los telepredicadores que van a intentar modernizar las televisiones árabes en nombre de Alá a partir de Arabia Saudí». ¿Es así como hay que interpretar el rumor que circula actualmente en el Golfo, a saber, que a los saudíes les gustaría que sus grupos mediáticos regresaran a Arabia Saudí más que dejarlos emitir desde Dubai o Abu Dabi? El objetivo sería que las sedes sociales de Rotana, MBC y ART, así como sus estudios, se trasladasen a la King Abdallah Economic City, una ciudad nueva al norte de Djedda, a orillas del mar Rojo, donde acaban de inaugurar, también aquí, una importante Media City. Los saudíes han dado a entender —pero no está demostrado— que la ciudad podría ser una zona franca, como Dubai, tanto desde el punto de vista fiscal como en lo relativo al *lifestyle*. Este último término, deliberadamente equívoco, está sujeto a debate.

En Arabia Saudí, este país tan riguroso, donde el único turismo autorizado es el peregrinaje a La Meca y donde las tiendas y las oficinas cierran cinco veces al día para rezar, la religión es un asunto de Estado. Y la *mutawa* está al acecho. Esta policía religiosa, o policía de las buenas costumbres (cuyo verdadero nombre es «comando para la represión del vicio y la promoción de la virtud»), cuenta con 9.000 guardias, principalmente clérigos barbudos. No es una policía armada pero actúa por todo el país con acciones enérgicas, muy visibles, megáfono en mano, que me recuerdan curiosamente los métodos utilizados en Estados Unidos por Act Up, la asociación gay de lucha contra el sida. En Riad me he cruzado con estos guardias de la *mutawa,* que controlan a las mujeres, la longitud de sus velos, y les impiden conducir, comprobando que efectivamente están con sus maridos si salen de casa (cosa que hacen raras veces). La delación, según me dicen, es el desencadenante principal de la intervención de esos guardias de las buenas costumbres. «Pero la *mutawa* no entra en Rotana. El príncipe es liberal. Esto es un extraño oasis. Las mujeres son todas una bomba», me dice, visiblemente impresionado, mi acompañante y traductor. Que también me enseña, en el piso 66, la mezquita personal del príncipe.

Al abandonar el reino de Al Waleed, me asomo a la puerta del despacho de Shadi Sanbar, que está justamente delante de la mezquita. Éste me agradece la visita y me da unos regalos metidos en una preciosa bolsa de cuero verde, el color del islam, con el logo de Rotana.

En la planta baja de la torre del príncipe Al Waleed, en un café Starbucks, abro mi bolsa de cuero. Hay un *coffee mug* Rotana, una estilográfica Rotana, un *Annual Report* del grupo, la biografía en árabe

de Al Waleed firmada por el periodista Riz Khan y sobre todo decenas de copias de revistas estadounidenses como *Time, Newsweek, Vanity
Fair, Forbes*, con las portadas manipuladas. En esas fotos, Al Waleed
va de traje o en mangas de camisa, no con la *thobe*. En esas portadas
fabricadas con Photoshop, se ve al príncipe a bordo de su yate privado de 86 metros, al volante de uno de sus 300 coches o a bordo de su
Boeing 747 convertido en jet privado (en 2010 le entregarán el Airbus que tiene encargado). La megalomanía del príncipe es un hecho
notable. De pronto, dentro de la bolsa de cuero verde, descubro un
portadocumentos más pequeño, también de cuero verde, una especie de cartera de lujo. En medio del Starbucks, abro finalmente el
portadocumentos que se va desplegando y me doy cuenta, estupefacto, de que se trata en realidad de una magnífica alfombra de oración
coránica portátil.

LA MÚSICA EN EL LÍBANO, LA TELEVISIÓN EN DUBAI
Y EL CINE EN EL CAIRO

El Rotana Café de Damasco está situado en el recinto del Four
Seasons, uno de los complejos hoteleros más lujosos de Siria. Por lo
demás, no se trata de un simple hotel, sino de un verdadero *resort,*
un lugar de vacaciones de lujo y de turismo internacional de élite, que
en sus 18 pisos cuenta con decenas de bares de diseño, restaurantes
upscale, piscinas y spas, por no hablar de las galerías comerciales
ostentosas y de las numerosas tiendas de moda. El hotel pertenece al
príncipe Al Waleed (es el accionista de referencia de los hoteles
Four Seasons y posee en París el George V), y naturalmente cuenta
con un Rotana Café.

En sus tres niveles, el Rotana Café de Damasco tiene una tienda
de discos estilo Virgin Megastore para ricos en la planta baja, un
café restaurante con decenas de pantallas en las que se suceden los
clips de Rotana TV en el primer piso, y por último un inmenso *lounge* con vistas sobre las mezquitas, los parques y la ciudad vieja de Damasco en la terraza del último piso. Se fuma el narguile, pero el alcohol está prohibido. Sin embargo, ofrecen varios cócteles de frutas
llamados *mocktails,* entre ellos el famoso *nojito* (un «mojito sin alcohol» en el que el Schweppes sustituye al ron y que es absolutamente
espantoso). Todas las estrellas de Rotana están ahí, física o virtual-

mente. El príncipe invita en efecto de vez en cuando a sus estrellas a pasar unos días en los hoteles del grupo y a participar en las veladas de sus Rotana Cafés para encontrarse con sus fans. También se pueden comprar los CD y ver los vídeos del superstar egipcio Amr Diab, de Angham o de Sherin, dos cantantes sexys también egipcias, del iraquí Majid, del sirio George Wassouf, de los saudíes Abu Baker Salim y Mohamed Abdo (en la carátula de los álbumes que compro ambos se cubren la cabeza con un *keffieh*), o de la tunecina Latifa, la siria Assalah o la libanesa Elissa. Todos estos artistas son estrellas famosísimas en el mundo árabe. La mayor parte de sus discos se han grabado en el Líbano.

En Beirut, el Rotana Café está situado en la plaza de la Estrella, en el barrio cristiano, en la planta baja de un edificio moderno. Cuatro pisos más arriba están las oficinas de Rotana: «Aquí en Beirut es donde Rotana tiene su división de música», me confirma Tony Semaan, el director de A & R dentro de Rotana Music, que me recibe en su despacho un sábado por la mañana. Me han dicho que, a sus 32 años, Semaan es uno de los descubridores de estrellas más talentosos del mercado de la música árabe. Mientras un camarero nos trae un té en un *coffee mug* con el logo de Rotana y Tony Semaan termina de hablar por teléfono con un mánager de Egipto, observo su despacho que hace esquina. Bien a la vista, en un estante, está la biografía estadounidense de Al Waleed cuyo título es *Businessman Billionaire Prince.*

«Rotana es un grupo *mainstream.* Queremos ser populares. Con Rotana Al Waleed quiere crear un gigante del *entertainment* panárabe en todo el mundo, y lo quiere hacer cueste lo que cueste. El modelo económico es importante, pero menos que el objetivo político», me comenta en francés Tony Semaan. Y para lograr este objetivo, el grupo saudí ha instalado su cuartel general para la música en Beirut, el del cine en El Cairo y sus emisoras de televisión en Dubai. «Beirut es la capital de la música árabe. Todos los medios árabes tienen oficinas aquí, y para la producción musical, los estudios de grabación, el rodaje de videoclips, somos los líderes de la región», me comenta Semaan. La estrategia es sencilla, y mi interlocutor la resume así: como en todo el mundo se imaginan la música árabe con mujeres veladas y hombres tocados con el *keffieh*, Rotana produce vídeos donde las chicas son jóvenes, sexys, y van vestidas como en MTV.

Y naturalmente, como a estas chicas no se las puede filmar en Riad, Beirut ha sido la elegida para la división musical del grupo.

La familia Rotana cuenta con unas 130 estrellas de música árabe. El modelo económico es sencillo: cada artista cobra una *flat fee,* una cantidad fija por álbum, pero raras veces un porcentaje sobre las ventas. El grupo versiona luego esta música que ha comprado para utilizarla en todas sus plataformas: CD, DVD, vídeos, programas de televisión, Internet, productos derivados, contratos publicitarios y hasta *coffee mugs.* Rotana también se ocupa del *management* de los artistas y, naturalmente, de los conciertos, según la denominada estrategia «360 grados» (Tony Semaan me da a entender que es la marca de fábrica de Rotana, siendo así que hoy ésta es la estrategia de casi todas las discográficas del mundo, después de haber sido la de todas las agencias de publicidad).

Los cantantes vienen de todo el mundo árabe, desde el Magreb hasta Irak, pero nunca de otros sitios. Para ser elegido, un artista debe tener un «fuerte potencial panárabe»: lo cual significa que debe poder conquistar una audiencia de varios países. Para preparar esta estrategia *crossover,* Rotana pide a sus artistas que canten con acento egipcio. «El acento egipcio es el que permite que te entiendan en todo el mundo árabe. Es un acento fácil de adquirir, y hacemos que los cantantes sirios, libaneses o del Golfo canten con acento egipcio para llegar a todo el mundo», me explica Tony Semaan.

Por ahora, Rotana aún no ha ganado su apuesta globalizada. Las estrellas del grupo no se venden en Asia, ni en América Latina, ni en el África subsahariana, y muy poco en Estados Unidos. Pero el grupo de Al Waleed ha triunfado mas allá de sus expectativas en el corazón de la diana que se había marcado: la zona bautizada por Rotana como *MENA Region* (Middle East North Africa). Ahí los resultados son espectaculares. Según los datos del grupo, que son imposibles de comprobar, los 130 artistas de Rotana coparían el 85 por ciento de toda la música vendida en el mundo árabe. Los resultados también están creciendo en el Magreb, gracias a estrellas como la tunecina Latifa, la marroquí Laila Ghofran, la argelina Amel Bouchoucha y también Thekra, una tunecina que primero se instaló en Libia y luego en Egipto, y que recientemente fue asesinada en circunstancias sospechosas. «Nuestro objetivo es ahora el mercado magrebí en Europa, sobre todo en Italia, España y Francia. Estamos construyendo de forma concreta en el campo de la música la Unión para el Mediterráneo, de la que tanto habla Sarkozy», me dice sonriendo Tony Semaan.

Y eso no es todo. Las ventas de álbumes, en la era de la piratería de masas, ya no son el principal objetivo de Rotana y por lo tanto el CD ya no es más que una herramienta promocional; lo importante ahora es la televisión. Con sus diferentes cadenas musicales, Rotana es líder en los países árabes. Y el grupo ha inventado, siguiendo el modelo de MTV, el videoclip árabe de 3 minutos 30 segundos. «Antes, las televisiones árabes difundían canciones egipcias que podían durar 30 o 40 minutos. Se trataba de largos poemas interminables —me explica Semaan—. Siguiendo el modelo de MTV y del clip, copiado por Rotana, nos hemos adaptado al formato de 3 minutos 30 segundos». Pero el éxito del grupo saudí no se debe sólo a esta adaptación del formato: la belleza de las chicas en los clips, su libertad en el vestir respecto a los usos del mundo musulmán y la sensualidad de su lenguaje son en gran parte responsables de la revolución que Rotana ha introducido en el *entertainment* árabe. Resultado: cuatro de las cadenas Rotana forman parte del top 10 de las cadenas más vistas en la zona árabe. Y en música, la estadounidense MTV ya no existe frente al gigante saudí.

En el monte Líbano, en el barrio de Naccache, al norte de Beirut, la sede de MTV es faraónica. Una decena de edificios recién estrenados, dieciséis estudios de televisión, cafés y un servicio de seguridad sin parangón. En la recepción, cinco chicas *top models* responden al teléfono y conducen a los invitados hasta el plató. El logo de MTV —azul y rojo— no permite la menor duda. El nombre de la cadena no tiene nada que ver con su homónima estadounidense: Murr Television (más conocida con el nombre de MTV en Líbano) es una de las principales cadenas generalistas de los cristianos libaneses. «No tiene nada que ver con el grupo Viacom que posee Music Television (MTV) en Estados Unidos», me confirma Michel Murr, el presidente del grupo.

Visiblemente feliz de conversar con un francés, Michel Murr me recibe, relajado y afectuoso, en la sede de su grupo con su mujer, Pussy, un sábado por la tarde. Durante nuestra larga conversación, resuelve algunos problemas por teléfono con un ministro (su familia forma parte del poder cristiano libanés, y su tío, que lleva el mismo nombre que él, Michel Murr, fue ministro del Interior y uno de los colaboradores más íntimos del antiguo primer ministro Rafik Hariri, asesinado). Michel Murr, el sobrino, no quiere hablar demasiado de política. Me repetirá varias veces que su cadena es «neutral», pero yo sé que forma parte de los «cristianos suníes», según la broma frecuente en Beirut, ya que la minoría cristiana se dividió en 2009 entre los «cristianos suníes», antisirios, y los «cristianos chiitas», partidarios de Hezbolá. En Líbano, cada cadena de televisión está ligada a un partido político, lo cual relativiza mucho su neutralidad.

«Aquí tenemos uno de los complejos de producción audiovisual más importantes de Oriente Medio —me dice Michel Murr—. Líbano representa la frontera del mundo árabe, su límite, y por eso aquí se ruedan los programas televisivos más modernos de la región. Las mujeres son libres, y los medios técnicos mucho más avanzados que en los demás países árabes. El *entertainment* es nuestra especialidad».

Con Pussy Murr, visito los estudios del grupo, bautizados Studiovision, pues mi objetivo es asistir a la grabación de *Rotana Café,* el programa cultural estrella de Rotana Moussica, una de las cadenas de Rotana. El decorado del *talk show* es famoso en todo el mundo árabe: el mostrador de un bar y una falsa biblioteca llena de libros y de latas Rotana, imitando las de Coca-Cola. El programa es *live:* consiste en dejar que un grupo de jóvenes presentadores hable libremente de cómo está el panorama musical, de televisión, del *entertainment* y de todo lo que constituye el *buzz* del momento.

A menudo, las palabras de los jóvenes presentadores provocan reacciones en el Golfo, en Egipto o en Arabia Saudí. En 2009, el *talk show Línea roja* de la cadena libanesa LBC, de la cual actualmente el príncipe Al Waleed es accionista mayoritario, suscitó una gran polémica: un joven saudí, Mazen Abdel Jawad, contaba en ella cómo empleaba su Bluetooth para ligar con las chicas saudíes veladas en los centros comerciales puesto que no podía hablarles directamente (le cayeron cinco años de cárcel y 1.000 azotes por «conducta inmoral», y a la cadena LBC se la amenazó con prohibirla en Arabia Saudí).

«En esos *talk shows* rodados en Beirut por las cadenas de televisión Rotana, MTV, LBC o MBC es donde hay más libertad. En el mundo árabe, lo que se dicen esos jóvenes entre ellos y lo que nos dicen a nosotros es totalmente increíble. So pretexto de que están hablando entre ellos, de que comentan rumores y chismorreos de la tele, de que describen su vida cotidiana, lo que hacen es abordar la cuestión de la droga, de la prostitución, de los gays, de la venta de mujeres iraquíes, de las lesbianas, de los transexuales. Para un hombre de mi generación resulta absolutamente increíble escuchar eso. Son ellos, esos presentadores de *talk shows* que tienen menos de 25 años, los que contribuirán a que los países árabes se abran», afirma el productor de series televisivas Makram Hannoush, un libanés, entrevistado en Damasco. Esos *talk shows* libaneses, qataríes y más raras veces emiratíes van mucho más allá del simple entretenimiento: están socavando, en efecto, los mismos fundamentos del mundo árabe. Son una fuente de preocupación para Riad, Teherán o Trípoli, y causan perturbación social en las familias patriarcales. Porque afectan al orden familiar, afectan a la separación de sexos, perturban la división del trabajo, ponen en cuestión el código de honor. Al llevar a la pantalla no sólo a mujeres sin velo, sino a mujeres simplemente, estos *talk shows* de Al Yazira y de LBC, estas series de MBC, estos clips de Rotana rompen con la tradición que confina a la mujer en el espacio privado y reserva el espacio público para el hombre. Esta revolución en marcha es un acontecimiento importantísimo.

«El Warren Buffet árabe», éste es el apodo que la revista *Time* le ha puesto al príncipe Al Waleed. «El príncipe Al Waleed quiere convertirse en el Murdoch de Oriente Medio —corrige Frédéric Sichler—. Su modelo no es Warren Buffet, sino Murdoch. Y el príncipe, además, es el segundo accionista más importante de News Corp, el grupo multimedia de Murdoch». En el hotel Four Seasons del barrio de Garden City, en El Cairo, un magnífico palacio a orillas del Nilo, se halla la oficina permanente de Frédéric Sichler. Ex director de Studio Canal, la rama de producción cinematográfica del Canal+ francés, Sichler fue reclutado por el príncipe saudí para presidir Rotana Films, la rama de cine de Rotana. «Rotana es un grupo que nació en la música árabe, que ha evolucionado hacia la televisión y que actualmente está entrando en el cine», analiza Sichler.

En el Golfo, el problema no es el dinero, sino el talento. En Egipto, es al contrario. Los primeros tienen los bancos, los capitales, las redes de satélites, pero les falta la creatividad. Para alimentar las innumerables cadenas que son grandes consumidoras de programas y están instaladas en Dubai, Abu Dabi y Qatar, hacen falta contenidos y flujo. Los príncipes del Golfo y sus estados mayores se abastecen por lo tanto de películas en El Cairo. Coproducciones, precompras de películas para las televisiones del Golfo, *joint ventures,* producciones propias, todas las técnicas son buenas para producir estos contenidos audiovisuales en Egipto.

«Rotana es una sociedad panárabe. Estamos interesados en todas las cinematografías árabes. Porque si la música es un mercado regional, panárabe, y cruza fácilmente las fronteras, el cine sigue siendo muy nacional», continúa Frédéric Sichler. ¿Por qué? «En el cine, contrariamente a lo que ocurre en la música, la explotación se hace país por país, y en todos los países árabes existen regulaciones muy precisas que requieren una autorización administrativa específica». Rotana, como los demás grupos mediáticos de Oriente Medio, intenta pues actuar tanto en el mercado árabe global para la producción como en los mercados nacionales para la distribución. «Para la producción de cine, Egipto sigue siendo el eje central —continúa Sichler—. Es el único país árabe donde existe una industria del cine, muy por delante de los otros tres productores árabes que son Siria, Líbano y los países del Golfo». Y añade: «En Egipto existe una cultura cinematográfica popular pujante y se venden de 20 a 30 millones de entradas al año, cuando en Marruecos son menos de 2. Los egipcios hacen *entertainment* y comedias desde siempre: éste es el cine que funciona en el mundo árabe, y no el cine de autor marroquí. Y por eso Rotana ha instalado su cuartel general del cine aquí en El Cairo».

Existen otras razones que hacen de El Cairo el eje cinematográfico del mundo árabe. En Egipto hay una creatividad muy rica gracias a una larga tradición audiovisual, a un amplio vivero de guionistas, actores y cineastas y a una cultura artística, literaria y de entretenimiento antigua. «El Cairo, para el cine y la televisión, es el Hollywood del mundo árabe», me confirma Mohamed Mouneer, el director de *marketing* del grupo Rotana en El Cairo. Egipto también es el único gigante árabe: una población de casi 75 millones de habitantes que constituye el primer mercado árabe del planeta (de los cuales 17 millones viven en El Cairo, que es a la vez la primera ciudad árabe del mundo y la ciudad más poblada de África). El país tiene una gran diversidad étnica y mucha inmigración procedente de todos los países árabes. «Egipto es una sociedad diversa y multiétnica, como Estados Unidos —afirma Hala Hashish, la directora de Egypt News Channel, a la que entrevisté en El Cairo—. Es el único país árabe donde uno puede encontrar tantos sirios, marroquíes, libaneses y libios. Es una sociedad cosmopolita, más abierta y más diversa, porque también es un Estado pacífico. Y además, aquí uno puede rodar una película o un culebrón con una mujer sin velo, lo cual es imposible en Riad o en Teherán». Al mismo tiempo, en El Cairo están presentes todas las redes televisivas mundiales, hay muchísimo personal técnico, está la protección de los sindicatos, una censura oficial limitada en cuanto a costumbres (en comparación con el resto del mundo árabe) y una lengua hablada en varios países árabes y entendida en casi todos. «Dos árabes de nacionalidades distintas, si quieren entenderse hablando, deben utilizar el dialecto y el acento egipcios», me explica Youssef Osman, que dirige la producción de Media City cerca de El Cairo. «Es un círculo virtuoso —me confirma Hala Hashish—: las películas árabes se hacen en egipcio, los cantantes adoptan el acento egipcio, nuestros medios son los más poderosos del mundo árabe, y todo eso por tanto refuerza la música y el cine egipcios».

Por último, para comprender el papel determinante de El Cairo, junto a Dubai, Abu Dabi y Beirut, en las industrias creativas, cabe añadir la importancia de los bancos y de la moneda, relativamente seguros. Egipto mantiene relaciones diplomáticas con la gran mayoría de los países árabes, con Estados Unidos, Europa e Israel, y este último punto tiene su importancia para la circulación de los productos culturales: al comerciar con Israel, Egipto facilita la difusión de sus contenidos en Palestina y en Jordania.

La estrategia multimedia y panárabe del grupo Rotana, instalado en Riad, Dubai, Beirut y El Cairo, parece impecable y se diría que está condenada a triunfar. Sin embargo, son varios mis interlocutores que no comparten este entusiasmo. Es el caso del productor de la Star Academy árabe, Nagi Baz, entrevistado en Beirut, y que pone en duda la viabilidad de la empresa: «Rotana no es una empresa como las demás: es la bailarina de Al Waleed. El *business model* no importa: sólo tiene un objetivo político e identitario árabe». Otros señalan la megalomanía del príncipe: «Cada año, Al Waleed invita a los artistas de Rotana con todos los gastos pagados a un hotel Four Seasons y los hace cantar a su mayor gloria. Hace poco, les regaló a la mayoría un BMW con los portes pagados. Todos le dieron las gracias… e inmediatamente vendieron el coche de lujo por dinero contante y sonante». Pascal Gaillot, el presidente de EMI-Oriente Medio, competidor directo de Rotana, entrevistado en Dubai, subraya por su parte la voluntad monopolística del príncipe: «Rotana ha matado el mercado árabe para la música reventando precios. Esto es competencia desleal. El objetivo del príncipe no es económico; es dar a conocer la música árabe. Él con Rotana se da el gusto; para nosotros esto es un negocio». Otros aún son menos positivos: Rotana obliga a sus radios y a sus televisiones a difundir los cantantes del grupo y parece que ha multiplicado las cláusulas irregulares en los contratos con los artistas, que están «atados de pies y manos haciendo caso omiso de las prácticas internacionales habituales en materia de *copyright*», según Maxime Dupa, que coordina la oficina de exportación de la música en el Ministerio de Cultura del Líbano. Las críticas todavía son más virulentas cuando se trata de la calidad musical promovida por Rotana: «un pop americanizado en árabe»; «la estandarización árabe»; «MTV en peor»; «en música son siempre los mismos ritmos, y en los clips siempre la misma historia, una pareja que se encuentra, se separa y se vuelve a juntar»; «Rotana no hace avanzar la música árabe, lo que está es matándola». Finalmente, le reprochan a Al Waleed que haya elegido Beirut para la música y El Cairo para el cine, lo cual demuestra su hipocresía: «El saudí Al Waleed sabe muy bien que no podría hacer sus películas ni grabar sus discos en Riad. Puede mostrar mujeres sin velo en Beirut o en El Cairo, no en Arabia Saudí ni en el Golfo. Es una ilustración clara de la hipocresía de los regímenes suníes puritanos que hacen una interpretación radical del Corán y prohíben en su casa lo que fomentan fuera». Otro responsable de la industria audiovisual, entrevistado en la Media City de Dubai, añade: «Arabia Saudí es el país de la hipocresía más total: prohíben el alcohol y las mujeres llevan velo, pero bajo cuerda es el país donde puedes obtenerlo todo fácilmente y en todas partes: alcohol, droga, prostitutas, transexuales y todo lo demás. Las fiestas elegantes de la élite saudí rayan en la extravagancia. Y Al Waleed, que pertenece a esa élite y se ha divorciado tres veces, es el símbolo de la contradicción de ese país». Con más sentido del humor, un responsable de Rotana me dice: «Es cierto, algunos de nuestros cantantes son pop todo el año, pero en cuanto llega el ramadán se transforman en cantantes islámicos. Forma parte de las paradojas del mundo árabe».

En descargo de Rotana y de Al Waleed, cabe otra hipótesis: la estrategia del grupo podría consistir en propiciar la modernización del mundo árabe en general, y de Arabia Saudí en particular. El hecho de que el príncipe defienda los derechos de las mujeres y critique repetidamente al ala más retrógrada del reino va en este sentido. ¿Es un globo sonda del régimen que pretende «modernizarse»? Tal vez. ¿Encarna a su ala liberal? Ésta es la opinión de varios expertos consultados. ¿Es proestadounidense? Sin duda, pero también es muy solidario con la causa palestina. ¿Prolibanés y en particular pro-suníes libaneses? Sin duda, aunque sólo sea por sus orígenes familiares. ¿Está en conflicto abierto con el ala más dura del régimen? Es difícil de decir. A favor de la tesis «modernizadora», cabe recordar que Al Waleed fue objeto de una fatwa «preventiva» en septiembre de 2008 por parte del jeque saudí radical Saleh al-Lihedan, que hacía legítimo su asesinato si continuaba contribuyendo a difundir programas televisivos «corruptos» e «impíos». Pero el jeque fue cesado por el rey.

Los grupos mediáticos panárabes como Rotana, pero también AMC o MBC, ¿pueden tener éxito en su estrategia comercial cultural y mediática en una época de globalización? Es difícil de decir. Lo cierto es que estos grupos poderosos ya dominan el *entertainment* y los medios árabes. Pero ¿pueden ir más lejos y enfrentarse a los estadounidenses y a los europeos en los mercados no árabes? Aquí es justamente donde la cuestión de los valores y la censura, que constituye la fuerza de estos grupos en la zona árabe, también constituye su debilidad en los demás mercados internacionales. Fue en Egipto, que sin embargo es un país relativamente «abierto» en comparación con el resto del mundo musulmán, donde mejor entendí los límites de la estrategia árabe consistente en querer ser *mainstream* en todo el mundo.

Hollywood en el desierto

En la pequeña pantalla de un viejo televisor encendido, Mamdouh Al-Laithy se alegra la vista. Entretanto, me recibe en su inmenso despacho y escucha distraídamente mis preguntas esperando que se las traduzcan (no habla francés ni inglés). No deja de mirar las mujeres de escotes vertiginosos en una película en blanco y negro de la década de 1950 con Omar Sharif.

Mamdouh Al-Laithy acumula los cargos: dirige el sector de producción cinematográfica de la Media City de El Cairo, preside el sindicato de los directores y el Instituto del Cine de la televisión nacional egipcia, dirige la asociación de los críticos de cine y al mismo tiempo, a sus 73 años, continúa su larga carrera de guionista de éxito, según me dicen. Rodeado de mujeres con velo a las que tiraniza oralmente y de una multitud de secretarios, ayudantes y chóferes a sus órdenes, el hombre es el rey de la industria cinematográfica egipcia. Fue funcionario de policía en la década de 1960, luego lo ascendieron y pasó del Ministerio del Interior al sector audiovisual para vigilar a los artistas. En la década de 1970, se encargó de la censura de los guiones de las películas y los culebrones. En 1978, se convirtió en «censor general» para las películas en televisión, un puesto más codiciado por los ex policías que por los guionistas.

Encima de él, una foto del presidente Hosni Mubarak, un autócrata político, lo mismo que él es un autócrata cultural. ¿El proteccionismo en Egipto? Mamdouh Al-Laithy me explica que el país protege eficazmente su cine gracias a una limitación muy radical del número de copias de las películas extranjeras y que en los rodajes sólo contratan a actores egipcios, gracias al monopolio de contratación que tienen los sindicatos de actores. ¿La censura? El ex censor jefe egipcio no entiende mi pregunta. Pone fin a nuestra conversación y manda que me acompañen. Dejo en su gran despacho a ese autócrata ensimismado contemplando a las mujeres liberadas de las películas egipcias de una época en que no eran censuradas… por él.

Para comprender las regulaciones del cine en Egipto y tratar de averiguar si el cine árabe puede convertirse en *mainstream* más allá de los países árabes, empecé por llamar a la puerta equivocada. Segundo intento: voy al Ministerio de Cultura egipcio. Me recibe Anwar Ibrahim, el director de relaciones internacionales. Aparte del café turco y de unas cuantas frases convencionales sobre la «diversidad cultural» y la amistad franco-egipcia, no saco nada de la entrevista. ¿Es que mi interlocutor no sabe nada del sistema proteccionista egipcio o es que no quiere divulgarlo? ¿Qué teme? No sé si es incompetencia o control político. El caso es que mi segundo intento es otro palo al agua. Sigo sin obtener respuesta a mis preguntas. Tercer intento: la Arab Media Corporation.

En el décimo piso de un inmueble discreto del paseo fluvial El Nile, en el barrio de Maadi, al sur de El Cairo, se encuentra la oficina de Hadil Saleh. Las puertas doradas de maderas preciosas, el mármol y los ventanales que dan al Nilo desde ese piso contrastan con el deterioro del edificio y los guardias que duermen en el hall. Hadil es la hija del jeque multimillonario saudí Abdullah Saleh Kamel, propietario de Arab Radio TV (ART), una multinacional del *entertainment*. Como Rotana, esta *major* tiene su sede social en Arabia Saudí, sus estudios cinematográficos y la coordinación de sus «contenidos» en El Cairo y sus redes de difusión en Jordania. Posee una veintena de cadenas de televisión de pago o por satélite, la joya de las cuales es Cinema Channel (una especie de Canal+ panárabe), un catálogo de películas históricas árabes impresionante y unas infraestructuras de difusión poderosísimas. «En Arabia Saudí no se puede hacer cine, por eso el príncipe ha instalado sus estudios aquí, en El Cairo», me explica Wael M. Essawy, el director general de la rama egipcia de la *major*. El grupo, que es un proyecto comercial y un proyecto cultural, también tiene una vertiente moral: gracias al dinero del Golfo, pretende influir en los contenidos del cine egipcio para responder a las expectativas y a los valores del público árabe.

Khaled Abd El-Galeel, consejero especial del grupo en El Cairo, me confirma sin rodeos: «Tenemos una estrategia panárabe. Queremos crear una industria de la A a la Z para poner de relieve la cultura árabe y el punto de vista árabe. Nuestro objetivo es defender nuestra cultura, nuestras tradiciones, nuestros valores y nuestra religión. Nuestro objetivo no es ganar dinero: el príncipe ya es multimillonario y por lo tanto esto no tendría sentido. Lo importante son nuestros valores. Nuestra visión del mundo. Queremos hacer películas con valores, no películas por dinero como los estadounidenses. Es una estrategia moral. Y creo que tenemos todo el derecho. Y sobre todo hoy día tenemos el poder, las capacidades y el dinero para defender este punto de vista árabe. Y vamos a librar esta batalla».

Los productores árabes y los directivos de las industrias creativas en Riad, Beirut, Damasco, Dubai, Doha y El Cairo están, pues, dispuestos a entrar en la batalla mundial de los contenidos. Según ellos, el cine, la música y los programas televisivos árabes pueden convertirse en *mainstream* y acceder al resto del mundo. Ya están trabajando en ello. Falta conocer el punto de vista de sus competidores, y en particular de los distribuidores estadounidenses.

La oficina de la 20th Century Fox en Egipto se halla en el viejo Cairo, en la calle Al Azbakeya. «Está al lado del café americano» es la única indicación que me han dado. El taxista es analfabeto y mi indicación escrita en árabe no le sirve de nada; tiene que pedirles a los transeúntes que lean mi papel para llevarme hasta la calle en cuestión. Vetusto y clasicón, algo deslucido, el edificio respira un fasto de antaño, amarillento. Parece que estás delante del «edificio Yacobián». También aquí hay un guardia entrado en años dormitando en el vestíbulo y nadie sabe en qué piso está la oficina de la Fox. Un ascensor destartalado y sin luz me conduce al tercer piso. Pienso que, a pesar de todo, desde este edificio de otra época los *blockbusters Titanic* y *Avatar* han logrado llegar a todo el mundo árabe. Qué raro.

Si el edificio tiene algo del caos egipcio, el interior, en cambio, alberga unos despachos modernos, materialistas y «americanos». En las paredes, de un blanco de yeso, carteles inmensos de *La guerra de las galaxias*, *X Men* y *Los Simpson*. Depositado sobre el escritorio principal, un reloj de la 20th Century Fox toca cada hora la famosa *Fox Fanfare*. Antoine Zeind es el presidente de United Motion Pictures, una sociedad que distribuye en exclusiva las películas de los estudios estadounidenses, principalmente de la Fox y la Warner, en los países árabes.

«Hoy en Egipto ya no cortan los besos, pero sí las chicas desnudas o simplemente ligeras de ropa», suspira Antoine Zeind. Es cristiano (maronita) y habla muy bien inglés y francés. He venido a verlo para comprender el sistema de regulación del cine en Egipto. Esta vez he llamado a la puerta acertada.

Antoine Zeind: «La censura afecta esencialmente a los tres "sospechosos habituales": la religión, el sexo y la política. Pero es una censura cada vez más hipócrita, con su doble vara de medir, y hay que conocer sus códigos». Para que sea efectiva, el gobierno egipcio ha instaurado un sistema de autorización previa de las películas antes de que se estrenen en los cines. La oficina de la censura puede prohibir cualquier largometraje o pedir cortes por «falta de decoro», me dice Zeind, en cuanto al cuerpo de la mujer, por expresiones hostiles respecto a Egipto, al presidente Mubarak, al profeta o al islam, y naturalmente por toda referencia explícita a la sexualidad o la homosexualidad, pero curiosamente ni la violencia ni el alcohol plantean ningún problema. Una vez más, se trata de una censura muy imprevisible: la película *El edificio Yacobián*, basada en la novela del famoso escritor egipcio Alaa el-Aswany, que sin embargo trata del auge del islamismo en Egipto, de la homosexualidad y de la explotación sexual de las mujeres, no ha sido censurada (sólo prohibida a los menores de 18 años). Incluso ha tenido un gran éxito en Egipto. En todos los países musulmanes existen censuras equivalentes, y hasta son mucho más quisquillosas aún en Arabia Saudí, en el Golfo, en Siria y en Irán.

Luego el gobierno egipcio limita la difusión de las películas extranjeras a cinco copias por ciudad como máximo. «Ahora bien, como no hay en realidad más que dos grandes ciudades en Egipto, El Cairo y Alejandría, sólo tenemos derecho a diez copias para todo el país —se lamenta Zeind—. Es un mercado cerrado, o digamos semicerrado. Y se entiende perfectamente que el cine egipcio pueda tener el 80 por ciento de la taquilla y por qué el cine estadounidense está eliminado». ¿Eliminado? «Tenemos el resto, o sea, el 20 por ciento, pero Egipto es un mercado difícil de penetrar para la cultura estadounidense. Dese cuenta: ¡diez copias para un país de 74 millones de habitantes! Pero usted me dirá que hay casos peores: en Libia, donde también distribuyo las películas de la Fox, ¡sólo tengo derecho a una copia!».

La «eliminación» del cine estadounidense debe relativizarse mucho. Si la cuota del cine egipcio es predominante en Egipto en general, la competencia de los estadounidenses se ha vuelto muy significativa en las zonas urbanas. Su cuota de mercado puede alcanzar el 45-50 por ciento en los multicines de las grandes ciudades, donde se concentran a menudo los estrenos de los *blockbusters* hollywoodienses. Por no hablar del mercado negro, que permite acceder fácilmente, en El Cairo como en todas partes, a todos las películas estadounidenses en DVD por precios sin competencia.

A esta regulación a través del número de copias se añade un sistema de impuestos desfavorable para el cine extranjero: un 5 por ciento sobre la recaudación de taquilla para las películas egipcias, y un 20 por ciento para las extranjeras. Pero Antoine Zeind sugiere que el problema principal de la difusión del cine estadounidense en Egipto, más allá de este doble proteccionismo legal, es de orden cultural. Insiste sobre todo en el problema de los subtítulos ya que, como en todos los países árabes, la casi totalidad de las películas extranjeras no están dobladas. En un país donde el analfabetismo roza el 30 por ciento, este elemento contribuye a frenar la difusión de las películas extranjeras. «De hecho, si yo tuviese 150 copias de una película, ni siquiera sabría dónde programarlas: la demanda de cine estadounidense es baja, aunque está aumentando», admite Zeind.

Finalmente, existe una regulación indirecta a través del mercado. En Egipto, hay esencialmente dos distribuidores que tienen sus redes de cines y están muy integrados verticalmente (es decir, que distribuyen las películas que producen). Por consiguiente, este duopolio funciona según el principio de la exclusividad: las películas estadounidenses son marginadas, sobre todo en los periodos más favorables del *box office*, como el verano, el final del ramadán o la fiesta del Sacrificio.

En definitiva, la cifra real de penetración del cine estadounidense en Egipto es difícil de calcular. Según varios distribuidores, sería de alrededor de un 20-25 por ciento del *box office*, estando el resto, un 75-80 por ciento, en manos del cine egipcio, puesto que las demás cinematografías árabes, europeas o extranjeras prácticamente ya no existen (los funcionarios egipcios me confirman estas estadísticas). «En Egipto, ya hay muy pocas películas sirias, casi ninguna libanesa y ninguna del Magreb», me explica Zeind. Una película estadounidense representa 150.000 entradas como máximo: «Incluso en el caso de *Titanic,* que fue una excepción, hice 400.000 entradas en veintiséis semanas, a razón de seis sesiones diarias y con sólo cinco copias. Llegamos a añadir una sesión llamada *super midnight* a las dos de la madrugada, y en los centros urbanos una *after the super midnight* a las cuatro de la mañana, apodada *El Shabah* (el fantasma)». El cine estadounidense es el único que consigue penetrar en Egipto, aunque todavía de forma moderada. «Pero la demanda de películas estadounidenses irá creciendo —pronostica Zeind—. Hay un apetito cada vez mayor de películas de acción estadounidenses. Los egipcios ya no saben hacer *entertainment mainstream,* y hasta su juventud tiende a abandonar sus películas. Si la demanda es limitada autoritariamente en las salas, el público encontrará en Internet y en las cadenas por satélite la oferta cultural a la que aspira».

Hala Hashish, la directora de Egypt News Channel, barre estos argumentos de un manotazo. «Los árabes son muy capaces de producir *entertainment mainstream* y olvidar el islam. En Egipto, hacemos *entertainment* desde tiempo inmemorial». Tiene delante tres pantallas que difunden continuamente Al Yazira, Al Arabiya y Egypt News Channel, que ella dirige en El Cairo. «Estas tres cadenas son muy *mainstream* —añade, señalando las tres pantallas—. Y además todas hablan egipcio: ¡escuche! Los periodistas, los cantantes, los actores de cine, la gente del *entertainment* están todos "egipcianizados"».

«Egipcianización». Por primera vez, oigo esta expresión que suena como «americanización». Tal vez haya que empezar por el mundo árabe para comprender realmente el dominio estadounidense en la cultura de masas. El éxito planetario del *entertainment* estadounidense es similar al éxito regional del *entertainment* egipcio en el mundo árabe; lo que cambia es la escala. Y también suscita críticas y es denunciado por su imperialismo.

Como Estados Unidos, Egipto defiende desde hace mucho tiempo la cultura de masas y el entretenimiento. Esta tradición del *entertainment* popular está omnipresente y no va acompañada de ningún juicio crítico o estético que contribuya a crear jerarquías culturales. Si bien en Egipto hay efectivamente un cine de arte, cuyo arquetipo fue un poco Youssef Chahine, no existe, como en Francia y en Marruecos, un discurso público oficial que considere más valioso el arte que el entretenimiento y se proponga financiar el primero para contrarrestar el segundo. Ésta sería incluso, según Antoine Zeind, la razón del dominio egipcio en los países árabes: «En Marruecos, en Túnez, pero también en Vietnam, en Siria, en Corea, en la Bélgica francófona y en Argentina, donde el modelo francés siempre ha sido muy fuerte en materia cultural, domina la cultura de Estado y se subvenciona un cine de arte; en Egipto, India, Brasil, Flandes, Hong Kong y hoy en Beijing, como desde siempre en Estados Unidos, lo importante es el entretenimiento. Por eso los últimos tienen éxito y los primeros no. Por eso la cultura marroquí no tiene actualmente ninguna influencia en el mundo árabe y la cultura egipcia es dominante». Este punto de vista corrosivo es compartido por el crítico cinematográfico egipcio Youssef Cherif Rizkallah, al que también entrevisté en El Cairo: «Marruecos tiene una producción artística, a menudo apoyada por el Estado. Estas películas se pueden ver en algunas salas de arte y ensayo de Europa, pero ni siquiera se muestran en Argelia o en Túnez. En cambio nuestras películas dominan el cine del Magreb».

¿Serían pues los países que dan prioridad al entretenimiento más que al arte los que logran existir en los intercambios culturales internacionales y en los flujos de contenidos? Esta constatación es compartida en el África francófona por Charles Mensah, el director del cine de Gabón, entrevistado en Camerún: «Las cinematografías que han apostado por el "autor" según el modelo francés, como

Marruecos, Gabón o Camerún, no consiguen difundir masivamente sus películas fuera de su país, mientras que los que se apuntan al modelo de entretenimiento a la americana, como Egipto, Nigeria y sobre todo India, sí lo logran».

Como Estados Unidos e India, Egipto mantiene también una relación especial con las estrellas. Son raros actualmente los países que tienen artistas muy populares en su tierra —me refiero a las verdaderas estrellas, capaces de provocar motines y de fascinar a la multitud—, más raros aún los que han sabido producir estrellas globalizadas conocidas en el mundo entero. Como Arnold Schwarzenegger, Tom Cruise, Leonardo DiCaprio, Harrison Ford, Will Smith. Pero en el escenario «mundo», si los europeos ahora ya están ausentes, algunas estrellas indias y egipcias empiezan a competir con estos actores estadounidenses. En Mumbai, me sorprendió la reacción histérica de las masas ante cualquier aparición de las estrellas de Bollywood, Amitabh Bachchan o Shah Rukh Khan, y volví a vivir lo mismo en las calles de El Cairo cuando una tarde, mientras entrevistaba en su coche de cristales tintados al joven actor de cine y presentador de un *talk show* televisivo Khaled Abol Naga, decenas de jóvenes egipcios lo reconocieron ante un semáforo en rojo y nos persiguieron por las calles, forzando a la policía a intervenir para abrirnos paso y facilitar la huida del actor. ¡Y no era más que un joven actor principiante!

Ésta es la cuestión que tenemos planteada cuando ya casi estamos llegando al final de nuestra larga investigación. Para convertirse en *mainstream* y acceder a todo el mundo, ¿hay que dar prioridad al *entertainment* y considerarlo sinceramente como algo valioso? ¿Es preciso apostar por el *star system* más que por los «autores»? ¿Es necesario abandonar los propios valores, el arte y la identidad? Para ser universal, ¿es preciso dejar de ser nacional? Al final de mi camino, debía ir a Europa para comprender cómo esa vieja tierra, patria de la cultura occidental y de sus valores, había renunciado a ser *mainstream*.

16. La cultura *ANTIMAINSTREAM* EUROPEA

A los 41 años, Jonathan Karp, alias Jon, es la estrella de la edición estadounidense. En una larga sala de reuniones climatizada en la que pueden tomar asiento más de cien personas, Karp me recibe cómodamente instalado y a solas. Es el *editor in chief*, una especie de director literario, de Random House, la editorial estadounidense más importante (Karp me dice: «la primera editorial del mundo»). Estoy en el número 1745 de Broadway, en Nueva York, en la esquina con la calle 56, a tres manzanas al sur de Central Park. En el inmenso vestíbulo de la Random House Tower, la sede del grupo, hay miles de libros expuestos en unos cubos de cristal apilados hasta el techo, lo cual ofrece un panorama espectacular de la producción editorial de la casa. El más conocido de estos títulos —60 millones de ejemplares vendidos en 44 idiomas— es *El Código Da Vinci* de Dan Brown.

«Publicamos entre 3.000 y 5.000 libros al año —me dice Karp, con una precisión desconcertante—. Somos una editorial *mainstream* y lo que nos importa son los *best sellers*». Jonathan Karp persigue sobre todo los *instant* o *runaway best sellers* (los que despegan inmediatamente) y los *coast to coast bestsellers* (los que gustan a todo el mundo, a ambos lados de Estados Unidos). Me explica que también publica autores menos conocidos pero de fuerte potencial cuando piensa que su libro puede alcanzar el *tipping point* (una expresión famosa en la edición estadounidense y los sectores del *marketing* para designar el punto de inflexión a partir del cual un producto se vuelve deseable para las masas y adictivo). También está atento a los libros que pueden adaptarse en Hollywood y que, por esta razón, a menudo son objeto de una opción de compra por parte de un estudio antes incluso de ser publicados. Pero ni hablar de editar una monografía o un libro sin una verdadera historia: antes que las *novels,* esas novelas aburridas, prefiere las *fictions,* y antes que los libros académicos, con una opinión, unos argumentos y un análisis, que deja para las editoriales universitarias, prefiere lo que él llama *pop books.*

El instinto medio editorial medio comercial de Jonathan Karp y su capacidad para identificar los libros más *mainstream* de *fiction* o de *narrative nonfiction* (un documento o un ensayo que cuenta una historia que los lectores pueden seguir de principio a fin) le han valido los elogios de la profesión. «Yo no me ocupo de los libros editados por el grupo —me explica sin embargo Jonathan Karp—, sino sólo de los que publica específicamente Random House, con su propio sello». De hecho, trabaja para la casa conocida en el mundo editorial como «Little Random», el *imprint* Random House dentro del grupo Random House.

La industria del libro está organizada, en Estados Unidos como en la mayor parte de los países occidentales, según el sistema de los *imprints.* Dentro de un mismo grupo, hay distintos sellos, independientes en apariencia y con su propio nombre. En Random House, por ejemplo, hay un centenar de *imprints,* como Alfred Knopf, Ballantine, Bantam o Pantheon Books, y cada sello publica unos cien libros al año. «En general, el *imprint* conserva una fuerte identidad editorial: a este nivel es donde se eligen los autores, se coordinan el *marketing,* la publicidad y las relaciones con la prensa. Los hombres clave de los *imprints* son los editores. En cambio, todo lo que tiene que ver con el *back office* es gestionado por Random House, la casa madre». Lo que Karp denomina el *back office* comprende la producción, la impresión, la distribución, las ventas, el almacenamiento de los libros, la contabilidad, los asuntos jurídicos y los derechos derivados (ventas al extranjero, plataformas digitales, ventas a *e-books* y Kindle, adaptaciones audiovisuales). «A nivel de la casa madre, los hombres clave son los *numbers people,* los que se ocupan de los números», continúa Karp. Este sistema mixto, según dicen en Estados Unidos, favorece la libertad de creación y la diversidad de los títulos en el *imprint,* y las economías de escala, combinadas con la distribución masiva, en el grupo. Por un lado, la casi autonomía de una *start up;* por el otro, el poderío de una multinacional. Esta forma de funcionar, característica de todas las industrias creativas, también la encontramos en las *majors* de la música con los *labels*. (Columbia Records, Arista o RCA son *labels* de Sony, por ejemplo) o en las «unidades especializadas» de los estudios de Hollywood (Focus Features en Universal, New Line Cinema en Warner). Y todos los grupos editoriales estadounidenses tienen sus *imprints,* como Simon & Schuster o The Free Press de Viacom, y HarperCollins de News Corp.

Desde que le entrevisté por primera vez, la estrella de la edición estadounidense, Jonathan Karp, que ha estado en Random House durante 16 años, ha dimitido para pasar al grupo competidor, la rama editorial Warner Books del gigante Time Warner. La sede del grupo está más al sur, en el número 1271 de la Avenue of the Americas, en la misma torre que la revista *Time.* Karp es ahora el presidente de un nuevo *imprint* que ha creado él: Warner Twelve. «Publicamos demasiados libros y no tenemos tiempo de ocuparnos de ellos. De ahí el nombre de este *imprint,* en el que ahora sólo publico doce libros al año», me explica hoy Jon Karp.

Así funciona la edición estadounidense. Con todo, ninguna de estas dos joyas de la corona de la edición del otro lado del Atlántico, ni Random House ni Warner Books, es estadounidense. Random House, la primera editorial de Estados Unidos, pertenece al gigante alemán de los medios Bertelsmann. En cuanto a Warner Books, la editorial fue adquirida en 2006 por el *holding* francés Hachette Book Group (Lagardère), y el sello Warner Twelve de Jonathan Karp se llama ahora simplemente Twelve. Dos de las principales editoriales estadounidenses son de hecho europeas.

«Estamos muy descentralizados. Intentamos encontrar sinergias pero la edición sigue siendo un oficio muy artesano. La competencia interna es sana», me explica Arnaud Nourry, el presidente ejecutivo de Hachette Livre. Por su parte, Axel Gantz, un editor de éxito y uno de los representantes de Bertelsmann en Francia, al que entrevisto largamente en un tren de alta velocidad, me lo confirma: «Bertelsmann tiene la filosofía de la descentralización total, todas las decisiones se toman al nivel de los que tienen las responsabilidades». En Alemania, en la sede de Bertelsmann, donde se niegan a recibirme y donde las pocas personas a las que pregunto se expresan a condición de conservar el anonimato, me explican que «Bertelsmann es una multinacional muy deslocalizada, pues cada unidad tiene una libertad total para llevar su negocio; sólo se coordina la estrategia y la política de inversiones». La casa madre Bertelsmann, gestionada por una fundación familiar y que no cotiza en bolsa, no pretende ni controlar ni coordinar la política editorial de Random House, como tampoco dirige los programas de RTL, Channel 5, M6 o Fun Radio, que pertenecen igualmente al grupo. «El verdadero jefe de Bertelsmann durante casi sesenta años, Reinhard Mohn, recientemente fallecido, encarnaba una especie de supervivencia del modelo capitalista renano: familiar y regionalizado. Cada rama es por tanto muy autónoma y cada empleado es responsable, gracias a una cultura del partenariado entre la dirección y los trabajadores», me explica uno de los miembros del consejo de vigilancia de Bertelsmann. Aunque no he tenido confirmación de este modelo salarial idílico sobre el terreno, es cierto que en las ramas del grupo que he visitado en Praga, París y Nueva York la descentralización es mucha. «No tenemos que pedir luz verde a Bertelsmann. No nos controlan en cuanto a la edición, ni en cuanto a nuestras decisiones comerciales, sino sólo en cuanto a resultados y cifras de ventas», me confirma en Praga Jan Knopp, el responsable de *marketing* de la editorial Euromedia, que pertenece a Bertelsmann.

Por eso los libros y las revistas editadas por Bertelsmann, la música comercializada por su filial BMG Publishing, los programas de televisión y de radio del grupo no son alemanes, y a menudo ni siquiera son europeos. Random House es una editorial plenamente estadounidense.

La Europa de los veintisiete es un continente vasto y extraordinariamente diverso que merecería todo un libro en lo que a sus medios y a su cultura de entretenimiento se refiere. Habría que describir el papel crucial de la BBC en el mundo, y el imperio Berlusconi en el contexto italiano, analizar en detalle las multinacionales francesas Vivendi y Lagardère, las británicas EMI y Pearson, el grupo español Prisa, el portugués SIC, el rumano CEM y tantos otros. Por una parte, he realizado la encuesta en estos distintos grupos pero su descripción, repetitiva y ya leída en otras obras, sería fastidiosa. Por eso prefiero dedicar este capítulo final europeo a una visión más sesgada, menos convencional y más impresionista, articulada en torno a cinco relatos: las paradojas del éxito del videojuego francés; el retorno de los checos a Europa; las tensiones culturales en Bélgica; el papel de Londres y París como capitales de la música africana; y finalmente, en los confines del continente, las expectativas europeas de Turquía, que se debate entre la americanización y la islamización.

Cada uno de los países europeos aislado tiene poco peso en el flujo de contenidos internacionales, aunque el Reino Unido, Alemania y Francia aparezcan en él. Pero la Europa de los veintisiete es fuerte: ocupa el segundo puesto, por detrás de Estados Unidos, en cuanto a exportaciones de contenidos. Sobre todo, los europeos intercambian productos e información entre ellos, y de forma significativa, dando una consistencia real al mercado interior del *entertainment* europeo. El éxito, sin embargo, no pasa de ahí. Las importaciones europeas de contenidos, sobre todo procedentes de Estados Unidos, superan a las exportaciones, lo cual hace que la balanza de pagos europea sea muy deficitaria en materia de cultura y de información (en cambio para los estadounidenses es excedentaria). Y las estadísticas muestran un declive sostenido de las exportaciones de música, de programas televisivos y de películas europeas (el libro resiste mejor) desde hace unos diez años a un ritmo del 8 por ciento negativo anual. Frente a la Europa de los veintisiete, los cincuenta estados norteamericanos conocen una progresión en estos mismos sectores de alrededor de un 10 por ciento anual. A grandes rasgos, Europa, cuya difusión disminuye, se ha convertido en el primer importador de contenidos del mundo, mientras que Estados Unidos, cuya difusión se expande, es con gran diferencia el primer exportador de imágenes y sonido, y esas exportaciones van en primer lugar a Europa. ¿Cómo se ha llegado a eso? A esta pregunta trata de responder el presente capítulo.

El engañoso éxito del videojuego europeo

Zhabei. Cuando quise saber dónde se desarrollaban los juegos *Tigre y dragón* y *Brothers in Arms* del estudio francés Ubisoft me enviaron a esta dirección. A primera vista, el nombre de Zhabei ya me pareció raro. ¿En qué distrito de París o en qué ciudad de provincias podía estar ese Zhabei?

Ubisoft es uno de los gigantes del videojuego y es europeo. Sus beneficios van en aumento, como los de sus competidoras, la estadounidense Electronic Arts y los estudios Blizzard y Activision (los dos últimos pertenecen ahora al gigante francés Vivendi). Este éxito económico de los videojuegos se explica sobre todo por el auge de los juegos en Internet, los abonos para los productos multijugadores y la conexión total de las consolas de nueva generación a Internet. La Xbox 360 (de la estadounidense Microsoft), la PlayStation 3 (de la japonesa Sony) y la Wii (de la japonesa Nintendo) son verdaderos productos multimedia. Ante el éxito de los juegos de Ubisoft y de Vivendi Games, quise comprender el secreto del *french touch* en el videojuego, en el que las empresas francesas son ahora líderes mundiales. Y fue así como descubrí Zhabei.

Zhabei es un barrio del norte de Shangai, una zona industrial *high tech* conocida con el nombre de Shanghai Multimedia Valley. ¿Una Silicon Valley en miniatura que está preparando el futuro de un país mastodóntico? No, una ilustración concreta de la deslocalización de las industrias creativas europeas en China.

Rodeado por Marsupilami, el tigre mono de peluche, y por el perro amarillo de Martin Matin, Zhang Ian Xiao es el presidente de Fantasia Animation, una sociedad privada de producción de películas de animación, de dibujos animados y de videojuegos en la que me encuentro un poco por error, justo antes de ir a Ubisoft. La pasión de Ian Xiao, que fue director de la muy oficial Shanghai Television, siempre ha sido la animación y el «deporte electrónico» (entiéndase: el videojuego). «El nombre de mi sociedad es una mezcla entre la palabra "fantasía" y la palabra "Asia"», me explica Zhang Ian Xiao en su despacho de Shanghai. Fantasia Animation realiza los dibujos animados y los juegos por cuenta de muchos productores y editores europeos.

A unos cien metros de Fantasia Animation están Magic Motion Digital Entertainment, uno de los más importantes estudios de animación en 3D de China; Game Center, una de las principales empresas de videojuegos de la región; y, un poco más allá, el anexo *offshore* de la francesa Ubisoft. Allí desarrollan videojuegos como *Tigre y dragón* o *Brothers in Arms*.

«Aquí los empleados están muy bien pagados, mejor que en ningún otro sitio de Shangai —me explica un responsable del estudio—. Ganan entre 1.500 y 10.000 yuan RMB al mes (150-950 euros). Es el doble de un salario normal para este tipo de empleo en Shangai. Pero en euros es menos que el salario mínimo en Francia o en Estados Unidos, y sin cargas sociales». (Cuando pregunto a varios empleados sin la presencia del patrón me dicen que el salario medio es inferior a los 4.000 yuan RMB, es decir, unos 400 euros al mes). El éxito comercial de Fantasia Animation, Magic Motion, Game Center o el anexo chino de Ubisoft se explica por esa mano de obra a la vez altamente cualificada y formidablemente barata, cosa que a los europeos les encanta. Como se necesita mucho «tiempo humano» para producir una película de animación o un videojuego, incluso en nuestra era digital, las sociedades occidentales, que mantienen el control aguas arriba sobre los guiones y aguas abajo sobre el *marketing*, subcontratan totalmente el resto, es decir, toda la producción de sus películas y sus juegos, a sociedades chinas como las que visito en Zhabei.

Paseando por los locales de Ubisoft y de Fantasia, veo a centenares de jóvenes chinos agolpados en antiguos almacenes, que parecen al mismo tiempo destartalados, a juzgar por el estado general de los edificios, y ultramodernos, habida cuenta del número y calidad de los ordenadores. En cada sala, en cada piso, ingenieros, técnicos, guionistas, animadores y compositores de imágenes dibujan, colorean, inventan. No parecen apasionados ni entusiastas. En vaqueros y zapatillas Nike, todos tienen menos de treinta años. Cada uno en su «cubículo», a la vez con los demás en *open space* y en su burbuja, escuchando rap estadounidense o pop en mandarín en un iPod, con una Coca-Cola Zero en su mesa de trabajo minúscula y bien iluminada.

En Fantasia Animation me acompañan a visitar una oficina llamada «zona», donde los jefes de proyectos están en contacto con sus comanditarios europeos a los que, a medida que van adelantando, someten en inglés las producciones para su aprobación: están colgados del teléfono a primera hora de la mañana o a última hora de la tarde para adaptarse al desfase horario. En Ubisoft, este diálogo internacional también existe, pero me sorprende que tenga lugar no hacia el oeste y hacia Europa, sino hacia el este al otro lado del Pacífico: los jefes de proyectos reciben sus órdenes en inglés estadounidense y los pliegos llegan regularmente por Fedex Worldwide de Estados Unidos. Todo el mundo trabaja «a la americana». Acabo de descubrir que los comanditarios de Ubisoft, un estudio que sin embargo es francés, no están en París sino en Norteamérica (en Vancouver, en Montreal y en Quebec en Canadá, así como en Texas y Carolina del Norte en Estados Unidos). Por otra parte, los éxitos recientes de Ubisoft son caricaturescamente estadounidenses: *Assassin's Creed 2, Avatar,* por no mencionar las adaptaciones y videojuegos de las novelas de Tom Clancy. En cuanto a *Prince of Persia,* un juego basado en los cuentos de *Las mil y una noches,* Disney lo llevó a la pantalla en 2010.

El *french touch* en el videojuego es pues muy relativo. Como Bertelsmann con la editorial Random House o Sony con la *major* Columbia, los franceses son los dueños de los estudios de videojuegos probablemente más importantes, pero eso no los convierte en videojuegos franceses. Y lo que es cierto para Ubisoft aún lo es más para la *major* francesa Vivendi Games, que adquirió en 2007 el gigante estadounidense Activision y el estudio californiano Blizzard (editor del famoso juego «masivo multijugador» *World of Warcraft.* Desde entonces, Vivendi es líder mundial del videojuego. Pero ¿son por eso sus contenidos franceses, o por lo menos europeos? «Todos nuestros juegos son inventados, desarrollados y comercializados en Estados Unidos —me confirma un responsable de Blizzard entrevistado en Irvine, cerca de Los Ángeles—. El hecho de pertenecer a una multinacional francesa no tiene ninguna consecuencia en los productos que elaboramos. Si acaso, los juegos tienen una sensibilidad asiática, pues muchos de estos juegos se producen en Asia, pero en ningún caso tienen una sensibilidad europea. Además, no sé qué podría ser eso». Blizzard tenía un estudio en Francia antes de ser adquirido por Vivendi; desde entonces, lo ha cerrado.

Ese mismo día en Zhabei, más tarde, me invitan a comer con los equipos de Fantasia, Magic Motion y Ubisoft. Intento comprender el estatus jurídico de esas sociedades *offshore,* pero no logro captarlo. Al principio de la comida me explican que son sociedades «privadas»: o sea que la «economía socialista de mercado» china es en primer lugar un capitalismo. Poco a poco, voy comprendiendo que estas sociedades «también» dependen del Shanghai Media Group, un inmenso conglomerado público que cuenta con decenas de televisiones y radios de Estado y estudios de cine que pertenecen a la ciudad de Shangai. La «economía socialista de mercado» china es por lo tanto también un centralismo autoritario socialista. ¿Privadas? ¿Públicas? Insisto para entender los lazos que unen a esas empresas y cómo pueden existir las transacciones financieras, que imagino que son sustanciales, con Europa y Estados Unidos. En China hay que saber esperar y volver a formular la misma pregunta varias veces, en todas las etapas de una conversación, sin insistir pero sin cejar en el empeño, hasta obtener por fin una respuesta. Al final de la comida, mis interlocutores me explican que en efecto cada una de esas empresas hermanas funciona con sociedades «pasarela» que tienen su sede en Hong Kong y que son las que se ocupan de las transacciones financieras. «Para que entre el dinero, la sociedad y la banca de Shangai funcionan bien; pero cuando necesitas que salga, para comprar material, invertir o hacer coproducciones, hay que pasar por la sociedad de Hong Kong». No obtendré más detalles sobre los lazos entre las sociedades públicas chinas y sus sociedades pantalla en Hong Kong. Pero comprendo que para asegurar los fondos, eludir las limitaciones que Beijing pone a los movimientos de capitales internacionales y efectuar transferencias internacionales importantes, Hong Kong resulta imprescindible.

Al abandonar Zhabei y el Shanghai Multimedia Valley, me encuentro con un grupo de mujeres mayores que parecen estar en una pobreza extrema y se manifiestan pacíficamente. Le pregunto a mi traductora qué pone en las pancartas y qué es lo que reivindican. Cada día, estas mujeres vienen a manifestarse delante de los locales modernos de las sociedades prooccidentales. ¿El motivo? Estas empresas se construyeron sobre su pueblo, sobre sus tierras. Las echaron. Piden una reparación y una compensación económica. Desde hace meses, unas mujeres mayores y pobres se manifiestan así, en medio de un silencio general y un frío glacial y seco. Son las víctimas colaterales de las deslocalizaciones europeas.

¿Una cultura paneslava en Europa Central?

Aunque produzcan videojuegos con Ubisoft o Activision, aunque publiquen libros con Random House o Hachette Book Group, aunque difundan música con EMI *(major* del disco que pertenece a varios fondos de inversión británicos) o con Universal Music (que pertenece a la francesa Vivendi), los europeos raras veces producen cultura *mainstream* «europea». En el mejor de los casos, estas multinacionales alemanas, francesas o inglesas producen, a menudo con éxito, bienes y servicios «nacionales» para su mercado interior, que apenas exportan, ni siquiera en Europa; el resto del tiempo lo que fabrican para el mercado internacional es simplemente un *entertainment mainstream* americanizado. Y cuando viajas a América Latina, a

Oriente Medio o a Asia y hablas con los representantes locales de las *majors* europeas de la música EMI y Universal, te sorprende oír que todo lo que tiene que ver con el aspecto artístico se trata en las oficinas de Nueva York, Miami o Los Ángeles, casi nunca en las de París o Londres. Por ejemplo, Pascal Gaillot, el director de la *major* inglesa EMI en Oriente Medio y Norte de África, al que entrevisto en su despacho de Dubai, me lo confirma: «Dependo de Londres para las cuestiones financieras pero de un estadounidense, Billy Mann, el director A & R de EMI, que está en Nueva York, para todas las cuestiones artísticas». Y Gaillot me explica que, salvo para la música estrictamente británica, todas las decisiones artísticas de EMI se toman en Nueva York, tanto en lo relativo a América Latina como a Asia, Oriente Medio, África y Europa. En París, Pascal Nègre, el poderoso presidente ejecutivo de Universal Music France, reconoce que la sede del grupo está en Nueva York. ¿Por qué? «Es muy sencillo: porque Estados Unidos es el mercado más importante para la música. Al mismo tiempo, Universal es una *major* francesa, pues su accionariado es francés», me explica Nègre. Su colega, Jose Eboli, el presidente ejecutivo de Universal Music Brasil, interrogado en Río, me confirma que las decisiones artísticas para Brasil se toman en Miami, y luego en Nueva York. Las *majors* del disco son europeas, sí, pero las decisiones artísticas se toman en Estados Unidos.

Para comprender esta situación y la fragilidad de la cultura «común» de los europeos, he estudiado lo que ocurre en Praga, Londres, Roma, Madrid, Bruselas y Copenhague. Y en todas partes he visto un poco lo mismo: una cultura nacional fecunda, con frecuencia de calidad, a veces popular, pero que no se exporta; y frente a ella, una cultura estadounidense omnipresente que constituye el «resto» de la cultura. No hablo aquí del arte ni de la cultura histórica, y menos de los valores que la cultura comporta; hablo de los productos culturales, de la cultura de masas, de la cultura de los jóvenes. Esta cultura europea común ya no existe. La única cultura *mainstream* común a los pueblos europeos es la cultura estadounidense.

«Antes de la revolución y de la caída del comunismo en 1989, aquí estaba prohibido ver una película estadounidense. Hoy ocurre casi lo contrario: está prohibido no ver una película estadounidense», me explica, autoirónico, Martin Malík, que dirige la oficina de Warner Bros en la República Checa.

Estoy en el número 13 de la calle Soukenická de Praga. En la sede de la Warner, todo el mundo es de nacionalidad checa, pero trabaja para los estadounidenses. Martin Malík: «El *box office* checo es, como en toda Europa, a la vez nacional y estadounidense. Y si exceptuamos algunas películas concretas, muchas veces alemanas, como *Good Bye Lenin* o *La vida de los otros*, el cine europeo en la República Checa apenas existe». Frente a los *blockbusters* hollywoodienses, el cine nacional aguanta bastante bien. Estos últimos años, la producción checa incluso ha aumentado, y las películas locales alcanzan más de un tercio de cuota de mercado en el *box office* (en Europa, es la segunda cinematografía que conoce tan buenos resultados en su propio territorio, después de Francia). Mecánicamente, a medida que la producción nacional checa aumenta, la cuota del cine estadounidense se reduce, aunque sigue superando el 50 por ciento y a menudo el 60 por ciento de la taquilla. ¿Cómo se explica el éxito del cine checo? «Nuestro cine es popular gracias a las comedias, y sobre todo a lo que llamamos las *teen comedies,* que gustan mucho a los jóvenes. Pero a menudo son simples adaptaciones al cine de formatos estadounidenses, una especie de *American Pie* o de *Rent* desnaturalizados», me explica la crítica de cine Irena Zemanová. «También existe todo un cine nacional popular que incluye comedias familiares, cine de bulevar, con frecuencia costumbrista y a veces de ambiente rural. Tiene mucho éxito dentro del país, a nuestro presidente nacionalista le encanta, pero es muy anticuado y sobre todo es imposible exportarlo», comenta por su parte Steffen Silvis, el crítico de cine del *Prague Post.*

La «vuelta a Europa», eslogan de la revolución de 1989, no se ha traducido en el terreno cultural. Salvo con los eslovacos, los checos no intercambian apenas con sus vecinos inmediatos, poco con los alemanes, nada con los polacos y raras veces con sus vecinos más alejados como los húngaros, los eslovenos, los croatas y los rumanos. En cuanto a los actuales dirigentes checos, empezando por el presidente euroescéptico Václav Klaus, se niegan a que la identidad nacional se disuelva en Europa. Antes que la cultura europea, todos tienden a preferir la cultura nacional o, si no hay más remedio, la cultura estadounidense. «A pesar de ser muy nacionalista, al presidente Klaus ya le parece bien la penetración del cine estadounidense: Hollywood vende el sueño americano hecho de individualismo y no de justicia social, de valores familiares y no de fraternidad. Ésta es exactamente la política nacionalista de Klaus», me explica en Praga el crítico de cine Michal Procházka. El redactor jefe del *Prague Post,* Frank Kuznik, me lo confirma, aunque relativiza algo esta evolución: «En 1989, los checos quisieron unirse a "Occidente". Veinte años después, se dan cuenta de que "Occidente" no responde a su identidad como tampoco lo hacía el comunismo. Si el presidente Klaus es euroescéptico y proteccionista es porque aspira a una reindigenización de la cultura checa, que ya se está observando en la música y el cine: no es ni una occidentalización ni una americanización, ni un revival del paneslavismo, es simplemente un retorno a la cultura checa. Pero si bien este fenómeno es muy perceptible en las personas que eran adultas antes de 1989, como las que han votado a Klaus, no lo es apenas en los jóvenes, literalmente fascinados por el cine estadounidense». La crítica de cine Irena Zemanová aún es más clara: «Evidentemente, la cultura *mainstream* en la República Checa es estadounidense y la de los jóvenes está casi totalmente americanizada».

En Europa Central, incluso es probable que la influencia de los estadounidenses sea más fuerte de lo que se cree. Porque los estudios invierten muchas veces en las películas nacionales a través de un sistema sutil de coproducciones, y Praga es, desde 1989, un laboratorio para Hollywood. «Muchas películas checas se producen gracias a inversiones estadounidenses, y esto se nota en los guiones», me comenta Martin Malík, en la sede de Warner Bros en Praga. Como los estudios checos, además, ofrecen una buena relación calidad-precio, las *majors* estadounidenses también vienen aquí a rodar sus propias películas. Por último, hay que reconocer que aunque el cine checo sea potente dentro del país, es un cine que no se exporta. Como en todas partes, existe un cine nacional, pero *the other cinema* (el otro cine) sigue siendo estadounidense. «Los checos saben hacer películas para los checos, pero sólo los estadounidenses saben hacer películas para el mundo y para todo el mundo», concluye Martin Malík.

Al cabo de unos días, visito, para recoger otro punto de vista, al principal distribuidor de películas de la República Checa, el gigante local Bonton Film Entertainment. Estoy en la avenida Nádražní, en la sede del grupo, encima de un enorme centro comercial en un barrio del sudoeste de Praga. Bonton Film fue privatizado cuando la revolución, y desde 1989 desempeña un papel de primer orden en la distribución de las películas tanto nacionales como estadounidenses. «En los grandes mercados, como Alemania o el Reino Unido, los estudios estadounidenses compiten y por lo tanto todos tienen sus propias oficinas. Pero en los países más pequeños, en los llamados «mercados secundarios», como Portugal, Rumanía o aquí, son solidarios y se apoyan; han creado *joint ventures* para distribuir sus películas y pasan por empresas nacionales como la nuestra para estar más pegados al territorio», me explica Aleš Danielis, el responsable de la distribución de cine de Bonton Film Entertainment. Danielis distribuye en exclusiva las películas de Universal, Paramount y Fox, mientras que su competidora, Falcon Films, distribuye Disney y Columbia. Pero lo que Danielis no dice es que para tener esta licencia exclusiva renovable cada año se ve obligado a quedarse con todas las películas producidas por los estudios de Hollywood durante un año, los *blockbusters* por supuesto, pero también las películas menos populares o más mediocres, según el principio del *block booking*. Este sistema anticompetencia está prohibido en Estados Unidos desde 1948, pero los estadounidenses todavía lo imponen en Europa Central y Oriental.

Con este doble sistema de inversión masiva en coproducciones locales y de saturación del mercado a través de los acuerdos anticompetencia, los estadounidenses tienen la intención de seguir siendo los amos del *box office* en lo que curiosamente denominan la «zona EMEA». Descubro, en efecto, en un estudio sobre el *Global Entertainment* de la sociedad estadounidense PricewaterhouseCoopers, que me enseñan en Praga, que vistos desde Estados Unidos todos esos «pequeños países» están catalogados, sin distinción, dentro del mismo grupo EMEA, nada menos que «Europe, Middle-East & Africa». La MPAA también emplea esta categoría.

El poderío de que hace gala Estados Unidos en el cine también lo encontramos en el resto de la cultura *mainstream* en la República Checa. En la edición, el 60 por ciento de las traducciones lo son de inglés estadounidense. El resto se reparte entre el alemán (20 por ciento), el francés (6 por ciento) y el ruso (2 por ciento). «Traducimos esencialmente del inglés estadounidense y ya casi nada del ruso. Se puede decir que en 1989 pasamos de repente del ruso al inglés», me confirma Denisa Novotna, responsable de la editorial checa Euromedia, que pertenece al gigante Bertelsmann. Y cuando en la plaza Wenceslao visito una de las principales librerías de la ciudad, me sorprende ver de lejos las secciones extranjeras en alemán, en inglés y hasta en francés, símbolos de diversidad cultural aunque sólo en apariencia, porque cuando me acerco a las obras, constato que la mayor parte de estos títulos son idénticos, a menudo *best sellers* estadounidenses traducidos a diferentes idiomas.

En la música, los grupos anglosajones están igualados con el rock local, cuyo revival se debe principalmente a que antes de 1989 estaba prohibido, pues los cabellos largos asustaban a los comunistas. Pero las salas de conciertos programan poco a los grupos europeos: los cabezas de cartel son checos o anglosajones (entre ellos hay algunos británicos). En cuanto a los programas televisivos, aún están más americanizados, y a menudo consisten en adaptaciones checas de series de éxito y compras de formatos. «Bajo el comunismo, la televisión ponía muchas películas de Bollywood o series hongkonesas, productos baratos y políticamente inofensivos. Ahora, estos productos exóticos están reservados a algún que otro festival, y lo que vemos son sobre todo programas americanizados», me comenta el crítico de cine Michal Procházka.

De hecho, la cultura estadounidense progresa a expensas de la cultura europea y de las «otras» culturas, pero no debilita la cultura checa. «La cultura europea existía y soñábamos con ella antes de 1989. Pero desde la revolución hemos descubierto que eso era una ilusión: actualmente ya no existe una cultura común en Europa Central y Oriental. Todos somos egoístas: intentamos tener una relación específica con Berlín, Londres y Estados Unidos, no con nuestros vecinos. Los checos, que son totalmente ateos, miran a los polacos, que son mayoritariamente religiosos, con aprensión; miran a los eslovacos con odio; con los húngaros no se hablan. ¿Quién quiere ver una película húngara? ¡Nadie! Es difícil constituir una cultura común con unos vecinos si no les hablas. Y los que se benefician de este egoísmo europeo son los estadounidenses», me confirma el crítico de cine del *Prague Post,* Steffen Silvis.

Lo cierto es que el verdadero perdedor desde 1989 en los intercambios culturales en Europa Central ha sido Rusia. «Lo que ha desaparecido con la caída del comunismo es la cultura "paneslava" —me explica Tomáš Hoffman, el director de la productora Infinity—. Ya no tenemos ninguna relación con ellos. Al menos, todos estamos de acuerdo en este punto, tanto los checos como los eslovacos, los húngaros y los rumanos. Ya no queremos oír hablar de los rusos. Ya no nos dan miedo, simplemente no existen. Nos importan un rábano. Rusia ya no constituye una referencia cultural para los checos. El lugar de los coros del ejército ruso ha sido ocupado por MTV Europe».

LA LIBANIZACIÓN DE LA CULTURA EUROPEA

Varias visitas recientes a Bélgica y a la Comisión Europea han sido para mí otra ilustración de las fragilidades de la cultura europea. En materia de entretenimiento, ya no estaba en Bruselas, estaba en Beirut.

En la capital belga, los valones y los flamencos están enzarzados en una guerra de trincheras: los primeros temen al «opresor holandés» (la expresión es una cita exacta de uno de mis interlocutores francófonos de Bruselas), los segundos rechazan una Bélgica que ignora su cultura y su lengua. Por otra parte, uno de los primeros campos que han sido objeto aquí de reparto comunitario ha sido la cultura, y por supuesto no existe un Ministerio de Cultura belga (federal). En su lugar: tres ministerios, uno para los francófonos, otro para los flamencos y uno para la pequeña comunidad de habla alemana; sin contar los ministros delegados para la cultura en la región de Bruselas (uno para los francófonos, uno para los flamencos y uno para los proyectos bilingües). ¡Seis ministros en total!

Al visitar a Alain Gerlache, ex presidente de la RTBF, la radiotelevisión pública francófona, y a Peter Claes, uno de los directores de la VRT, la televisión belga neerlandófona, vi lo que significaba concretamente esta guerra de posiciones. Ambas cadenas están situadas en el mismo edificio, pero cada una tiene su entrada, su servicio de seguridad, sus estudios, y el largo pasillo que las separa se parece al muro de Berlín. Cuando invité a Peter Claes a acompañarme a la «zona francófona» —donde nunca había estado—, vi que este hombre joven e inteligente se dedicaba a comparar la calidad de los sillones, de los distribuidores de bebidas y de los estudios. En cuanto a los estudios, según nuestra comparación, es más puntera la VRT, pero en cuanto a los sillones es mejor la RTBF; y en cuanto a la comida, naturalmente no estuvimos de acuerdo. Peter Claes bromeaba, claro está. Pero, cuando volvimos a la VRT, me recordó a esos cristianos de Beirut que recuperan la tranquilidad cuando vuelven a su casa en Ashrafieh, la zona cristiana, después de las raras ocasiones en que visitan Haret Hreik, el barrio de Hezbolá.

«Lo que me gusta del cantante Arno es que nos dice: "Bélgica es un país pequeño, no somos tan pretenciosos como los franceses ni tan egocéntricos como los ingleses y debemos conformarnos con lo que tenemos". Por eso él, que es flamenco, canta en francés y en neerlandés», me cuenta Peter Claes de la VRT, en un francés perfecto. «Por una parte, están los flamencos que les reprochan a los francófonos su cultura pretenciosa y arrogante, como la de los hermanos Dardenne; por otra, están los francófonos que rechazan el cine flamenco americanizado y su pop nórdico de vikingos», suspira Alain Gerlache, el ex presidente de la RTBF, un francófono que habla flamenco. Gerlache, por otra parte, fue el guionista de un hermoso documental titulado *Bye Bye Belgique:* inspirándose en *La guerra de los mundos* de Orson Welles, los programas de la RTBF se interrumpieron de repente para anunciar que los flamencos acababan de escindirse; difundido en directo por la televisión, con entrevistas a auténticos políticos y falsos reportajes, el programa causó sensación… y tal vez no fuera tan de ficción como parece.

«Entre flamencos y francófonos no es que haya guerra, es peor que la guerra —fustiga Peter Van Der Meersch, redactor jefe del *Standard,* el principal diario belga neerlandófono—. Nuestro problema ahora es la indiferencia. A los neerlandófonos ya no nos interesa lo que hacen los francófonos, y viceversa. Tenemos dos culturas y dos televisiones nacionales, pero lo más grave es que ahora también tenemos dos opiniones públicas. La gente no se habla».

Jan Gossens, flamenco, director del KVS, un importante centro cultural neerlandófono de Bruselas, comparte esta opinión: «Los flamencos están obsesionados por la idea de construir su nación y afirman que Bélgica es una nación artificial. Yo prefiero pensar que todos somos el producto de unas identidades múltiples que no están prefijadas. Y por eso es el inglés —ni el francés ni el neerlandés— el que se está imponiendo y se está convirtiendo en la lengua de los belgas».

La cultura estadounidense progresa gracias a las divisiones europeas. Paso a paso, la única cultura común de los belgas tiende a ser la estadounidense, con la excepción de *Tintín* naturalmente, el cómic que se lee a ambos lados de la línea Maginot. Pero justamente, Steven Spielberg ya ha previsto adaptarlo para Hollywood. He aquí pues que Estados Unidos se apropia del símbolo belga, como se ha apropiado del kung fu y el panda de los chinos. Entretanto, alguien tuvo la idea en 2008 de poner Bélgica a la venta en eBay.

Toda la cultura *mainstream* europea está evolucionando hacia el modelo belga. Batallas de lenguas, de identidades culturales, un desconocimiento cada vez mayor de las cinematografías y las músicas de los demás países, pocas lecturas comunes, una fragmentación comunitaria, y la cultura estadounidense que, gracias a estas divisiones, progresa inexorablemente.

Junto a estos puntos débiles, ¿cuáles son las fuerzas y las oportunidades europeas? He hecho la pregunta a muchos interlocutores en distintos lugares de Europa y las respuestas que me han dado son los elementos de un rompecabezas complicado. En Bruselas, uno de ellos me ha dicho: «Recuperar la cultura europea es como reconstruir los pescados a partir de la sopa de pescado». En París, el productor y distribuidor de cine Marin Karmitz es más optimista: «¿Cuáles son nuestras fuerzas? Somos artistas y debemos valorizarlo, valorizar el arte». Al preguntarle por el rodaje de una película en Cinecittà, en las afueras de Roma, el productor italiano Sandro Silvestri me dice por su parte que «lo que caracteriza al cine europeo es la independencia, y esa independencia es vital, sobre todo frente a la televisión, que en todas partes es dependiente, y más en Italia a causa de Berlusconi». Varios diplomáticos culturales franceses interrogados en diferentes países piensan también que «debemos seguir siendo artesanos frente a la industria estadounidense: debemos asumir lo que somos, y nuestra fuerza es la preferencia de los independientes frente a las *majors,* del arte y ensayo frente al entretenimiento». En Europa, son muchos en efecto los que apuestan por los nichos y la especialización, rechazando la cultura *mainstream*. Todos han blandido la «diversidad cultural» como una especie de arma: este cajón de sastre parece haberse convertido en el único contrapeso del imperialismo cultural estadounidense. Y luego muchos me han hablado de África. África, donde los estadounidenses no se aventuran, me dicen, «porque no es rentable», «porque no es lo bastante rica para ellos», «porque no la entienden». África, donde parece ser que los europeos son los únicos que actúan. Y eso es lo que he querido comprobar.

Para tener una idea de la atracción que continúa ejerciendo la cultura europea y comprender por qué los flujos musicales aún transitan por Londres o París, un viaje a África resulta instructivo.

Estoy en el coche de Étienne Sonkeng, el alcalde de Dschang, una ciudad del noroeste de Camerún. De repente, el alcalde le pide al chófer que pare. Un habitante de Dschang está construyendo una casa sin permiso: el alcalde baja del coche oficial, lo reprende y lo amenaza con mandar demoler la precaria edificación. «Y fíjese en esos espaguetis», me dice al subir de nuevo al coche. He visto muchos de esos «espaguetis» en El Cairo, Shangai, Mumbai, Damasco y en los campos palestinos de Gaza y de Belén: son innumerables hilos que unen las casas entre sí. «No es para la electricidad ni para el teléfono —me explica Étienne Sonkeng—, sino para las señales de televisión por satélite, que también son ilegales y que alimentan a todo un barrio a partir de una sola parabólica. Es una industria pirata muy próspera en África, un verdadero *home cinema* a escala de toda una ciudad». Observo esos «espaguetis», mal atados y mal disimulados, que pasan de una casa a otra. Con un abonado que pague, mil familias están servidas. Los africanos han inventado el cable aéreo en lugar del cable subterráneo. «Aquí en Camerún hablamos cerca de 200 lenguas nacionales, por lo tanto el francés o el inglés son nuestras lenguas comunes. Y aunque la gente viva en chabolas, todos pueden ver gratis 50 cadenas de televisión francesas, inglesas o estadounidenses», se extasía el alcalde que jamás ha considerado la posibilidad de sancionar a nadie. No es posible construir una casa sin permiso en Dschang, pero se pueden piratear libremente todas las teles del mundo.

Al día siguiente estoy en Yaundé, la capital de Camerún. En los mercados, a lo largo de las avenidas de esta gran ciudad de África Central, se venden innumerables CD y libros en el mercado negro. Películas de Disney en DVD pero en versión francesa, con la carátula fotocopiada en color; muchas comedias musicales estadounidenses, rap de Tupac Shakur y muchas casetes de audio todavía. Los productos culturales no se comercializan en las tiendas de discos, las librerías u otros comercios; los venden los *sauveteurs,* como llaman en Camerún a los vendedores *à la sauvette* (callejeros, que salen huyendo). Pero aquí nadie tiene que huir. Aquí el mercado negro es la norma, no la excepción, y la policía, a pesar de que es muy nutrida, no se interesa por los *sauveteurs*.

En África la cultura de la calle es fundamental: allí está el comercio. Incluso los libros se venden en el mercado negro en ejemplares fotocopiados, por razones de precio: un libro nuevo cuesta 15.000 francos CFA y uno fotocopiado vale 4.500. El cálculo se hace rápido. Es difícil en estas condiciones obtener ninguna estadística fiable acerca de los géneros musicales en boga o las películas y libros más vendidos.

Mal: éste es su verdadero nombre de pila (conservamos el anonimato de su apellido por razones evidentes). En Yaundé, Mal me explica el mercado negro de los discos. «La piratería de los productos culturales es una industria en sí misma —me dice—. Moviliza a centenares de personas, desde la producción hasta la distribución y la reventa». Hay millones de álbumes afectados y este ecosistema, verdadero modelo reducido de la industria cultural legal, también está globalizado. Los CD y los DVD se fabrican en China y se graban en talleres ilegales de Cotonú (Benín), en Duala (Camerún), en Abiyán (Costa de Marfil) o en Lomé (Togo), siempre en puertos. Mal se abastece en Duala, el gran puerto de Camerún, y revende todos los días de la semana, incluido el domingo, los CD por las calles de Yaundé. «El 99 por ciento de los CD vendidos en Camerún son piratas», afirma Mal, que sin embargo no tiene pruebas, aunque todo hace creer que la estadística es plausible.

¿Los CD se piratean en Yaundé? Marylin Douala Bell, la hija de uno de los principales jefes de la etnia bamiléké de Duala, la ciudad más grande de Camerún, me explica detalladamente que toda la vida cultural en África está organizada a través de circuitos paralelos. Se organizan, por ejemplo, «videoclubs», una especie de cineclubs privados, en domicilios particulares que poseen un magnetoscopio, aíslan una habitación de la luz e invitan a los habitantes del barrio a sesiones por las que hay que pagar. Esta red paralela compensa la escasez de las salas de cine en las ciudades del África subsahariana.

Si bien los productos culturales vendidos en las calles africanas son piratas y a menudo americanizados, Europa sigue siendo un paso obligado en los flujos de contenidos interafricanos. En la más pura tradición colonial. Londres y París, en particular, desempeñan un papel fundamental en los intercambios culturales, respectivamente para el África anglófona y para el África francófona. Un poco como Miami para América Latina, Hong Kong y Taiwán para China o Beirut y El Cairo para Oriente Medio, Londres y París son las capitales exógenas de África.

En Camerún, en un restaurante de Yaundé, hablo con Éric de Rosny, un sacerdote jesuita que se ha convertido en escritor: «En la música de aquí están los que se inspiran en la tradición y los que imitan a Occidente, es decir, a París. La divisoria en la cultura popular es ésta, entre la tradición y Europa. Sin embargo, observo que cada vez más cantantes cameruneses añaden palabras inglesas a sus canciones en francés, porque es más *hip*. Es un cambio muy importante».

Desde hace tiempo, Londres y París son las que legitiman a un artista africano, le dan el sello «internacional» necesario y el reconocimiento. «Cuando un artista se hace famoso en su país, debe pasar por París para tener credibilidad y acceder al conjunto del continente africano. El maliense Salif Keïta, el guineano Mory Kanté, el senegalés Youssou N'Dour, el camerunés Manu Dibango, el congoleño Ray Lema, el grupo senegalés Touré Kunda, todos estos artistas se han hecho célebres en Francia», me explica Christian Mousset, que dirige el festival francés Musiques Métisses, y al que entrevisto unos meses más tarde, en el Womex de Copenhague, la gran cita de las músicas del mundo.

¿Cómo explicar este papel determinante de Europa en África? ¿Será duradero? «En París y Londres hay estudios de calidad, cosa que no hay en África, aunque ha habido buenos estudios en Bamako (Malí), en Abiyán (Costa de Marfil), en Kinshasa (Congo) y en Dakar (Senegal). También hay muchos sellos, que en África escasean. En Londres, hay festivales como el Womad, los BBC Awards para la World Music, y están los agentes, los productores y los organizadores de conciertos», me explica Samba Sene, un senegalés de Dakar que vive en Edimburgo y con el que coincido, también, en Copenhague. La situación política y las tensiones diplomáticas entre países no facilitan los intercambios: a menudo es imposible montar una gira por África, porque los artistas no obtienen el visado, por ejemplo, para ir simplemente de Yaundé a Dakar. Con frecuencia las aduanas no dejan pasar los instrumentos ni el material. Y la guerra civil de Costa de Marfil o de la República Democrática del Congo, por no hablar de Ruanda, aún empeoró más las cosas. «Desde París puedes acceder a toda África, y en cambio no puedes ni dialogar de un país al otro, con tu vecino inmediato, cuando estás en África», lamenta Luc Mayitoukou, el responsable de Zhu Culture en Dakar (entrevistado en Copenhague). En Europa, también están los medios. «Desde París, llegamos a todas las minorías africanas de Francia y a todos los países de África gracias a RFI o a la playlist de France Inter y de Radio Nova, y los ingleses hacen lo mismo con la BBC», me confirma Claudy Siar, el presentador estrella de música africana de RFI y director de Tropiques FM, entrevistado en París. Y además, está la diversidad africana: Londres y París reúnen a minorías de toda África, una diversidad exógena que no existe en ningún lugar del continente negro. Por último, naturalmente, está el dinero. «Un solo concierto pagado en euros o en libras en Europa te da más que todos los conciertos que hagas en francos CFA durante un año en África», constata con tristeza Samba Sene.

En África, la música fue mucho tiempo como la aviación. La compañía aérea Air Afrique, que permitía viajar entre países africanos, quebró. Entonces hubo que pasar con frecuencia por París o por Londres para ir de una capital africana a otra. Durante mucho tiempo, con la música pasó lo mismo.

La distribución geográfica heredada del colonialismo era bastante inmutable: podemos decir que Senegal, Camerún, Costa de Marfil, República Democrática del Congo, Malí y África Occidental miraban hacia París (o hacia Bruselas para la República Democrática del Congo), mientras que Nigeria, Etiopía, Ghana, Uganda, África Oriental, África Austral y naturalmente Sudáfrica miraban hacia Londres. Unos cuantos países lusófonos, Mozambique, Angola, Cabo Verde y Guinea-Bissau estaban más pendientes de Lisboa. La circulación de los productos culturales en África se adaptaba caricaturescamente a las lenguas y a la historia colonial.

Ahora sin embargo estos flujos fijados por la historia están cambiando. Y lo que le ha ocurrido a España con América Latina, es decir, su desaparición lenta de la cartografía de los medios y las industrias creativas con el auge de poderosos grupos como el mexicano Televisa o el brasileño TV Globo, les está pasando a Francia y al Reino Unido en África. Teniendo en cuenta el cambio de la música hacia lo digital, que facilita la producción y la difusión local, gracias al éxito del rap africano en todo el continente y a causa de que cada vez son más difíciles de obtener los visados para Europa, los africanos han empezado a organizarse entre sí, sin necesidad —ni posibilidad— de pasar por Londres o París. A los intercambios norte-sur les suceden los intercambios sur-sur.

Internet ha hecho tábula rasa. En África, cada músico ahora tiene su página MySpace y los grupos ya no necesitan de los europeos para difundir su rap. «Les basta asistir a los Hip Hop Awards de Dakar, al festival de rap Assalamalekoum en Mauritania, al Waga Hip Hop de Burkina Faso», me explica Philippe Conrath, director del festival Africolor, entrevistado en París. Internet ha cambiado totalmente el mapa de los intercambios de contenidos en África, ofreciendo nuevas oportunidades de distribución, cosa que el rap, la música del *do it yourself* por excelencia, multiplica. Sobre todo cuando la globalización humana se ve frenada por las embajadas europeas: «Los franceses tienen una política de visados inadaptada a la época de la globalización, hecha de desprecio y condescendencia. Castiga duramente a los artistas africanos y los incita a viajar, no ya a París, sino a Dakar o a Lagos, a Brasil, a Estados Unidos o a Sudáfrica», lamenta Claudy Siar.

Estos últimos años han aparecido dos países como nuevos ejes de África, que han favorecido sobre todo el auge del inglés en el continente: Nigeria y Sudáfrica. «Las nuevas capitales culturales de África son anglófonas, y éste es el problema para París», me comenta Luc Mayitoukou, responsable de Zhu Culture en Senegal.

Nigeria, en primer lugar, es un gigante en el África subsahariana: es el país más poblado del continente africano con sus 150 millones de habitantes y uno de los ricos, con una economía dinámica, a causa de sus reservas de petróleo en el delta del río Níger. Aunque la mitad de la población vive por debajo del umbral de la pobreza y la corrupción jurídica y la inseguridad física son grandes, Nigeria posee unas industrias creativas influyentes. El célebre Nollywood, contracción de Nigeria y Hollywood, produce desde la década de 1990 más de un millar de películas al año. Sería por tanto el tercer productor de cine del mundo tras la India y Estados Unidos. Pero la comparación se detiene aquí: la casi totalidad de esa producción, oportunamente bautizada a nivel local como *home video,* se hace sin salas y sin película. Se trata casi enteramente de vídeos de bajo presupuesto, con argumentos rudimentarios y actuaciones improvisadas, por no hablar de los fallos técnicos, que son legendarios. Estos *home videos* se ruedan en pocos días con presupuestos de menos de

1.000 euros, y están reservados al consumo a domicilio por la inseguridad nocturna y la ausencia de una red de salas. Su precio es barato y eso favorece su difusión y frena la piratería. Por eso con actrices rollizas, guiones llenos de brujería y de sexo, de ricos africanos aburguesados y de malos más crueles aún que en la realidad (lo cual no es poco decir en este país), las películas de Nollywood conocen un éxito *mainstream* en Nigeria y en toda el África Occidental. «Las películas nigerianas son un verdadero fenómeno en el África negra. Si los productores tuviesen la idea de subtitularlas en francés, pronto serían dominantes incluso en el África francófona», asegura Rémi Sagna, director de la Organización Internacional de la Francofonía, entrevistado en Camerún. Para aumentar las exportaciones y la compra de derechos televisivos, Nollywood prefiere por ahora las producciones en inglés y apunta a los mercados del África anglófona, especialmente África Oriental y, naturalmente, Sudáfrica.

Porque Sudáfrica se ha convertido en el modelo a imitar y en el país hacia el cual se vuelven todas las miradas africanas, convencidas de que existe un nuevo eje sur-sur. «Hoy día un artista africano dispone de todo lo que necesita en Johannesburgo: estudios, sellos, dinero y una legislación que protege el *copyright*. Estamos convirtiéndonos en la capital de la cultura, del *entertainment* y de los medios en África», me explica Damon Forbes, el director del sello Sheer Sound, que pertenece al grupo Sheer, una importante *major* musical sudafricana (Forbes, al que entrevisto en Copenhague, es originario de Zimbabue y vive actualmente en Sudáfrica).

Con 49 millones de habitantes y un PIB en fuerte crecimiento, que equivale él solo a una cuarta parte de todo el continente, Sudáfrica es hoy un país emergente, el único que puede ostentar este calificativo en África. Contribuye a ese dinamismo excepcional su riqueza en materias primas, especialmente en metales. Afectado por la crisis de 2008, el país esperaba que la Copa Mundial de Fútbol en 2010 dinamizara su economía.

En el campo del cine, la Sudáfrica posapartheid ha adquirido peso con el éxito reciente de películas como *District 9, Desgracia* o *Tsotsi*. Este cine nacional en pleno auge está de hecho sostenido artística, técnica y económicamente por los estudios de Hollywood, que han identificado a Sudáfrica como un país determinante para el futuro de sus producciones locales y de su *box office* mundial. En la música, el éxito todavía es más evidente. Por ejemplo, el Moshito, el foro de la industria musical de Sudáfrica, se ha convertido en una encrucijada influyente y en un mercado decisivo para la música africana. Los europeos empiezan a darse cuenta de esta nueva distribución de las cartas de la que pueden ser las primeras víctimas. Por eso en enero de 2010 Sudáfrica fue la invitada de honor del MIDEM en Cannes.

Finalmente, si hay un sector en el que esta nueva distribución de las cartas es más llamativa es el de la batalla por los derechos televisivos deportivos. Si tomamos el ejemplo de la liga inglesa de fútbol, cuyos derechos están entre los más caros y los más determinantes para el desarrollo de una oferta de televisión de pago, África en la actualidad está dividida en tres: el mercado árabe, incluido el Magreb, donde Abu Dhabi TV se ha hecho con los derechos por 330 millones de dólares dejando con un palmo de narices a Al Yazira; Nigeria, que es por sí sola un mercado y cuyos derechos están en manos del gigante nigeriano Hi-TV; y finalmente, Sudáfrica y el resto del África subsahariana, donde los derechos son de Multichoice del grupo sudafricano Naspers. Un reparto significativo.

«Nuestro problema es que a pesar de todo nos falta masa crítica. El mercado interior sudafricano es insuficiente, sobre todo porque está muy fragmentado en un país con trece lenguas oficiales. Debemos priorizar por lo tanto la exportación. ¿Hacia África? Pero las ventas son flojas a causa de la piratería y nuestra influencia es limitada en el África francófona y lusófona. Para ser capital cultural del continente, a Sudáfrica aún le queda un trecho. Nos queda el mercado europeo y sobre todo norteamericano. Nuestras bazas son muchas y nuestros artistas son bien acogidos en Estados Unidos. Y además está el sur. Estamos entrando por consiguiente en el nuevo diálogo sur-sur», comenta Damon Forbes, el director del sello Sheer Sound de Johannesburgo.

Para los europeos, la competencia no se limita pues a Sudáfrica, Nigeria y Estados Unidos: está emergiendo una competencia sur-sur, nueva y feroz, fuera del continente africano. Primero está el auge de Brasil en África, que se explica históricamente por los lazos con el África lusófona, y más recientemente por la voluntad de Brasil, donde la población en parte es negra, de convertirse en una capital exógena de África. Una ciudad brasileña y negra como Salvador de Bahía quiere ser actualmente la capital de la música africana.

Los chinos no se quedan atrás. Han invertido masivamente en lo que ahora se denomina «Chináfrica». Su presencia todavía es esencialmente industrial, en las infraestructuras, las materias primas y los transportes, donde ya parece que hay 1.000 empresas chinas en suelo africano y 500.000 chinos trabajando. Pero a medida que el comercio bilateral entre China y África aumenta, Beijing va equipando discretamente África de redes sin hilos y fibra óptica, utilizando sobre todo los cables aéreos, una alternativa a los cables subterráneos, más costosos. En Brazzaville, una empresa china está construyendo la nueva sede de la televisión nacional congoleña; y lo mismo en Guinea. Y esto no ha hecho más que empezar. Tras el *hard* vendrá el *soft*. Y a medida que la producción cinematográfica china y la de música pop en mandarín aumenten, es posible que se produzcan las exportaciones de contenidos. África entonces se vería inundada de productos culturales chinos, baratos, accesibles y, según me dicen los funcionarios de Beijing, «deseados, porque los valores asiáticos son más compatibles con los valores africanos que los valores occidentales». También vendrá la información. Los chinos ya acaban de lanzar, en 2009, *Afrique,* un importante magacín de información. Sus cadenas internacionales en inglés se difunden en todo el continente negro, y dicen que ya están implantando también una cadena china de información. Este plan me fue descrito con precisión por Fu Wenxia, un responsable de SMEG (Shanghai Media and Entertainment Group), uno de los principales grupos mediáticos públicos chinos que invierte a nivel internacional: según este funcionario, entrevistado en Shangai, los chinos prevén aumentar sustancialmente sus inversiones en las tecnologías, el audiovisual y la información en África los próximos diez años.

«El riesgo es asistir en el sector de la cultura africana a la sustitución de Francia e Inglaterra por Brasil y China, a causa de los nuevos diálogos sur-sur. Para los europeos será un problema. Pero a los africanos les abriría nuevas perspectivas y nuevos mercados», me explica Marc Benaïche, el presentador de Mondomix, una plataforma francesa especializada en músicas del mundo. ¿Y después de la música, el cine? ¿La televisión? ¿La información? Por ahora no se ven contenidos chinos en África, y la cuestión del idioma seguirá siendo seguramente un problema. Pero ¿hasta cuándo?

Último ejemplo de esta verdadera revolución geopolítica de los contenidos: el caso de Naspers. Este gigante mediático sudafricano, centrado inicialmente en la prensa y la televisión, se ha diversificado desde la década de 1980 en la televisión y, desde la de 2000, en Internet, las redes sociales y la mensajería instantánea de los teléfonos móviles (una alternativa a los SMS en los países con bajo nivel de vida). Como conocen bien África, los directivos de Naspers saben que el acceso a Internet todavía tiene lugar casi siempre en un marco colectivo, como en la mayoría de países en vías de desarrollo, sobre todo en el puesto de trabajo o en los cibercafés: apuestan por lo tanto por la televisión por satélite y el teléfono móvil para difundir sus contenidos más que por Internet. Paralelamente, Naspers ha invertido internacionalmente: desde la década de 1990, el grupo ha multiplicado las adquisiciones de participación en los medios del África subsahariana y del sudeste asiático y, desde la década de 2000, se ha fijado en los países emergentes, especialmente Rusia, Brasil y China. Tejiendo lazos con Asia y con la América lusófona, el grupo sudafricano espera convertirse en uno de los grupos mediáticos emblemáticos de los países emergentes y fomentar los intercambios de contenidos sur-sur.

He aquí que los europeos, y sobre todo los ingleses y los franceses, ya tienen competencia en el continente africano, donde se creían referentes indestronables, paternalistas ellos y todavía imbuidos de cierto espíritu colonialista. Que la economía del continente negro mire hacia Sudáfrica y, más allá, hacia Brasil y China no es buen augurio para Europa. Pero el fenómeno ilustra un reajuste inevitable de los equilibrios culturales internacionales y de los intercambios de flujos de contenidos en la era de la globalización.

EN LAS FRONTERAS DE EUROPA, ASIA Y EL MUNDO ÁRABE: LA TURQUÍA AMERICANIZADA

Para sopesar las fuerzas y las debilidades de Europa y para cerrar esta encuesta, debía ir a los confines del continente, a su frontera, a sus márgenes. Entre Asia y el mundo musulmán, entre Europa y América, debía ir a Turquía.

Ayşe Böhürler es una intelectual musulmana que lleva velo y se define a sí misma como islamista. Cineasta y documentalista, también es productora de Canal 7, una cadena turca próxima al poder islámico, en la que se ocupa de los programas para las mujeres y los niños.

Voy a verla a su oficina de Estambul y me recibe con una amabilidad contenida, aprovechando el tiempo de la traducción para consultar frenéticamente su cuenta de Gmail en un ordenador Apple. «Nosotros los turcos somos los únicos que hacemos una síntesis de las culturas de Europa y abrimos el continente a una auténtica diversidad. Somos el extremo oriente de Europa y el extremo occidente de Oriente. Frente al bombardeo de la cultura estadounidense, nosotros conseguimos proteger nuestra cultura. El marxismo ayer, el islamismo hoy y el feminismo de las mujeres musulmanas, por ejemplo, son otros tantos medios para conservar esa identidad. Es nuestra manera de seguir siendo turcos frente a Occidente». Ayşe Böhürler se califica de «semifeminista» y cree que el velo es un signo de modernidad y de reacción frente al «bombardeo de la cultura estadounidense» (repite esta fórmula varias veces). Critica la cultura del *entertainment* que «envilece a la mujer y no ve en ella más que un objeto, un cuerpo, su belleza»; pero queriendo ser moderada también rechaza las prescripciones vestimentarias de los islamistas radicales. «En Turquía somos el símbolo de un islam moderado. La nuestra es una contracultura, con su música islámica, sus televisiones y su cine: es nuestro propio *christian rock*». Ayşe Böhürler continúa: «El problema con la cultura turca es que es muy peculiar, muy específica de nuestro país. Producimos una cultura *space specific* que, por definición, no puede exportarse fácilmente, salvo a los países musulmanes». Con ello se refiere a las célebres series televisivas turcas, cuyas historias presentan personajes de las clases medias urbanas, con su acento, sus valores morales y su sentido del humor propio, y en las cuales no es raro encontrar crímenes de honor o *vendettas*. Estas series televisivas tienen un gran éxito en Turquía y ahora las exportan masivamente al mundo árabe musulmán, pero no a Europa. «¡Nuestra cultura "a la turca" es genial, pero los europeos no lo saben!», concluye.

Al día siguiente, estoy en la sede de la cadena CNN Türk, también muy reveladora de las tensiones entre Oriente y Occidente, sobre todo porque estamos en Europa, en un país históricamente proamericano, pero que es miembro de la Organización de la Conferencia Islámica. «Somos una televisión turca, en lengua turca, que se dirige a los turcos», puntualiza de entrada Ferhat Boratav, el presidente de CNN Türk. Para él, la televisión es un asunto local.

Su oficina está situada en un barrio extremo de Estambul, dentro de un inmenso complejo, sede del grupo mediático privado denominado Doğan TV Center. El grupo Doğan, cuya riqueza procede del petróleo, está presente sobre todo en la prensa, la edición, la música y la televisión, donde posee numerosas cadenas a menudo en partenariado con los estadounidenses de Time Warner. Enfrente de él está el otro gigante mediático, el grupo de telecomunicaciones Çukurova, que posee las cadenas Show. Estos dos grupos compiten entre sí y tratan de diversificar sus contenidos, de desarrollarse en el extranjero dentro de la «zona turca» y aspiran a convertirse en vastos grupos mediáticos regionales.

«No somos un clon de CNN, ¡somos un clon mutante!», me explica, simpático, Ferhat Boratav en CNN Türk. La cadena que dirige es una *joint venture* entre CNN y el grupo Doğan, a la vez estadounidense y local por lo tanto, pero Boratav insiste de nuevo en la dimensión turca de la cadena. «El nombre de CNN es más fuerte que el de América. Aquí, la cadena no se asocia con Estados Unidos: a uno puede gustarle la CNN y odiar a los estadounidenses. Se nos percibe como una cadena turca». CNN Türk retransmite algunos programas de la CNN, sobre todo programas exclusivos de información y documentales, pero produce la mayor parte de sus imágenes localmente puesto que seguramente el 90 por ciento de sus programas son turcos. «Lo que hacemos es típicamente *infotainment:* información y *entertainment*», me confirma, sin gran originalidad, Boratav. Los *talk shows* son el corazón de la programación de esta cadena, especialmente *How come?*, *La Arena* y *+1*, que tienen una gran audiencia. Los programas musicales también son muy importantes, como *Frequency*, que mezcla paritariamente los *hits* turcos, sobre todo el hip hop turco, y los *hits* estadounidenses. «Queremos ser compatibles», insiste Boratav. ¿Compatible? La palabra ha salido varias veces. Le pido que me la explique: «Quiere decir ser a la vez moderno, estadounidense, seguir la moda, estar con los jóvenes, sin por ello dejar de ser turcos».

Para comprender lo que significa esa «compatibilidad» en el mundo del *entertainment* voy a ver, un piso más abajo, a Barcu Senbakar, que justamente produce el famoso *talk show* semanal *How come?* «CNN Türk es una cadena demasiado seria y nuestro papel es romper esa seriedad. Hacemos un *show* más divertido, entre la información y el *entertainment*. Por ejemplo, invitamos a gente famosa al mismo tiempo que a gente corriente, un taxista o una camarera. Organizamos el debate y procuramos que los temas serios se traten de forma amena.

El público en el plató aplaude y reacciona en directo. Resulta muy gracioso». El presentador del *talk show* diario *+1* en CNN Türk, Mithat Bereket, se reúne con nosotros: «¿Quiere saber por qué hacemos *entertainment* aquí? Es muy sencillo. Porque no queremos hacer diarios aburridos. La prensa debe ser crítica, polémica, comprometida. Pero éste no es el papel de la televisión: la televisión debe permitirte huir de las obligaciones y los problemas. La televisión es un medio *mainstream* y debe hacer *entertainment*».

La llegada del entretenimiento de masas a la televisión turca se produjo con la desregulación del sector audiovisual, el final de la televisión pública única y la privatización, de la cual el grupo Doğan es el arquetipo. Más conceptual, el escritor Volkan Aytar, de la importante fundación turca TESEF, me explica lo que ocurrió: «Paradójicamente, estos grandes grupos mediáticos se desarrollaron al mismo tiempo que se debilitaba la cultura kemalista, la de la Turquía de antes de la guerra, laica pero también autoritaria y elitista. Aquella élite legitimaba la cultura oficial, turca, nacionalista, y rechazaba la cultura popular y la cultura de las minorías, la de las mujeres o la de los kurdos. Poco a poco, la música clásica fue reemplazada por la música de las clases populares, lo que se llama la música tipo *arabesk*, una música pop con instrumentos occidentales pero con temas orientales tradicionales. En lugar de los conciertos de élite, se multiplicaron los *rock-bars*, los *folk-ballad-bars*, el hip hop "a la turca", y la música estadounidense se ha colado por esa brecha para acabar con cierto nacionalismo turco. ¡Nuestra música hoy pretende ser *americano-arabesk!* El *entertainment* se desarrolla paralelamente al ocaso de esa cultura de la élite, muy condescendiente, muy paternalista. El *entertainment* acompaña el final de la cultura burguesa en Turquía».

Orgullosa de su *entertainment* y de su nueva cultura *mainstream*, Turquía ahora quiere exportarla. Se afirma como un poder cultural regional, que difunde sus contenidos en una zona híbrida que va del sur de los Balcanes (Bulgaria, Rumanía, Albania y Macedonia) hasta las repúblicas asiáticas o turcófonas de la antigua URSS (Azerbaiyán, Uzbekistán, Kazajistán, Turkmenistán), sin olvidar Armenia, Georgia, Ucrania o Moldavia y algunos países de Oriente Medio (Siria, Irak, Irán y hasta Israel). Es un mercado muy original. El grupo Doğan invierte masivamente en los Balcanes, su competidora Show TV se está implantando en Ucrania, y todos apuntan claramente, con sus series *cool* y su «hip hop islámico» al mundo persa y árabe. El éxito de esta cultura turca *mainstream* está creciendo en toda la región, que ahora ya ha sucumbido a los encantos neo-otomanos desde Irán a Egipto, pasando por Siria y Palestina. Los musulmanes aprecian el carácter mixto de ese *entertainment* turco, a la vez oriental y moderno, también musulmán... y les gustan sus muchachas sin velo.

Un buen ejemplo de estas paradojas geográficas es el cantante Tarkan, cuyas canciones *Kiss Kiss* y *Kuzu Kuzu*, o más recientemente el álbum *Metamorfoz*, han sido éxitos espectaculares. Apodado en Turquía «el príncipe del pop», su influencia en este país ha sido comparada por el *Washington Post* con la de Elvis en Estados Unidos. El éxito de Tarkan es sobre todo regional, en toda la zona de influencia del *entertainment* turco, en Asia Central, en Rusia, en Europa del Este y también en Oriente Medio. Sin embargo, canta en turco, raras veces en inglés, utilizando incluso los dialectos turcos tradicionales, lo cual le ha valido las felicitaciones de la asociación nacional para la preservación de la lengua turca. Pero ha multiplicado las provocaciones sexuales, llegando a besar en la boca a chicos con bigote y provocando un debate recurrente acerca de su homosexualidad —que él ha negado rotundamente— y no ha hecho más que exacerbar la pasión que despierta entre los jóvenes, los travestis, y también entre los islamistas turcos. Todo eso no le ha impedido convertirse en el patrocinador oficial de Pepsi-Cola. «Parece raro, sabe usted, porque al principio nunca pensé que funcionaría —explicó Tarkan en una entrevista en la CNN—. Canto únicamente en turco, y nadie en el mundo puede entender una sola palabra de lo que digo. Pero creo que es ante todo el ritmo *[groove]* lo que explica mi éxito. Y además los besos son universales».

En Turquía, en el confín de Europa, las oportunidades y las fragilidades del país son un espejo de aumento de las del continente europeo en general. El país duda entre el laicismo y la religión, entre la americanización y el etnocentrismo, entre la cultura y el *entertainment,* como ocurre tantas veces en Europa. «Somos muy ambiguos, muy titubeantes, muy esquizofrénicos —me confirma el escritor Volkan Aytar, en la sede de la Fundación TESEF—. La americanización de Turquía es muy paradójica, y su defensa del *entertainment* también. Percibimos a los estadounidenses como más modernos y más fuertes que nosotros, por sus avances tecnológicos y culturales. Aquí, en Estambul, ves por todas partes las marcas estadounidenses, Starbucks,

Levi's, McDonald's. Consumimos los productos estadounidenses porque queremos vivir mejor, y ellos son los símbolos. Al mismo tiempo, queremos seguir siendo turcos». Volkan Aytar se quita la chaqueta tipo Woodstock (hace un frío seco ese día en Estambul) y prosigue: «¿Cómo seguir siendo turco en el mundo de hoy? No es fácil. Queremos ser a la vez modernos y orientales, europeos quizás, pero no estadounidenses, ni árabes. Entonces mostramos *lukums* en nuestras películas, las rodamos en baños públicos y reescribimos la historia turca y sus mitologías produciendo un cine muy autocentrado, y nadie más que los turcos quiere ver ese cine de arte nacional. De repente, nos damos cuenta de que nuestra juventud prefiere las películas estadounidenses. Los jóvenes turcos miran hacia América, a ellos les gusta la acción, la velocidad, la libertad, la modernidad, las chicas de esas películas hollywoodienses tan universales, contrariamente a las nuestras. Reclaman más *entertainment*, más cultura *mainstream*. Vemos cómo se van convirtiendo en estadounidenses. Incluso las minorías, los kurdos o los armenios, quieren más películas estadounidenses para escapar de la opresión de la élite turca. Entonces ya no entendemos nada. Y de pronto, los europeos ebrios de arte o los islamistas obsesionados por la religión nos preguntan por qué no hay camellos en nuestras películas, cosa que, según ellos, las haría más auténticas, y quizás más *mainstream*. ¡Camellos! Nos echamos a reír. Nosotros no somos árabes. Aquí no hay camellos ni dromedarios. Salvo en los zoos».

Conclusión. Una nueva geopolítica de la cultura y la información en la era digital

Ha estallado la guerra mundial de los contenidos. Es una batalla que se libra a través de los medios por controlar la información; en las televisiones, por dominar los formatos audiovisuales de las series y los *talk shows;* en la cultura, por conquistar nuevos mercados a través del cine, la música y el libro; finalmente, es una batalla internacional por los intercambios de contenidos en Internet. Esta guerra por el *soft power* enfrenta a fuerzas muy desiguales. En primer lugar, es una guerra de posiciones entre países dominantes, poco numerosos y que concentran prácticamente casi todos los intercambios comerciales. En segundo lugar, es una guerra de conquista entre estos países dominantes y los países emergentes por asegurarse el control de las imágenes y los sueños de los habitantes de muchos países dominados que no producen o producen muy pocos bienes y servicios culturales. Y por último, también son batallas regionales para obtener una nueva influencia a través de la cultura y la información.

En los flujos de contenidos internacionales, tal y como se miden cuantitativamente, y hoy día de forma muy imperfecta, por el FMI, la OMC, la UNESCO y el Banco Mundial, hay un gigante que exporta masivamente a todas partes sus contenidos: Estados Unidos, que tiene alrededor del 50 por ciento de las exportaciones mundiales. Si añadimos Canadá y México, Norteamérica domina estos intercambios sin una competencia seria (con cerca del 60 por ciento de las exportaciones mundiales). Detrás tenemos a un competidor potencial, pero posiblemente en declive: la Unión Europea de los veintisiete, con un tercio de las exportaciones. Unos diez países siguen a este pelotón que va en cabeza, a bastante distancia y sin tener por ahora un peso decisivo en los intercambios mundiales de contenidos: Japón, líder de los aspirantes, China y sobre todo Hong Kong, Corea del Sur, Rusia y Australia. Por ahora, Brasil, India, Egipto, Sudáfrica y los países del Golfo no aparecen de forma significativa como países exportadores de contenidos, aunque están aumentando considerablemente sus importaciones y desarrollando sólidas industrias creativas.

En general, los países que exportan bienes y servicios culturales e información son aproximadamente los mismos que los que importan estos contenidos. Con una diferencia notable: Estados Unidos tiene una balanza comercial muy positiva (son el primer exportador y sólo el quinto importador). La Unión Europea, en cambio, es el primer importador y sólo el segundo exportador. En gran medida, excepto Estados Unidos una vez más, la mayoría de los intercambios son intrarregionales. Por ejemplo, en la Unión Europea, las exportaciones y las importaciones intraeuropeas superan a las extraeuropeas. La globalización no sólo ha acelerado la americanización de la cultura y la emergencia de nuevos países, sino que también ha promovido flujos de información y de cultura regionales, no sólo globales, sino también transnacionales.

Estas estadísticas sobre los flujos de contenidos internacionales subestiman no obstante las tendencias más recientes. Son muy imperfectas y, por otra parte, los economistas hablan de «alta volatilidad». Más allá de los problemas metodológicos que plantean la compilación y las comparaciones, es evidente que estas estadísticas, a menudo en dólares, reflejan una realidad muy falseada por el peso respectivo de las monedas y los tipos de cambio. Hablan de cifras pero no dicen nada de la influencia real. En efecto, medir flujos culturales en divisas más que por el número de libros o de entradas de cine vendidos contribuye a marginar automáticamente a todas las economías emergentes. Por ejemplo: en el mundo se venden cada año 3.600 millones de entradas para ver películas de Bollywood, frente a 2.600 millones para las de Hollywood; pero comparado en términos de recaudación, el *box office* indio apenas supera los 2.000 millones de dólares anuales en tanto que Hollywood recauda casi 40.000 millones de dólares (cifras de 2008). Finalmente, si las estadísticas internacionales son poco fiables en lo que a intercambios de productos materiales se refiere, todavía son menos operativas para la información, los servicios, los formatos de las series televisivas e Internet. Por no hablar de la piratería. Por todas estas razones, la globalización de los contenidos es un fenómeno insuficientemente analizado. Deberíamos pensar en otras unidades de medida para evaluar la influencia: número de citas, difusión de los formatos y códigos narrativos, impacto sobre los valores y las representaciones. Es fácil comprender que ni la superpotencia ni los países dominados tienen interés en promoverlas.

Esta nueva cartografía de los intercambios también revela problemáticas mucho más complejas de analizar de lo que creían los teóricos de las «industrias culturales» o de lo que dicen hoy los altermundistas y los antiamericanos, que tienden a confundir la CIA con la AFL-CIO. La teoría del imperialismo cultural estadounidense presupone que la globalización cultural es una americanización unilateral y unidireccional de una «hiperpotencia» hacia los países «dominados». La realidad es más matizada y más compleja: hay homogeneización y heterogeneización a la vez. Lo que tenemos es un auge del *entertainment mainstream* global, en gran parte estadounidense, y la constitución de bloques regionales. Además, las culturas nacionales se refuerzan en todas partes, aunque el «otro» referente, la «otra» cultura sea cada vez más la estadounidense. Por último, todo se acelera y todo se mezcla: el *entertainment* estadounidense es producido con frecuencia por multinacionales europeas, japonesas o ahora también indias, en tanto que las culturas locales son cada vez más producidas por Hollywood. En cuanto a los países emergentes, su intención es estar presente en estos intercambios y competir con el «imperio». Esta guerra cultural pone por lo tanto en juego a numerosos actores. La globalización e Internet reorganizan todos los intercambios y transforman a las fuerzas contendientes. De hecho, redistribuyen las cartas.

EL *ENTERTAINMENT* ESTADOUNIDENSE

En el sector del *entertainment* y de los medios, Estados Unidos ocupa un lugar único, y por ahora es un líder indiscutible que se adapta constantemente a la nueva situación y sigue progresando (exportaciones de productos y servicios culturales en aumento a un ritmo de alrededor de un 10 por ciento anual actualmente). ¿Cómo y por qué?

El sistema estadounidense de producción de contenidos es un modelo complejo, fruto de una historia, de un territorio inmenso y de una inmigración de todos los países, todas las lenguas y todas las culturas. No voy a extenderme sobre ello aquí. ¿Cuáles son las explicaciones de esa dominación cultural? Se deben a causas múltiples, que hemos recordado a grandes rasgos: aguas arriba, un cruce original entre la investigación fomentada en las universidades, la financiación pública muy descentralizada, una contracultura puesta de relieve en innumerables lugares alternativos, la energía procedente de la movilidad y de la idea de ascenso social tan arraigada en la sociedad estadounidense, la confianza que se concede a los artistas singulares y la vivacidad excepcional de las comunidades étnicas merced al modelo original de integración y defensa de una «diversidad cultural» a la americana. En Estados Unidos, la formación, la innovación, la asunción de riesgos, la creatividad y la audacia imperan en las universidades, las comunidades y el sector sin afán de lucro, fuera del mercado y de forma muy descentralizada.

Aguas abajo, dominan unas industrias creativas con capitales poderosos. Las más visibles son, naturalmente, los estudios y las *majors*. Lo primero que se plantea aquí es la cuestión del accionariado. Es cierto que cinco de los seis principales estudios de cine son estadounidenses, aunque Columbia sea japonés. Pero las inversiones extranjeras, especialmente las procedentes del Golfo, la India y Hong Kong (es decir China), son considerables hoy en los principales conglomerados mediáticos estadounidenses. En la música, una sola de las cuatro *majors* internacionales es estadounidense (Warner), de las demás una es británica (EMI), otra francesa (Universal) y otra japonesa (Sony). En la edición, la situación aún es más contrastada: el gigante Random House pertenece a la alemana Bertelsmann y el grupo Time Warner Books ha sido adquirido por la francesa Lagardère. Sería pues un error de óptica ver estas industrias creativas como exclusivamente estadounidenses.

¿Un error de óptica? En realidad, en términos de contenidos, estos datos sobre el capital o la nacionalidad de las multinacionales tiene poca influencia. Las películas producidas por Sony y Columbia son caricaturescamente estadounidenses, la música difundida por Universal y EMI es mayoritariamente anglófona, y los *best sellers* más típicamente estadounidenses son publicados por Bertelsmann. Paradójicamente, al adquirir el estudio Columbia y las discográficas CBS

Music, Arista o RCA, los japoneses de Sony no han debilitado la cultura estadounidense; al contrario, al aportar los medios financieros que estas filiales necesitaban, la han reforzado. A pesar de su accionariado y de la nacionalidad de sus sedes sociales, estas *majors* y estos estudios siguen siendo muy estadounidenses. Esto pone en entredicho las lecturas neomarxistas que consideran que lo importante para analizar las industrias creativas es saber quién dispone del capital y quién es el propietario de los medios de producción, presuponiendo que el que las posee las controla.

Por consiguiente, en una época de financierización de la economía, es menester encontrar nuevas parrillas de análisis de lo que yo llamo aquí el «capitalismo *hip*», un nuevo capitalismo cultural «avanzado» global, a la vez muy concentrado y muy descentralizado, una fuerza a un tiempo creativa y destructiva. Y por todas esas razones, y porque la cultura, los medios e Internet ahora ya están mezclados, ya no cabe hablar de «industrias culturales», verdadero oxímoron, sino de industrias de contenidos o industrias creativas.

Con los conglomerados mediáticos *de nuevo cuño*, el capitalismo *hip* no es monolítico: se transforma constantemente, se adapta permanentemente, pues las industrias creativas ya no son fábricas como los estudios de la edad de oro de Hollywood, sino redes de producciones constituidas por centenares de miles de pymes y empresas emergentes. Ya no hay *majors* sino miles de sellos, de *imprints* y de unidades especializadas e independientes que poco a poco se convierten en *majors*, y *majors* que son dirigidas por independientes que se han convertido en *mainstream*. Ya no se trata de «oligopolios con flecos competitivos» (*majors* que producen *mainstream*, rodeadas de independientes que explotan los nichos), como repite la vulgata económica, sino de un sistema verdaderamente descentralizado en el que *majors* e independientes están imbricados y no compiten entre sí, siendo indispensables los unos para los otros. Es un modelo dinámico, raras veces estático, que a menudo en realidad prefiere la creatividad a la homogeneidad, el *hip* y el *cool* a la reproducción idéntica, el cambio constante a la estandarización de la experiencia, el original a la copia (aunque también existe la tendencia contraria, menos arriesgada, por ejemplo con las franquicias en el cine). En cuanto a la globalización y a Internet, característicos del «capitalismo *hip*», acentúan y aceleran estas lógicas y la dominación estadounidense, como demuestra este libro. En este sentido, las industrias de contenidos parecen preceder a movimientos profundos que muy pronto acaban afectando al conjunto de la economía.

Este sistema alcanza en Estados Unidos un nivel de tecnicidad, de complejidad y de trabajo en colaboración absolutamente espectacular y que desde el exterior no se puede ni llegar a sospechar. Contrariamente a lo que a veces se piensa, es extremadamente difícil producir *entertainment mainstream*. En el centro del dispositivo están las agencias de talentos, el controlador aéreo del mercado global de los contenidos. Gestionan el «capital humano» de una forma fundamentalmente diferente del antiguo sistema de los estudios, e incluso del *star system,* pues se ocupan de todos, los pequeños y los grandes, creando una inflación general de los costes pero contribuyendo también a regular todo el sistema, junto con los abogados, los mánager y los sindicatos. Los estudios, las *majors* y los conglomerados mediáticos, que son los bancos del sistema y los que realmente ejercen el poder, recuperan el capital más precioso que producen las industrias creativas: la IP, la famosa *Intellectual Property* o propiedad intelectual. De hecho, el sistema del *copyright* estadounidense, y en particular la cláusula especial del derecho laboral —el dispositivo denominado *work for hire*—, propician la circulación mundial de los contenidos y su adaptación a todos los soportes. Al no definir al artista como único propietario de los derechos sobre la obra, al eliminar el *final cut* como derecho moral y no necesitar autorización previa, como ocurre con el sistema denominado «derecho de autor» europeo, el *copyright* y el *work for hire* resultan particularmente idóneos para la mundialización y la era digital. Permiten multiplicar un contenido en todos los soportes y facilitan el *versioning* y el Global Media. En cambio, reducen al mismo tiempo la dimensión artística de las obras y disminuyen los medios de protección de los creadores frente la industria.

El modelo estadounidense de producción de contenidos es pues un ecosistema particular en el que todos los actores son independientes y están interconectados, en tanto que las normas públicas sobre la competencia, cuando existen, y las regulaciones colectivas, cuando funcionan, intentan siempre corregir los excesos. En definitiva, el modelo está constituido por millares de actores autónomos que, al perseguir objetivos «privados» y compitiendo entre sí, acaban, aun siendo imprevisibles, por dar al conjunto del sistema su coherencia y una forma de estabilidad. Contrariamente a lo que repiten los observadores superficiales, la cultura, la información y hasta el *entertainment* no son mercancías como las demás en Estados Unidos. Pertenecen a una esfera específica, y existe en efecto una «excepción cultural» en el territorio estadounidense.

La fuerza de este sistema ya era manifiesta en la primera mitad del siglo xx cuando el jazz y el cine estadounidense invadieron Europa. Pero en la era de la globalización y de la revolución tecnológica, este modelo resulta más eficaz que nunca. La privatización de las cadenas de televisión en Europa, Asia, América Latina y Oriente Medio ha incrementado la demanda de contenidos estadounidenses. La diversificación de los soportes multimedia, el cable, el satélite, la TDT e Internet ha favorecido su circulación. Y sobre todo, frente a la escasez de productos populares en muchos países, los estadounidenses han aprendido muy pronto a adaptarse a las realidades locales: practican una globalización activa, que combina una difusión de contenidos de masa, indiferenciados y *mainstream,* con una difusión especializada de nichos que tienen en cuenta a los países importadores. En materia de televisión, como los mercados son sobre todo nacionales, venden formatos. En la música y el libro, son mercados mixtos con una cuota nacional importante, y por lo tanto venden *hits* y *best sellers* globalizados pero también producen discos y libros locales. En cuanto al cine, sus *blockbusters* tienen éxito en todo el mundo, porque lo que producen no son tanto películas estadounidenses como productos universales y globales. Los franceses hacen películas para los franceses, los indios para los indios, los árabes para los árabes; sólo los estadounidenses hacen películas para todo el mundo. Además, son los únicos que hoy día hacen películas para la exportación, antes incluso de pensar en su mercado interior.

Así pues, la prioridad de los estudios y de las *majors* no consiste sólo en imponer su cine o su música y en defender un imperialismo cultural. Lo que quieren es multiplicar y ampliar sus mercados, lo cual es muy distinto. Si pueden hacerlo con productos «americanos», mejor que mejor; si no, lo hacen con productos «universales», formateados para gustar a todo el mundo y en todo el mundo, y no vacilan en atenuar, a golpe de *focus groups,* la americanidad. Y si eso no basta, tampoco vacilan en financiar y realizar productos locales o regionales, fabricándolos en Hong Kong, en Mumbai, en Río o en París, para públicos concretos (los estudios de Hollywood realizan cada año unas 200 películas locales en lengua extranjera, que raras veces se distribuyen en Estados Unidos). Estados Unidos produce a la vez una cultura *mainstream* y contenidos de nicho diferenciados, lo cual también es muy diferente. Los estudios y las *majors* son menos ideológicos y más apátridas de lo que se cree. Como Bank of America, como HSBC, quieren el mercado indio, chino y brasileño, en dólares o en moneda local. Y sobre todo, teniendo en cuenta las numerosas minorías que hay en Estados Unidos y que son un elemento central del sistema, las industrias creativas estadounidenses pueden probar sus productos a domicilio y a escala real para saber si son capaces de seducir al mundo. Más que de una estrategia para imponer simplemente al mundo unos valores y una hegemonía cultural, se trata de un modelo económico original.

Estados Unidos produce por lo tanto lo que en este libro he denominado una «diversidad estandarizada», profundamente perturbadora pero extraordinariamente eficaz en cuanto a difusión. Es un modelo de cultura *tex mex:* ni verdaderamente texana ni mexicana, la cultura *tex mex* es una cultura local americanizada de los mexicanoamericanos mismos en territorio estadounidense. Y a menudo lo que se exporta es esta cultura, que va de *El rey león* a *Aída,* de *Kung Fu Panda* a *Infiltrados,* del *Tintín* de Spielberg a Shakira, y que no es ni del todo original ni del todo estadounidense.

Se puede ir más lejos incluso. Estados Unidos no sólo exporta sus productos culturales, también exporta su modelo. En Damasco como en Beijing, en Hué como en Tokio, e incluso en Riad como en Caracas, me ha sorprendido la fascinación de todos mis interlocutores por el modelo estadounidense del *entertainment.* Las palabras están en hindi o en mandarín, pero la sintaxis es estadounidense. E incluso los que luchan contra Estados Unidos, en China o en los países árabes, lo hacen imitando el modelo estadounidense. Ésta es la fuerza de Estados Unidos, con la cual ningún otro país, ni siquiera la Europa de los veintisiete, ni siquiera China con sus 1.300 millones de habitantes, puede competir. Por ahora.

¿Puede Estados Unidos perder ese liderazgo mundial en materia de contenidos culturales, como ha perdido el primer puesto en lo tocante a los rascacielos más altos, que hoy están en Taipei y en Dubai? Es difícil de decir. No hay que dar por sentado el poderío estadounidense, ya que nada es definitivo, pero tampoco subestimarlo. De todos modos, lo que este libro demuestra es el auge de los países emergentes, no sólo en el terreno económico —cosa que ya se ha analizado ampliamente—, sino ahora también en las industrias de contenidos —un diagnóstico que pocos habían hecho—. ¿Estamos entrando en un mundo «posamericano» en materia de industrias creativas? No lo creo. ¿En un mundo multipolar en cuanto al *entertainment* y a los medios? Es probable. Lo que es evidente es que los países emergentes también quieren producir y defender sus contenidos. Cabe la hipótesis de que este auge de los «otros» no sea a expensas de Estados Unidos, sino que le beneficie, abriendo mercados y ocasiones de producción local. En todo caso, lo que está ocurriendo no es tanto el declive del imperio estadounidense como la aparición de nuevos competidores. Es *the rise of the rest,* la aparición de los «demás» países, por utilizar la fórmula del periodista indioamericano Fareed Zakaria.

Asistimos pues a una transformación radical de la geopolítica de los intercambios de contenidos culturales y mediáticos. El miedo a la hegemonía estadounidense —una obsesión en París como en Roma— parece ahora ya un concepto no pertinente en Mumbai o en Tokio. En Irán, en India o en China hay millones de personas que no conocen a Michael Jackson ni a Madonna. En Seúl, en Taiwán y en Hong Kong hoy temen más la hegemonía china o japonesa que la estadounidense; en Argentina tienen más miedo a México o Brasil; en Japón y en India desconfían de China más que de Estados Unidos. Estados Unidos sigue siendo un socio o un adversario, pero ya no es el único que maneja el *soft power,* que produce contenidos y los exporta.

En esta nueva distribución de las cartas, están los que ganan (Estados Unidos y los países emergentes, sobre todo los BRIC) y los que pierden (los países dominados). Después están los países que ven disminuir sus cuotas de mercado. Al no haber construido unas industrias creativas poderosas, están en declive; al no haber abrazado la globalización y sus mercados potenciales, van a la zaga; al no haber considerado Internet como una fuente de oportunidades y no haber visto en la red sino amenazas, podría ser que muy pronto dejasen de contar en el mercado de los contenidos. Es el caso de Europa principalmente, donde países como Portugal, Italia, España, pero también en menor medida Alemania y Francia, pierden posiciones en cuanto a intercambios culturales.

Se está configurando una nueva geografía de la circulación de los contenidos, la del siglo XXI. Sus grandes líneas: intercambios norte-sur cada vez más asimétricos; intercambios sur-sur cada vez más desiguales entre países emergentes y países desfavorecidos; un país dominante cada vez más poderoso pero que, con la llegada de nuevas potencias, pronto dejará de ser el único dominante; países emergentes que se desarrollan también a través de sus contenidos; y finalmente antiguos países dominantes —empezando por Europa— que pueden quedar sumergidos. El paso de la cultura y de la información a la economía inmaterial y global es un acontecimiento decisivo en estos albores del siglo XXI.

EL ASCENSO CULTURAL DE LOS PAÍSES EMERGENTES

De todos los países emergentes, Brasil es uno de los más apasionantes. Por su población y su economía, es el único gigante de América del Sur y en gran parte ya ha emergido. Al mismo tiempo, es un país aislado, una isla en América Latina, por su historia y sobre todo por su lengua: el portugués. Desesperadamente en busca de su identidad, Brasil ha encabezado, junto con India, el combate a favor de la diversidad cultural en nombre de los países del «sur». Le importa mucho defender sus intereses frente a Estados Unidos, pero también (cosa que los europeos no han visto) luchar contra la arrogancia cultural de la vieja Europa, en particular de Lisboa y Madrid. Por eso Brasil quiere reavivar las relaciones económicas y culturales con sus vecinos, incluida la Venezuela de Chávez, con China y con India, tanto como con Estados Unidos y Europa.

Con la excepción de las telenovelas y los potentes géneros musicales regionales, son pocos los contenidos «latinos» de masas que circulan hoy por todo el subcontinente americano. A menudo, el *entertainment* «latino» se fabrica en Miami y Los Ángeles, capitales exógenas de la América Latina *mainstream*. Si Brasil y México pueden defender sus industrias y compensar su balanza comercial cultural desequilibrada con Estados Unidos gracias a su tamaño y al dinamismo de su mercado interior, Argentina, Colombia y Venezuela no pueden. Por otra parte, todos se creen singulares y se organizan contra sus vecinos en vez de favorecer los intercambios entre ellos. En el cine, el videojuego, y cada vez más en la música pop y los *best sellers,* Estados Unidos es quien se lleva el gato al agua. Poco a poco, gracias a la globalización y al papel de intermediario que adopta México, la separación entre América del Norte y América del Sur se va difuminando.

Los problemas que dividen a América Latina se encuentran multiplicados en el mundo árabe, que hoy es, junto con China y Venezuela, el principal contradictor cultural de Occidente. Por otra parte, cabe señalar que no hay diferencia entre los europeos y los estadounidenses en el discurso crítico sobre los valores que defienden Riad, Damasco y Teherán. En la actualidad, han aparecido grupos multimedia poderosos en el Golfo, como MBC, ART, Rotana y Al Yazira; se proponen construir unas industrias creativas fuertes para dirigirse al conjunto del mundo árabe, defender los valores del islam y conquistar nuevos mercados. Con ello, pretenden luchar contra la dominación cultural e ideológica de «Occidente». Pero, visto desde los países árabes, «Occidente» es una imagen, a veces incluso un espejismo, más que una realidad geográfica. Es una mezcla de actitudes y valores, George Bush y Disney, el *hard* y el *soft power*, los derechos humanos y el cristianismo, la liberación de la mujer y los derechos de los gays, una cultura dominante externa pero también unos enemigos interiores. Cuando uno entrevista sobre el terreno a los combatientes musulmanes de las industrias de contenidos y de los medios, se da cuenta de que reivindican contra Occidente los valores de la familia, la tolerancia religiosa, el rechazo de la violencia y de la sexualidad, en definitiva casi exactamente los mismos valores *mainstream* y familiares de Disney y de la MPAA. Las contradicciones de esa batalla contra «Occidente» saltan a la vista.

A pesar de todo, esta estrategia antioccidental existe en los contenidos, se elabora en Riad, Doha, Damasco y Teherán y se aplica en Dubai, Beirut y El Cairo. Primera etapa: reunificar la cultura panárabe, desde Marruecos a Irak. Segunda etapa: ampliarla a una cultura musulmana y conquistar a los públicos desde Irán a Indonesia, pasando por Afganistán, Pakistán e incluso Turquía e India. Tercera etapa, la más difícil: llegar al resto del mundo. El objetivo consiste en apoyarse en los musulmanes de Asia y los emigrantes del Magreb tomando como diana principal a los del Reino Unido, las *banlieues* francesas o las «barriadas» españolas. Este plan, que me presentaron en detalle los directivos de los grupos MBC, ART, Rotana y Al Yazira, tropieza sin embargo con las tensiones internas del mundo árabe-musulmán. Primero está la oposición entre chiitas y suníes, probablemente menos pertinente en cuanto a contenidos de lo que se cree. Luego está la oposición entre, por una parte, la tradición del nacionalismo panárabe, más bien laico y de inspiración socialista que encarna la Liga Árabe y está muy presente en Egipto, Jordania y Túnez, y, por otra, el nuevo islamismo que encarnan los Hermanos Musulmanes, la Organización de la Conferencia Islámica y el eje Siria-Irán-Qatar. En la actualidad, los conservadores de Riad son hostiles a las tendencias modernizadoras de los grupos del *entertainment* panárabe financiados por sus propios hijos, pero aún son más hostiles a Teherán. Y el multimillonario saudí Al Waleed, dueño del grupo Rotana y contra el cual los religiosos radicales han pronunciado una *fatwa*, se parece más a los estadounidenses, en muchos sentidos, que a sus mulás. No es ésta la menor de las paradojas de una cultura panárabe que se está configurando y que no ha alcanzado en todas partes el mismo estadio de *infitah*, ese espíritu de «apertura» y de modernización del mundo árabe. Pero el problema de los países árabes no es sólo moral, también es industrial y económico. Los Estados del Golfo desempeñan el papel de banco para hacer que emerjan industrias creativas poderosas, pero no tienen ellos mismos los creadores necesarios, ni las historias que contar, y deben gastar su buen dinero para comprarlas en Egipto y en Líbano. En otros lugares, en el Magreb o en Siria, lo que faltan son los capitales y los agentes mediáticos. Por último, las canciones producidas por Rotana en Beirut, los culebrones del ramadán desarrollados en El Cairo y en Damasco, y los programas televisivos difundidos por Dubai tienden a reproducir una forma de subcultura *mainstream* americanizada que ya sólo tiene un vago acento egipcio. Esto puede dar el pego en Damasco o en Túnez, pero la exportación masiva de los contenidos árabes con destino a los mercados internacionales no ha llegado aún. Y el *entertainment* de los países árabes deberá, además, probar que es capaz de seducir a los musulmanes de Asia, de Indonesia y de la India.

DE HOLLYWOOD A BOLLYWOOD, VIAJE DE IDA Y VUELTA

La India es el gigante asiático que actualmente suscita más interés. La emergencia del subcontinente indio es el símbolo del despertar de todo el sur de Asia. Los estadounidenses tienen puestas en India tantas más esperanzas cuanto que su decepción en China ha sido grande. En India no hay ni cuotas contra las importaciones de productos culturales ni censura; y en vez de un mercado de 1.300 millones de chinos, los estadounidenses están dispuestos a conformarse con un mercado de 1.200 millones de indios. Pero India no sólo es el número; ahora además tiene dinero y domina la tecnología del *mainstream*. La entrada por la puerta grande del gigante indio Reliance en Hollywood, a través de una gran inversión en DreamWorks, ilustra la nueva ambición de los indios. Con ello, se proponen construir unas industrias creativas poderosas en su país, enfrentarse a los estadounidenses en su propio terreno del *entertainment mainstream*, pero también pararle los pies a China. Como este último objetivo también lo persiguen últimamente los estadounidenses, cabe la hipótesis de que las relaciones económico-culturales entre Estados Unidos e India estén llamadas a tener un brillante porvenir. Los indios necesitan a los estadounidenses para contrarrestar a China, y Estados Unidos necesita a India para triunfar en Asia después de haber fracasado en China.

Pero el proyecto de los indios de levantar potentes industrias de contenidos destinados al mundo entero topa con problemas difíciles de resolver. O bien conservan lo que hace la fuerza de su cine y de su música —los *songs & dances* de Bollywood, por ejemplo— y esa cultura demasiado singular frenará su difusión en el extranjero; o bien empiezan a producir sus propios *Slumdog Millionaire*, un cine anglosajón con tintes de indianidad, y se arriesgan a que los estadounidenses les coman el terreno. Por ahora, el *box office* indio está despegando en Estados Unidos y en Europa, pero todavía dependen mucho del consumo de las minorías indias que viven en el extranjero, los famosos *Non Resident Indians* o NRI. Es un éxito en dólares, un éxito más relativo en número de entradas vendidas y un fracaso si lo que se trata es de convencer al joven «blanco» de Kansas City o de Madrid para que vaya a ver una película india. Hoy día las películas de Bollywood, tan influyentes en la década de 1970 a causa de su precio y sus valores «no alineados», están perdiendo cuotas de mercado incluso en el mundo árabe, en Europa del Este, en Rusia y en Asia a manos del cine estadounidense. El éxito internacional de Bollywood está por confirmar.

El mercado interior indio es más prometedor. El desarrollo económico del país es espectacular, un gigante está saliendo de la miseria y la pobreza. La clase media aumenta en millones de personas cada año. Y aunque los indios, como individuos, siguen siendo muy pobres en su mayoría, sobre todo comparados con los chinos, India como país es ahora ya una importantísima potencia económica. Su crecimiento en la era de la globalización se ha incrementado en las industrias creativas, el número de televisiones y teléfonos móviles crece exponencialmente, Internet y la banda ancha se extienden a toda velocidad, el mercado del videojuego y el de la televisión de pago se desarrollan enormemente y cada día laborable se inaugura una nueva pantalla de multicine. Si estas industrias logran satisfacer las necesidades de contenidos culturales de 1.200 millones de personas, el éxito tendrá repercusiones planetarias. Una vez que este mercado interior esté cubierto, las perspectivas de exportación son inmensas. Y hay que tener en cuenta otra ventaja: la diversidad. Bollywood, por ejemplo, es hoy el cine *mainstream* que unifica la India, sus minorías, sus múltiples culturas y su centenar de lenguas regionales. Son muchos los artistas musulmanes que trabajan allí; es un ejemplo poco frecuente de auténtica diversidad cultural, que sólo puede compararse con Estados Unidos.

En el sudeste asiático, las diferencias económicas, lingüísticas y políticas, así como la dificultad para cerrar las heridas provocadas por las hostilidades regionales del pasado, hacen difícil la emergencia de industrias creativas panasiáticas poderosas. Todos los países están un poco divididos entre un afán de autonomía, cuando no de aislamiento (Tailandia, Vietnam) y, más raras veces, una voluntad de acercamiento al gigante cultural de la zona que es China (como es el caso de Singapur). Un caso aparte es Indonesia, que es el coloso demográfico de la región, con sus 230 millones de habitantes, su presencia en el G20 y su religión musulmana. Su relativa libertad de creación constituye su fuerza, porque no es frecuente en el sudeste asiático: sus industrias creativas son poderosas localmente y alimentan la demanda de un mercado interior inmenso, además de difundirse por toda la región, especialmente en Malasia. Indonesia también es una potente democracia, y en Yakarta tuve la intuición de que éste sería el país de la zona, con su equilibrio entre los valores de Asia y los del islam, que más nos sorprendería en cuanto a su producción cultural en el futuro.

Finalmente está Taiwán, tan cercana y a la vez tan alejada de China: políticamente, la isla sigue aferrada a su independencia y preocupada por las intenciones de su gran vecino; pero económica y culturalmente, se está acercando a él sin vacilar (los *hits* del J-Pop y del K-Pop se graban hoy en Taiwán en mandarín y se hacen famosos, como *cover songs,* desde Shangai hasta Shenzhen). Por una parte, los grupos mediáticos, en Asia como en todas partes, recrean a través del *entertainment* lo que la historia ha destruido. Cuando los turcos instalan sus televisiones en los Balcanes, cuando los grupos españoles Prisa y Telefónica invierten en América Latina, cuando Japón y Corea del Sur se pelean por las cuotas culturales, cuando los estadounidenses se anexionan en detrimento de los ingleses toda la Commonwealth, cuando los franceses y los ingleses luchan por sus empresas mediáticas en África, cuando Dubai, respaldada por los saudíes, apunta a Irán, están rehaciendo a través de los contenidos y el *soft power* lo que ya no pueden hacer con el colonialismo. Esta misma representación, con sus vaivenes, es la que está teniendo lugar entre Taiwán y China, mientras toda la región tiene la mirada puesta en el nuevo gigante asiático.

¿CÓMO TRADUCIR *OPEN UP* EN CHINO?

El país decisivo, y el más opaco, naturalmente es China. Y los estadounidenses lo han comprendido, ellos que se han gastado tanto dinero para penetrar en ese mercado y hoy sienten la amargura de haber fracasado. De ahí que Estados Unidos se repliegue temporalmente en la India y denuncie a China ante la OMC. Y han ganado. Para China, que se debate entre su capitalismo descarado y su régimen autoritario, entre el control del Estado y el dinamismo económico, lo que está en juego es considerable si quiere incrementar sus intercambios comerciales a nivel internacional. Pero lo que es indudable es que China está decidida a producir sus propios contenidos, a difundirlos en todo el mundo, y además tiene los medios para hacerlo. Algunos creen que China no entrará jamás en la «sociedad del espectáculo» al estilo occidental. Yo no estoy tan seguro. Basta mirar los cientos de cadenas chinas para darse cuenta de que muchos programas están calcados de los formatos televisivos importados de Estados Unidos. Debajo del mandarín, el formato del *entertainment* estadounidense es más visible que en ninguna otra parte.

A China la guerra mundial de los contenidos le plantea en realidad problemas más complejos de lo que parece, tanto en lo relativo a la producción, como a la difusión y a la exportación. En cuanto a la producción de películas, por ejemplo, China es un enano: oficialmente (y según los datos de la UNESCO), crea más de 400 películas al año; la realidad, si dejamos a un lado la propaganda, es que produce anualmente 100 largometrajes. En este campo, pues, y debido a la censura y a la ausencia de libertad de creación, China es un país del tercer mundo. Esto hace que los estadounidenses, pese a las cuotas drásticas y a una censura propia de otra época, alcancen el 50 por ciento del *box office* chino con solamente diez *blockbusters* autorizados al año. Atrapada entre la modernización y un nacionalismo cultural exacerbado, China es la ejemplificación de una regla que es válida en todas partes: cuanto más se protege una cultura, con cuotas o con la censura, más se precipita su declive. Porque protegerse no sirve de nada en una época de globalización y de Internet, como confirman los ejemplos chino y egipcio; a menudo es el mercado el que más armas tiene para luchar contra el mercado y sólo una producción fuerte, *mainstream* y popular permite evitar las importaciones. La única forma de luchar eficazmente contra las industrias extranjeras son unas industrias nacionales más fuertes y que exporten.

Desde el punto de vista de la distribución y la explotación, China es un país realmente emergente donde se inaugura de media una pantalla de cine al día. Pero como no hay suficiente producción local de contenidos, las autoridades chinas están condenadas, a su pesar, a abrir sus multicines recién estrenados a las producciones estadounidenses para responder a la demanda. En la edición y la música, los productos nacionales chinos satisfacen mejor este gran mercado interno, aunque los productos que se venden en China (por no hablar de los productos piratas, que son la gran mayoría) a menudo están fabricados o reformateados en mandarín en Taiwán y en Singapur, y en cantonés en Hong Kong. La situación es por tanto paradójica: es el dinero chino el que financia el cine y la música de Hong Kong y Taiwán, pero la ciudad de Hong Kong supera ella sola a la China continental en cuanto a exportaciones internacionales, y las exportaciones de Taiwán y Singapur son casi equivalentes, cuando estas pequeñas islas son insignificantes comparadas con los 1.300 millones de chinos. Por último, tratándose de las exportaciones, a China le cuesta mucho por ahora vender sus contenidos culturales fuera de sus mercados tradicionales (Hong Kong, Taiwán, Singapur y los chinos que viven en Estados Unidos). También apunta a Corea del Sur y al sudeste asiático, sobre todo a Indonesia, pero ni India ni Japón, enemigos persistentes, quieren oír hablar de su cultura. De ahí que haya vuelto la mirada hacia África, donde invierte masivamente, y trate de establecer lazos con Venezuela, y sobre todo con Rusia, para crear un «campo del capitalismo autoritario», sin ningún éxito por ahora.

La modernización de China tiene unos límites que se ven claramente en las industrias creativas. En definitiva, China maneja menos bien, por ahora, el *soft power* que el poder clásico. Muchos piensan que estas contradicciones serán insostenibles a la larga, pero nadie se atreve a hacer pronósticos en cuanto a la apertura de China: *open up* es la expresión que está en boca de todos, pero nadie sabe realmente cómo traducirla al chino.

¿CÓMO CONVERTIRSE EN UNA CAPITAL DE LAS INDUSTRIAS CREATIVAS?

¿Por qué Hong Kong? ¿Por qué Taiwán y Singapur? ¿Y por qué, a mayor escala, Nueva York, Miami y Los Ángeles? ¿Por qué Beirut, El Cairo, Dubai, Río y Mumbai? ¿Por qué París (para el África francófona) y por qué Londres (para el África anglófona)? ¿Cómo han hecho estas ciudades para convertirse en capitales del *entertainment*? Las situaciones son heterogéneas y las explicaciones variadas. Todas esas ciudades son encrucijadas geográficas, capitales de inmigración y *hubs* (centros) tecnológicos. Ofrecen una protección financiera (bancos más seguros en Miami que en Caracas, en Hong Kong que en Beijing, en Singapur que en Ho Chi Minh City). Permiten una mayor seguridad jurídica y, a veces, cierto tipo de *copyright*. A menudo, en el caso de Miami y de Los Ángeles, las condiciones de trabajo y la protección sindical de los artistas están relativamente aseguradas.

Estas ciudades capitales disponen además de infraestructuras internacionales en materia de redes de televisión, de agencias de talentos (con frecuencia filiales de agencias estadounidenses), de estudios profesionales modernos para la producción y la posproducción digital y de personal técnico cualificado. Son cabezas de puente para el mercado publicitario, y hay muchas agencias de comunicación y de compra de espacios. Sobre todo, los medios están muy presentes, especialmente los corresponsales de *Variety, Billboard, Hollywood Reporter, Screen Daily* y los de los programas de *entertainment* de MTV y CNN, capaces de transmitir las cifras del *box office,* los títulos de los *best sellers* y los nombres de los artistas premiados con los Grammy, Emmy, Oscar y Tony. Esta inmensa red mediática establecida por los estadounidenses en los cinco continentes es una formidable máquina para fabricar *buzz* a escala mundial.

Estas capitales del *entertainment,* como Miami, Los Ángeles, Beirut, Mumbai, Singapur y Hong Kong, también son destinos de la emigración, y en ellas la diversidad étnica, lingüística y cultural es importante. Todas estas ciudades ofrecen una gran libertad de expresión y de modos de vida para los artistas, tanto en términos de libertad política, en la expresión de las transgresiones, como en la valorización de la contracultura y las vanguardias. A ello se añaden —otro rasgo común a estas ciudades— la defensa de las minorías étnicas, una diversidad cultural real, pero también una valorización de los derechos de las mujeres y una cierta tolerancia para los homosexuales, todos ellos elementos que no son baladíes en los medios artísticos. Una actriz de formas sensuales o una cantante sin velo quizás no tengan una libertad ideal en El Cairo, en Dubai o en Beirut, pero sin duda mucho más que en Riad, Damasco o Teherán. El artista quizás no tenga todos los derechos de expresión en Hong Kong o en Singapur, pero no pueden compararse con la libertad de que goza el que vive en Beijing o Shangai, o incluso en Bangkok o Hanoi. París respecto al África francófona, Londres para el África anglófona, Miami para América Latina (especialmente para Cuba y Venezuela) pueden desempeñar un papel parecido y ser un asilo para artistas víctimas de regímenes autoritarios.

En el conjunto de todos estos factores es donde hay que buscar la explicación del éxito de estas capitales del *entertainment* y el fracaso de otras muchas ciudades. En Estados Unidos hay más capitales de este tipo que en otros países. Y resulta fácil ver los problemas que tienen los países recién llegados al club: todos construyen *hubs* creativos y *mediacities* para promover sus industrias creativas, pero al mismo tiempo quieren conservar el control sobre los contenidos y los «valores», sin darse cuenta de la contradicción. La libertad de los artistas y las expectativas del público no se establecen por decreto.

Japón no es el importante actor de los contenidos que muchos imaginan en los intercambios internacionales. Tan sólo ocupa la posición número doce entre los países exportadores de películas, programas de televisión y música, por detrás de Corea, Rusia y China (aunque sea el primero en lo relativo a los mangas y uno de los líderes en el dibujo animado y las películas de animación). Por una parte, esto se explica por su cultura muy etnocéntrica, un cierto repliegue identitario y un deseo, antiguo y persistente, de no dar la impresión de ser imperialista a través de su cultura. El precio relativamente bajo de sus dibujos animados, del J-Pop y de las películas de animación respecto a lo que recauda un *blockbuster,* por ejemplo, también explica que Japón no aparezca casi en las estadísticas, pese a que exporta masivamente sus productos. Además, los contenidos culturales japoneses, originales y potentes, son sobre todo productos para el mercado interno, que es inmenso, y son poco exportables (Japón es hoy el segundo mercado de la música y de la televisión del mundo, detrás de Estados Unidos, pero es en gran parte un mercado nacional). Aquí no estamos hablando, claro está, de los productos informáticos para el gran público, de la telefonía o de las consolas de juegos como la PS3 o la Wii, sectores en los cuales Japón es líder incontestable, sino de los contenidos. Porque si bien los japoneses fabrican estas consolas, los productores de los videojuegos cada vez son más europeos o estadounidenses. Y hemos visto que la música y las películas de Sony también eran estadounidenses (y aparecen como tales en las estadísticas internacionales). Desde hace algunos años, sin embargo, ante el auge de China, India y Corea del Sur, Tokio ha decidido reaccionar. Convencido de la importancia del *soft power,* el gobierno japonés ha elaborado un plan internacional muy ambicioso en materia de contenidos, sobre todo en lo relativo al cine, la animación y la cultura juvenil. Lo ha hecho apoyándose en el éxito mundial de los mangas y está dispuesto, si hace falta, a perder algo de su identidad. En cuanto a las *majors* japonesas, como Sony y Nintendo, se han propuesto versionar sus contenidos en todos los soportes mediante todas las posibilidades que ofrecen los nuevos medios. En definitiva, Japón quiere volver a entrar en Asia, comerciar con China y con todo el sudeste asiático, y luego reconquistar el mundo uniendo su *software* con su *hardware*. Es un actor de tamaño mundial, y seguirá siéndolo, pero sabe que la competencia en Asia será feroz si quiere volver a ser un gigante cultural regional sin dejar de ser un líder mundial.

Queda Europa. Durante mucho tiempo, durante siglos incluso, la cultura producida y la información difundida por Europa gozaban de una influencia considerable en todo el mundo. Hoy, en los intercambios culturales internacionales, Europa tiene numerosos competidores y la competencia es más dura. Las estadísticas internacionales demuestran que, desde hace unos diez años, están disminuyendo las exportaciones de películas, programas de televisión y música europea (la edición resiste mejor) a un ritmo de un 8 por ciento anual. Lo contrario de Estados Unidos, que progresa un 10 por ciento cada año. El presente libro ha querido explicar este importante cambio. Y si también sirve para que los europeos tomen conciencia de la importancia del *soft power* y eso los incita a reposicionarse dentro del nuevo sistema internacional, el libro habrá cumplido su misión.

¿Por qué se produce este declive? No es fácil contestar a esta pregunta, dada la heterogeneidad de las situaciones, las imbricaciones de las causas y las interdependencias. Pero podemos avanzar cinco hipótesis. El primer factor, evidente, es que los europeos ya no están solos. De hecho, Europa no se hunde, simplemente se enfrenta a la aceleración del éxito de los contenidos estadounidenses y a la emergencia de nuevos países exportadores de cultura y de información, que inevitablemente le roban cuotas de mercado. No hay declive pero, a causa de la globalización, Europa se encuentra en un sistema mucho más competitivo que antes.

El segundo factor es la demografía. El envejecimiento de la población europea priva a las industrias creativas del principal mercado del *entertainment:* los jóvenes. Ésta es una regla que se cumple en todas partes: el éxito de las industrias creativas depende mucho de la demografía. La demanda inagotable de productos culturales por parte de la juventud india, brasileña o árabe (una gran parte de la población de esos países tiene menos de 25 años) es un elemento decisivo para el futuro éxito del *entertainment* en estas regiones. Y el envejecimiento es una de las razones del estancamiento en Japón. La demografía cierra el porvenir cuando la población envejece y abre los mercados del *entertainment* hacia horizontes inagotables cuando la población es joven.

La tercera hipótesis sería que la definición europea de la cultura, histórica y patrimonial, con frecuencia elitista, *antimainstream* también, ya no está necesariamente en sintonía con la era de la globalización y de lo digital. La «Cultura» a la europea, con C mayúscula, ya no es el estándar internacional en materia de flujo de contenidos. Sigue siendo un producto de nicho para importantes segmentos del mercado, pero ya no es una cultura de masas. Los europeos quizás todavía sean líderes cualitativamente en artes plásticas, música clásica, danza posmoderna o poesía de vanguardia, pero eso ya apenas cuenta cuantitativamente en los intercambios internacionales frente a los *blockbusters,* los *best sellers* y los *hits.* ¿No será que Europa se preocupa demasiado de la oferta cultural y demasiado poco de la demanda, contrariamente a Estados Unidos? ¿No será que una definición demasiado estrecha del arte frena la producción y la difusión de las obras en la era de la economía inmaterial y global? ¿No será que una jerarquía cultural demasiado rígida, demasiado sofisticada, hecha de distinciones y de rechazo de lo comercial, se ha vuelto inoperante cuando los géneros se mezclan en todas partes y cuando, de Mumbai a Río, ya no hay una sola definición de la cultura? ¿No será que una separación excesivamente estricta entre las culturas clásicas y las técnicas está superada en la era de Internet? Las industrias creativas y la globalización de los contenidos se preocupan poco de esas jerarquías y de esas distinciones: no están ni a favor ni en contra del arte, simplemente no tienen opinión. ¿Debe la cultura, para ser valorizada, estar necesariamente «fuera» de la economía y del mercado? En la propia Europa, ¿no hay acaso sectores enteros del arte regidos y producidos por el mercado (una gran parte del cine, de la edición, de la música, pero también del arte contemporáneo)? Así pues, el mercado en sí quizás no sea ni bueno ni malo para la cultura. Depende. Habría que analizar estas cuestiones de una forma menos ideológica de lo que se hace actualmente. Las industrias creativas valoran los números, no las obras, y no se discute con *Billboard, Variety* o con Nielsen Soundscan. Los europeos harían bien en reflexionar sobre estos cambios de paradigma.

El cuarto problema de Europa es la masa crítica y la ausencia de un verdadero mercado interior. Gracias a una zona ampliamente unificada de 300 millones de habitantes y a una lengua común, el mercado interior estadounidense es potente; esta masa crítica también existe en China, en India, en Brasil, y quizás en los países árabes, pero no existe en Europa, ni en el sudeste asiático, ni en América Latina, por la diversidad de naciones que las componen y las diferencias de lengua y de cultura. Al carecer de una masa crítica, de unidad lingüística, de un mercado interior coherente y de crecimiento económico, Europa no es un continente sino una sucesión de mercados nacionales que culturalmente dialogan poco entre sí.

El último problema para Europa, tal vez el más grave y el que sin duda la distingue de Estados Unidos y también del mundo árabe, probablemente de África y quizás incluso de Asia, es la desaparición de su cultura común. Si miramos con atención las estadísticas culturales en Europa, constatamos que cada país logra proteger bien su música y su literatura nacionales, a veces su cine y a menudo sus programas de televisión, pero el resto de los contenidos no nacionales cada vez es más estadounidense y menos europeo. Parafraseando un célebre dicho de Thomas Jefferson, es como si cada europeo ahora tuviese dos culturas: la de su propio país y la cultura estadounidense. Por supuesto hay excepciones, como Luc Besson y Pedro Almodóvar, pero ¿cuántas? Me parece, pues, que el problema no es tanto la existencia de una cultura estadounidense dominante como la desaparición de una cultura común europea. ¿Cómo se ha llegado a eso?

Este libro ha propuesto pistas para responder a esta pregunta a través de la comparación internacional. Esta comparación nos permite ver la debilidad de las universidades europeas, que no garantizan el trabajo de experimentación en la cultura y no tienen lazos con las industrias, la fragilidad de los grandes grupos mediáticos europeos, la ausencia de redes de televisión comunes, el retraso tecnológico y la insuficiencia de la innovación, la desconfianza repetida respecto a Internet y a lo digital, la emigración a Estados Unidos de los creadores más innovadores y el rechazo frecuente de las culturas producidas por los inmigrantes y sus hijos. Si hubiera que defender una única opción, ésta sería dar una oportunidad a los europeos hijos de la inmigración, por ejemplo los procedentes del Magreb (en Europa del Sur y en Francia), de Turquía (en Alemania), de Pakistán (en el Reino Unido), de África o de Europa Central y Oriental. Este realce de la diversidad cultural, real y concreta, en el territorio europeo debería ser una prioridad. Así sería posible revitalizar la cultura del Viejo Continente, permitir que Europa volviera a ser una sociedad dinámica, una sociedad menos estática y más abierta al mundo. Es una paradoja, en efecto, además de una hipocresía, ver que los países europeos emplean como un mantra el discurso a favor de la «diversidad cultural» en los foros internacionales de la OMC y la UNESCO, pero que luego la defienden tan poco en sus propios territorios. Lo contrario, justamente, de lo que hace Estados Unidos.

En el fondo, la Europa de los veintisiete acumula los problemas de Asia (una lengua dominante que todo el mundo rechaza, aquí el inglés, allí el mandarín o el hindi), los problemas de América Latina (una cultura popular común débil en el subcontinente) y los problemas de los países árabes (vivas tensiones en el interior sobre los valores comunes). Pero estas debilidades no se ven compensadas, como en Asia, por el dinamismo demográfico y económico, o como en Brasil, por la juventud y la vitalidad del país, o como en el Golfo, por unos recursos financieros inagotables. Frente a estos jóvenes países que despiertan, la «vieja Europa» parece inevitablemente dormida.

En esta nueva geopolítica del conjunto de los contenidos, podríamos explorar otros muchos filones que superan el marco de este estudio. Habría que profundizar, por ejemplo, en la cuestión de la búsqueda de una identidad cultural en Rusia, en el margen de las fronteras actuales de Europa, y ver cómo éstas pueden verse afectadas; habría que estudiar el papel específico del Reino Unido, un país anglófono y europeo, que tiene unos vínculos fuertes y ambivalentes con Estados Unidos y que influye singularmente por su música y la BBC, pero no por el cine; habría que estudiar la búsqueda de identidad de México y su influencia sobre el cambio de cultura en Estados Unidos; también son interesantes los nuevos flujos de contenidos entre Australia y China, así como el papel decisivo que desempeñará Indonesia entre Asia y Oriente Medio. He aquí algunas pistas para futuras investigaciones.

Para terminar, me gustaría decir unas palabras sobre el centenar de países totalmente «dominados» y que están sometidos a los contenidos culturales producidos por los demás. Por no hablar de Mongolia, Camboya, Paraguay o Corea del Norte, me bastó pasar una semana en Vietnam o en Camerún para hacerme una idea de esa desigualdad cultural. En el nuevo orden cultural mundial, en esta nueva cartografía de los equilibrios mundiales, hay países totalmente tachados del mapa de los intercambios de contenidos que se contentan con importar las imágenes y los sonidos de otros. No producen apenas y no exportan nada. Esta dominación no impide que haya una creatividad local muy rica, como pude ver en Yaundé o en Hanoi, pero estos países están excluidos del diálogo cultural mundial. ¿Cómo hacerlos entrar en el juego de los intercambios de contenidos? ¿Cómo llamar la atención sobre su cultura? ¿Cómo contribuir a darles voz? Son preguntas difíciles en las cuales influyen sin duda el debate sobre la diversidad cultural y los cambios que se han producido en la economía inmaterial global, aunque no sean éstos los únicos elementos.

LA CULTURA EN LA ERA DE LA REPRODUCCIÓN DIGITAL

El conjunto de estas mutaciones geopolíticas se amplifica por la desmaterialización de los contenidos y la entrada en la era digital. Este estudio, cuyo tema principal era la producción y la difusión de la información y la cultura *mainstream* en el mundo, también es pues, de alguna forma, constante e inevitablemente, una obra sobre Internet y sobre el futuro de las industrias creativas en la era de lo digital. Ambos fenómenos, el de la cultura de masas globalizada y el de Internet, se observan paralelamente ya que en ambos casos las fronteras desaparecen. La gran novedad de principios del siglo XXI es la conjunción de estos dos fenómenos. Durante siglos, los bienes culturales han transitado por las carreteras, los puertos y los aeropuertos; para difundirlos se necesitaba tiempo, aranceles y comercio al por menor. Actualmente, la cultura transita por las autopistas de la información, una expresión que por otra parte ya está quedando obsoleta. Todo se acelera y nada será como antes.

Podemos decir incluso que lo que caracteriza a las industrias creativas, respecto al arte o al deporte, por ejemplo, es el hecho de que son vulnerables y susceptibles de ser engullidas por lo digital. Este libro describe el proceso en el que estamos inmersos. Durante mi encuesta, todos mis interlocutores de los cinco continentes me han transmitido su optimismo, sus inquietudes y sus hipótesis.

Ya tenemos una idea bastante precisa de lo que ha ocurrido, y adivinamos lo que a corto plazo va a ocurrir: la muerte del CD y del DVD, la desaparición de las cadenas *hi-fi* y de los lectores de CD, la muerte de las tiendas de discos y de vídeos, la difusión digital de las películas sin bobinas y sin transportes, la generalización del cine digital y del 3D, la atenuación de la diferencia entre la televisión hertziana, el cable e Internet, el auge del libro electrónico, que conquistará su aura y su legitimidad científica, la digitalización por Google de los libros que vayan cayendo en el dominio público, así como de los fondos huérfanos y probablemente de los fondos sujetos a derechos con el permiso de los editores, la digitalización de todos los archivos. Más globalmente, estamos asistiendo también a la toma de poder por parte de las redes y los distribuidores sobre los contenidos, unas redes que han abandonado su neutralidad histórica sobre lo que transportaban y ahora quieren tener sus propios contenidos, como demuestra, entre otros ejemplos, la compra reciente de NBC-Universal por Comcast. Este destino de las industrias creativas en la era de la reproducción digital está escrito.

Pero ¿qué pasará realmente a medio y largo plazo? ¿Seguirá habiendo salas de cine? ¿Cuál será el futuro de las televisiones generalistas y las radios después de la muerte del *tuner,* quizás del televisor, y la generalización del modelo *on demand* en lugar del flujo, cuando los *podcasts* y la *match up TV* sean la regla? ¿Cuál será el futuro del periodismo tras la muerte de la prensa diaria en papel? ¿Asistiremos a la evolución masiva del libro hacia lo digital y la lenta agonía de las librerías y los quioscos de periódicos que esto provocará? ¿Invadirá el silencio las bibliotecas cada vez más inútiles y abandonadas por el público? ¿Cuál será el futuro de los editores si ya no hay librerías, si las bibliotecas están vacías y los libros de papel se han convertido en una rareza? ¿Cuál será el futuro de los ordenadores de escritorio si dominan los portátiles y los *smart phones* y todo está almacenado «en las nubes» *(cloud computing)?*

Mis interlocutores me han comunicado sus hipótesis. Un escenario posible, por el cual apuesta la mayoría de los entrevistados, consiste en pensar que Internet es una revolución que desembocará en el *statu quo ante.* Se seguirá escuchando música y radio, se leerán libros y periódicos, y se verán películas, aunque estén digitalizadas. Que esto se haga en Internet o en un *smart phone* no afectará en profundidad a los medios y los modos de lectura. Lo único que hará falta es construir un modelo económico, pero esto se hará. Como muy bien han descrito los historiadores, la industria del disco rechazó violentamente la llegada de la radio en la década de 1920, la industria del cine denunció la llegada de la televisión a principios de la década de 1950, y luego del magnetoscopio en la década de 1980, pero todos aprendieron a convivir, y les fue incluso mejor que antes. Lo mismo pasará con Internet: después de un largo periodo de adaptación, inevitable, las industrias creativas vivirán tan bien con la difusión digital como antes.

Otros escenarios, descritos por algunos de mis interlocutores, son más radicales. Tienen en cuenta los cambios fundamentales provocados por Internet, como la participación, la hibridación cultural, la contextualización de Google, las redes sociales, la agregación de los contenidos, la desintermediación, los intercambios *peer to peer* y la cultura basada en compartir, la web 2.0 y la cultura de la movilidad. Según esto, el *copyright* quedaría obsoleto, los intermediarios serían inútiles, los críticos perderían su razón de ser y todo el proceso de selección y distribución de la cultura y de la información sería prescindible. Se puede imaginar todo. Resultaría fundamental aquí la cuestión de la piratería y la necesaria remuneración de los creadores.

Algunos de mis interlocutores creen que no estamos sino al principio de una larga revolución mucho más fundamental aún: la transformación total de la cultura y de la información en la era de la reproducción digital. No sólo es un cambio cultural importantísimo, dicen, sino un cambio de civilización. El objeto disco y el objeto libro desaparecerán, pero con ellos desaparecerá también la idea misma de libro y de disco; el concepto de radio y de televisión y la prensa desaparecerán también; el *blog*, el *post*, el hipertexto, lo colaborativo y los contenidos denominados U-GC (por *User Generated Content*, que no serán sólo vídeos de *bulldogs* haciendo *skateboard*) son los que anuncian lo que va a pasar, algo que todavía nos resulta inimaginable.

¿Qué ocurrirá con la cultura *mainstream* en la era digital? Aquí también las hipótesis difieren. Muchos creen que en vez de una difusión masiva y uniforme asistiremos a la victoria del modelo por cable (y el *narrow casting*) sobre la televisión hertziana *mainstream* (y el *broadcasting*). Se producirán una segmentación por géneros en la música, una división por públicos potenciales en la edición y una hibridación en la producción de Internet. Los contenidos se distribuirán en tantos nichos como públicos. Si esta hipótesis de la fragmentación se cumple, asistiremos a un debilitamiento de la cultura *mainstream* y tal vez como consecuencia a un debilitamiento del *entertainment* estadounidense.

Yo no creo en ese escenario. Paradójicamente, la reproducción digital e Internet han reforzado el *mainstream* más de lo que lo han fragilizado. Hoy si los productos de nicho efectivamente se multiplican, los *blockbusters* y los *best sellers* también tienen más éxito que nunca. En vez de desaparecer, los fenómenos de *syndication* se extienden, a veces más allá de las fronteras. Los internautas también migran de la teledescarga al *streaming,* confirmando que Internet es menos un contenedor que un medio en el que vuelve a plantearse el problema de la editorialización. El público desea muchas veces compartir en masa la misma cultura popular, comulgar colectivamente. No porque el abanico sea más amplio prefiere el público los productos más oscuros; al contrario, elige a la vez los productos de nicho que lo acercan a sus propias microcomunidades y los más *mainstream,* porque lo conectan con lo colectivo. El mundo digital, más aún que el mundo analógico, es *hit driven:* el éxito refuerza el éxito. Existe un fenómeno curioso, al que llamaré «efecto Robin de los Bosques invertido» de Internet: el que más tiene se ve reforzado y el que menos tiene, debilitado. Sin duda estas tendencias aún no están estabilizadas, y los pronósticos a medio plazo son difíciles. Pero creo que Internet y el *mainstream* se completan: participan de un mismo movimiento que es el de la difuminación de las fronteras y la globalización de los contenidos que le hablan a todo el mundo en el mundo entero. Sobre todo confirman el predominio de los Estados Unidos que, en California justamente, albergan Hollywood y el Silicon Valley, las máquinas de producir el *entertainment* mainstream y las *start up* del Internet globalizado.

Como al comienzo de toda revolución, no percibimos todavía las formas del mundo que está por venir, porque estamos demasiado asustados por lo que vemos desaparecer ante nuestros ojos, sentados en medio de los escombros del mundo del pasado e incapaces de imaginar el mundo que nos espera. Bajo nuestros pasos se abren las extraordinarias posibilidades de las redes. Y muchos de mis interlocutores creen que YouTube, Wikipedia, Flickr, Facebook, Twitter, el Kindle, el iPod, el iTunes, el iPhone y el iPad, y sus innumerables sucesores futuros, inventan nuevas formas culturales y nuevos medios que transformarán en profundidad la naturaleza misma de la cultura, del arte, de la información y del *entertainment,* que por cierto quizás un día se confundan. Es difícil decir si estamos al inicio del proceso o en mitad del vado.

En todo caso, ahí estamos. En medio de una revolución cuyo final no conocemos. A la economía de las industrias creativas, que ya es difícil de analizar, Internet añade la imprevisibilidad del porvenir, lo cual acentúa en unos la sensación de peligro y en otros el deseo de aprovechar estas nuevas oportunidades. Ésta es la paradoja que sentí sobre el terreno. La entrada en la era digital parece una situación incómoda para mis interlocutores europeos y estadounidenses; pero es vivida con gran alegría por los indios, los chinos, los brasileños y los saudíes que he entrevistado. Aquí, es fuente de preocupación y de miedo; allí, está henchida de oportunidades y ofrece unas posibilidades inauditas de acceso al mundo. Aquí, se habla de proteger la cultura del pasado y de límites que hay que fijar; allí, se quiere inventar la cultura del mañana y se habla de libertades que hay que extender. Aquí, se habla de libros y de CD, es decir, de productos culturales; allí, se habla de flujos y contenidos, es decir, de obras desmaterializadas y de servicios. Porque de esto se trata, de cambiar una cultura de «productos» por una cultura de «servicios» y de flujos. Y si el mundo antiguo se desploma, los jóvenes directivos de las industrias creativas de los países emergentes están ahí, dispuestos a construir el mundo nuevo que no se hará, repiten, sin ellos. En Río, México, Mumbai, Yakarta, Hong Kong y Seúl, igual que en Beirut y Riad, los actores ya están dispuestos y no faltarán a la cita, ellos que durante tanto tiempo han sido dominados por nuestros productos culturales y que ahora quieren difundir sus servicios por todo el mundo. Como no tenían nada, lo digital no les puede quitar nada; creen que se lo dará todo.

Estas dos formas de ver resumen este libro y anuncian el mundo en el que estamos entrando. La globalización de los contenidos se ha multiplicado con la revolución de Internet. La cultura *mainstream* se amplifica, pero ahora ya hay varios *mainstream,* en función de las regiones y de los pueblos: un *mainstream* «a la turca» en Estambul, un Bollywood *massala* en India, una «fusión» en el sudeste asiático, un *mainstream* «animado» en Japón, un *mainstream* «imperialista» en China dispuesto a no dejarse avasallar por los imperialismos competidores, y un *mainstream* «panárabe» en Oriente Medio, entre otros. La diversidad cultural se convierte en la ideología de la globalización. Las naciones dialogan mucho más entre ellas de lo que se cree, todas luchan por el *soft power* y, al hacerlo, hablan con sus vecinos, pero también con los estadounidenses. Hay intercambios culturales interregionales, no estrictamente basados en bloques de civilización. Estados Unidos, por ser el mundo en miniatura, porque nadie domina como ellos el *entertainment mainstream* y son los amos de Internet, seguirá siendo el polo de referencia que se dirige al mundo entero. Los europeos también pueden desempeñar este papel de pivote en el campo occidental o, por el contrario, si la cultura se «descentra» cada vez más de la mirada puramente europea, ser las víctimas de ese nuevo diálogo internacional. Los europeos estarían entonces *buzz off*, una forma graciosa de decir que su voz sería inaudible en el concierto mediático mundial. Si Europa no reacciona, se verá marginada y, frente a los países emergentes, quedará sumergida. Sería una mala noticia para el Viejo Continente. Pero los europeos se consolarán tal vez, en este nuevo mundo menos eurocentrado, recordando que ellos fueron los defensores de una idea que finalmente toma forma: la diversidad cultural. Porque, en cualquier caso, tanto si los europeos consiguen emerger de nuevo como si quedan anegados, la globalización y la revolución digital están significando un reajuste inevitable en los equilibrios internacionales, incrementando la circulación de la información y haciendo posible a la vez el reforzamiento de las culturas nacionales y la globalización del *mainstream*.

Glosario

En aras de la claridad, este glosario propone una definición de las principales palabras y expresiones utilizadas, en especial de aquellas que no tienen equivalente en otras lenguas que no sean el inglés o que son difíciles de traducir.

A & R (Artists & Repertory). Responsable o director artístico de una discográfica (encargado tanto del artista como del repertorio). A & R person, A & R department o A & R director.

Above the line. Gastos relativos a los contratos de los actores y artistas, generalmente negociados por sus agentes.

Aidoru. Idol (ídolo) en japonés. Con frecuencia una joven estrella de una *boy band.*

Anime. Esta palabra japonesa tomada del inglés designa a la vez los dibujos animados y las series de animación, muchas veces adaptadas de mangas.

Assets. Activos. El valor de la empresa. Para los activos disponibles se emplea *current assets* y para los inmovilizados *fixed assets.*

B2B, B2C (Business to Business o Business to Consumer). El comercio entre empresas o con particulares.

Back office. Las funciones de soporte en una empresa, los servicios generales, como la secretaría administrativa y jurídica, los recursos humanos, etcétera.

Balance sheet. Balance contable. No confundir con el *income statement,* que es la cuenta de resultados, y el *cash and bank balances,* que es la tesorería.

Benchmark. Punto o índice de referencia, comparativo.

Bible Belt. Franja de los estados norteamericanos del sur, especialmente Carolina del Sur, Georgia, Tennessee, Arkansas, Alabama, Misisipi (que forman una especie de «cinturón»), donde la práctica religiosa es importante.

Big box retailers. Grandes almacenes situados sobre los aparcamientos de los *shopping malls*, que pertenecen generalmente a franquicias (Wal Mart, Barnes & Noble, Home Depot…).

Blockbuster. En el lenguaje militar, era una bomba para destruir bloques de casas. Por extensión, se trata de una película (el término se utilizó por primera vez en *Variety* en 1951 a propósito de la película *Quo Vadis)* o de una exposición de gran éxito, de un libro *best seller* o incluso de un medicamento que se vende en grandes cantidades.

Blurb. Breve cita que se pide a una personalidad o a un crítico para ayudar a vender una película o un libro.

Bottom line. Textualmente, «la línea de abajo», es decir, el resultado neto.

Bottom up. Se dice de una cultura, una acción o una política que emerge de la base y va hacia la cúspide de la sociedad. Lo contrario de una acción centralizada denominada *top down* (de arriba abajo).

Box office. Para el cine y para los espectáculos en general, la taquilla.

Break (To). Fórmula de la industria musical que consiste en descubrir a un artista y hacerlo famoso, hacerlo despuntar. También se dice *to break in, to break into* (un nuevo mercado), *to hit it* o, cuando se ha logrado, *to make it*.

BRIC. Acrónimo para Brasil, Rusia, India y China, los principales países emergentes. Algunos economistas discuten esta clasificación considerando que el caso de Rusia es diferente y que hay otros países, como México, Corea del Sur, Sudáfrica o Indonesia, que también son emergentes.

Broadband o *Broadband internet access*. Acceso de banda ancha, ya sea con ADSL, Internet por satélite o sobre todo cable.

Cash flow. Flujo de tesorería.

CEO (Chief Executive Officer). Presidente ejecutivo.

CFO (Chief Financial Officer). Director financiero.

Chairman. Generalmente, presidente del consejo de administración, cargo no ejecutivo.

Conglomerate. Ver *Media conglomerate*.

Consumer Products Division. Departamento de los productos derivados.

Content. Literalmente, «contenido». Se habla de las «industrias de contenidos» para designar a las industrias creativas.

Convergence. Término frecuente en la década de 2000 para referirse a la convergencia de los canales y los contenidos. A veces la palabra designa la convergencia de los servicios y los productos (iPod con iTunes), la convergencia entre diferentes redes o también el paso de los contenidos a los móviles.

COO (Chief Operating Officer). Generalmente, el número dos después del CEO, encargado de la gestión operativa.

Crossover. Del verbo *to cross over,* «cruzarse recubriendo» y que se puede traducir por «cruce» o «solapamiento». Por extensión: mezcla de géneros, cruce de estilos, cultura híbrida. También se dice *crossing over.*

Drama. Nombre genérico de las series televisivas en Asia.

Dreambox. *Box* ilegal conectado a Internet que permite descodificar las televisiones de pago. Muy frecuente en África, Asia y Oriente Medio.

Drive in. Un cine exterior, generalmente en un parking, donde se asiste a la proyección desde el coche. También se llama Ozoner.

DV (Digital Video). Por ejemplo, una cámara en DV, una cámara digital.

Edutainment. Combinación de *education* y *entertainment.* Enseñar deleitando, combinar entretenimiento y educación.

Endowment. Capital (o dotación) colocado en inversiones financieras que dan una rentabilidad anual.

Entertainment. Entretenimiento. Se habla de las *entertainment industries,* las industrias del entretenimiento.

E-tainment. Entretenimiento en línea.

Exurb, Exurbia. Segunda corona del área metropolitana alrededor de las grandes ciudades y, en sentido más amplio, periferias lejanas cuyos habitantes ya no van a las ciudades. También se emplea *edge city* o a veces *technopole.*

Feature film. Largometraje (de más de una hora). Para distinguirlo de los *short films* (cortometrajes).

First look. Tipo de contrato que existe en Hollywood entre un estudio, por ejemplo, y un productor «independiente». El productor está obligado a proponer todos sus proyectos al estudio, que puede aceptarlos o no; si los rechaza, el productor es libre de proponérselos a otro.

Focus group. Técnica de sondeo y de *marketing* que consiste en dar prioridad a lo cualitativo sobre lo cuantitativo para ver cómo reacciona un grupo bien determinado de personas sobre un producto, una película o una canción.

Format. Con frecuencia no se vende un programa o una serie de televisión, sino que se vende un formato que da lugar a otra producción. El formato es más que una idea, pero menos que un producto acabado. Sin embargo, tiene *copyright*.

Fundraising, Fundraiser. Recaudación de fondos, persona que recauda fondos, sobre todo para fines filantrópicos o campañas electorales.

Gatekeeper. Textualmente «guardián»; la expresión se emplea en la cultura para designar a un crítico, en el sentido de «transmisor».

Gentrification. Aburguesamiento.

Giveaways (también *goodies, products tie-in*). Objetos dados o vendidos en el marco de una operación de *marketing:* bolsos, pósters, *coffee mugs,* etc.

Global media. Expresión que significa que un contenido puede adaptarse a todos los soportes. (Ver también *Versioning).*

Green light. Expresión clave en la industria del *entertainment* para dar «luz verde» a un proyecto y autorizar su producción.

Groove. En música, el surco del disco. Por extensión: el ritmo.

Hal-lyu. En coreano, literalmente: «la nueva ola» coreana en el cine y en las series de televisión.

Hardware. Los aparatos, como los ordenadores o las consolas de juego. El *software* es el juego mismo o el programa.

Hedge funds. Fondos de inversión especulativos de gestión alternativa, que generalmente no cotizan en bolsa. Frecuentes en las industrias creativas, permiten una diversificación suplementaria respecto a las carteras financieras clásicas, ya que sus resultados no dependen de la evolución de los mercados.

High culture. Cultura docta o sabia, cultura elitista (por oposición a *low culture* o cultura popular). También se dice *highbrow culture.*

Hip. De moda, de actualidad. Sinónimos: *trendy, cool.*

Imprint. Se trata de una editorial dentro de un grupo.

Indie. Independiente.

Information Technology (IT). Expresión corriente para designar las tecnologías de la información, las TIC.

Information Technology Arts (IT Arts). Las artes realizadas a partir y mediante las TIC.

Infotainment. Combinación en inglés de *information* y *entertainment*, o el arte de hacer información entretenida.

Inhouse. Persona u operación que está dentro de un estudio o de una empresa y no externalizada. Es lo contrario de *outsourcing*.

Inner cities. Los centros de las ciudades, a menudo abandonados.

Intellectual Property (IP). Propiedad intelectual o *copyright*.

Kawai. Bonito, en japonés. Se habla de la «cultura *kawai*».

Label (Major label). Se trata de un sello, de una discográfica identificada por su nombre propio, dentro de un grupo. Por ejemplo: Atlantic (Warner), Motown (Universal), Blue Note (EMI).

LBO (Leveraged Buyout). Compra de una empresa financiada mediante endeudamiento. El *holding* así constituido paga los intereses de la deuda y la reembolsa gracias a los dividendos de la empresa que ha comprado.

Low culture. Cultura popular (por oposición a *high culture* o alta cultura). También se dice: *lowbrow culture*.

Mainstream. Literalmente «dominante» o «para el gran público». Se dice, por ejemplo, de un producto cultural que aspira a tener una gran audiencia. *Mainstream culture* puede tener una connotación positiva, en el sentido de «cultura para todos», y también negativa, en el sentido de «cultura dominante».

Master of Fine Arts (MFA). Diploma doctoral preprofesional para las profesiones artísticas. Se trata de carreras superiores cuya duración puede ser de cinco o seis años.

Media conglomerate. Un gran grupo mediático constituido por varias empresas, que interviene en varias industrias y a escala internacional. Por ejemplo: Time Warner, Disney o Sony. También se dice *conglomerate, parent company* o, a veces, *major* o *studio*.

Megaplex. Un multicine que tiene más de 16 pantallas.

Middlebrow culture. Se trata de la cultura que no es ni *high* (alta) ni *low* (popular), sino que está entre las dos, una especie de cultura media, que muchas veces corresponde a las clases medias.

Mogul. Hombre de negocios poderoso, por ejemplo el directivo de un estudio.

Mousalsalet. En árabe, «culebrón televisivo». Son muchas veces culebrones del ramadán.

Multicine. Un cine que tiene de 2 a 16 pantallas. Si son más, se llama
megaplex.

Negative cost. En la jerga de Hollywood, costes de producción de una
película. A ellos hay que añadir el P & A (Prints and Advertising),
los costes de las copias y del *marketing* para obtener el coste total
de una película.

Non profit. Sin afán de lucro. *Non profit sector, non commercial* o 501c3
(asociación estadounidense similar a las francesas de la ley de
1901).

Non Resident Indians (NRI). Indios expatriados, sobre todo a Estados
Unidos, Europa u Oriente Medio.

Offshoring. Desplazamiento de la actividad y el empleo al extranjero
(a menudo a un país emergente donde la mano de obra es más
barata). El *offshoring* puede hacerse en el seno de una misma empresa deslocalizada, abriendo por ejemplo una fábrica de la misma compañía en China, o bien mediante un *offshore outsourcing,* a
través de otra empresa extranjera.

Operating income (u *Operating profit*). Se trata de los beneficios netos
de una sociedad de los que se han deducido, según las prácticas
contables en vigor, los costes administrativos, las depreciaciones y
las amortizaciones. Si también se deduce el impuesto de sociedades, se habla de *Net income* o *Net profit.*

Outreach. To reach out significa «alcanzar» o «extender el brazo hacia
algo». Por extensión, toda acción destinada a hacer que el público participe.

Outsourcing. Externalización o subcontratación. Acción de encargar una actividad que hacía una empresa a una empresa externa. (Ver *Offshoring,* cuando esta deslocalización se traslada al
extranjero).

P & A. Iniciales de Publicity & Advertisement. En el cine, se utilizan
estas mismas iniciales para Prints & Advertising.

P & D. Iniciales de Press & Distribution. Tipo de contrato que existe
generalmente entre una *major* y un sello independiente y que consiste en distribuirlo a cambio de un porcentaje sobre las ventas.

Parent company. Casa madre. Por ejemplo, Sony Corporation es la *parent company* del estudio Columbia. Columbia es una *subsidiary*, una filial. (Ver también *Conglomerate* o *Media conglomerate*).

Pay for display. Sistema que consiste en pagar a una cadena de tiendas para que exponga mejor los productos de una determinada empresa.

Payola. Sistema ilegal pero establecido por las *majors* del disco, desde la década de 1950, consistente en pagar a las radios bajo cuerda para que difundan sus discos.

Pilot. Un piloto es un episodio de prueba de una serie televisiva que se muestra a las cadenas y a los programadores para convencerlos de que compren la serie completa. La expresión *film pilot* se emplea en el cine, y *demos* en la industria del disco.

Pitch. Presentación concisa de la idea de un film a una agencia de talentos, un productor o un estudio para obtener su «desarrollo». El *pitch* es mejor y más eficaz si puede reducirse a una sola *catchphrase.*

PR. Iniciales para Public Relations. Los PR *people* son las personas encargadas de la comunicación y las relaciones con la prensa en las *majors* y en las empresas.

Private equity. Fondos de capital riesgo o de inversión en las sociedades que no cotizan en bolsa.

Products tie-in, Merchandize tie-in. Productos derivados o *merchandising.* (También se llaman *schwag* en Estados Unidos, y se dice de una película que es *toyetic* si es susceptible de ser versionado en productos derivados y juguetes.)

Public company. Empresa que cotiza en bolsa.

Pure player. Empresa que se concentra en su negocio principal, en su *core business.* Se emplea muchas veces para una empresa cien por cien web: un *pure player* de Internet.

R & D (Research and Development). Investigación y desarrollo.

Rating system. Código de clasificación de las películas en Estados Unidos en función de su grado de violencia o de sexo. Una película *rated* está prohibida a los menores de 13 o 17 años.

Resort. Destino turístico. Se habla de los *parks and resorts* para los parques temáticos de Disney, que incluyen hoteles y restaurantes y que son lugares de *entertainment* globales.

Revenue, Sales revenue. Facturación.

Roster, Artist roster. En la industria musical, catálogo de artistas para las giras.

Sequel. Literalmente «continuación». Por ejemplo, *Spiderman 1, Spiderman 2, Shrek 3,* etcétera. También se dice «franquicia».

Shopping mall. Centro comercial, hipermercado. El *strip mall* es una zona comercial junto a una autopista.

Showcase. En la música, *to showcase* un artista significa presentarlo, hacerlo actuar para probarlo.

Slush fund. El dinero que dan los estudios a una productora independiente para «desarrollar» inicialmente un proyecto.

Smithee (Alan). Seudónimo colectivo para una película cuyo director no está satisfecho, generalmente por las imposiciones del estudio.

Soft power. El poder suave, la influencia a través de la cultura, por oposición al *hard power,* coercitivo o militar.

Software. Las herramientas, programas o juegos de un ordenador o un aparato (que es el *hardware*).

Songs & dances. Las canciones y los bailes característicos en India de las películas de Bollywood.

Specialized unit. En Hollywood, se trata de una unidad especializada de un estudio de cine que tiene un carácter «independiente» (también se denomina *arty division* o *subsidized division*). Por ejemplo, Focus Features dentro de Universal.

Spin-off. Escisión de una compañía principal en varias entidades. La razón puede ser económica, estratégica (para centrarse en el negocio principal) o legal (a causa de las regulaciones anticompetencia). El *spin-off* de Viacom dio lugar a dos sociedades, Viacom y CBS.

Sport Utilities Vehicle (SUV). Nombre genérico para los coches grandes, generalmente 4×4, como los modelos Cherokee o los Ford Explorer.

Subsidiary. Filial de una casa madre *(parent company).* Por ejemplo, Columbia es una *subsidiary* de Sony.

Suburb, Suburbia. Literalmente «suburbio». El término se asocia muchas veces a zonas urbanas ricas o de clase media, ya que en Estados Unidos la pobreza y los guetos se concentran a menudo en el centro de las ciudades *(inner cities).* Son unas afueras próximas, respecto a las periferias más lejanas. (Ver *Exurb*).

Syndication. Un programa de radio o de televisión producido y transmitido por una cadena también es transmitido con licencia por otra.

Synergy. Sinergias. Economías de escala o *cross promotion* entre distintas empresas pertenecientes al mismo grupo.

Talent agency, Talent agent. Agencia artística y agente.

Telenovela [en español en el original]. Serie televisiva en América Latina.

Total Net Income. Beneficios netos. También se dice *profit.*

Trade publisher. Se trata de las editoriales comerciales, por oposición a las editoriales universitarias, que en Estados Unidos no tienen afán de lucro.

Trailer. Cinta para anunciar una película. También se dice *teaser trailer* (cinta-anuncio llamativa, atractiva).

Trendsetter. Se dice de alguien o algo que dicta la moda, que define lo que se llevará.

Versioning. Estrategia que consiste en adaptar un contenido a diferentes soportes (la película *El rey león* se convierte en disco, en comedia musical, en desfile, etcétera). Ver también *Global media.*

Vertical integration. Integración vertical. Característica de un grupo mediático cuyo negocio comprende todos los estadios de la producción de contenidos y, en parte, también su distribución.

White flight. Se dice del movimiento de huida de la población blanca del centro de las ciudades hacia los *suburbs* (afueras) en las décadas de 1960 y 1970.

Word of mouth. El boca a boca.

Work for Hire (WFH). Característica particular del contrato laboral en Hollywood por el cual un actor, un director o un productor cobra a cambio de ceder su *copyright* al estudio.

FUENTES

Este libro es la versión para el gran público de una investigación de cinco años, realizada a partir de 1.250 entrevistas sobre el terreno en 30 países y cerca de 150 ciudades de todo el mundo. Los países en los que se ha realizado esta encuesta son los siguientes: Arabia Saudí, Argentina, Bélgica, Brasil, Camerún, Canadá, China (y Hong Kong), Corea del Sur, Dinamarca, Egipto, Emiratos Árabes Unidos (Dubai), España, Estados Unidos, India, Indonesia, Israel, Italia, Japón, Líbano, México, Palestina, Qatar, Reino Unido, República Checa, Singapur, Siria, Tailandia, Turquía, Venezuela y Vietnam.

Todas las citas, informaciones y cifras que figuran en esta obra remiten a fuentes comprobadas y precisas, pero su amplitud y el formato de este libro no permiten citarlas aquí en detalle. Los lectores y los investigadores encontrarán todas esas fuentes en la página web fredericmartel.com, que es el complemento natural de este libro, deliberadamente bimedia, papel y web. Y en particular:

— las notas a pie de página de este libro;
— el índice de nombres propios y empresas citadas;
— la lista de las 1.250 entrevistas de campo realizadas en los 30 países;
— un glosario de las palabras y expresiones (más detallado que el que figura aquí);
— una bibliografía de más de 1.000 libros;
— cuadros y datos cuantitativos complementarios sobre la mayor parte de los sectores de las industrias creativas y sobre más de un centenar de grupos mediáticos de todo el mundo, datos

recogidos para esta investigación y que serán actualizados permanentemente;

— por último, la lista de los archivos consultados para la realización de mi tesis y mis dos libros anteriores sobre Estados Unidos, que también han servido de base para éste: *Théâtre, Sur le déclin du théâtre en Amérique* (La Découverte, 2006, 237 págs.), *De la culture en Amérique* (Gallimard, 2006, 622 págs.) y *Politique publique, philanthropie privée et intérêt général dans le système culturel américain* (tesis dirigida por Pierre Rosanvallon, EHESS, 2006, 6 vols., 3.888 págs.).

Agradecimientos

Un estudio de esta amplitud ha sido posible gracias a la ayuda de muchas personas. Apasionada por el proyecto y por el tema, la gran editora Teresa Cremisi, directora ejecutiva de Flammarion, creyó enseguida en este libro y decidió sin dudarlo acogerme en su editorial. Sophie Berlin editó el libro en la editorial Flammarion con mucho entusiasmo. Corinne Molette lo releyó minuciosamente para Flammarion.

El libro ha gozado del apoyo de Emmanuel Hoog, presidente del Institut national de l'audiovisuel, que creyó inmediatamente en el proyecto y en sus prolongaciones en la web. Juntos, y con su sucesor Mathieu Gallet, hemos creado un portal sobre las industrias creativas y los medios de comunicación, www.inaglobal.fr, para describir día a día este entorno en constante mutación. El ex ministro de Asuntos Exteriores Bernard Kouchner me ha animado y he tenido el apoyo del Centre d'analyses et de prévisions del Quai d'Orsay. En Radio France, Bruno Patino, su sucesor Olivier Poivre d'Arvor, mis reporteros y los equipos de France Culture que me acompañan cada domingo en la realización de mi programa, *Masse Critique, le magazine des industries créatives et des médias,* han sido una fuente constante de información y de intercambios. Véronique Cayla, la directora general del Centre national de la cinématographie, me ha prestado su ayuda, así como el Ministerio de Cultura. También he recibido el apoyo de CapDigital, el polo de competitividad digital y de su presidente Henri Verdier, donde he podido presentar mis trabajos antes de publicarlos. Toda la investigación bibliográfica indispensable para este libro ha sido realizada en la Universidad de Harvard, donde he sido *visiting scholar,* y agradezco a Stanley Hoffmann y Peter Hall su hospitalidad. Finalmente, las conversaciones regulares con mis estudiantes de Sciences Po en París y del MBA de la HEC también han sido valiosísimas.

Durante estos cinco años, he disfrutado asimismo de consejos, contactos e intercambios inestimables y quiero dar las gracias en particular a: Martine Aubry y su equipo para la Cultura, Françoise Benhamou, Arthur Goldhammer, Jean-Luc Eyguesier, Jacques Julliard, Christine Ockrent y Benny Ziffer. Y muy especialmente a Tyler McEvoy.

Varios capítulos específicos de este libro han sido revisados por amigos y especialistas, que han efectuado el *fact-checking* necesario: Christian Charles (música estadounidense), Théo Corbucci (Oriente Medio), Gustavo Gómez-Mejía (América Latina), Álvaro Granados (América Latina), Pierre Haski (China), Riva Kastoryano (Turquía), Faizal Khan (India), Nicolas Le Goff (industria de la música), Joseph Maïla (Oriente Medio), Gilles de Margerie (economía financiera), Julia Mizubayashi (Japón), Thomas Perrot (África), Nicolas Piccato (Corea), Sophie Rosemont (industria de la música), Joël Ruet (China, India), Jean-Baptiste Soufron (difusión digital y Japón), Alain Sussfeld (cine), Benoît Thieulin (difusión digital), Henri Verdier (difusión digital), Nicolas Véron (economía financiera).

Finalmente, varios amigos han releído este libro minuciosamente y se lo agradezco muchísimo: Alain Beuve-Méry, Jacob Bromberg, Guillaume Calafat, Stéphane Foin, Mathieu Fournet, Stéphane Huet, David Kessler, Florent Latrive, Pierre Lungheretti, Mathias Mégy, Emmanuel Paquette, Paule Pesenti, François Quinton, Aziz Ridouan, Jean-Noël Tronc, así como mis padres.